La langue bagiro
(République Centrafricaine)

Schriften zur Afrikanistik
Research in African Studies

Herausgegeben von Rainer Vossen

Band 4

PETER LANG
Frankfurt am Main · Berlin · Bern · Bruxelles · New York · Oxford · Wien

Pascal Boyeldieu

La langue bagiro (République Centrafricaine)

Systématique, textes et lexique

PETER LANG
Europäischer Verlag der Wissenschaften

Die Deutsche Bibliothek - CIP-Einheitsaufnahme

Boyeldieu, Pascal:

La langue bagiro (République Centrafricaine) : systématique, textes et lexique / Pascal Boyeldieu. - Frankfurt am Main ; Berlin ; Bern ; Bruxelles ; New York ; Oxford ; Wien : Lang, 2000
(Schriften zur Afrikanistik ; Bd. 4)
ISBN 3-631-36685-X

Cet ouvrage a été publié grâce au concours
de la DFG – Deutsche Forschungsgemeinschaft.

ISSN 1436-1183
ISBN 3-631-36685-X

REMERCIEMENTS

Le présent travail n'aurait pas vu le jour si Jean-Claude Kazagui, alors Haut Commissaire à la Recherche en République Centrafricaine, n'avait, en 1984, attiré mon attention sur l'existence et la spécificité linguistique des Bagiro. C'est donc à lui que vont, en tout premier lieu, mes remerciements.

Les autorités centrafricaines ont toujours favorablement accueilli mes projets et le Haut Commissariat à la Recherche, en officialisant notamment la mission de 1988, contribua de façon appréciable à leur bonne réalisation, ce dont je lui suis particulièrement reconnaissant.

Enfin Yamalé Albert, Kopélé Jean-René et Tobombo Gabriel furent mes principaux initiateurs en langue bagiro. C'est peu dire que cette étude leur doit beaucoup. Je souhaite qu'ils y trouvent l'expression de ma gratitude et de mon amitié.

Mainvilliers, 1992 - Meudon, 1999

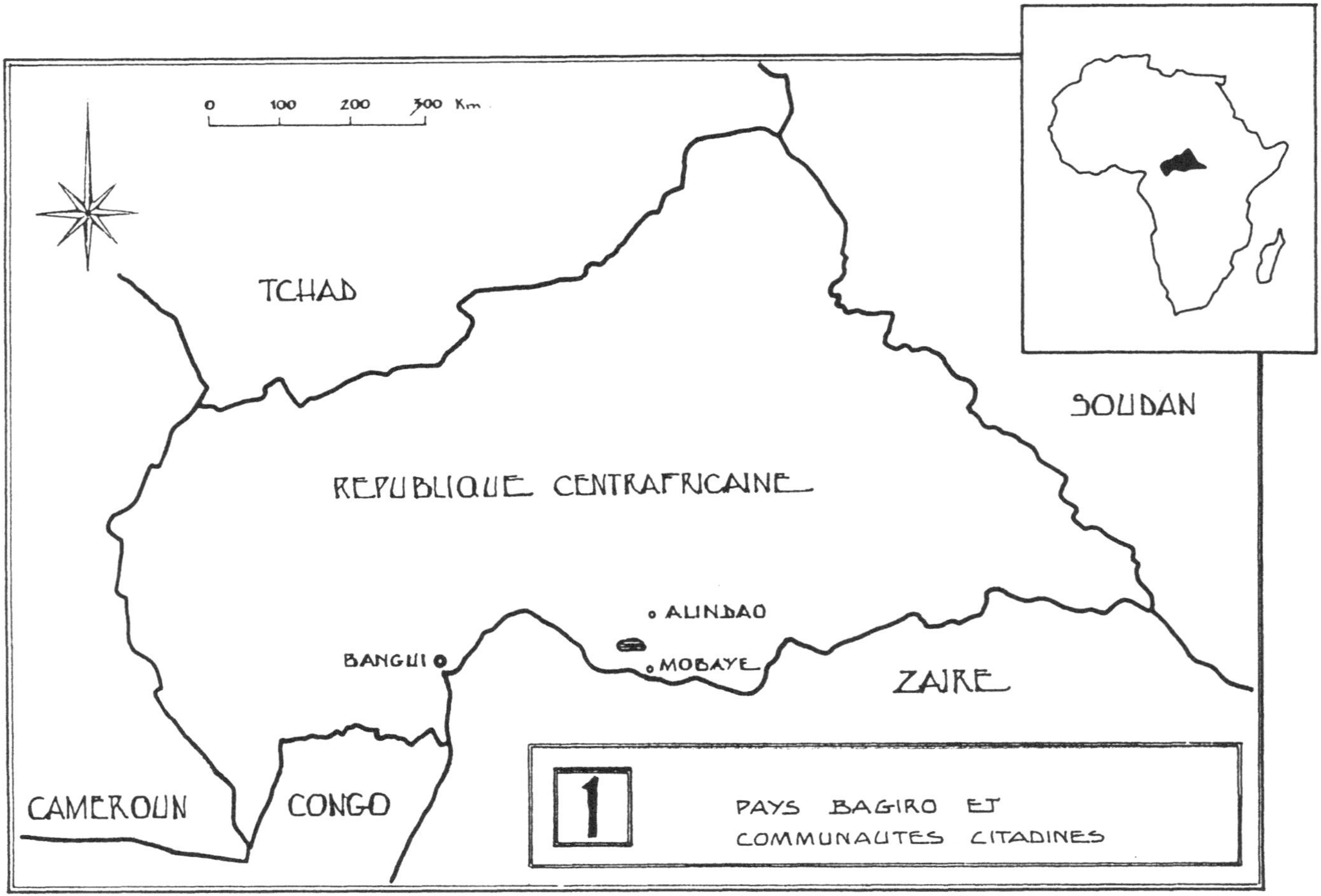
0 100 200 300 Km
TCHAD
SOUDAN
REPUBLIQUE CENTRAFRICAINE
ALINDAO
BANGUI
MOBAYE
ZAIRE
CAMEROUN
CONGO
1
PAYS BAGIRO ET
COMMUNAUTES CITADINES

SIGNES ET ABREVIATIONS

/	*segmentation du mot-à-mot; unités en alternance*
#	*limite de propositions (chapitre 18.)*
+	*amalgame*
.	*composé*
=	*égal, équivalent*
≠	*différent de, opposé à*
~	*variante*
>	*se réalise (phonologiquement); donne (par dérivation); tend vers (par analogie)*
<	*origine (emprunt); dérivé de*
`	*ton/registre bas*
¯	*ton/registre moyen*
´	*ton/registre haut*
↓, ↓	*faille tonale*
*	*forme non attestée; séquence agrammaticale*
1	*"je"*
2	*"tu/vous"*
2!	*"tu/vous" (injonctif)*
3	*"il/elle/ils/elles/on"*
3!	*"il/elle/ils/elles/on" (injonctif)*
acc.	*accompli*
adj.	*adjectif*
adv.	*adverbe*
anaph.	*anaphorique*
aor.	*aoriste*
assert.	*assertif*
B	*ton/registre bas*
C	*consonne*
cl.	*classe (verbale)*
comm. pers.	*communication personnelle*
comp.	*composé*
cont.	*continu*
D	*"nous (duel/inclusif)"*
dir.	*direct*
E	*"nous (exclusif)"*
exclam.	*exclamatif*
expect.	*expectatif*
fut.	*futur*
gén.	*général, générique*
H	*ton/registre haut*
I	*"nous (inclusif)"*
inach.	*inachevé*
ind., indir.	*indirect*
inf.	*infinitif*
interr.	*interrogatif*
intr.	*intransitif*
invar.	*invariable*
itér.	*itératif*
L	*"je/nous/il/elle/ils/elles" (logophorique)*
litt.	*littéralement*
M	*ton/registre moyen*
n.	*note*
nég.	*négatif*
pl.	*pluriel*
prohib.	*prohibitif*
rel.	*relatif*
sg.	*singulier*
sp.	*spécifique*
stat.	*statique*
succ.	*successif*
susp.	*suspensif*
tr.	*transitif*
V	*voyelle*
v.	*verbe*
var.	*variable, variante*

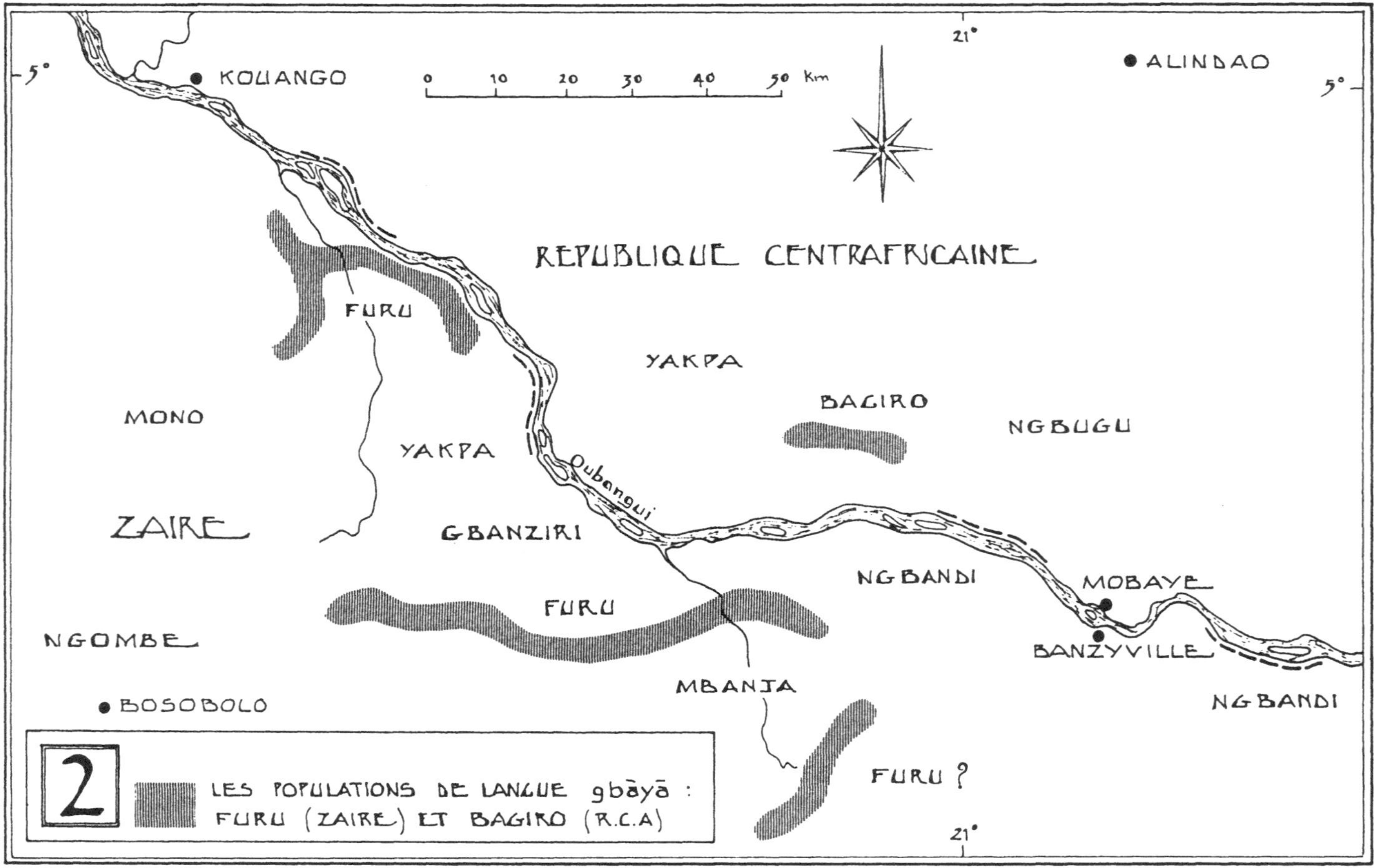

2 LES POPULATIONS DE LANGUE gbāyā : FURU (ZAIRE) ET BAGIRO (R.C.A)

INTRODUCTION

Les Bagiro et leur langue

Les Bagiro sont établis dans le sud de la République centrafricaine où ils occupent, à environ 45 km au nord-ouest de Mobaye (préfecture de la Basse-Kotto), une dizaine de villages qui s'échelonnent sans discontinuité sur la route de Kouango, parallèlement au fleuve Oubangui (cf. Cartes 1 et 2). Ces agglomérations, qui représentent en fait les lieux de résidence propre de différents sous-groupes (clans ou lignages) dont elles tirent leurs noms[1], s'identifient de la façon suivante (elles sont citées d'est en ouest et mises en regard des toponymes portés sur la feuille Bianga de la *Carte au 1/200 000 de l'Afrique centrale* de l'IGN) :

	(IGN)
kúsú	*Koussou*
nzàngà II[2]	
būmà ou **màsɔ̀**	
kākpō	
bāwūlē (comprenant le sous-groupe **ngɔ̀ngɔ̀**)	*Baoulé*
nzàngà I	
vùngà	*Vounga*
ngòlígbì	
ngànzā	
ngàyì	*Ngaye*
ngòyì	*Ngoyi*
(non situé : **ngbóngbó**)	

1 La systématisation de ces fractions bagiro n'est pas connue dans le détail. Il est important toutefois de remarquer qu'elles constituent non pas un seul mais plusieurs ensembles exogamiques, en sorte que des alliances sont toujours possibles au sein du groupe bagiro, aussi réduit soit-il.

2 Ndeta (1988:13), citant la liste des mêmes villages, donne cet établissement sous le nom de *Kombo*.

L'ensemble de ces villages représente environ un millier de personnes[3]. De petites communautés bagiro, dont on évalue mal l'importance exacte, sont également établies dans les villes de Mobaye (quartier Mobaye-Poste), Alindao (quartier Paris-Congo) et Bangui (quartier Ngaragba[4]).

Groupe minoritaire s'il en est, les Bagiro vivent en contact étroit et constant avec leurs voisins directs, Ngbugu, Yakpa et surtout Ngbandi[5], auxquels les attachent des alliances matrimoniales ou guerrières, et dont ils parlent le plus fréquemment les langues[6]. Toutes ces populations partagent d'ailleurs le même mode de vie, avec une économie essentiellement fondée sur les ressources de l'agriculture (manioc, maïs, arachides, café, huile de palme, vin de raphia...), d'un petit élevage (volaille, chèvres), de la chasse ou encore de la pêche, pratiquée dans les affluents de l'Oubangui. Mais l'originalité des Bagiro, dont les intéressés ont une conscience d'autant plus aiguë qu'ils sont peu nombreux, tient à leur langue, qui s'apparente très étroitement à celles des différents groupes "sara" situés plus au nord (RCA et Tchad) et qui contraste avec celles de leurs voisins, tous de langues oubanguiennes.

La langue bagiro n'est pourtant pas isolée dans cette région puisqu'il convient de la rapprocher de celle des quelque dix à douze mille Furu qui sont établis sur l'autre rive de l'Oubangui, au Zaïre, dans les zones de Bosobolo et de Mobaye (région de l'Equateur) (cf. Carte 2). Comme l'explique très clairement Yamalé dans le Texte I présenté en Annexe, les Bagiro sont eux-mêmes originaires de la rive gauche et représentent précisément une fraction furu ou, plus exactement, *gbaya*, pour reprendre l'autonyme employé communément par les deux groupes. Cette migration, sans doute consécutive à quelque querelle de pouvoir, est très certainement antérieure à la colonisation, et pourrait dater d'environ deux siècles. Aujourd'hui, bien que quelques dizaines de kilomètres seulement les séparent et qu'elles puissent occasionnellement entrer en contact, les deux communautés n'entretiennent apparemment plus de relations privilégiées.

---

3 Le recensement de 1984-85 dénombre précisément 833 habitants pour les onze villages cités.

4 Ndeta (1988:16) évalue à 200 personnes les Bagiro du quartier Ngaragba.

5 Si les Ngbandi (ou Sango) riverains du grand fleuve et pêcheurs ne sont pas loin, et toujours présents sur les marchés, c'est avec des Ngbandi de l'intérieur (sans doute de ces Mbangi qui ont essaimé jusqu'à Kembe ?) que les Bagiro sont le plus étroitement liés. Certains d'entre eux sont notamment établis parmi les Bagiro dans le village de Ngayi.

6 Ndeta (1988:14, 21, 30) mentionne également les Buraka (riverains de l'Oubangui) parmi les voisins des Bagiro.

A en juger d'après le peu que l'on sait de la langue furu[7], il semble qu'en dépit de quelques divergences essentiellement lexicales, justifiées par l'influence de voisinages aujourd'hui différents, furu et bagiro puissent bien être considérés comme deux variantes dialectales d'un même parler, ce que confirme le sentiment des Bagiro que "les Furu parlent la même langue", mais que celle-ci "est un peu difficile"[8]. Si ce point de vue est fondé, ce qu'on dit plus loin de la langue bagiro vaut donc en fait, de façon générale, pour l'ensemble furu-bagiro.

Un article récent de Yembeline (1991) fournit pour le furu quelques informations complémentaires, malheureusement limitées et surtout peu précises (cf. **ngálé** (p. 143), **ngélé** (147) et **ngēlē** (149) "ventre"; **abe** (143) et **aɓé** (151) "envoyer"; **aɓè** "marcher" et **aɓē** "partir" (151) ?!). Ces matériaux semblent toutefois confirmer deux variations observées à partir de la liste de Mortier (1941) : certains noms monosyllabiques (CV) du bagiro se présentent en furu sous une forme redoublée (influence d'un modèle banda ?) et certaines successions **-ɔyɛ** y correspondent à la succession **-ɔyɔ** :

Mortier	Yembeline	bagiro	
nzjīnzjī *eau*	**ʒīʒī**	**nzī**	*pluie*
	ɓɔ́ɓɔ́	**ɓɔ̄**	*faim*
gɔ́yɔ́ *mortier*		**gɔ̀yè**	*pilon*
bɔ́kɔ̀yɔ̀	**bɔ̄kɔ̄yɔ̄**	**bɔ̄kɔ̀yɛ̀**	*serpent*
ngɔ́ngɔ́ (**ngɔ́yɔ́** ?)	**ngóyó**	**ngɔ́yɛ́**ꜜ	*cou*

Une divergence notable concerne les formes verbales (toujours traduites par un infinitif) qui comportent toutes un **a-** initial :

Yembeline		bagiro	
aswa	*manger*	**suà**/inf. **k-ìsuà**	*manger*
asɔ	*tomber*	**ìsɔ̄**/inf. **k-ìsɔ̄**	*tomber*
aɓē	*partir*	**àɓɛ̄**/inf. **k-àɓɛ̄**	*partir*
alifina	*fendre*	**līfā**/inf. **kì-līfā**	*déchirer, rompre*
		(cp. **līfā ná** "il le déchire")	
anúná	*donner*	**nù**/inf. **k-ìnù**	*prendre*
		(cp. **nù ná** "il le prend")	
anyingáli	*s'asseoir*	**nzì**¯/inf. **kì-nzī**	*s'asseoir*
		(cp. **nzì**¯ **ngá**ꜜ**lī** "il s'asseoit par terre")	
apusaná	*pousser*	(cp. français *pousser*)	
adú	*engendrer*	(cp. ngbandi **dú** "engendrer")	

Faut-il rapprocher ce **a-** initial de l'indice personnel de 3ème personne (inanimé/indéfini) **à-** du ngbandi ? Si ces formes sont bien représentatives (rappelons que la liste de Mortier (1941) ne comporte aucun verbe), la morphologie verbale du furu pourrait être sensiblement différente de celle du bagiro.

L'unité historique de ces deux groupes est encore manifestée par le fait que l'un et l'autre se donnent le même nom propre, *Gbaya* (**gbāyā**/pl. **gbāyā gɛ̄**),

---

7 Ces matériaux consistent essentiellement en une liste de mots (Mortier, 1941) et quelques phrases, également dues à Mortier mais publiées par Hulstaert (1950:6, 25). Dans son bilan sur *Les recherches linguistiques au Congo belge*, Van Bulck (1948:209) mentionne encore un *Vocabulaire furu/Banzyville* dû au R.P. Thys et un *Vocabulaire fulu/Banzyville* dû à l'administrateur Grabbeek [Crabbeck ?], qui ne me sont pas connus.

8 Cette comparaison est exposée par ailleurs dans un article (Boyeldieu, 1990) qui traite, de façon plus détaillée qu'on ne le fait ici, des populations Furu et Bagiro et de leur identité linguistique.

terme par lequel ils désignent également leur langue (**tàlà gbāyā**). Les dénominations *Furu* (**fùlū**) et *Bagiro* (**bāgīlɔ̀**) leur seraient étrangères, et principalement utilisées par leurs voisins[9]. Yamalé explique notamment (Texte I) que les Bagiro "sont des Gbaya", et que ce nom de Bagiro leur a été donné par les Ngbugu auxquels ils se sont affrontés lors de leur installation sur la rive droite. En fait le nom de Bagiro, dont il existe toujours des attestations parmi les Furu du Zaïre, était vraisemblablement attaché à une fraction (clan ou lignage ?) "gbaya" avant d'être systématiquement - et contrastivement - appliqué au groupe centrafricain[10].

S'il est généralement préférable de désigner les populations par les noms qu'elles se donnent à elles-mêmes, on évitera pourtant, dans le cas présent, l'emploi du nom *Gbaya*, générateur de confusion avec celui des Gbaya du nord-ouest de la République centrafricaine, qui parlent une langue oubanguienne. Les dénominations *Furu* et *Bagiro* présentent de plus l'avantage de souligner l'individualité de chacun de ces groupes, aujourd'hui bien marquée en dépit d'une origine et d'une langue communes. Les Bagiro de Centrafrique adoptent d'ailleurs volontiers cette pratique, qui préserve leur spécificité.

Par contraste avec les Furu du Zaïre, généralement bien connus des inventaires ethniques et linguistiques de l'ancien Congo belge, les Bagiro de Centrafrique ne sont qu'exceptionnellement évoqués dans la littérature ethnographique. Tisserant (1930:1) est, à ma connaissance, le premier qui fasse mention de leur existence en citant, dans une note introductive à son *Essai sur la grammaire banda*, les "Baguélo des environs de Mobaye dont le vrai nom est Gbwaa, Gbaya, Gbaya Golo". Il les donne pour parents des Patri [Kpatiri] de la Kotto[11] et dit avoir recueilli 150 mots *baguélo* dont il a, par la suite, retrouvé les deux tiers dans les vocabulaires sara publiés par Gaudefroy-Demombynes dans ses *Documents sur les langues de l'Oubangui-Chari*. Curieusement sa carte des principaux dialectes banda (Tisserant, 1930:17) situe les *Baguélo* au sud - et non au nord - de l'Oubangui.

Sauf erreur les brèves informations de Tisserant demeurent isolées jusqu'au récent mémoire que Ndeta (1988) consacre à une *Etude monographique des Baguiro*. L'auteur y fournit en particulier des indications précises sur leur localisation et conclut, sur la base de quelques comparaisons lexicales, à une parenté linguistique et historique avec les populations de langues sara.

---

9 Les formes citées sont celles que j'ai recueillies auprès des Bagiro. Sur les dénominations des Furu, cf. Van Bulck (1954:48) et Tucker et Bryan (1956:13).

10 Pour plus de détails, cf. Boyeldieu (1990:82-86).

11 Les Kpatiri parlent en fait une langue apparentée au ngbandi, cf. Boyd (1988).

Les observations linguistiques faites tant par Tisserant que par Ndeta sont pertinentes et fondées : le bagiro doit bien être compté au nombre des langues sara-bongo-baguirmiennes (ou "Bongo-Bagirmi"), qui constituent la première branche des langues soudaniques centrales (famille nilo-saharienne) de Greenberg (1971:434-435). Certaines caractéristiques tonales permettent même de confirmer qu'il s'agit plus précisément d'une langue "sara" au sens où le bagiro partage avec le sar, le kenga, le mbay, le ngambay, le kaba-na, le ndoka[12] (et vraisemblablement beaucoup d'autres dont le baguirmien) des innovations communes qui s'expliquent par une communauté linguistique plus tardive et les font distinguer des autres langues du même groupe (yulu, gula, fer, bongo, modo, baka, etc.). Comme on l'a dit plus haut cette classification vaudrait en fait pour l'ensemble furu-bagiro, et ce bien qu'on ait parfois voulu rapprocher le furu de la langue kresh[13].

Furu et Bagiro représentent donc la projection méridionale extrême d'une expansion "sara" - comprise au sens linguistique du terme - dont le foyer de dispersion doit être situé aux confins tchado-centrafricains (cf. Carte 3). Une fraction "sara", alors en contact avec des Gbaya "oubanguiens" dont elle tient peut-être son nom, a franchi l'Oubangui en provenance du nord pour donner naissance au groupe des Furu. Ce premier mouvement, difficile à dater, s'est peut-être fait sous la pression des Banda[14]. Par la suite une fraction furu a retraversé le fleuve, cette fois en provenance du sud, pour constituer le groupe des Bagiro, lesquels semblent bien n'avoir gardé mémoire que de cette ultime migration.

L'identité du bagiro

On l'a dit plus haut, le bagiro s'insère dans un contexte sociolinguistique tel que bon nombre de ses locuteurs maîtrisent et pratiquent assez régulièrement les langues de leurs voisins les plus proches, Ngbugu dans une certaine mesure, mais surtout Yakpa et Ngbandi. Cette situation de plurilinguisme accentué sinon généralisé n'est pas sans conséquence sur l'identité même du bagiro, à tel point qu'il est parfois fort difficile, notamment en ce qui concerne

---

12 Mes informations sur le ndoka sont dues à P. Nougayrol (*comm. pers.*).

13 Ce point de vue est formulé par Van Bulck (1952:11; 1954:48), qui l'attribue à A.N. Tucker. Sur tous ces différents points, propriétés tonales des langues "sara" et critique des classifications antérieures, cf. Boyeldieu (1990).

14 Voir en particulier la présentation que font Bouquiaux et Thomas (1980) des mouvements historiques des populations de langues oubanguiennes. Les auteurs identifient notamment, aux XV-XVIèmes siècles, une poussée d'est en ouest des Banda qui font refluer des Gbaya-Manza vers le sud-est.

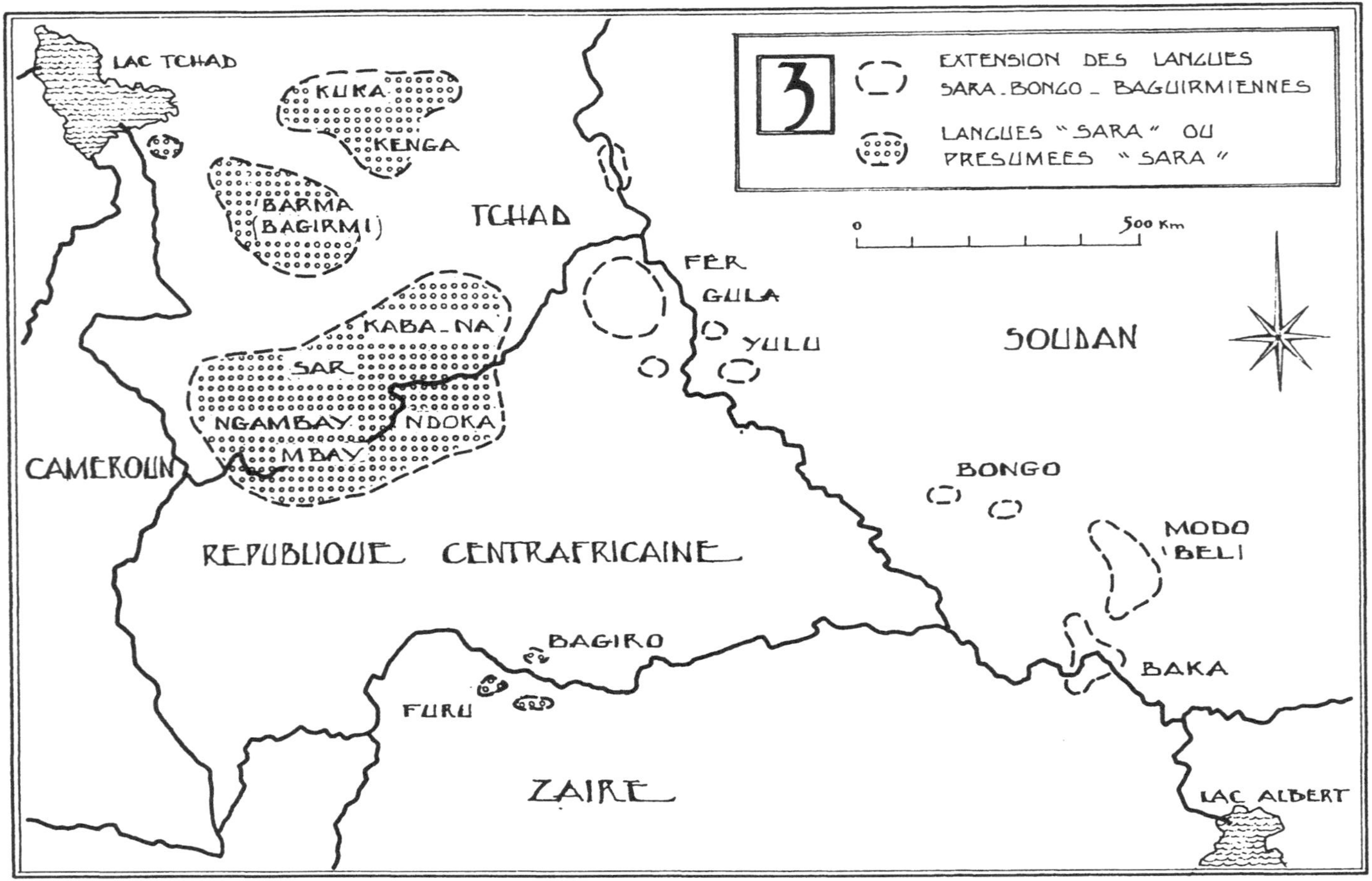
3
EXTENSION DES LANGUES SARA_BONGO_BAGUIRMIENNES
LANGUES "SARA" OU PRESUMEES "SARA"
0
500 Km
LAC TCHAD
KUKA
KENGA
BARMA (BAGIRMI)
TCHAD
KABA_NA
SAR
NGAMBAY
NDOKA
MBAY
CAMEROUN
FER
GULA
YULU
SOUDAN
BONGO
MODO
BELI
BAKA
REPUBLIQUE CENTRAFRICAINE
BAGIRO
FURU
ZAIRE
LAC ALBERT

le lexique, de fixer précisément les limites de la langue et de distinguer, de façon claire, ce qui lui est (déjà) propre de ce qui lui est (encore) étranger.

Les langues "sara" étant à la fois nombreuses et faiblement différenciées, la tentation pourrait s'offrir au comparatiste de ne considérer comme spécifiquement "bagiro" que ce dont il pourrait retrouver le témoignage dans les langues apparentées. Cette démarche, par ailleurs fondée dans une perspective historique, serait en l'occurrence dangereusement réductrice et reviendrait à priver la langue de nombreux traits qui, fussent-ils d'acquisition relativement récente, contribuent incontestablement à forger son identité actuelle et lui appartiennent donc en propre. Ainsi plusieurs éléments du lexique s'expliquent-ils selon toute vraisemblance par un emprunt fait à l'un ou l'autre des parlers gbaya orientaux (ali, gbanu, manza, ngbaka-manza, ngbaka-minagende...), à une époque où celui-ci s'est trouvé en contact avec le (furu-)bagiro (ex. **gàɗàngà** "manioc", **kpɔ̀lɔ̀mɔ̀** "hache", **sùndù** "sésame", **gɔ̀** *négation*, **ɓɔ̀** "membre de", **gɛ̀ɗɛ̂** "fesses, fondement", **gɔ̀gɔ̀** "molaire", **ndàlā** "peau", **kpògàlà** "martin-pêcheur", **ngbìlì** "joue", **mbɔ̀lɔ̀** "rhume"... ou même **ɓɔ́lɔ̀** "sacoche, besace" que le gbaya tiendrait lui-même d'un autre parler sara)[15]. Quand bien même on peut avoir quelque certitude sur l'origine et le sens de l'emprunt, ces termes appartiennent incontestablement au bagiro, et ce d'autant plus clairement que le contact des communautés linguistiques concernées est aujourd'hui rompu depuis plusieurs générations. Le même raisonnement vaut également pour quelques noms qui pourraient être d'origine mbanja (ex. **ɓàlā** "égoïsme", **fínyá** "(un) peu", **gbàlà** "piquant d'animal", **gbáká↓/gbá↓ké** "aider" (ou < gbaya ?), **zàfà** "bâton, chicotte" (ou < ngbugu ?)...) ou encore gbanzili (**kpīlī** ~ **pīlī** "flèche", **yáká↓** "saison sèche" ?).

Plus délicate en revanche est l'interprétation des termes, relativement nombreux, qui trouvent un équivalent formel en banda[16] ou en ngbandi. Les premiers comportent nombre de noms d'animaux, mammifères - et notamment singes -, oiseaux ou "bestioles" (ex. **fùngà** "colobe guéréza", **gbɔ̀ngɔ́↓** "hyène", **kɔ̀lɔ́ngɔ̄lɔ̄** "iule", **kɔ́gbɔ́↓** "escargot sp.", **kùmbùlù** "escargot sp.", **kándà** "aigle (?)", **ngbɛ́dàmbá↓** "vervet ou patas (?)", **nzà´↓** "soui-manga", **nzáguá↓** "faucon (?)", **pélá↓** ~ **kpélá↓** "céphalophe de Grimm", **tàguà** "cercopithèque (?)", **tágbà** "cobe de Buffon (?)", **vúlúngú↓** "potamogale",

---

15 Je dois à Yves Monino d'avoir identifié cette liste d'emprunts vraisemblables. Il faut préciser que les parlers gbaya-manza-ngbaka dans leur ensemble ont eux-mêmes emprunté à certaines langues "sara", ce qui complique parfois l'interprétation des faits.

16 Le terme banda doit être compris ici au sens linguistique de "banda central", ensemble de dialectes très peu différenciés auquel appartiennent aussi bien le yakpa que le banda-linda (Cloarec-Heiss, 1986:17-23). C'est principalement sur la base de ce dernier parler que France Cloarec-Heiss a identifié les emprunts qui sont signalés tant ici que dans le lexique.

zùngú↓ "guib d'eau", etc...)[17]. Les termes présumés d'origine ngbandi couvrent des champs sémantiques plus variés. On y trouve notamment des noms se rapportant au milieu et aux activités du fleuve (ex. **gbándá↓** "filet", **lùlù** "sable", **mɔ̀bgɔ̄dòlì** "poisson sp.", **mbìmbà** "hippopotame", **ngē** "harpon", **ngɔ̄** "pirogue", **ngùndē** "crocodile", **nzàyī** "poisson sp.", **nzèlē** "arbre sp. (du bord de l'eau)", **sɛ̀pɛ̄** "poisson sp.", **yòngō** "hameçon"...) ainsi que des verbes (ex. **ɓóngbì/ɓóngbì´** "rassembler, réunir", **kínì/kínì´** "sursauter", **zángbì/zángbì´** "s'affronter", **zéngbà/zéngbè´** "saluer"...).

Il est peu douteux qu'un certain nombre de ces termes soient aujourd'hui bien intégrés à la langue. On en veut pour preuve la régularisation morphologique des verbes d'origine ngbandi ou encore la réinterprétation du banda **ʒékú↓** "hérisson" en une variante **zúkú↓**, plus conforme aux structures phonologiques du bagiro. Pourtant certains termes étrangers font encore double emploi avec un terme propre dont ils constituent la traduction plus ou moins exacte : **átà** (< banda) et **kàbúlá↓** "grand-père, aïeul"[18], **yìngɔ̄** (< ngbandi) et **màyà** "ombre (d'un animé), esprit, âme", **vùngbá↓** (< banda) et **bàɗū gúlú↓** "phacochère", **bùdú↓** (< banda) et **gɛ̀ɗɛ̄** "fond, fondement, fesses". Faut-il considérer que ces termes font ou ne font pas partie de la langue ? Dans la mesure où les Bagiro parlent eux-mêmes les langues voisines, il est en fait non seulement délicat mais même illusoire de vouloir rendre compte en termes tranchés et figés d'une situation qui ne peut être comprise que dans une perspective dynamique. Il paraît donc plus juste de considérer que le banda (ou plus précisément le yakpa) et le ngbandi offrent potentiellement au bagiro un fonds linguistique, notamment lexical, dans lequel celui-ci puise au grè de ses besoins, sémantiques et expressifs. L'intégration effective de certains termes étrangers à la langue et leur éventuelle substitution à des termes propres dépend donc avant tout de leur fréquence dans le discours, fréquence qui peut varier non seulement de terme à terme, mais également, pour un même terme, de locuteur à locuteur[19].

A cette liste des sources linguistiques qui marquent la langue de leur empreinte, il faut encore ajouter les influences, inégales, du sango et du français. Le sango, langue véhiculaire, est assez largement maîtrisé par les Bagiro qui l'utilisent essentiellement dans leurs contacts avec d'autres populations ou avec l'administration et, pour les chrétiens, dans les réunions

---

17 On relève également, du bagiro au banda, quelques cas de ressemblance formelle concernant des éléments grammaticaux, cp. bagiro **nɛ̀¯** et banda **ə̀nē** "lui/elle (logophorique)", bagiro **ánɛ̄** *pronom démonstratif* et banda **ə́nɛ̄** *relatif*, bagiro (`)**ná** et banda **nə̀** "le/la".

18 Voir notamment l'emploi simultané de ces deux termes en I, 11 (Textes).

19 Pratiquement, tous ces termes ont été pris en compte dans le lexique comme dans le corpus de référence sur lequel est fondée l'analyse phonologique.

religieuses. Son influence se fait sentir dans le lexique bagiro, sans qu'il soit toujours facile de la distinguer de celle du ngbandi, dont il est lui-même principalement issu. Quant au français, langue de la scolarisation, il est surtout connu des générations les plus jeunes, qui ont d'ailleurs peu l'occasion de l'utiliser en dehors et au delà de l'école. Son influence directe est réduite sinon nulle, mais le lexique bagiro n'en comporte pas moins un nombre notable de termes d'origine française, lesquels pénètrent la langue par le biais du sango qui les a lui-même préalablement assimilés (ex. **fàmī`** "parenté", **pírì** "pur, vrai", **wòtō`** "automobile", **brávə** "brave, courageux", **kɔ̄māndēmā** "autorité, chef", **tírè/tírè´** "photographier", **kɔ́másè/kɔ́másè´** "commencer"...)[20]. Il en va d'ailleurs de même pour les rares termes indirectement issus du lingala (**míngì** "beaucoup", **màkōnzì** "chef (de village)", **súpà** "bouteille"), du portugais (**kàbītà** "chef (de subdivision)", **lɔ́sɔ̀** "riz") ou encore de l'arabe (**bágàrà** "vache, bovidé", **sàndúgù** "valise, malle", **wàlà** "ou (bien)").

Les quelques observations qui précèdent ne font qu'effleurer un problème d'ordre sociolinguistique dont la complexité et les implications débordent le cadre imparti au présent travail. On n'en a d'ailleurs évoqué que l'aspect lexical, celui qui s'impose sans doute avec le plus d'évidence à l'occasion d'une enquête assez rapide, mais il n'est pas exclu que des interférences du même type s'observent au plan grammatical : l'ambivalence du défini (cf. 8.4.), l'existence de noms relationnels à valeur attributive (cf. 8.7.), la spécificité du syntagme d'"association sélective" (cf. 9.5.), l'emploi du logophorique avec valeur d'imminence (cf. 18.3.) ou encore la construction du conjonctif **álà.gà** (cf. 18.4.), qui présentent selon les cas des analogies remarquables avec les structures observables en ngbandi ou en banda, voire dans les deux langues, pourraient en constituer des illustrations.

L'enquête et ses objectifs

Les documents d'enquête qui constituent la matière du présent ouvrage ont été recueillis à l'occasion de deux missions de recherche financées par le *Centre National de la Recherche Scientifique* (CNRS). La première d'entre

---

20 Le Texte I (cf. Annexe) fournit à cet égard des exemples intéressants. Les interventions de Kopélé, qui parle par ailleurs français, comportent plusieurs termes - notamment des conjonctifs - qui ne sont certainement pas connus, ou du moins couramment employés, par la majorité des locuteurs du bagiro (ex. [**dɔ̰́kə̀**] "donc", [**kɔ́má̰**] "comment?", [**kɔ́mə̀**] "comme, puisque", [**òlyǿkə̀**] "au lieu que", [**pá̰sè**] "penser", [**tá̰`**] "temps, époque"...). Ces termes n'ont donc pas été comptabilisés dans le corpus de référence. Il est d'ailleurs significatif que Yamalé, qui ne connaît pas le français, emploie certains d'entre eux sous une forme différente, plus conforme aux structures phonologiques de la langue et donc plus intégrée : cp. [**èkɔ́`l**] et **lèkɔ́`l** "école", [**tɛ́`l**] et **tɛ́lɛ̀** "(un)tel", [**ʒṹskà**] et **zúzúkà** "jusqu'à, longtemps", [**ʃɛ́`fdə̀kà̰tɔ̰̄`**] et **kàndɔ́`** "chef de canton".

elles, réalisée en novembre 1985 dans le cadre de l'ATP "Distances et limites dialectales dans l'aire banda", portait principalement sur un inventaire des populations langba et ngbugu de la Basse-Kotto. Elle a permis, accessoirement, de recueillir un *Questionnaire d'Inventaire Linguistique* auprès de deux locuteurs bagiro, GBANGBA Jean-Louis et KONZI Samuel, âgés d'une vingtaine d'années, originaires de Kakpo et établis à Mobaye, chef-lieu de la préfecture. En mars 1987 une brève visite a été effectuée dans les villages bagiro à l'occasion d'un séjour chez les Ngbugu de Ngouatchi. La seconde mission, intégralement consacrée à l'étude de la langue, a été réalisée au programme du *Laboratoire de Langues et Civilisations à Tradition Orale* (LACITO). Elle s'est effectuée en août 1988, à Alindao, avec le concours principal de KOPELE Jean-René (âgé d'une trentaine d'années, originaire de Kakpo), TOBOMBO Gabriel (âgé d'une vingtaine d'années, originaire de Nganza), YAMALE Albert (âgé d'une cinquantaine d'années, originaire de Nganza) et la participation occasionnelle de NDOKOULA Simon, LINGA Dieudonné Simplice, ALEMA Barnabé et YANGAGBYA Antoine.

Ces recherches avaient d'abord pour objectif une esquisse de la langue pour elle-même, dans son fonctionnement propre. Mais le choix du bagiro trouvait également sa justification dans un programme d'inventaire et de comparaison portant sur différentes langues sara-bongo-baguirmiennes de la République centrafricaine[21]. L'inexistence de travaux antérieurs sur le bagiro, son intérêt dans une perspective comparatiste et enfin le caractère relativement limité des enquêtes qui lui ont été consacrées expliquent en grande partie la nature du présent ouvrage. Celui-ci veut offrir une description de la langue sous tous ses aspects, au risque de présenter certains d'entre eux d'une façon parfois schématique ou incertaine (identification grammaticale des démonstratifs ou des quantificateurs, expansions du prédicat verbal, énoncés à prédicat non verbal, énoncé complexe...). La morphologie du verbe, point crucial de la comparaison des langues sara-bongo-baguirmiennes, a fait l'objet d'une attention particulière, de même que le fonctionnement général du système tonal, qui révèle un phénomène remarquable de diffusion en chaîne tel qu'on en observe dans certaines langues bantu d'Afrique orientale ou australe. Il a de plus semblé utile d'illustrer cette description par la présentation de quelques textes, commentés et traduits, et de la compléter par un lexique qu'on eût souhaité plus étoffé mais qui fournira néanmoins, en l'état, matière à comparaison.

On ne saurait enfin présenter la description d'une langue "sara" sans évoquer les nombreux travaux qui portent sur des langues de ce groupe. Il est

---

21 Ce programme a été entrepris en 1984 par Pierre Nougayrol et moi-même, avec des études portant sur différentes langues du nord (ndoka) et du nord-est (yulu, fer, dialectes gula).

impossible de les citer tous mais on mentionnera au moins les contributions majeures que sont celles de Vandame (1963, 1968) pour le ngambay et le kenga, de Caprile (1968, 1969, 1972) pour le mbay, de Palayer (1970, 1989) et de Fédry (1976) pour le sar[22]. On y fera parfois référence sur tel ou tel point précis mais la nature de ces langues est telle que c'est presque à chaque page que l'on pourrait développer des remarques comparatives et que les travaux antérieurs - je pense en particulier aux *Eléments de grammaire sar*, dus à P. Palayer avec la collaboration de E. Moundo et M. Fournier - ont nécessairement exercé leur influence sur la description du bagiro, parfois même à mon insu.

[22] Des bibliographies détaillées, évidemment limitées à leur date de parution, sont fournies par Caprile et Fédry (1969) et par Caprile (1978).
Il faut également citer la thèse de Djarangar (1989) sur le bédjondé, dont je n'ai malheureusement pu prendre connaissance au moment où j'achève la présente étude.

SYSTEMATIQUE

PHONOLOGIE

1. CORPUS DE REFERENCE ET FORMES CANONIQUES

La délimitation d'un corpus sur lequel fonder la description des structures phonologiques de la langue suscite, en dehors même des considérations sociolinguistiques évoquées dans l'Introduction, un problème d'ordre à la fois théorique et pratique. Comme on le verra plus loin de façon détaillée, la morphologie du bagiro amalgame en des suites phonologiquement cohérentes et insécables certains ensembles syntaxiquement complexes qui associent le plus souvent un ou plusieurs morphèmes spécifiques à un élément lexical, nom ou verbe. Il résulte de ce fait des phénomènes d'alternance qui affectent l'identité des timbres vocaliques et/ou celle des schèmes tonals. Exemples :

kàmù		*oeil*
kàmuí	/oeil + ton/	*ton oeil*
fàɗù		*feu*
fàɗī	/feu + à/	*au feu*
w-ɔ̀ɗɛ̄	/aor.3-extraire/	*il extrait*
w-ɔ̄ɗɛ̄	/aor.2-extraire/	*tu extrais*
w-òɗé	/aor.3-extraire + pl./	*ils extraient*
w-ōɗé	/aor.2-extraire + pl./	*vous extrayez*

Il est clair que les voyelles comme les schèmes tonals qui caractérisent ces termes (ou "mots phonologiques") syntaxiquement complexes constituent des unités distinctives segmentales ou suprasegmentales de plein droit quand bien même leur occurrence est limitée à ces seuls contextes morphologiques (par ex. voyelles diphtonguées **ui** et **ue**, schèmes tonals MH et $H^{\downarrow}H$) : comme telles elles commutent et s'opposent, à l'intérieur d'un système cohérent, aux autres unités distinctives de la langue. Ceci d'un point de vue théorique. Faut-il pour autant, sur le plan pratique, démultiplier les formes nominales et verbales prises en compte pour établir un corpus de référence qui serve en particulier au calcul des fréquences lexicales ? Une telle précaution me semble superflue dans la mesure où le corpus de référence permet toujours, par extension, d'identifier et d'apprécier la représentativité de toutes les unités fonctionnelles. Le même raisonnement peut être appliqué aux schèmes tonals qui sont modifiés sous l'effet d'un registre précédent haut ou encore aux formes canoniques verbales qui sont modifiées par la préfixation des indices personnels ou de la marque d'infinitif.

Dans ces conditions le corpus de référence est constitué d'un ensemble de 1045 termes qui intègre notamment les noms sous leur seule forme isolée et les verbes, non isolables, sous la seule forme conventionnelle de 3ème personne du singulier de l'aoriste. Qu'il soit bien clair toutefois que les limites de ce corpus ne sont autres qu'opérationnelles : elles ne préjugent en rien d'un caractère marginal ou secondaire des unités distinctives comme des mots phonologiques qui n'y sont pas directement représentés mais auxquels on ne manquera pas de faire appel pour rendre compte du système et de ses oppositions.

L'identification du corpus de référence étant posée, la représentativité des différentes formes canoniques qu'on y observe se chiffre de la façon suivante :

formes canoniques		(dont verbes)
V	3	(1)
CV	170	(54)
VCV	67	(48)
CVCV	639	(156)
CVCVCV	106	(6)
CVCVCVCV	29	-
divers	31	-
total	1045	(265)

La forme prépondérante est donc représentée par les dissyllabes de type CVCV (ex. **mànɛ̄** "eau", **tūzū** "il tire"), lesquels comportent *grosso modo*, comme les monosyllabes de type CV (ex. **nzì¯** "pluie", **suà** "il mange"), un verbe sur quatre. Les trisyllabes CVCVCV comportent nombre de composés vraisemblables (ex. **lùɓɔ́lɔ́↓** "bile", **ɓàtàlɔ̄** "il se lève"), de noms d'acquisition plus ou moins récente (ex. **sàndúgù** (ar.) "valise", **kɔ̄másè** (fr.) "il commence"), d'ethnonymes ou de toponymes (ex. **ngòlígbì** *nom de clan/village*, **ngɛ̀mɛ̀nɛ̀** *nom de ville*) et de noms spécialisés (en particulier faune, ex. **kàlílí↓** "ver de tere", **màmàkà** "poisson sp."); les verbes y sont remarquablement peu nombreux. Suivent les dissyllabes de type VCV (ex. **ànɛ̄** *prohibitif*, **ìnduā** "il place") où les verbes sont au contraire majoritaires, les autres termes étant essentiellement représentés par des morphèmes (les rares noms de forme VCV sont exceptionnels et atypiques, ex. **ínā** "ma mère"). Les tétrasyllabes CVCVCVCV (ex. **fófōlífɔ̄** "musaraigne", **mbɛ́nɛ́mbɛ́nɛ́** "très sucré", **wùsùwùsù** "touffu") comportent pour l'essentiel des noms, adverbes ou adjectifs (?) fortement expressifs dont la composition est parfois symétrique (réduplication totale d'un hypothétique CVCV). Les monosyllabes de type V se réduisent à trois items (**à¯** "il part", **à¯** "être", **á** "tu, vous (aor.)"). Enfin les "divers" regroupent différentes formes marginales et exceptionnelles, notamment attestées

- dans des noms des vocabulaires spécialisés (faune et flore) : **mòkòsùkúlù** "oiseau sp.", **súkūdúbēlī** "arbre sp.";
- dans des emprunts, avérés ou présumés : **trò´`** (fr.) "beaucoup", **lèkɔ́`l** (fr.) "école", **kɔ́mbélétènɛ̄** (fr.) "complètement", **kōbyō** (?) "oiseau sp.", **àwóbàzà** (?) "oiseau sp.";
- dans des adverbes ou morphèmes d'origine vraisemblablement composée : **á↓gyɔ́lɔ́** "à l'instant", **ákɔ́↓ṵ́** ~ **tákɔ́↓ṵ́** ~ **tá↓ṵ́** "si, quand";
- dans des adverbes ou des formules d'adresse comportant des allongements vocaliques ou consonantiques à valeur expressive : **fóō** "tôt, depuis longtemps", **rrrɔ̀** "longtemps", **béè** "bienvenue!".

2. VOYELLES

Le bagiro distingue dix phonèmes vocaliques qui s'organisent en un système triangulaire de sept timbres simples, complété par trois unités complexes ou diphtonguées (labialisées) qui n'occupent que trois des quatre degrés d'aperture :

	antérieures		*postérieures*	*labialisées*
1	**i**		**u**	**ui**
2	**e**		**o**	**ue**
3	**ɛ**		**ɔ**	
4		**a**		**ua**

2.1. Identification

L'identité de ces phonèmes est illustrée par les rapprochements qui peuvent être faits entre les termes suivants :

lī	*nom*	**lù**	*foie*	**lùí**	*ton foie*
ɓī	*il dort*	**ndù**	*proche*		
ɓé	*le tien*	**ndó**	*beaucoup*	**lūè**	*à son corps*
ndē´	*ils st couchés*			**ndùé**	*ils frappent*
lɛ̀	*il essore*	**lɔ̄**	*corps*		
ɓɛ̄	*village*	**ndɔ̄**	*il goûte*		
ndɛ̀¯	*il réclame*				
lá	*personne de*			**luà**	*il envoie*
ɓà	*il botte*			**nduà**	*il frappe*
ndā	*il est couché*				

L'interprétation vocalique et monophonématique des réalisations labialisées **ui** ([^{w}**i**]), **ue** ([^{w}**e**]) et **ua** ([^{w}**a**]) appelle quelques justifications. Il n'y a tout d'abord pas lieu, dans les suites de type [C^{w}V], d'attribuer le segment vélaire à la consonne dans la mesure où, à de notables exceptions près, la plupart des consonnes sont attestées dans ce contexte. Les restrictions les plus remarquables s'observent pour la voyelle **ua** qui ne succède jamais à une consonne de caractère phonétiquement labial (ordres des labiales occlusives, labiales fricatives et labio-vélaires dont on pourrait donc considérer qu'ils conditionnent, en contexte immédiatement successif, une neutralisation effective de l'opposition **a** ≠ **ua**). Mais les voyelles **ui** et surtout **ue** ne connaissent pas ces limitations (comparer notamment **ɓà** "il botte" et **ɓùé** "ils bottent", **fà** "il dépèce" et **fùé** "ils dépècent", **kpà** "il écope" et **kpùé** "ils écopent"). Si donc l'on voulait assigner ce segment labial à la consonne précédente, c'est au minimum, dans le cas de **ua**, quatre ordres consonantiques, et même, pour **ui** et **ue**, l'ensemble du système des consonnes qu'il faudrait alors dédoubler. A l'inverse de l'interprétation adoptée plus loin pour le segment palatal susceptible d'apparaître dans une position comparable ([C^{y}V] fondant l'identification d'un ordre de consonnes vélaires palatalisées), on choisit donc de ne pas identifier le segment vélaire à la consonne précédente.

Convient-il dès lors d'interpréter ce segment comme un phonème propre, vocalique ou consonantique, ou de l'assigner au contraire à l'articulation vocalique qui lui succède ? Deux arguments viennent ici plaider pour la seconde solution. D'une part il faudrait, dans la première hypothèse, reconnaître un type syllabique original pour rendre compte de combinatoires très limitées (soit CCV pour une seule consonne seconde **w**, soit CVV pour une seule voyelle première **u**). D'autre part, et l'argument est plus décisif encore, la langue tend très évidemment à assimiler respectivement **ue** à **o** et, plus encore, **ui** à **u** (parfois **i**), comme en témoignent aussi bien les réalisations en élocution rapide que la notation de nombreuses variantes libres. Si le statut de **ua**, qui entre dans de nombreuses oppositions tant avec **a** qu'avec **ɔ**, apparaît comme parfaitement stable et intégré, il est en revanche peu douteux qu'à court terme **ui** et **ue** ne subsistent plus qu'à l'état de vestiges chez les locuteurs les plus âgés. La dynamique même de la langue semble donc indiquer qu'une interprétation monophonématique des articulations vocaliques complexes **ui**, **ue** et **ua** est plus appropriée. L'utilisation de digraphes ne devra pas faire illusion sur ce point.

Une particularité de ces phonèmes diphtongués tient au fait qu'ils ne sont attestés qu'en syllabe finale. Cette restriction s'explique vraisemblablement, pour **ua**, par des raisons historiques (la distinction **a** ≠ **ua** étant issue du transfert en syllabe seconde d'une opposition vocalique **i** ≠ **u** originellement supportée par la syllabe initiale). Essentiellement liée au verbe et à ses formes dérivées (infinitif, nom déverbatif), la voyelle **ua** apparaît en effet

- en CV : **suà** "il mange", **ɗuà** "il est éloigné";
- en finale de VCV où elle entre exclusivement en distribution avec un **i** initial : **ìnduā** "il place", **ìzuā** "il lie";

- en finale de CVCV où elle entre en distribution soit avec **i** (infinitifs) : **k-ìnduā**[1] "placer", **k-ìzuā** "lier", soit avec **u** (verbes, noms déverbatifs), auquel cas elle alterne le plus souvent librement avec **a** : **zùkuā** ~ **zùkā** "il heurte", **ndúguā** ~ **ndúgā** "il est clair, propre", (**bɛ̄**) **kùsuà** "nourriture", **kúsuà** ~ **kúsà** "viande, nourriture".

Seuls dérogent à cette distribution spécifique quelques termes d'origine étrangère (**nzáguá**ꜜ "oiseau sp.", **tàguà** "singe sp.", **vuàlà** "voilà").

La même restriction au contexte d'une syllabe finale s'explique, pour **ui** et **ue**, par des raisons d'ordre morphologique, l'une et l'autre voyelle résultant toujours de l'amalgame d'une finale **u** (pour **ui**), **ɔ**, **ua** et même parfois **a** (pour **ue**) avec un morphème structurel de forme |**-i**| (cf. 7.). Exemples :

kàmù		*oeil*
kàmuí (~ **kàmú** ~ **kàmí**)	/oeil + ton/	*ton oeil*
gù	/aor.3 + pincer/	*il pince*
gùí (~ **gù´**)	/aor.3 + pincer + pl./	*ils pincent*
zɔ̀¯	/tête + sa/	*sa tête*
zùē`	/tête + sa + à/	*à sa tête*
suà	/aor.3 + manger/	*il mange*
sùé	/aor.3 + manger + pl./	*ils mangent*
ìmā	/aor.3 + être chaud/	*il est chaud*
ìmué	/aor.3 + être chaud + pl./	*ils sont chauds*

2.2. Fréquences et distributions

Considérons maintenant la représentativité lexicale des voyelles à travers les formes canoniques les plus représentatives du corpus de référence. Pour les 170 termes de forme CV, celle-ci se chiffre de la façon suivante :

i	26	**u**	18	**ui**	-
e	5	**o**	7	**ue**	-
ɛ	31	**ɔ**	32		
a	43			**ua**	8

Les voyelles de second degré d'aperture, **e** et **o**, y connaissent une assez faible fréquence. Elles sont néanmoins attestées dans des termes qui sont proprement "sara" comme **ɗè¯** "il vient", **kè** "excréments", **ɗò¯** "il part", **zó** "deux". De plus la fréquence réelle de l'antérieure **e** se trouve

---

[1] La préfixation en **k-** des infinitifs des verbes à initiale vocalique est conventionnellement manifestée dans la graphie au moyen d'un tiret dont la valeur est strictement morphologique.

considérablement augmentée par le fait que cette dernière représente, dans les mêmes contextes morphologiques qui viennent d'être évoqués, l'altération morphologique des deux voyelles **ɛ** et **a**.

Quant aux voyelles complexes **ui** et **ue**, on vient d'expliquer les raisons de leur absence du corpus de référence.

Les 67 termes de forme VCV connaissent différentes distributions qui s'appuient toutes sur une voyelle initiale **i** ou **a** (à une exception près, tous les représentants de la forme **i**CV sont des verbes). Les différentes distributions se chiffrent de la façon suivante :

2ème v. / *1ère v.*	**i**	**e**	**ɛ**	**a**	**ua**	**ɔ**	**o**	**u**
i	1	-	3	6	4	7	-	2
a	6	1	9	15	-	6	-	7

Les distributions vocaliques observées dans les 639 termes de forme CVCV sont chiffrées dans le tableau suivant :

2ème v. / *1ère v.*	**i**	**e**	**ɛ**	**a**	**ua**	**ɔ**	**o**	**u**
i	35	5	4	25	-	12	-	1
e	12	9	-	4	-	-	-	2
ɛ	1	-	43	-	-	-	-	1
a	44	5	25	105	2	19	7	20
ua	-	-	-	1	-	-	-	-
ɔ	-	-	14	1	-	78	-	-
o	19	1	-	8	-	-	13	11
u	14	2	4	30	7	3	-	52

On remarquera notamment la prépondérance des distributions isotombres (332/639) et, dans une moindre mesure, de celles qui s'appuient sur un **a** de syllabe initiale (122/639).

Là encore les voyelles simples de deuxième degré d'aperture, **e** et **o**, ont un statut particulier. Distribuées avec elles-mêmes ou avec **a**, elles sont très évidemment liées à un vocabulaire d'acquisition plus ou moins récente (ex. **wòtō`** "automobile", **ngbèdē** "huit", **ngòmbè** "fusil", **bàlé↓** "dix", **gbàgò** "tabac", **zéngbà** "il salue", **ngònzá↓** "escargot sp."). Elles sont par ailleurs absolument incompatibles avec leurs partenaires de troisième degré, **ɛ** et **ɔ**, mais manifestent une complémentarité tendancielle (et plus anciennement absolue ?) avec ces dernières dans leurs distributions respectives avec les fermées **i** et **u** : **e/o** sont spécialisées en syllabe initiale, **ɛ/ɔ** en syllabe seconde :

CiCe	5	CiCɛ	**4**
CiCo	-	CiCɔ	**12**
CuCe	2	CuCɛ	**4**
CuCo	-	CuCɔ	**3**
CeCi	**12**	CɛCi	1
CoCi	**19**	CɔCi	-
CeCu	**2**	CɛCu	1
CoCu	**11**	CɔCu	-

La validité de ces observations se limite toutefois au corpus de référence, les jeux d'alternance vocalique induisant des fréquences textuelles sensiblement comparables sinon équivalentes pour les distributions **CeCe** et **CɛCɛ**, **CoCue** (qui tend fortement à s'assimiler à **CoCo**) et **CɔCɔ**, **CiCe** et **CiCɛ**, etc...

Enfin les 106 termes de structure CVCVCV révèlent des distributions vocaliques nombreuses et variées (on en dénombre 48 au total) parmi lesquelles les distributions isotimbres sont à nouveau majoritaires (39/106).

Différentes langues étroitement apparentées au bagiro sont caractérisées par un contraste d'intensité vocalique qui a pour effet de réduire sensiblement le jeu des oppositions vocaliques soit en syllabe initiale soit, plus fréquemment, en syllabe seconde, à tel point que des réalisations phonétiques de type [(C)VCə] peuvent, sous certaines conditions, être phonologiquement interprétées comme des formes canoniques (C)VC[2]. Une telle situation est inconnue du bagiro comme le prouvent les distributions que l'on vient de détailler pour les dissyllabes[3]. Il faut cependant mentionner une tendance systématique à l'amuïssement de la voyelle finale dans les suites très spécifiques de forme (C)**amu**. Le phénomène se vérifie aussi bien pour le nom **kàmù** "oeil, grain, fruit, surface", du moins lorsque ce dernier reçoit un déterminant lexical :

kàm(ù) fɔ̄kɔ̄	/grain/maïs/	*grain(s) de maïs*
kàm(ù) kàzà	/surface.soleil/	*ciel*

que pour différents indices personnels-aspectuels de l'inachevé :

mám(ú)-nángá↓	/inach.1-laisser/	*je laisserai*
àm(ù)-nángá↓	/inach.3-laisser/	*il laissera*
ám(ú)-suá↓	/inach.2-manger/	*tu mangeras*
àmú↓sué ~ à´m↓sué	/inach.3-manger + pl./	*ils mangeront*

2 Voir, entre autres, la situation du sar (Palayer, 1970:IX-XI), du mbay (Caprile, 1968:10-12), du kenga (Vandame, 1968:4-5, 11), du fer et du yulu (Boyeldieu, 1987:50-52; 150-153). Cette caratéristique est suffisamment répandue pour que Tucker et Bryan (1966:60-61) aient cru y reconnaître un trait spécifique des langues sara-bongo-baguirmiennes dans leur ensemble.

3 Ndeta (1988:21) a très justement relevé l'originalité du bagiro sur ce point.

2.3. Traits non systématiques

Pour compléter cette présentation des voyelles il faut encore signaler l'existence et le caractère très marginal

- d'une longueur vocalique (transcrite par un redoublement graphique) à fonction expressive, limitée à quelques adverbes, formules d'adresse ou emprunts : **fóō** "tôt", **ṵ́ṵ́** "longtemps", **tàá** (~ **tà´**) "autrefois", **béè** "bonne arrivée!", **flá̰à̰s** "France";
- d'une nasalité vocalique, elle aussi expressive ou liée à des termes d'origine française : **ṵ́ṵ́** "longtemps", **tákɔ́↓ṵ́** "si, quand", **byɛ̰́ɛ̰̀** "bien", **zà̰tī`** "justice";
- d'une réalisation centrale [ə] dans des termes français, réalisation dont l'intégration est vraisemblablement favorisée par la pratique du yakpa : **kásəkə̀** "casque", **brávə̀** "courageux".

3. CONSONNES

Les phonèmes consonantiques du bagiro sont identifiés et organisés dans le tableau qui suit :

	labiales occlusives	*labiales fricatives*	*alvéolaires*	*palatales*	*vélaires palatalisées*	*vélaires*	*labio-vélaires*	*glottale*
glottalisées	**ɓ**		**ɗ**					
sourdes	**p**	**f**	**t**	**s**	**ky**	**k**	**kp**	[h]
sonores	**b**	**v**	**d**	**z**, [ʒ]	**gy**	**g**	**gb**	
prénasalisées	**mb**		**nd**	**nz**	**ngy**	**ng**	**ngb**	
nasales	**m**		**n**	**ny**				
continues			**l**	**y**			**w**	
[battue]			[ɾ]					

3.1. Identification

La caractérisation des deux ordres labials comme respectivement *occlusif* et *fricatif* (de préférence à *bilabial* ≠ *labio-dental*) est motivée par la nature phonétique variable de la sourde **f**, laquelle est, selon les locuteurs, réalisée soit comme une fricative labio-dentale [f] soit comme une fricative bilabiale [ɸ]. Selon toute vraisemblance cette dernière variante, qui serait plus villageoise et plus conservatrice, recule sous l'influence du modèle des langues voisines (yakpa, ngbandi). Mais tant qu'elle subsiste il serait malencontreux de caractériser le phonème **f** comme une "labio-dentale".

Le défaut de parallélisme des deux ordres labials s'explique sans doute par une réorganisation récente du système. De toute évidence **f** et **b** appartiennent au vieux fonds lexical de la langue, ex. :

fù	*il enfle*	**bɔ̀¯**	*il est grand*
fàɗù	*feu*	**bèɗī**	*mortier*
ìfɛ̄	*il dépiaute*	**nzùbā**	*trace*
kīfɔ̄	*semence*	**ɗɔ̄bɔ́↓**	*chemin*

tandis que **p** et **v** sont liés à un vocabulaire d'intégration plus récente, ex. :

pèkē	*vin de raphia*	**vɔ́**	*tout, tous*
pɛ́tɛ̀	*il presse*	**vùngbá**↓	*phacochère*
làpà	*herminette*	**brávə̀**	*courageux*
súpà	*bouteille*		

Les sourde et sonore d'un unique ordre labial originel se seraient donc récemment dédoublées et réorganisées en fonction d'une opposition occlusive/fricative :

labiales					*labiales occlusives*	*labiales fricatives*
[p]	>	**ɸ**		>	**p**	**ɸ ~ f**
		b	< [v]		**b**	**v**

Les consonnes alvéolaires constituent l'ordre le plus chargé du système. On notera tout particulièrement la réalisation toujours rétroflexe ([ɭ]) de la continue **l**, seule vibrante typique du système. Celle-ci se trouve néanmoins concurrencée par l'intégration progressive d'une battue apico-alvéolaire [ɾ] (couramment notée **r**) rencontrée dans des termes étrangers (sango et français), ex. : **mbárátá**↓ "cheval", **bágàrà** "bovin", **tírè** "il prend en photo", **pɛ̄rɛ̄mɛ̀** "premier" (mais **bāmàlā** "lion", **lɔ́sɔ̀** "riz", qui pourraient s'expliquer soit par une acquisition plus ancienne, soit, pour le second, par le caractère initial du **l** ?). Par ailleurs une vibrante roulée et sensiblement allongée se rencontre à l'initiale d'adverbes fortement expressifs (**rrrɔ̀** "longtemps", **rrrù** "vite").

Les identités respectives de la glottalisée **ɗ** et de la continue **l** sont garanties, tant à l'initiale qu'à l'intervocalique, par l'existence d'oppositions très claires :

ɗù	*il perce*	**lù**	*il est noir*
ɗuà	*il est éloigné*	**luà**	*il envoie*
ɗɛ̄ɗɛ̄	*piège sp.*	**lɛ́lɛ̄**	*melon*
àɗɔ̄	*il s'accroupit*	**àlɔ̄**	*il (dé)passe*
fìɗī	*il trouve*	**fìlī**	*foyer*
w-òɗì	*il creuse*	**w-òlì**	*il avale*

Elles font toutefois l'objet d'une variante ou d'une hésitation, au moins dans le cas de **fàɗū ~ fàlū** "il débite" et sont par ailleurs systématiquement confondues, sous la seule forme **l**, par certains des locuteurs qui, de toute évidence, maîtrisent le moins bien leur langue.

Relevons pour finir la palatalisation sensible du **t** intervocalique dans le contexte d'une distribution (C)ati (**àtì** "il éternue" et **ɓàtī** "singe" initialement transcrits [**àcì**] et [**ɓàcī**]).

Les palatales sourde, sonore et prénasalisée (**s**, **z** et **nz**) sont des sifflantes. On a toutefois assimilé à **z** la réalisation chuintante étrangère [ʒ] (**ʒàmɛ́`** "jamais", **tùʒū`r** "toujours") qui lui est parfois identifiée (**za̰tī`** "justice", **zúzúkà** "jusqu'à, longtemps", **ʒékú↓** ~ **zúkú↓** "hérisson"). A l'inverse **nz** tend à se palataliser ([ɲj]) dans le contexte d'un **i** successif (**nzìgbɔ̄** ~ **[ɲjìgbɔ̄]** "il lave", **nzìɗî** ~ [ɲjìɗî] "il cuit").

Par ailleurs si **nd** (alvéolaire) et **nz** (palatale) s'opposent bien comme le prouvent les rapprochements suivants :

ndɔ̄	*il goûte*	**nzɔ̀**	*langue*
ndàyì	*insecte sp.*	**nzàyī**	*poisson sp.*
ngòndà	*forêt*	**ngònzá↓**	*escargot sp.*

on relève au moins deux cas de variante ou d'hésitation sur l'identité d'une consonne initiale devant **i** (**ndìɗî** ~ **nzìɗî** ~ [ɲjìɗî] "il cuit", **ndīgɔ̄** ~ **[ɲjīgɔ̄]** "il achète").

Enfin on notera la tendance très forte de certaines successions **-ɔyɛ** et **-oye** à se réaliser comme des voyelles antérieures longues précédées d'une semi-consonne arrondie :

ngɔ́yɛ́	>	[ᵑgʷɛ́:]	*cou*
w-ɔ̀yɛ̀	>	[wɛ̀:]	*il meurt*
w-òyé	>	[wè´:]	*ils meurent*
gy-òyé	>	[gᶣè´:]	*nous (incl.) mourons*
àm-ɔ́yɛ́↓	>	[àmʷɛ́:]	*il mourra*
àm-ó↓yé	>	[àmʷé:]	*ils mourront*

Ces réalisations ne sont pourtant pas systématiques puisqu'elles ne touchent apparemment pas, chez les mêmes locuteurs, des termes comme **k-ɔ̀yɛ̀** "mourir", **bɔ̄kɔ̀yɛ̀** "serpent", **k-ɔ̀yɛ̄** "être lourd", **w-ɔ̀yɛ̄** "il est lourd" ou **gɔ̀yɛ̀** "pilon".

Deux ordres de consonnes respectivement caractérisés comme *vélaires (simples)* et *vélaires palatalisées* doivent être distingués dans le contexte spécifique d'une voyelle successive non antérieure (la centrale **a** se comportant ici comme les postérieures et les labialisées). On notera que les vélaires palatalisées sont bien phonétiquement des vélaires (du moins dans la première phase de leur réalisation), [kʸ], [gʸ] et [ᵑgʸ], et non des palatales, occlusives ou affriquées. L'opposition fonctionne, aux lacunes près, tant à l'initiale qu'à l'intervocalique :

kyùɓū	*huile*	**kūbū**	*vêtement*
kyɔ̄lɔ̄	*il lutte*	**kɔ́lɔ́↓**	*il transperce*
gyuà	*il coupe*	**guà**	*il coupe, frappe*

gyùé	*ils coupent*	**gùé**	*ils coupent, frappent*
túgyú$^{\downarrow}$	*il détruit*	**tūgū**	*il gratte*
ìgyɔ̄	*il tresse*	**ìgɔ̄**	*il interdit*
bɔ̀gyɔ̄	*il parle*	**ɓɔ̀gɔ̀**	*il dérobe*
kàgyà	*vérité*	**kāgā**	*arbre*
ngyà	*jambe*	**ngà**	*tresse (cheveux)*
tàngyà	*pintade*	**tāngā**	*il touche*

Cette opposition est systématiquement neutralisée devant les voyelles antérieures au profit d'une réalisation sensiblement palatalisée des consonnes (particulièrement devant **e** et **ɛ**), lesquelles sont toutefois toujours transcrites **k**, **g** et **ng** dans ce contexte :

kí	[kí]	*toi*
gī	[gī]	*main*
kēlī	[k^{y}ēlī]	*bois de chauffe*
ngèlì	[^{ŋ}g^{y}èlì]	*vulve*
kɛ̀mɛ̀	[k^{y}ɛ̀mɛ̀]	*ventre, intérieur*
kāngɛ̄	[kā^{ŋ}g^{y}ɛ̄]	*poisson*

A l'inverse de ce que l'on a proposé plus haut pour les voyelles diphtonguées (labialisées), l'interprétation du segment palatal observable dans les successions de type [C^{y}V] comme un trait constitutif de la consonne précédente s'impose dans la mesure où cette dernière est représentée par les seuls [**k**], [**g**] et [^{ŋ}**g**]. L'existence de termes comme **gyuà** "il coupe (en frottant)", **ìgyué** "ils tressent" ou **ságyué** "ton beau-frère" montre d'ailleurs bien que, dans la seule combinaison phonétique [C^{yw}V] qu'autorise la langue (*[C^{wy}V] n'étant jamais possible), le segment palatal ne peut appartenir à la voyelle, tandis que le segment labial ne peut appartenir à la consonne.

La forme [C^{yw}V] est d'ailleurs rarement attestée comme telle dans la mesure où le segment palatal de la consonne exerce un effet d'attraction (antériorisation) tant progressive que régressive sur le segment vélaire des diphtongues (**ua**, **ue**, pas d'exemple pour **ui**) ou sur la fermée **u** :

gyuà	[g^{yw}à] ~ [g^{ɥ}à]	*il coupe (en frottant)*
gyùé	[g^{yw}è´] ~ [g^{ɥ}è´]	*ils coupent (en frottant)*
tūgyuā	[tūg^{yw}ā] ~ [tǖg̨^{ɥ}ā]	*il découpe (en frottant)*
nzùgyɔ̀	[nzùg^{y}ɔ̀] ~ [nzǜg^{y}ɔ̀]	*il interroge*

Cette attraction induit même un curieux effet de métathèse lorsque la fermée **u** succède à la vélaire palatalisée :

kyùɓū	**[k^{y}ùɓū] ~ [k^{ɥ}ìɓū]**	*huile*
kyùlù	**[k^{y}ùlù] ~ [k^{ɥ}ìlù]**	*noir(ceur)*
túgyú↓	**[túg^{y}ú] ~ [tū́g^{ɥ}í]**	*il détruit*

Il n'y a pourtant pas lieu d'interpréter ces suites phonétiques [**C^{ɥ}i**] autrement que comme **Cu** (et notamment pas comme **Cui**) dans la mesure où les deux réalisations sont encore clairement corrélées.

Signalons, dans l'ordre des vélaires (simples), l'amuïssement fréquent, partiel (**y** après voyelle antérieure) ou total, de la sourde **k** du morphème **kɔ̄** *accompli*, ex. :

á↓ɗē kɔ̄ ~ á↓ɗē yɔ̄ *tu es venu*
/aor.2-venir/acc./

gbɔ́↓ ná kɔ̄ɔ̀ ~ gbɔ́↓ ná ɔ̄ɔ̀ *l'as-tu lavé ?*
/aor.2 + laver/cela/acc. + interr./

Ce cas d'amuïssement, très spécifique, doit néanmoins être mis en relation avec l'existence des variantes **ki**, **yi** et |**-i**| de certains morphèmes (pluriel verbal, relateur **KI**), lesquelles s'expliquent historiquement par l'effet d'un processus analogue (cf. 7.).

Les labio-vélaires sourde, sonore et prénasalisée (**kp**, **gb** et **ngb**) sont bien attestées dans un fonds lexical proprement "sara", ex. :

kpā	*chant*	**tìkpī**	*intestins*
gbɔ̀	*il lave*	**kɛ́gbɛ̄**	*souris*
tɔ́ngbɔ́↓	*il verse*		

Le fait mérite d'être noté dans la mesure où l'on a longtemps pensé que la présence de labio-vélaires constituait un trait spécifique des langues sara-bongo-baguirmiennes orientales[1], ce que le bagiro n'est pas, ni d'un point de vue géographique ni d'un point de vue généalogique.

Curieusement l'identité du **kp** est incertaine (variation ou hésitation avec **p**) dans certains mots d'origine étrangère alors même que le modèle présumé comporte une labio-vélaire :

kpélá↓ ~ pélá↓	(cp. banda **kpáliá**)	*céphalophe de Grimm*
kpīlī ~ pīlī	(cp. mbanja ou gbanzili **kpīlī**)	*flèche*

L'intégration de la continue **w** dans l'ordre des labio-vélaires paraît, ne serait-ce que d'un point de vue phonétique, préférable à la solution qui consisterait à en faire une labiale, fricative ou surtout occlusive. Sauf en quelques termes présumés d'acquisition récente (ex. **ngàwà** "patate", **sɛ̄wū**

1 Cf. notamment Tucker et Bryan (1966:63) et Thayer (1974:189, 192).

"oiseau sp."), la consonne **w** entre, à l'intervocalique, dans la seule distribution (C)**awu**, ex. :

àwū	*il respire*	**náwú↓**	*il baille*
káwū	*mouche*	**tàwū**	*chenille*

La reconnaissance d'une consonne initiale **w-** dans les formes de citation de certains des verbes morphologiquement identifiés comme "à initiale vocalique" (cf. 12.1.) appelle justification[2]. Si l'on assigne en effet une forme canonique phonologique VCV à des verbes à initiale **i** (ex. **ìgbɔ̄** "rire", **ìzuā** "lier") ou **a** (ex. **àdā** "donner", **àkɔ̀** "regarder"), pourquoi ne pas faire de même pour des verbes à initiale **u** (ex. **w-ùyì** "descendre"), **o** (ex. **w-òlì** "avaler", **w-òtī** "fermer") ou **ɔ** (ex. **w-ɔ̀yɛ̀** "mourir", **w-ɔ̀ɗɛ̄** "extraire"), lesquels sont toujours, on le verra par la suite, interprétés comme des représentants d'une forme CVCV[3], non parallèle à leur forme structurelle |VCV| ? Cette position repose avant tout sur une réalité phonétique. L'initiale des verbes de type **i**CV et **a**CV est toujours clairement vocalique ([**i**CV], [**a**CV]), sans articulation consonantique sensible, de sorte que la structure des verbes comme **ìmā** "être chaud" ou **ìgɔ̄** "refuser", de forme VCV, contraste toujours explicitement avec celle des noms comme **yìngà** "sagaie" ou **yìngɔ̄** "ombre", de forme CVCV. Au contraire l'initiale des verbes comme **w-ùyì** "descendre" ou **w-ɔ̀lɔ̄** "croître" est toujours clairement celle d'une (semi-)consonne spirante labio-vélaire, identique à celle que l'on observe à l'initiale des noms comme comme **wūyī** "pus" ou **wɔ̄lɔ̄** "salive", qui répondent à la même forme CVCV. Ce seul argument phonétique n'est pourtant pas, en soi, décisif. La forme canonique VCV étant attestée par ailleurs, on pourrait envisager de lui assimiler toutes les suites phonétiques [**wu**CV], [**wo**CV] et [**wɔ**CV] dont le segment labio-vélaire [**w-**], non phonologique, serait simplement conditionné par le caractère postérieur de la voyelle initiale dans des termes (noms ou verbes) qui auraient alors la forme **u**CV, **o**CV et **ɔ**CV. Cette solution présente toutefois plusieurs inconvénients. Un **w-** initial étant également attesté devant voyelle antérieure, elle conduirait d'abord à des analyses phonologiques divergentes pour deux termes phonétiquement comparables comme **wɛ́yɛ̄** "sable" (CVCV) et **wūyī** "pus", alors interprété comme **ūyī** (VCV). Par ailleurs les représentants de la forme canonique VCV ont, dans l'état actuel des choses, cette particularité d'être essentiellement représentés par des

---

2 Le lexème verbal n'apparaissant jamais sous sa forme nue, la forme de citation est toujours, conventionnellement, celle dans laquelle le verbe est combiné à l'indice personnel-aspectuel aor. 3 (cf. 12.1. et 12.4.). Le raisonnement que l'on développe ici vaut également pour la forme aor. 2 qui ne diffère de la précédente que par son identité tonale.

3 La valeur du tiret, dans les formes verbales qui viennent d'être citées, est strictement morphologique (cf. 12.).

	Initiale				Intervocalique		
1.	**k**	99	(**K** 23)	*1.*	**l**	165	
2.	**t**	66		*2.*	**k**	43	(**K** 13)
3.	**ng**	39	(**NG** 6)	*3.*	**t**	39	
4.	**b**	35		*4.*	**ng**	36	(**NG** 8)
5.	**s**	33			**y**	36	
6.	**m**	25		*6.*	**s**	29	
7.	**w**	22		*7.*	**m**	25	
8.	**ɓ**	21		*8.*	**ɗ**	23	
	f	21		*9.*	**g**	22	(**G** 15)
10.	**n**	20		*10.*	**n**	21	
11.	**mb**	19		*11.*	**f**	19	
	nz	19		*12.*	**mb**	17	
13.	**d**	18		*13.*	**ɓ**	15	
	nd	18		*14.*	**nd**	14	
	gb	18		*15.*	**gy**	12	(**G** 15)
16.	**y**	17		*16.*	**b**	10	
17.	**l**	16			**ngb**	10	
	z+[**ʒ**]	15+1			**w**	10	
19.	**g**	15	(**G** 8)	*19.*	**z**+[**ʒ**]	9+0	
20.	**kp**	14			**ny**	9	
21.	**ngb**	13		*21.*	**nz**	7	
22.	**p**	9			**kp**	7	
	ny	9			**gb**	7	
24.	**ɗ**	8		*24.*	**p**	6	
25.	**ky**	6	(**K** 23)		**d**	6	
26.	**v**	4		*26.*	**ngy**	3	(**NG** 8)
27.	**gy**	2	(**G** 8)	*27.*	[**ɾ**]	2	
28.	**ngy**	-	(**NG** 6)	*28.*	[**h**]	1	
	[**ɾ**]	-		*29.*	**ky**	-	(**K** 13)
	[**h**]	-			**v**	-	

Tableau 1 : Occurrences des consonnes pour 639 termes de forme CVCV

verbes ou des morphèmes, à l'exception de rares noms (**àbà** "mon père", **ínā** "ma mère" et **átà** (< yakpa) "grand-père, aïeul") que l'on peut, à bon droit, considérer comme atypiques. L'hypothèse envisagée aurait donc pour effet d'y réintroduire plusieurs noms, représentatifs des seules combinatoires **u**CV, **o**CV et **ɔ**CV. Mais l'objection majeure que l'on doit opposer à l'interprétation non phonologique du [**w-**] initial devant voyelle postérieure tient au fait que cette dernière va à l'encontre d'une vision prospective de la langue, laquelle tend très clairement à l'élimination progressive des classes de verbes à initiale vocalique sous l'effet d'attraction de leurs partenaires à initiale consonantique (cf. 12.1.). La suppression du **i** initial (en forme structurelle) des verbes de classe 2 constitue l'un des procédés évolutifs mis en oeuvre par la langue en ce sens. Le renforcement articulatoire des voyelles postérieures **u**, **o** et **ɔ** au moyen d'un segment consonantique labio-vélaire en est un autre, que l'interprétation phonologique doit, à mon avis, prendre en compte.

Il faut enfin mentionner, pour conclure cette présentation des consonnes, l'unique occurrence d'une fricative glottale intervocalique dans un terme dont l'origine est incertaine, **màhū** "grenouille".

3.2. Fréquences

On donnera une idée de la représentativité respective des différentes consonnes en chiffrant leurs occurrences à travers les 639 représentants de la forme canonique prépondérante, CVCV. Le Tableau 1 fournit, pour les deux positions initiale et intervocalique, les valeurs absolues des phonèmes qui sont ordonnés selon une fréquence décroissante. Les réalisations [**ɾ**], [**ʒ**] et [**h**] y sont intégrées tandis que les occurrences des archiphonèmes **K**, **G** et **NG** (neutralisation des ordres vélaires (simples) et vélaires palatalisées devant voyelle non antérieure) ne sont que virtuellement additionnées à **ky**, **gy** et **ngy** ainsi qu'à **k**, **g** et **ng**.

A quelques lacunes près, l'ensemble du système consonantique se rencontre donc à l'initiale comme à l'intervocalique (**ngy** initial et **v** intervocalique sont d'ailleurs attestés hors CVCV). De l'une à l'autre position on observe toutefois des changements de fréquence sensibles pour certains phonèmes. Se trouvent notamment déplacés dans l'ordre de représentativité :

fréquences en hausse				fréquences en baisse			
	initiale	>	*intervoc.*		*initiale*	>	*intervoc.*
l	*17.*	>	*1.*	**b**	*4.*	>	*16.*
ɗ	*24.*	>	*8.*	**d**	*13.*	>	*25.*
y	*16.*	>	*4.*	**nz**	*11.*	>	*21.*
gy	*27.*	>	*15.*	**w**	*7.*	>	*16.*
g	*19.*	>	*9.*	**gb**	*13.*	>	*21.*

Il est plus significatif encore d'évaluer la représentativité des consonnes en les regroupant par séries et par ordres. Les tableaux qui suivent chiffrent, pour les mêmes formes CVCV, les fréquences moyennes de chacun d'entre eux, dans les deux positions initiale et intervocalique (les rares occurrences de [**ʒ**], [**ɾ**] et [**h**] n'ont pas été prises en compte ici) :

Initiale(moyenne pour un phonème : 638:28 = 22,7)

par séries		*par ordres*			
glottalisées	14,5	lab. occl.	21,8		
sourdes	**38,7**	lab. fric.	12,5		
sonores	16,4	alvéolaires	**24,3**		
prénasal.	19,-	palatales	18,6		
nasales	18,-	vél. palat.	2,6	(VEL.	12,3)
continues	18,3	vélaires	**51,-**	(VEL.	12,3)
		labio-vél.	16,7		

Intervocalique (moyenne pour un phonème : 636:28 = 22,7)

par séries		*par ordres*			
glottalisées	19,-	lab. occl.	14,6		
sourdes	22,2	lab. fric.	9,5		
sonores	11,5	alvéolaires	**44,6**		
prénasal.	15,8	palatales	18,-		
nasales	18,3	vél. palat.	5,-	(VEL.	12,-)
continues	**70,3**	vélaires	**33,6**	(VEL.	12,-)
		labio-vél.	8,5		

Sont de façon générale prépondérants la série sourde ainsi que les ordres vélaires et alvéolaires. Cette situation s'explique en partie, mais non uniquement, par les fortes fréquences de **k** et **t**. A l'opposé les vélaires palatalisées sont les plus faiblement représentées.

De l'initiale à l'intervocalique on observe une progression considérable de la série continue et, dans une moindre mesure, de l'ordre alvéolaire, l'une et l'autre principalement dues à la hausse marquée du **l** intervocalique. La série sourde accuse un recul sensible (elle reste nénanmoins en seconde position derrière les continues) alors que les glottalisées sont mieux représentées. La plupart des autres ordres reculent (notamment les labio-vélaires) mais les palatales se maintiennent (importance du **y** intervocalique) et l'on observe même une progression des vélaires palatalisées (hausse du **gy** intervocalique) si du moins les chiffres sont significatifs.

4. REGISTRES ET SCHEMES TONALS

Le système tonal du bagiro repose sur la distinction de trois registres de voix (*bas/moyen/haut*) lesquels fondent à leur tour l'identité des différents schèmes tonals qui constituent les unités suprasegmentales fonctionnelles de la langue. L'identité de ces registres étant, dans la chaîne, soumise à des variations dont le conditionnement complexe est de nature à la fois phonologique (tonal), morphologique et syntaxique, il importe dans un premier temps de dégager un contexte neutre qui permette de caractériser les registres et les schèmes sous leur forme essentielle ou fondamentale pour envisager ensuite, sur la base de cette identité, l'étude de leurs altérations. Ces dernières s'observant exclusivement dans le contexte d'un registre précédent haut, le contexte neutre est défini soit par un début d'énonciation soit par la présence d'un registre précédent bas ou moyen. On illustre ainsi chacun des registres par l'opposition de trois termes dissyllabiques et isotones :

àkɔ̀/ɓīɗī	**fàɗù**	*il voit/il trouve du feu*
... ...	**kāɗɔ̄**	... ... *une calebasse*
... ...	**táɗɔ́**	... ... *un animal*

4.1. Unité tonale fonctionnelle

Deux registres successifs distincts peuvent également entrer en contraste à l'intérieur d'un même terme. Ce contraste s'exprime en règle générale sous la forme d'une variation mélodique lorsqu'il est supporté par un monosyllabe (ex. **dɛ̀¯** "personne", **tē´** "ils font") et sous la forme d'une succession de deux registres syllabiques hétérogènes lorsqu'il est supporté par un dissyllabe (ex. **mànɛ̄** "eau", **kāyí** "ils partagent"). Il est remarquable en effet que les modulations observables pour les monosyllabes ne se rencontrent que de façon très partielle et limitée sur une seule et même syllabe constitutive d'un dissyllabe (ex. **kà´mbà** "poisson sp.", **kpēsé`** "arachide") mais que l'on puisse au contraire établir un parallélisme très étroit - parallélisme qui s'étend notamment à leurs fréquences respectives - entre

- les tons "plains" des monosyllabes et les successions isotones de même registre des dissyllabes;
- les tons "modulés" des monosyllabes et les successions hétérotones de mêmes registres des dissyllabes.

Ce parallélisme semble à première vue mis en défaut par le comportement tonal de certains monosyllabes à schème hétérotone dans des complexes syntaxiques précis (voir en particulier le cas de la morphologie verbale (chap. 12.) ou encore celui de certains termes grammaticaux de forme Cv̀¯ comme les personnels indépendants **nὲ¯** "lui/elle (logophorique)", **gὲ¯** "nous (duel)" (chap. 9.) ou la forme circonstancielle du pronom démonstratif **nì¯** (chap. 11.)). En fait les phénomènes de transfert ou d'effacement qui affectent alors l'un des composants du schème hétérotone montrent au contraire que ces monosyllabes ont tendance à s'associer avec un terme voisin en un mot phonologique unique, imposant ainsi une redistribution des différents composants tonals de l'ensemble sur une forme polysyllabique globale.

Cette situation, qu'on illustre de façon détaillée dans les pages qui suivent, amène à voir dans le *mot phonologique* - défini comme un ensemble cohérent, non immédiatement segmentable de phonèmes, éventuellement marqué comme tel par des traits contrastifs ou suprasegmentaux - plus que dans la *syllabe* le lieu de fonctionnement ou *unité de placement* de l'unité tonale distinctive qui est donc représentée par le schème du mot[1]. On peut dès lors, conventionnellement, définir chaque schème tonal par l'association de deux voire trois registres, identiques (ex. BB, MM) ou distincts (ex. BM, MH, BMB), dont les réalisations monosyllabiques ou dissyllabiques sont complémentaires. Exemples :

	CV		CVCV	
BB	**lɔ̀**	*endroit*	**kàzà**	*soleil*
MM	**ɓɛ̄**	*village*	**fīlī**	*foyer*
BM	**dὲ¯**	*personne*	**mànɛ̄**	*eau*
MH	**tē´**	*ils font*	**kāyí**	*ils partagent*
BMB	**dè¯`**	*à la personne*	**mànē`**	*à l'eau*

Si cette analyse est convaincante pour la grande majorité des termes de forme V, CV, VCV et CVCV[2], elle est toutefois impuissante à rendre pleinement compte de tous les termes de la langue. Ses limites tiennent aux faits suivants :

- certains schèmes attestés pour des dissyllabes n'ont pas d'équivalent dans les monosyllabes; ainsi HM (ex. **ngálā** "terre") ou BHB (ex. **kàndɔ́`** "chef de canton");

1 Sur des analyses convergentes concernant d'autres langues africaines, voir notamment Paulian (1975:121-138) pour le teke, Monino (1981:71) pour les parlers gbaya-manza-ngbaka, ou encore Hombert (1976) qui justifie, à travers l'étude de jeux d'inversion syllabique dans différentes langues, le traitement du ton comme un "trait du mot phonologique". J'emprunte à ce dernier auteur (Hombert, 1984:87) la notion d'*unité de placement*.

2 Elle est également opératoire du point de vue comparatif, ce qui est révélateur d'un héritage.

	CV			VCV	
BB	**kpà** *il écope*	**ngà** *tresse*	**zɛ̀** *il pète*	**àwù** *il gronde*	**àbà** *mon père*
BM	**kàˉ** *démarche*	**dɛ̀ˉ** *personne*	**zɛ̀ˉ** *il casse*	**àwū** *il respire*	**ànɛ̄** *prohibitif*
BMB	**dèˉˋ** *à la personne*				
BH↓	**nzàˊ↓** *oiseau sp.*				
BH	**tàˊ** *autrefois*	**zèˊ** *ils pètent, cassent*		**àwú** *ils grondent, respirent*	**àtɔ́** *certain*
BHB				**àndáˋ** *alors*	
(BH↓M)					
(BH↓H)					
MB	**zāˋ** (~ **zā**) *peut-être*	**lūè** *à son corps*		**ānɛ̀** *futur*	
MM	**kpā** *chant*	**ndā** *il repose*	**lɔ̄** *corps*	**āwū** *tu grondes, respires*	
(MH)	**ndēˊ** *ils reposent*	**lūé** *ton corps*		**āwú** *vous grondez, respirez*	
HB	**kpáˋ** *singe sp.*	**káˋ** *il vend*		**álɔ̀** *ceci*	**átà** *grand-père*
(HBH)	**kéˋˊ** *ils vendent*				
HM				**ánɛ̄** *cela*	**ínā** *ma mère*
(HMH)					
H↓M	**yɛ́↓ˉ** *qui?*	**ní↓ˉ** *sa co-épouse*		**á↓gɛ̄** *notre*	
(H↓MB)				**á↓gēˋ** *à notre*	
HH↓	**ndá↓** *raison*	**ngbá↓** *il reste*			
HH	**zɛ́** *eux*				
(H↓H)	**ngbé↓ˊ** *ils restent*	**ní↓ˊ** *ta co-épouse*			

Tableau 2 : Illustrations des schèmes tonal

CVCV

ngàlà *varan d'eau* — **nàngà** *il laisse*
ngàlā *bambou sp.* — **nyàlā** *il verse*
mànē`** *à l'eau* — **kàfē` *café*
ngbìlí↓ *estomac* — **màngá↓** *sang*
kɔ̀tɔ́ *certain* — **nàngé** *ils laissent*

kà´mbà *poisson sp.* — **kàndá`** *alors*
ngbìlí↓¯ *son estomac*
ngbìlí↓´ *ton estomac*
ɓālà *plus tard* — **kɛ̄fɛ̄** *canne* — **kāyē`** *en brousse*
ngālā *il est haut* — **māngā** *danse*

ngālé *ils sont hauts*

mángàbálà *tabac* — *il salue*
sí`sɔ́ *neuf (9)* — **bálè´** *ils saluent*
ngálā *terre* — **kílā** *queue* — **nánzɔ̄** *frère* — **táɓɔ̄** *il jette*
kílē´ *ta queue* — **táɓūé** *ils jettent*
ngá↓lā *son menton* — **ná↓nzɔ̄** *son frère* — **gá↓yɛ̄** *épouse*
ɗɔ́↓bē` *à la route*
ngálá↓ *menton* — **ngánzá↓** *il est dur*
nánzué *ton frère*
ngá↓lé *ton menton* — **ngá↓nzé** *ils sont durs*

CVCVCV

kpɔ̀lɔ̀mɔ̀ *hache* — **lɔ̀kɔ̀lɔ̀** *il glisse*
ngàkūlā *dieu* — **ɓàtàlɔ̄** *il se lève* — **bùlànyɛ̄** *tante paternelle*
kàbītà *chef*
ɓàkúlá↓ *compagnon*
ɓàtàlué *ils se lèvent* — **lòkòlué** *ils glissent*

gbà´zɔ̀lɔ̀ *f. de manioc* — **sàndúgù** *valise* — **kùtùbɔ́`** *manioc sp.*
ɓàkú↓lā *son compagnon*
ɓàkú↓lé *ton compagnon*
bɔ̄kɔ̄yɛ̄ *serpent* — **bāgīlɔ̄** *Bagiro* — **kpāngbālē`** *à la pierre plate*
kpāngbālā *pierre plate*

bágàrà *bovidé* — **kɔ́mándè** *il commande*
kɔ́mándè´ *ils commandent*
kándágɔ̄ *oiseau sp.*

gángá↓lū *poitrine*

yákálí↓ *il détache* — **kíɓálí↓** *varan terrestre*

yáká↓lí *ils détachent*

à travers les principales formes canoniques

- la réalisation de certains schèmes dans les dissyllabes et surtout dans les trisyllabes[3] n'est pas univoque au sens où la distribution syllabique des registres constitutifs du schème est variable d'un terme à l'autre; tel est notamment le cas des schèmes MB, ex. : **kɛ̄fɛ̀** (M-B) "canne" et **kāyē`** (M-MB) "en brousse", **bɔ̄kɔ̀yɛ̀** (M-B-B) "serpent", **bāgīlɔ̀** (M-M-B) "Bagiro" et **kpāngbālē`** (M-M-MB) "à la pierre plate", ou BHB, ex. : **kà´mbà** (BH-B) "poisson sp." et **kàndɔ́`** (B-HB) "chef de canton", **gbà´zɔ̀lɔ̀** (BH-B-B) "feuille de manioc", **sàndúgù** (B-H-B) "caisse" et **kùtùbɔ́`** (B-B-HB) "pâte de manioc frais";
- certaines distributions tonales trisyllabiques (ex. M-B-M, BH-B-M, M-H-M) ne sont assimilables à aucun des schèmes dégagés par ailleurs.

L'existence de schèmes exclusivement dissyllabiques n'est pas strictement incompatible avec l'analyse proposée, et ce d'autant moins que les schèmes concernés sont à la fois peu nombreux et peu fréquents. Leur absence des structures monosyllabiques peut donc être comprise comme une lacune du système sinon du corpus. La réalisation variable de certains schèmes dans les structures polysyllabiques et l'existence de distributions trisyllabiques originales constituent en revanche des objections beaucoup plus sérieuses à l'interprétation systématique du schème tonal de mot comme unité fonctionnelle dans la mesure où, dans certains cas du moins, l'identité tonale semble faire l'objet d'un choix *syllabe par syllabe*. On objectera bien sur que ces termes sont pour la plupart d'origine étrangère ou complexe (composés, amalgames), ce qui pourrait justifier de leur caractère atypique. Mais le fait même qu'ils existent tend bien à prouver que le système tonal de la langue est précisément apte à les intégrer et à les gérer sous cette forme. Faut-il pour autant dénier toute réalité fonctionnelle au schème tonal ? Il n'est en fait pas certain qu'un choix soit vraiment nécessaire. Il semble même plus conforme à une réalité linguistique ouverte et dynamique de considérer que deux principes de fonctionnement coexistent, l'un principal (schème de mot) pour ce qui constitue en quelque sorte le "noyau dur" lexical, l'autre secondaire (ton syllabique) pour ceux des termes de constitution ou d'acquisition plus récente dont le premier modèle ne peut rendre compte. Dans l'état actuel des choses il est difficile de dire si la langue tend à privilégier l'un par rapport à l'autre.

4.2. Faille tonale

Certaines occurrences de registres hauts ont la propriété de conditionner un abaissement généralisé (transposition vers le grave) des registres qui leur

[3] L'observation vaut *a fortiori* pour les tétrasyllabes, qui ne sont pas détaillés ici.

succèdent dans la chaîne. On verra plus loin quelles caractéristiques morphologiques ou historiques peuvent expliquer ce phénomène. Il importe ici de savoir que la faille tonale s'observe tant à la frontière de deux termes qu'à l'intérieur d'un même terme. On sera donc amené, le cas échéant, à transcrire au moyen du signe ↓

- en fin de mot (ex. **ngbɔ̀´↓** "ami", **kátá↓** "poterie") une faille *virtuelle* qui peut affecter les registres à venir sous certaines conditions propres à ces derniers; l'effet éventuel de cette faille étant toujours progressif, des schèmes comme BH et BH↓ ou HH et HH↓ sont, du double point de vue phonétique et phonologique, *strictement identiques*, et leur distinction graphique ne représente qu'une commodité morphologique conventionnellement adoptée dans la transcription des termes isolés;
- à l'intérieur du mot (ex. **zí↓´** "ils détachent", **kɔ́↓nɔ̄** "son nez") une faille *réelle*, dont l'effet est perceptible dès le premier registre qui lui succède en sorte qu'il faut bien, phonologiquement et phonétiquement, opposer des schèmes comme HH et H↓H ou HM et H↓M (on verra par ailleurs dans le prochain chapitre ce qui permet d'opposer les schèmes H↓H et HM, H↓M et HB).

4.3. Identification des schèmes et fréquences

Le Tableau 2 (cf. pages précédentes) fournit, pour les formes canoniques essentielles CV, VCV, CVCV et CVCVCV, différentes illustrations propres à faire ressortir la pertinence et l'identité des schèmes tonals dont la représentativité est considérée comme significative. Les schèmes inscrits entre parenthèses sont ceux qui ne sont pas attestés comme tels dans le corpus de référence. A certains schèmes enfin correspondent, comme on l'a vu, des réalisations dissyllabiques et surtout trisyllabiques distinctes dont seule peut rendre compte une analyse tonale de caractère syllabique.

Le Tableau 3 (page suivante) quant à lui chiffre la fréquence des seuls schèmes attestés dans le corpus de référence pour les termes de structure CV, VCV et CVCV.

On se propose de compléter ces deux tableaux en commentant brièvement, pour chacun des schèmes dégagés, la nature et la représentativité des termes pour lesquels ils sont attestés.

BB : schème prépondérant, notamment illustré par de nombreux noms et verbes (ces derniers à la forme de troisième personne du singulier de l'aoriste, qui est conventionnellement la forme de citation); les combinaisons tonales

	CV		VCV		CV+VCV		CVCV	
	(/170)	*%*	(/67)	*%*	(/237)	*%*	(/639)	*%*
BB	72	*42,3*	26	*38,8*	98	*41,3*	168	*26,2*
BM	17	*10,0*	26	*38,8*	43	*18,1*	115	*17,9*
BMB	-	-	-	-	-	-	7	*1,0*
BH$^{\downarrow}$	3	*1,7*	-	-	3	*1,2*	20	*3,1*
BH	2	*1,1*	1	*1,4*	3	*1,2*	5	*0,7*
(BH$^{\downarrow}$+BH		*2,9*		*1,4*		*2,5*		*3,9*)
BHB	-	-	1	*1,4*	1	*0,4*	6	*0,9*
MB	1	*0,5*	2	*2,9*	3	*1,2*	11	*1,7*
MM	35	*20,5*	-	-	35	*14,7*	134	*20,9*
HB	5	*2,9*	5	*7,4*	10	*4,2*	40	*6,2*
HM	-	-	3	*4,4*	3	*1,2*	41	*6,4*
H$^{\downarrow}$M	2	*1,1*	1	*1,4*	3	*1,2*	3	*0,4*
HH$^{\downarrow}$	7	*4,1*	-	-	7	*2,9*	77	*12,0*
HH	26	*15,2*	2	*2,9*	28	*11,8*	5	*0,7*
(HH$^{\downarrow}$+HH		*19,4*		*2,9*		*14,7*		*12,8*)
divers exceptionnels :								
	-	-	-	-	-	-	7	*1,0*

Tableau 3 : Représentativité des schèmes tonals pour les principales formes canoniques (occurrences absolues et fréquences dans le corpus de référence)

trisyllabiques qui peuvent lui être assimilées ont naturellement toutes la forme B-B-B.

BM : schème majeur; notamment nombreux noms et verbes; formes trisyllabiques distinctes B-M-M/B-B-M.

BMB : essentiellement termes syntaxiquement complexes (forme circonstancielle des noms de schème BM); rares emprunts au français (tous polysyllabiques) qui expliquent sa présence dans le corpus de référence; tous dissyllabes de forme B-MB à l'exception de **nì¯lɔ̀** (~ **nīlɔ̀**) "ici-même"; tous trisyllabes de forme B-M-B.

BH$^{\downarrow}$: peu fréquent et exclusivement nominal; tous trisyllabes de forme B-H-H$^{\downarrow}$;
et **BH** : essentiellement termes syntaxiquement complexes (pluriel des verbes de schème BB et BM); rares occurrences (principalement morphèmes) qui justifient sa présence dans le corpus de référence; tous trisyllabes de forme B-B-H.

BHB : divers rares, polysyllabiques, principalement emprunts; formes dissyllabiques distinctes BH-B/B-HB; formes trisyllabiques distinctes BH-B-B/B-H-B/B-B-HB.

(**BH↓M**) : syntaxiquement complexe (détermination par un associatif personnel des noms de schème BH↓); tous trisyllabes de forme B-H↓M.

(**BH↓H**) : syntaxiquement complexe (détermination par un associatif personnel des noms de schème BH↓); tous trisyllabes de forme B-H↓H.

MB : syntaxiquement complexe (forme circonstancielle des noms de schème MM), mais aussi divers rares, essentiellement morphèmes ou emprunts; formes dissyllabiques distinctes M-B/M-MB; formes trisyllabiques distinctes M-B-B/M-M-B/M-M-MB.

MM : schème majeur, notamment nombreux noms et verbes; tous trisyllabes de forme M-M-M.

(**MH**) : syntaxiquement complexe (pluriel des verbes de schème BM et MM) exception faite d'un unique dissyllabe de forme M-H (**mbānā́** (~ **àmbānā́** ?) "sans rien"); pas de trisyllabe; à signaler toutefois un unique dissyllabe de forme M-H↓ (**ngōnzá↓** "oiseau sp.") et quelques rares trisyllabes de forme M-H-H↓ (ex. **kāmbɔ́lɔ́↓** "proximité") ou M-M-H↓ (ex. **bāmbālí↓** *nom de ville*).

HB : peu fréquent, essentiellement noms et verbes d'origine étrangère; formes trisyllabiques distinctes H-B-B/H-H-B.

(**HBH**) : syntaxiquement complexe (pluriel des verbes de schème HB) exception faite d'un unique dissyllabe de forme HB-H (**sí`sɔ́** "(nombre) neuf"); tous trisyllabes de forme H-H-BH; à signaler un unique dissyllabe de forme HB-H↓ (**gbɔ́`ngɔ́↓** "poisson sp.") et quelques rares trisyllabes de forme H-B-H↓ (ex. **wógɔ̀lɔ́↓** "pigeon vert").

HM : peu fréquent, essentiellement noms et verbes tous polysyllabiques; trisyllabe de forme H-H-M.

(**HMH**) : syntaxiquement complexe (pluriel des verbes de schème HM, détermination par un associatif personnel des noms de schème HM); pas de trisyllabe; à noter toutefois de rares trisyllabes de forme H-M-H↓ (ex. **kpúkūlú↓** "nasse sp.").

H↓M : syntaxiquement complexe (détermination par un associatif personnel et forme circonstancielle des noms de schème HM et HH↓); aussi divers rares, morphèmes, noms[4] et formes circonstancielles figées; tous trisyllabes de forme H-H↓M.

(**H↓MB**) : syntaxiquement complexe (forme circonstancielle des noms de schème HM et HH↓); pas de trisyllabe.

HH↓ : schème majeur, notamment nombreux noms et verbes; tous trisyllabes de forme H-H-H↓;
et **HH** : divers rares, essentiellement morphématique et monosyllabique (CV); pas de trisyllabe.

(**H↓H**) : syntaxiquement complexe (pluriel des verbes de schème HH↓, détermination par un associatif personnel des noms de schème HH↓ et H↓M); tous trisyllabes de forme H-H↓H.

Pour être exhaustif on mentionnera encore les identités tonales exceptionnelles de **kpēsé`** "arachide", **sílē`** (**nú**) "là-bas, de l'autre côté (?)" (forme circonstancielle figée ?), de l'onomatopéique **kyɔ̀´ɓɛ̀´`** *formule de renonciation (devinettes)*, de la forme circonstancielle **álè¯** "à celà" et surtout de quelques trisyllabes qui ne peuvent, fût-ce imparfaitement, être comparés aux schèmes de mot. Ainsi en va-t-il par exemple de **kōmànɛ̄** "beau-père", **tà´nzɔ̀nī** "avant-hier", **ndōkúɗī** "comment?", etc...

En conclusion les principaux schèmes tonals lexicaux qui s'observent dans le corpus de référence sont, en ordre de représentativité décroissante, les suivants :

BB	
MM	
BM	
HH↓	
HM	
HB	(emprunts)
BH↓	(exclusivement nominal)

---

4 Sur l'élimination tendancielle du schème H↓M attaché aux noms, cf. 8.8.

5. MODIFICATIONS TONALES DANS LA CHAINE : ATTRACTION ET FAILLE

L'identité phonologique comme la réalisation phonétique des unités tonales qui viennent d'être identifiées connaissent dans la chaîne de l'énoncé des modifications dont le conditionnement complexe tient à différents facteurs phonologiques, morphologiques et syntaxiques. On se propose ici d'exposer l'ensemble des faits et des questions - fûssent-ils de nature hétérogène - qui sont conjointement liés au problème général de ces altérations tonales, lesquelles constituent sans doute l'un des traits les plus remarquables de la langue.

Les phénomènes qui sont envisagés dans le présent chapitre s'exercent dans un cadre syntaxique suffisamment large pour que l'on puisse y reconnaître l'effet de principes généraux, non proprement morphologiques. D'autres altérations s'observent encore dans la langue, qui sont plus clairement et plus restrictivement liées à l'identité catégorielle des termes mis en jeu au sein de complexes syntaxiques spécifiques, l'exemple le plus notable en étant fourni par la morphologie verbale (cf. 12.).

5.1. Principes phoniques

Les conditions et les effets tant phonologiques que phonétiques des altérations tonales s'expriment dans les termes de deux principes dépendants.

1) *principe d'attraction* : sous certaines conditions morpho-syntaxiques tout registre (ou composant) phonologique haut assimile un registre bas (défini comme tel en contexte neutre) directement successif :

/H/, /B/ > /HH/

Le registre bas réhaussé exerçant à son tour une attraction identique sur un bas directement successif, l'effet de ce principe est théoriquement illimité, du moins tant que restent valides les conditions morpho-syntaxiques de son application. A preuve la comparaison de ces deux énoncés - strictement grammaticaux - où la substitution de **ndùé** (BH) "ils frappent" à **nduà** (BB) "il frappe" entraîne un réhaussement en chaîne de tous les registres bas successifs :

nduà kàmù màgɛ̀ sùndù sɛ̀ ɓànà kìdɔ̀ lɔ̀
/aor.3 + frapper/surface/champ/sésame/avec/vieille/canne/cette-ci/
il frappe la surface du champ de sésame avec cette vieille canne

ndùé kámú mágɛ́ súndú sɛ́ ɓáná kídɔ́ lɔ́
/aor.3 + frapper + pl./surface/champ/sésame/avec/vieille/canne/cette-ci/
ils frappent la surface du champ de sésame avec cette vieille canne

2) *principe de faille* : tout registre (ou composant) bas qui, réhaussé en vertu du premier principe, n'attire pas lui-même un registre bas directement successif conditionne une faille ou transposition irréversible vers le grave de l'échelle (ou tessiture) des registres à venir. Cet effet contrastif de "terrasse" s'observe en particulier lorsqu'à l'ultime registre bas réhaussé succède un registre moyen ou haut (toujours insensibles au principe d'attraction) mais aussi lorsque lui succède un registre bas qui n'est pas réhaussé pour des raisons d'ordre morpho-syntaxique[1] :

/H/, /B/, /H/ > /HH↓H/
/H/, /B/, /M/ > /HH↓M/
/H/, /B/, /B/ > /HH↓B/ (si non /HHH/)

Une illustration du principe de faille peut être fournie en substituant **fɔ̄kɔ̄** (MM) "maïs" à **sùndù** (BB) "sésame" dans les exemples qui précèdent. Le premier composant moyen de **fɔ̄kɔ̄**, qui interrompt l'application du principe d'attraction, se trouve abaissé et inaugure une nouvelle échelle des registres à venir :

nduà kàmù màgɛ̀ fɔ̄kɔ̄ sɛ̀ ɓànà kìdɔ̀ lɔ̀
/aor.3 + frapper/surface/champ/maïs/avec/vieille/canne/cette-ci/
il frappe la surface du champ de maïs avec cette vieille canne

ndùé kámú mágɛ́↓ fɔ̄kɔ̄ sɛ̀ ɓànà kìdɔ̀ lɔ̀
/aor.3 + frapper + pl./surface/champ/maïs/avec/vieille/canne/cette-ci
ils frappent la surface du champ de maïs avec cette vieille canne

Il est important de noter que l'effet de ces deux principes affecte tout registre ou composant concerné quel que soit le schème tonal dont il est constitutif et quelle que soit la forme canonique qui supporte ce schème. La faille apparaît donc aussi à l'intérieur du mot ou même à l'intérieur de la syllabe. Exemples :

w-ò¯ mànɛ̄ *il boit de l'eau*
/aor.3-boire/eau/

w-ò¯ tà´ má↓nɛ̄ *il buvait de l'eau autrefois*
/aor.3-boire/autrefois/eau/

w-ò-kí tá↓´ má↓nɛ̄ *ils buvaient de l'eau autrefois*
/aor.3-boire + pl./autrefois/eau/

---

[1] Sur l'identification effective d'une faille devant ton bas, cf. infra.

nzì¯ ɗà´mà *il est assis là-bas*
/aor.3 + être assis/là-bas/

nzì-kí ɗá↓´mà *ils sont assis là-bas*
/aor.3 + être assis-pl./là-bas/

Comme en témoigne l'un des exemples précédents, plusieurs failles peuvent se succéder au sein d'un même énoncé, déterminant autant d'échelles successives qui sont, à chaque fois, transposées vers le grave. Une illustration extrême en est fournie par cet autre exemple - toujours strictement grammatical - qui comporte sept failles successives dans une suite de tons hauts :

á-ɗó↓sué tá↓´ ɓáná↓ gɔ́mɔ́↓ má sɛ́↓ gútú↓ kúlú↓ ná
/aor.2-remplir + pl./autrefois/usagé/gourde/ma/avec/court/charbon/le/
vous avez rempli autrefois ma gourde usagée avec les petits charbons en question

On observe par ailleurs que certains registres hauts, qui ne sont pourtant jamais bas dans aucun autre contexte, sont eux-mêmes générateurs de faille. Ces registres hauts apparaissent aussi bien en finale de terme (ils sont alors porteurs d'une faille *virtuelle*, qui n'est réalisée qu'en présence de registres successifs et si ceux-ci ne sont pas eux-mêmes réhaussés) qu'à l'intérieur du terme (la faille, *réelle*, affecte alors le(s) composant(s) ultime(s) du terme). Exemples :

(faille *virtuelle*)	**kúgí↓**		*maison*
(faille *réelle*)	**kúgí↓ kɛ́gbɛ̄**	/maison/souris/	*nid de souris*
(faille *virtuelle*)	**ngbɔ̀´↓**		*ami*
(faille *réelle*)	**ngbɔ̀´↓ gɛ̄**	/ami/leur(s)/	*leur(s) ami(s)*
(faille *virtuelle*)	**tótí↓**		*il détache*
(faille *réelle*)	**tótí↓ zɛ́**	/aor.3 + détacher/eux/	*il les détache*
(faille *réelle*)	**tó↓tí**	/aor.3 + détacher + pl./	*ils détachent*
(faille *réelle*)	**gá↓yɛ̄**		*épouse*

On en déduit logiquement que ces registres hauts représentent eux-mêmes, en vertu d'un principe d'attraction qui fonctionne donc aussi, du moins dans certains cas, *à l'intérieur du mot*, des composants bas réhaussés par un composant haut directement précédent. Ces composants bas, dont on peut rétablir l'identité dans les formes symboliques (structurelles) |**kúgì**|, |**ngbɔ̀´`**|, |**tótì**|, |**tótì-í**| et |**gá`yɛ̄**|, n'ont toutefois jamais plus qu'une valeur morphologique (et éventuellement historique) puisque le contexte phonologique dans lequel ils apparaissent n'est, par définition, jamais neutre.

Les deux principes qui viennent d'être énoncés conduisent à faire une distinction *morphologique* entre ce que l'on appellera les "vrais registres hauts", qui ne peuvent exercer qu'un effet d'attraction, et les "faux registres hauts" (dont certains sont pourtant toujours phonologiquement hauts en tous contextes), qui conditionnent complémentairement attraction ou faille. On illustrera cette distinction par les différents types de modifications que subissent les trois dissyllabes isotones **fàɗù** "feu"/**kāɗɔ̄** "calebasse"/**táɗɔ́↓** "animal" :

- succédant à registre bas/moyen (**àkɔ̀** "il voit"/**fīɗī** "il trouve"), les schèmes sont inchangés :

àkɔ̀/fīɗī	**fàɗù**	*il voit/trouve du feu*
àkɔ̀/fīɗī	**kāɗɔ̄**	... ... *une calebasse*
àkɔ̀/fīɗī	**táɗɔ́**	... ... *un animal*

- succédant à "vrai registre haut" (**àkué** "ils voient"), le seul schème BB est modifié en HH↓ :

àkué	**fáɗú**	*ils voient du feu*
àkué	**kāɗɔ̄**	... *une calebasse*
àkué	**táɗɔ́**	... *un animal*

- succédant à "faux registre haut" (**m-ákɔ́↓** "je vois"), le schème BB est modifié en HH↓ tandis que les schèmes MM et HH↓ sont abaissés :

m-ákɔ́	**fáɗú**	*je vois du feu*
m-ákɔ́↓	**kāɗɔ̄**	... *une calebasse*
m-ákɔ́↓	**táɗɔ́**	... *un animal*

Dans un contexte morpho-syntaxique tel que le premier principe (attraction) n'est pas applicable, les "vrais registres hauts" sont sans effet tandis que les "faux registres hauts" sont, dans tous les cas de figure, suivis d'une faille. Voir ci-dessous le traitement réservé aux trois dissyllabes isotones **w-ɔ̀yɛ̀** "il meurt"/**tūlī** "il s'éveille"/**tɛ́lɛ́↓** "il repart" :

- succédant à registre bas/moyen/"vrai haut" (**ngbàgà** "mouton", **bīnyā** "chèvre", **bīnyā ná** "la chèvre en question") :

ngbàgà/bīnyā/bīnyā ná w-ɔ̀yɛ̀ kɔ̄
ngbàgà/bīnyā/bīnyā ná tūlī kɔ̄
ngbàgà/bīnyā/bīnyā ná tɛ́lɛ́↓ kɔ̄
le mouton/la chèvre/la chèvre en question est mort(e)
... ... *s'est éveillé(e)*
... ... *est reparti(e)*

- succédant à "faux registre haut" (**bísí↓** "chien") :

bísí↓ w-ɔ̀yɛ̀ kɔ̄	*le chien*	*est mort*
bísí↓ tūlī kɔ̄	...	*s'est éveillé*
bísí↓ tɛ́lɛ́↓ kɔ̄	...	*est reparti*

Si le cadre d'application du principe d'attraction est naturellement syntagmatique, ses effets sont de nature essentiellement paradigmatique. Ils se caractérisent par la réduction des choix possibles en un point donné de la chaîne. Pour s'exprimer en termes de registre ou de composant tonal, l'opposition bas/haut est alors neutralisée au profit du seul registre haut et l'opposition ternaire fondamentale se trouve réduite à deux termes (moyen/haut). Pour s'exprimer en termes de schème tonal, tous les schèmes à composant initial bas voient leur identité modifiée sous des formes qui, selon les cas, s'identifient à la forme d'autres schèmes fondamentaux existants (il y a alors neutralisation des deux schèmes) ou constituent au contraire des formes originales. Ces altérations sont systématisées dans le tableau ci-dessous (les schèmes fondamentaux non attestés dans le corpus de référence sont toujours marqués entre parenthèses) :

schèmes fondamentaux	contexte d'attraction	neutralisation éventuelle
BB	HH↓	= HH↓
BM	H↓M	= H↓M
BMB	H↓MB	= (H↓MB)
BH↓	H↓H↓	*original*
BH	H↓H	= (H↓H)
(BH↓M)	H↓H↓M	*original*
(BH↓H)	H↓H↓H	*original*
BHB	H↓HB	*original*

Les effets du principe de faille sont au contraire de nature essentiellement syntagmatique et contrastive. En introduisant un décalage scalaire dans la chaîne, la faille a pour fonction essentielle de marquer les limites d'application du principe d'attraction et de rétablir les registres et les schèmes dans leur identité fondamentale. Elle joue donc un rôle à la fois interrupteur et compensateur.

5.2. Caractères phonétiques de la faille tonale

Si l'on a jusqu'à présent caractérisé la faille comme une transposition globale des registres vers le grave, la manifestation phonétique de cette transposition varie selon le type de succession qu'elle affecte. On fera donc ici quelques observations touchant la réalisation et les moyens d'identification de la faille tonale dans les différents contextes. Ces observations, qui résultent d'une enquête minutieuse mais empirique, "à l'oreille"[2], pourraient évidemment être affinées en recourant à des analyses instrumentales.

De façon générale l'effet démarcatif de la faille est d'autant plus sensible que les registres en contraste sont phonologiquement proches.

1) L'abaissement est de l'ordre de la valeur d'un registre dans le cas d'une succession H↓H en sorte que celle-ci ne se distingue pas sensiblement d'une succession HM. Il est alors pratiquement impossible d'identifier respectivement

ká↓lí	*ils sifflent*	et	**kázī**	*il urine*
[¯ -]			[¯ -]	

autrement qu'en recourant au témoignage d'éléments expansifs. Des composants successifs moyen (ex. **kɔ̄** *accompli*) ou haut (ex. **sílíkɔ́** "d'abord") connaissent ainsi une réalisation plus grave après **ká↓lí** qu'après **kázī** :

ká↓lí kɔ̄	*ils ont déjà sifflé*	**kázī kɔ̄**	*il a déjà uriné*
[¯ - _]		[¯ - -]	
ká↓lí sílíkɔ́	*ils sifflent d'abord*	**kázī sílíkɔ́**	*il urine d'abord*
[¯ - - - -]		[¯ - ¯ ¯ ¯]	

L'opposition est encore plus nette si à l'un et l'autre on fait succéder un composant bas (ex. **gɔ̀** *négation*) qui subit en l'occurrence l'attraction du registre haut final de **ká↓lí** auquel il s'identifie tandis qu'il demeure bas - avec sa chute caractéristique devant pause - après **kázī** :

ká↓lí gɔ́	*ils ne sifflent pas*	**kázī gɔ̀**	*il n'urine pas*
[¯ - -]		[¯ - ↘]	

2) La succession H↓M est, toutes proportions gardées, plus facile à distinguer d'une succession HB. Non seulement la réalisation du registre moyen abaissé n'est généralement pas tout à fait aussi grave que celle du registre bas, mais surtout le registre moyen conserve, après faille, un caractère uni ou plain qui contraste, là encore, avec la modulation caractéristique d'un registre bas devant pause. Exemples :

---

2 Je suis ici particulièrement redevable à Kopélé Jean-René de sa collaboration fine et précise concernant la réalisation ou l'identification des mélodies sifflées auxquelles j'ai eu constamment recours pendant l'enquête.

màngá↓ lɔ̄ *son sang* **kɔ̀tɔ́ lɔ̀** *un certain endroit*

[_ ‾ _] [_ ‾ ↘]

3) L'effet de faille, toujours sensible dans les deux cas qui précèdent, est en revanche peu perceptible - mais il l'est bien parfois - dans le cas d'une succession H↓B qui se distingue donc plus difficilement d'une succession HB (de façon générale les successions H↓B ont été identifiées en recourant au témoignage d'une commutation appliquée au composant B). Exemples :

bísí lɔ́↓ nzàfà bɛ̀ **bīnyā ná nzàfà bɛ̀**

[‾ ‾ ‾ _ _ ↘] [‾ ‾ ‾ _ _ ↘]

ce chien est blanc *la chèvre en question est blanche*

Les successions H↓B sont d'ailleurs discursivement moins fréquentes que H↓H et H↓M puisqu'elles ne peuvent s'observer que dans les contextes morpho-syntaxiques où le principe d'attraction n'est pas applicable.

La reconnaissance d'une faille devant ton bas pose un problème théorique. En effet si le phénomène de faille s'explique par la transformation historique de successions *HBH (> HH↓H) ou *HBM (> HH↓M) dans lesquelles le composant tonal ultime était déjà phonétiquement abaissé après un ton bas (*downdrift*), un tel abaissement était en revanche peu probable dans une succession *HBB, en sorte que les suites HH↓B actuelles ne sont pas justifiables si ce n'est par un possible effet d'analogie.

Quant à la *perception* effective d'une faille devant ton bas, celle-ci n'a jamais été sensible que dans des contextes (en particulier à la frontière du sujet nominal et du prédicat verbal) où le composant bas pouvait se voir substituer, par commutation de terme, un composant moyen ou haut. Je n'ai en revanche jamais cru pouvoir identifier clairement une faille *à l'intérieur* des mots de schème HB. Cette analyse est sûrement fondée pour le cas des noms et surtout des verbes (cl. 8) de schème HB, qui représentent des acquisitions plus ou moins récentes. Mais un schème H↓B pourrait en fait caractériser certains démonstratifs (cf. 8.6.) ainsi que les adverbes qui ne subissent qu'une attraction tonale partielle (cf. 14.4.).

Les observations qui viennent d'être faites ne sont pas également valides pour tous les locuteurs. Il est remarquable que pour certains d'entre eux l'effet de la faille tonale ne soit réellement perceptible que dans les successions H↓H, qui sont par ailleurs les plus contrastées. Cette restriction semble être surtout le fait de ceux qui maîtrisent le moins bien leur langue mais il n'est pas exclu qu'elle préfigure une pratique plus générale.

Précisons pour finir que les failles qui s'observent à l'intérieur d'une syllabe unique (les seules successions rencontrées sont alors H↓H et H↓M) sont réalisées comme des modulations. Exemples :

m-ákɔ́ dɛ́↓‾ lɔ̀ *je vois cette personne*

[‾ ‾ ↘ ↘]

m-ákɔ́ ngbɔ́↓ˊ↓ má *je vois mon ami*
[‾ ‾ ⌢ _]

5.3. Conditionnement morpho-syntaxique du principe d'attraction

Les conditions d'application du principe d'attraction tonale dépendent à la fois du type de relation syntaxique existant entre deux termes successifs et de l'identité des termes impliqués dans cette succession. Ces conditions sont telles qu'il est, dans le détail, autant sinon plus difficile de les définir de façon positive que de façon négative. L'attraction tonale est d'ailleurs discursivement si fréquente que l'on peut se poser la question de savoir si les contextes marqués sont représentés par son application ou au contraire par sa non-application.

D'une façon générale l'attraction tonale est en fait essentiellement liée à la manifestation d'une hiérarchie ou d'une solidarité syntaxique à l'intérieur du syntagme ou de la proposition, les contextes les plus remarquables de son absence étant précisément représentés par les structures de nature appositive ou thématique et par les limites de proposition. L'expression de cette fonction a peut-être été plus systématique et plus explicite dans un état antérieur de la langue. Mais elle souffre aujourd'hui différentes exceptions dues au comportement apparemment "irrégulier" de certains termes, comportement qui n'est pas toujours justifiable.

Les différents paramètres susceptibles d'entrer en jeu dans le conditionnement du principe d'attraction déterminent des situations fort variées dont on ne peut pas toujours, au terme d'une enquête somme toute assez rapide, rendre compte d'une façon définitive. Les faits seront détaillés en leur lieu et place dans la partie morpho-syntaxique de cette étude, mais on en propose dès maintenant un exposé plus synthétique et réduit à ses illustrations les plus significatives.

L'attraction tonale fonctionne d'abord au sein du syntagme nominal entre le centre et ses principaux déterminants. Voir ici l'effet de **ɗɔ̄bɔ́↓** "chemin" et **zɛ́** "eux" sur la forme de leurs déterminants, **màgɛ̀** "champ" et **lɔ̀** "ce-ci" :

ɗɔ̄bɔ́ mágɛ́	*le chemin du champ*
ɗɔ̄bɔ́ lɔ́	*ce chemin*
ɗɔ̄bɔ́ mágɛ́ lɔ́	*le chemin de ce champ*
zɛ́ lɔ́	*ceux-ci*

Mais elle est notablement inopérante au sein d'une construction appositive :

zɛ́ kàngbà ná gɛ̄... (I,29) *eux, les ancêtres...*
/eux/ancêtre/défini/pl./

ou encore pour le seul déterminant du nom qui lui soit antéposé, **kɔ̀tɔ́** "un certain", construction qui résulte sans doute elle-même, historiquement du moins, d'une structure de type appositif :

kɔ̀tɔ́ dɛ̀¯ *une certaine personne*
/un certain/personne/

Quant au relatif **gà**, il subit lui-même l'attraction du terme qui le précède mais ne transmet pas cette attraction à la proposition relative qu'il introduit :

ɓɔ̀gɔ̀ táɗɔ́ gá↓ dɛ̀¯ gɛ̄ tōlué gá↓ lɔ̄
/aor.3 + dérober/animal/rel./personne/pl./aor.3 + tuer/avant/lui/
il dérobe l'animal que les gens avaient tué

L'attraction fonctionne également entre le prédicat verbal et ses principales expansions primaires, compléments directs ou indirects et modalités de proposition (comme ici la négation **gɔ̀**). Comparer :

guà màgɛ̀ sɛ̀ kɔ̀kɛ̀ *il cultive le champ avec la houe*
/aor.3 + cultiver/champ/avec/houe/

m-úguá mágɛ́ sɛ́ kɔ́kɛ́ *je cultive le champ avec la houe*
/aor.1-cultiver/champ/avec/houe/

sù zɔ̀ kɔ́ngɔ̄ kì *il monte sur la colline*
/aor.3 + monter/sommet/colline/à/

sù´ zɔ́↓ kɔ́ngɔ̄ kì *ils montent sur la colline*
/aor.3 + monter + pl./sommet/colline/à/

ɗè¯ gɔ̀ /aor.3 + venir/nég./ *il ne vient pas*

ɗè-kí gɔ́ /aor.3 + venir-pl./nég./ *ils ne viennent pas*

Elle s'exerce également d'une expansion à l'autre, quand bien même le prédicat verbal n'a pas lui-même l'occasion d'exercer cette attraction sur le premier de ses compléments. Comparer :

ìzuā bīnyā sɛ̀ kùlā *il attache la chèvre avec une corde*
/aor.3 + attacher/chèvre/avec/corde/

ìzuā bísí sɛ́ kú↓lā *il attache le chien avec une corde*
/aor.3 + attacher/chien/avec/corde/

ìzuā bīnyā zɔ̀ kɔ́ngɔ̄ kì *il attache la chèvre sur la montagne*
/aor.3 + attacher/chèvre/sommet/montagne/à/

ìzuā bísí zɔ́↓ kɔ́ngɔ̄ kì *il attache le chien sur la montagne*
/aor.3 + attacher/chien/sommet/montagne/à/

ìzuā bīnyā gɔ̀ — *il n'attache pas la chèvre*
/aor.3 + attacher/chèvre/nég./

ìzuā bísí gɔ́ — *il n'attache pas le chien*
/aor.3 + attacher/chien/nég./

Le même principe fonctionne encore entre l'indice personnel-aspectuel et le verbe, bien qu'il ne permette pas à lui seul d'expliquer toutes les variations tonales de la morphologie verbale :

sùlī /aor.3 + crier/ — *il crie*

mú-sú↓lī /aor.1-crier/ — *je crie*

En revanche le sujet nominal est sans effet d'attraction sur le prédicat verbal qui lui succède, situation qui peut être rapportée à une relation appositive a-hiérarchique (thématisation du sujet) dans la mesure où le verbe est lui-même, et en dépit des apparences, toujours marqué par un indice de "3ème personne" dans ce contexte :

bísí↓ sùlī — *le chien crie*
/chien/aor.3 + crier/

bīnyā ná sùlī — *la chèvre en question crie*
/chèvre/la/aor.3 + crier/

Le principe d'attraction est irrégulièrement applicable dans les énoncés à prédicat circonstanciel. Ainsi le sujet est sans effet sur l'infinitif lui-même suivi du relateur **KI** :

zɛ́ kì-sùlī kì — *ils sont en train de crier*
/eux/inf.-crier/à/

tandis qu'il affecte le relateur **sɛ̀** "avec" et, le cas échéant, les termes qui lui succèdent (cp. **kùyā** "couteau") :

zɛ́ sɛ́ kú↓yā — *ils ont un couteau*
/eux/avec/couteau/

Des deux prédicatifs **yà ~ à** "être" et **dɔ̀** "ne pas être", dont le comportement syntaxique n'est d'ailleurs pas strictement parallèle, seul le second subit l'attraction du sujet (pronominal en l'occurrence) :

zɛ́ à dɛ̀¯ gɛ̄ — *ils sont des personnes*
/eux/être/personne/pl./

zɛ́ dɔ́ dɛ́↓¯ gɛ̄ gɔ̀ — *ils ne sont pas des personnes*
/eux/ne pas être/personne/nég./

Enfin le thématiseur/conjonctif **kɔ́** "ceci étant posé, d'abord, ensuite", qui clôt les suites (syntagmes ou propositions) auxquelles il confère valeur de thème, n'exerce jamais d'attraction sur les éléments qui lui succèdent :

kàzà vɔ́ kɔ́ kàgbà nzì¯ àm-tūkuā bīnyā gɛ̄ (II, 26)
/jour/tout/puis/léopard/habituel/inach.3 + attraper/chèvre/pl./
toujours, le léopard attrape les chèvres

A ces conditionnements, de nature généralement syntaxique, il faut ajouter le comportement spécifique de certains termes isolés.

C'est ainsi que la modalité de proposition **ànɛ̄** *prohibitif* est réfractaire à l'attraction tonale, contrairement à **gɔ̀** *négatif* (cf. supra) :

sám-sú↓lí ànɛ̄ *ne criez pas!*
/inach.2!-crier + pl./prohibitif/

Les associatifs personnels "circonstanciels" (formellement amalgamés à l'expresssion du relateur **KI** "à") n'exercent pas d'attraction, contrairement aux associatifs personnels "simples". Comparer :

ɗè¯ ngūlā mí gɔ̀ *il ne vient pas chez moi*
/aor.3 + venir/foyer/mon + à/nég./

gàlī ngūlā má gɔ́ *il ne connaît pas ma maison*
/aor.3 + connaître/foyer/mon/nég./

Le personnel indépendant **kí** "toi" n'exerce jamais d'attraction, contrairement à des formes comparables comme **sèkí** "vous" (personnel indépendant) ou **ɓé** "ton" (associatif personnel). Exemples :

àdā kí mànɛ̄ *il te donne de l'eau*
/aor.3 + donner/toi/eau/

kí sɛ̀ kùngyā gɛ̄ ndó *tu as beaucoup de poules*
/toi/avec/poule/pl./beaucoup/

àdā sèkí má↓nɛ̄ *il vous donne de l'eau*
/aor.3 + donner/vous/eau/

sèkí sɛ́ kú↓ngyā gɛ̄ ndó *vous avez beaucoup de poules*
/vous/avec/poule/pl./beaucoup/

ɓɛ̄ ɓé sɛ́ kú↓ngyā gɛ̄ ndó
/village/ton/avec/poule/pl./beaucoup/
il y a beaucoup de poules dans ton village

Enfin certains adverbes ainsi que le quantificateur cardinal **kàlà** "un (seul)", tous de schème BB, ont un comportement exceptionnel, leur premier composant tonal étant seul réhaussé[3]. Comparer :

nzì¯ gyɔ̀ kɔ̄ *il est assis tranquillement*
/aor.3 + s'asseoir/tranquillement/acc./

nzì-kí gyɔ́` kɔ̄ *ils sont assis tranquillement*
/aor.3 + s'asseoir + pl./tranquillement/acc./

màgɛ̀ kàlà /champ/un/ *un (seul) champ*

kúgí kálà /maison/une/ *une (seule) maison*

Cet inventaire quelque peu fastidieux, et pourtant non exhaustif, traduit en fait assez bien une réalité complexe dont on présume que la logique essentielle (originelle ?), de nature à la fois syntaxique et énonciative, s'est trouvée perturbée par l'évolution spécifique de certains termes ou de certaines structures.

Par ailleurs un même phénomène historique d'attraction tonale - qui pourrait être à l'origine de son exploitation syntaxique ? - a de toute évidence fonctionné *à l'intérieur du mot*[4]. Mais ce type d'attraction est aujourd'hui figé comme le prouve l'existence des schèmes d'acquisition récente, HB et BHB, qui s'opposent désormais aux schèmes HH↓ et BH↓, caractéristiques du fonds lexical "sara".

5.4. Remarques typologiques

Les modifications tonales que l'on vient d'exposer font ressortir en bagiro le croisement de ces deux ordres de faits que représentent d'une part l'attraction des tons hauts sur les tons bas, attraction qui peut s'étendre à plusieurs termes et culmine avec l'apparition d'une faille, et d'autre part la distinction de deux types essentiels de relations syntaxiques que l'on pourrait caractériser comme respectivement "perméables" et "imperméables" à l'application de ce principe tonal.

Pour être remarquables, ces deux phénomènes sont pourtant loin d'être exceptionnels dans les langues d'Afrique noire et l'on se propose ici d'évoquer

---

3 Les schèmes - monosyllabiques ou dissyllabiques - BB sont alors modifiés sous une forme HB, qu'il faudrait peut-être identifier comme H↓B (cf. supra).

4 En témoignent non seulement la nécessaire interprétation des schèmes HH↓, BH↓, etc. comme des schèmes structurels |HB|, |BHB|, etc. (cf. supra), mais surtout l'évidence d'une correspondance HH(↓) = HB qui divise aujourd'hui un certain nombre de langues "sara" (ex. bagiro **kúgí↓**, mbay **kújə́**, sar **kújə̀**, ndoka **kúzù**, kenga **kújù** "maison/nid"; bagiro **m-úsuá↓**, mbay (**m¯sá** ?), sar **m-ə́sà**, kenga **m-ɔ́sɔ̀**, kaba-na **m-ísà** "je mange").

- de façon très rapide et surtout très partielle - quelques travaux qui les mentionnent ou en font plus précisément leur objet. On commencera par le deuxième point, qui concerne les types de relations syntaxiques.

Limites syntaxiques

Dans son *Aperçu sur les structures phonologiques des langues africaines*, Creissels (1989:20-21) pose au départ, à propos des objectifs et méthodes de la morphophonologie, la nécessité d'établir une distinction entre "limite syntaxique forte" et "limite syntaxique faible", distinction qu'il commente et justifie dans les termes suivants (je cite *in extenso* deux passages de l'ouvrage qui me paraissent particulièrement clairs et convaincants) :

> On ne proposera pas non plus ici de position rigide en ce qui concerne la façon précise de prendre en considération le fait que dans une langue, les limites entre unités se succédant dans la chaîne parlée sont, en fonction de la nature syntaxique du lien qui unit deux unités adjacentes, diversement perméables aux processus que décrivent les règles de réalisation.
>
> [...]
>
> Pour savoir combien de types différents il faudrait reconnaître dans l'absolu et à quelles notions syntaxiques ils renvoient, il me semble qu'il faudrait d'abord être en mesure de confronter des descriptions complètes de langues variées dans lesquelles le problème aurait été explicitement posé. Ce qui est sûr, c'est que le modèle qui prévoit une seule unité de rang intermédiaire entre le morphème et la phrase (le "mot phonologique") est mis en défaut, au moins pour beaucoup de langues dans lesquelles les limites d'unités ont, quant à leur relative perméabilité aux divers processus morphophonologiques, des propriétés beaucoup trop différenciées pour se laisser réduire à un cadre unique.

L'opportunité de cette distinction "limite forte/limite faible" est notamment rappelée et illustrée, dans la suite de l'ouvrage, à propos de l'étude des alternances consonantiques (pp. 118 ss.) et de celle des phénomènes de diffusion tonale (pp. 227 ss.).

Dans une thèse intitulée *Tons et accent dans les langues bantu d'Afrique orientale*, Philippson (1991:292-397) consacre un chapitre complet aux interactions entre prosodie et syntaxe. Plusieurs des langues qu'il prend en considération nécessitent en effet la distinction de différents types de "positions syntaxiques", fondant autant de "strates post-lexicales" (de deux à quatre selon les cas) au niveau desquelles interviennent différentes règles (association, déplacement, insertion d'un élément tonal...) qu'il formule dans une perspective autosegmentale[5]. L'auteur, s'inspirant sur ce point précis de travaux à paraître de D. Odden, fournit en particulier un exposé détaillé de la situation du matuumbi, pour lequel il distingue essentiellement trois positions syntaxiques qui se caractérisent de la façon suivante (je schématise quelque peu le propos) :

---

[5] Dans une partie introductive à la *phonologie lexicale* (pp. 38-48), l'auteur présente également différents travaux qui illustrent l'application de ces mêmes distinctions à des langues indo-européennes.

- à l'intérieur d'un même "syntagme"[6], du terme régissant à celui qu'il régit directement (par ex. du nom à son déterminant possessif, du prédicat verbal à son premier complément);
- à l'intérieur d'un même syntagme, à la limite de deux termes qui n'entretiennent qu'une relation indirecte en ce qu'ils constituent tous deux des déterminants parallèles d'un centre qui leur est antéposé (par ex. du possessif à l'adjectif, déterminant tous deux un nom qui les précède; du premier au deuxième complément d'un même prédicat verbal qui les précède) ou encore d'une proposition principale à la proposition dépendante qui lui succède;
- à la limite de deux syntagmes (par ex. du sujet nominal au prédicat verbal, du complément thématisé au prédicat verbal) ou encore d'une proposition dépendante à la proposition principale qui lui succède.

La première de ces positions entraîne une perte de longueur vocalique distinctive dans le terme régissant, la seconde est sans effet notable (hormis attribution conditionnelle d'un ton haut à certains morphèmes), la troisième enfin, qui correspond aux limites syntaxiques majeures, est systématiquement marquée par l'insertion d'un ton haut qui s'associe à la syllabe finale du terme ultime du premier groupe (syntagme ou proposition).

Cet effet démarcatif d'un ton haut est apparemment très comparable à ce que j'ai trop brièvement observé dans le cas du yulu (Boyeldieu, 1987:164-166), autre langue sara-bongo-baguirmienne, où un réhaussement tonal final caractérise systématiquement le sujet nominal suivi du prédicat (verbal ou attributif) ou encore l'objet suivi du circonstant. Un morphème démarcatif de même nature (généralement à ton haut) caractérise également certains parlers banda "périphériques" (oubanguien) comme le dakpa, le gbi, le wojo et le gbaga-nord[7].

Un autre exemple de conditionnement syntaxique des phénomènes tonals est fourni par les parlers gbaya-manza-ngbaka (oubanguien). Monino (1981) montre que les langues de ce groupe connaissent - selon des modalités diverses - des variations tonales qui peuvent être justifiées par l'effet d'un morphotonème relationnel (|-́|) affectant l'un ou l'autre terme dans les relations suivantes :
- nom déterminé + nom déterminant (en détermination directe)
- déterminatif + déterminant

---

6 Le terme doit être compris au sens générativiste, le "syntagme verbal" recouvrant notamment l'ensemble du prédicat verbal et de ses différents compléments. Philippson définit d'ailleurs, relativement aux différentes positions syntaxiques, une notion de "groupe prosodique", distincte du syntagme à proprement parler et plus spécifiquement appropriée aux phénomènes qu'il étudie.

7 F. Cloarec-Heiss et P. Nougayrol (*comm. pers.*).

- fonctionnel locatif + nom ou modalité personnelle
  [les déterminatifs (ou connectifs) et les fonctionnels locatifs, qui sont eux-mêmes d'origine nominale, s'identifient en fait au premier cas]
- nom + démonstratif
- verbe (à certains aspects) + terme suivant

En intégrant ce qui a été dit plus haut du bagiro, une généralisation très schématique de ces différentes situations fait donc ressortir ici des "limites faibles", qui s'observent notamment du nom à ses déterminants ou encore du prédicat verbal à l'un au moins de ses compléments, et des "limites fortes", qui s'observent aux points de rupture discursive, notamment du sujet nominal au prédicat verbal ou encore d'un groupe thématisé au reste de l'énoncé. Or il est intéressant d'observer, relativement à cette partition, que des langues comme le matuumbi, le yulu et certains parlers banda marquent explicitement les limites fortes, tandis que des langues comme le matuumbi (à nouveau, par un autre procédé), les parlers gbaya-manza-ngbaka et le bagiro marquent, à l'inverse, les limites faibles. La "marque" n'est d'ailleurs pas de même nature dans le dernier cas dans la mesure où l'abrègement vocalique, le morphotonème relationnel et l'attraction tonale ont, chacun à leur manière, pour effet tendanciel de restreindre les capacités distinctives et contrastives des unités qu'ils affectent.

Diffusion tonale

L'attraction tonale quant à elle ressortit à ce que l'on appelle aussi principe de *diffusion* (*tonal spreading*). Creissels (1989:227-238) consacre plusieurs pages à ce phénomène au sein d'un chapitre qui traite également du transfert (ou déplacement) tonal et de la polarité tonale. Il observe notamment que "les lois de diffusion progressive sont infiniment plus communes que les lois de diffusion régressive, et [que] les lois de diffusion du ton haut semblent plus communes que les lois de diffusion du ton bas"; il précise plus loin d'une part que le processus de diffusion peut se limiter à une seule syllabe ou concerner toute une séquence de tons identiques, d'autre part que la diffusion peut se manifester par remplacement pur et simple ou encore par report du ton remplacé sous forme d'un ton flottant (et donc, éventuellement, d'une faille) en fin de séquence. Le bagiro trouve donc bien sa place dans certains de ces cas de figure voire dans ceux d'entre eux qui sont majoritaires. L'auteur illustre ensuite son propos par le cas de plusieurs langues d'Afrique occidentale (des groupes mandé, gur ou kwa) et par celui du tswana, langue bantu d'Afrique australe. Toutefois, à l'exception d'un processus de diffusion progressive du ton bas qui peut toucher toutes les syllabes constitutives d'un même lexème en malinké de Kita, les nombreux exemples cités par Creissels illustrent essentiellement des cas de diffusion qui touchent une seule syllabe subséquente (ou précédente) et ne vont en particulier jamais au delà de l'unité significative voisine. Par ailleurs toutes les langues illustrées sont caractérisées par un système de deux hauteurs distinctives.

Dans un perspective plus précisément comparatiste, on notera qu'un phénomène de diffusion progressive limitée du ton haut s'observe dans deux langues qui sont très étroitement apparentées au bagiro, le sar et le mbay.

Palayer (1989:92-94)[8] montre qu'en sar les séquences HB appartenant à un constituant unique sont réalisées HH lorsqu'elles sont elles-mêmes suivies d'un ton haut. Il précise que ce comportement s'observe dans les contextes syntaxiques suivants (je ne retiens qu'une partie des différents exemples qui illustrent son argumentation) :

- dans un constituant unique (entendez du nom à ses déterminants grammaticaux essentiels) :

kújə́ ní (cp. **kújə̀**) *la maison en question*
/maison/Particule Adnominale/

- dans un syntagme :

kərá dúrú (cp. **kərà**) *calao mâle*
/mâle/calao/

- dans un énoncé,
  - un nominal sujet suivi d'un verbe prédicat :

ɓə́gá sə́rà (cp. **ɓə́gà**) *le vieux marche à petits pas*
/vieux/il-marche à petits pas/

  - un verbe prédicat suivi d'un nominal associé :

m-ə̀sá yégə̄ (cp. **m-ə̀sà**) *j'ai mangé un rat*
/je-manger/rat/

m-íi súkūú (cp. **m-íì**) *je viens du marché*
/je-venir de/marché-Postposition/

Dans le cas du mbay, aucun argument propre à la langue ne justifie une analyse de ce type. D'un point de vue comparatif on doit pourtant considérer qu'un même phénomène de diffusion interne au mot est à l'origine des schèmes HH (noms et verbes) du mbay qui correspondent aux schèmes HB des langues comme le sar, le ndoka, le kenga ou le kaba-na (cf. supra, note 4). Ces schèmes réapparaissent d'ailleurs sous la forme HB dans des contextes minoritaires qui sont définis par la postposition du pluriel, nominal ou verbal (Caprile, 1972:31); exemples :

---

8 Voir également Palayer (1970:35) et Moundo Ndimajibay (1977), ce dernier justifiant la modification par un effet régressif du ton haut suivant.

kújə gə̄	(cp. **kújə́** "maison")	*maisons*
tél` n¯	(cp. **tél** "il revient")	*ils reviennent*

En revanche Caprile (1977) a montré que le mbay connaît un phénomène de diffusion qui s'exerce, avec quelques restrictions concernant les monosyllabes de forme CV, du dernier ton haut d'un premier terme au premier ton bas du terme suivant. Je cite quelques-uns des exemples fournis par l'auteur, lesquels prouvent que le phénomène s'observe tant à la limite du prédicat verbal et de son complément qu'à celle du sujet nominal et du prédicat verbal :

mún tóò	(cp. **tòo**)	*je prends la pirogue*
mún káw`	(cp. **kàw**)	*je prends l'oeuf*
m¯ tél kál`	(cp. **kàl**)	*je reviens seul*
səndá ndáà	(cp. **ndàa**)	*le cheval est blanc*
ngóo tútə	(cp. **tùtə**)	*la calebasse est sèche*

mais :

səndá tò	(cp. **tò**)	*le cheval est couché*

Sar, mbay et bagiro semblent donc illustrer trois degrès progressifs dans l'application d'un principe dont on peut raisonnablement penser qu'il résulte, au moins pour les deux dernières langues, d'un même processus historique. Il faut toutefois souligner cette différence importante que l'attraction s'exerce, en mbay, du sujet nominal au prédicat verbal, contrairement à ce que l'on observe en bagiro.

Pour être apparemment plus rare, le phénomène de diffusion "maximale"[9] se rencontre au moins dans un certain nombre de langues bantu. Philippson (1991) en fournit notamment plusieurs illustrations, qu'il prend pour exemples des mécanismes d'"association multiple" ou de "déplacement tonal" dans des langues qui opposent deux hauteurs distinctives. Ainsi en shambaa (pp. 105-117), le relateur **na** "et" et les noms **gnombe** "bovin", **nkosoghoo** "bêlier", **mboghó** "buffle", **mbúzí** "mouton", **ngó!tó** "mouton" sont-ils modifiés sous l'action d'un ton haut final caractérisant le premier terme dans des syntagmes de forme **X na Y** ("X et Y"). Le dernier ton bas réhaussé, qui trouve sa limite dans la syllabe finale du deuxième nom, est suivi d'une faille (notée !) devant ton haut; comparer :

(gnombe na gnombe)	**(gnombe na nkosoghoo)**
mboghó ná gnómbe	**mboghó ná nkósóghóo**
ngó!tó ná gnómbe	**ngó!tó ná nkósóghóo**

[9] J'emprunte ce qualificatif à G. Philippson (cf. infra).

gnombe na mboghó
mbúzí ná mbó!ghó
ngó!tó ná mbó!ghó

gnombe na mbúzí
mboghó ná !mbúzí
ngó!tó ná !mbúzí

gnombe na ngó!tó
mboghó ná !ngó!tó
mbúzí ná !ngó!tó

Une même assimilation maximale, sensiblement différente dans son conditionnement, s'observe en kikuyu (*ibidem*, pp. 369-378)[10]. La langue est, de façon générale, caractérisée par un processus de déplacement tonal (intervenant au niveau de la "deuxième strate post-lexicale"), qui dédouble le ton initial d'une suite et réassocie ensuite chacune des unités tonales à chaque syllabe située directement "à droite" (là encore je schématise à gros traits). Toutefois les tons bas contrastés (succédant à ton haut) qui apparaissent en finale d'un premier complément de certaines formes verbales ou en finale d'une forme impérative se trouvent repoussés jusqu'au prochain ton haut apparaissant dans la chaîne (devant lequel ils se manifestent sous la forme d'une faille), le vide étant en quelque sorte comblé par une suite de tons hauts qui peut s'étendre sur plusieurs syllabes voire plusieurs termes. En conséquence les différents groupes formés successivement en strate 1 et 2 (les crochets symbolisent ces emboîtements) sont réalisés de la façon suivante :

[[ghorá`] [roghiri ronɛ́nɛ]]
ghora róghírí rónɛ́!nɛ́
(/achète/palissade/grande/)
achète une grande palissade!

Si aucun ton haut n'apparaît plus loin dans la chaîne, tous les tons (bas) qui suivent sont réalisés comme des tons hauts :

[[mecí:ngó e:ré] [[yú:nagha hítí]`] [koghoro]]
meci:ngó é:re yú:nágha hití kóghóró
(/odeur/deux/cassent/patte/hyène/ ?)
deux odeurs cassent la patte à l'hyène [proverbe]

Dans une autre section du même ouvrage, Philippson (1991:483-488) propose encore d'interpréter comme le résultat *historique* d'un même processus d'assimilation maximale *progressive*, des phénomènes qui sont justifiés, dans certaines langues comme le nande, le shi et le tonga, par un principe *synchronique* d'"anticipation tonale" ou d'"association régressive".

10 Clements (1984) a consacré un important article à la phonologie du kikuyu, mais je me réfère ici à Philippson (1991), qui illustre plus explicitement ce phénomène d'assimilation maximale.

Enfin l'auteur développe (pp. 474-477) l'idée selon laquelle il semble ne pas exister de situation intermédiaire entre une assimilation "proximale", qui affecte la seule syllabe contiguë - voire exceptionnellement les deux syllabes contiguës - au ton haut déclencheur, et une assimilation "maximale", qui se répand le plus souvent jusqu'au prochain ton haut ou du moins jusqu'à une limite de mot. Cette alternative l'amène à postuler que l'assimilation maximale résulte non pas d'un processus d'itération, mais d'un processus d'attraction à l'accent, s'effectuant selon un mouvement général vers la droite.

Le zulu (Afrique du sud) représente une autre langue bantu (à deux hauteurs distinctives) dans laquelle on observe un phénomène de diffusion maximale. Je me réfère ici à l'article de Laughren (1984), lui-même directement inspiré, sur ce point précis, de travaux antérieurs de C.M. Doke, D.K. Rycroft, T. Cope et J.S.M. Khumalo[11]. L'auteur présente notamment l'exemple suivant (j'indique entre crochets la forme abstraite présentée dans l'article comme l'association de deux rangées d'autosegments) :

> **[ábàfánà àbáyìfúúnì]**
> **ábá!fáná á"báyí!fúunì**
> *the boys don't want it*

Aux suites contrastées BH de la forme abstraite correspondent soit une abaissement (!) soit une élévation (") du ton haut, selon des modalités qui ne sont pas commentées. Laughren ne précise pas non plus si le processus de diffusion est subordonné à des contextes syntaxiques précis (il fonctionne apparemment, ici, du sujet nominal au prédicat verbal), mais montre en revanche qu'il n'est applicable qu'aux tons bas qui sont eux-mêmes suivis d'un ton haut (d'où le bas final de l'exemple ci-dessus) et qu'il est interrompu par la présence d'une consonne voisée. Enfin le phénomène de diffusion tend à perdre de son efficience en élocution lente et certaines formes dialectales l'ignorent.

Pour conclure, une propriété du bagiro mérite à mon sens d'être soulignée au terme de ce rapide survol typologique. C'est qu'ici l'attraction, de nature maximale, s'exerce dans un système qui distingue très clairement trois registres tonals phonologiques[12]. L'assimilation progressive des tons bas étant notamment interrompue par un ton haut comme par un ton moyen, il n'est

---

11 Je suis redevable à G.N. Clements de m'avoir signalé ces travaux.

12 Ceci vaut pour l'ensemble des langues "sara". Djarangar (1988) a montré, de façon pertinente, que l'on pouvait rendre compte de la morphologie verbale du bédjondé dans les termes de deux unités tonales structurelles. Sa tentative d'étendre l'analyse à l'ensemble de la phonologie de la langue me paraît en revanche peu convaincante dans la mesure où cette réduction paradigmatique doit être compensée par des développements syntagmatiques qu'il juge lui-même problématiques ("une prolifération de tons flottants").

pas certain que ces faits trouvent leur place dans la théorie accentuelle de Philippson (cf. supra). Faut-il, en l'occurrence, rechercher un autre modèle explicatif ?

6. PROCEDES INTONATIONNELS

L'expression des unités tonales, telles qu'elles ont été décrites dans les précédents chapitres, se voit parfois combiner avec certaines variations de hauteur, également porteuses de sens. On ne sait trop si ces procédés, de nature intonationnelle, constituent ou non des unités discrètes, auxquelles doivent être assignés des signifiés clairement identifiables et mutuellement exclusifs. Quand bien même tel serait le cas, il est vraisemblable qu'ils ne fonctionnent pas, contrairement aux unités proprement tonales, en termes de registres et de schèmes, mais plutôt en termes de courbes prosodiques, ascendantes, descendantes ou complexes, qui prennent appui sur un ton phonologique avec lequel elles entrent en combinaison. Faute d'une étude détaillée de ces phénomènes, c'est pourtant en termes tonals que l'on présentera - et que l'on transcrira - quelques brèves observations concernant les procédés intonationnels de la langue et leur valeur. De façon générale ceux-ci affectent la finale d'un groupe de souffle - ce qui signifie qu'ils apparaissent toujours devant une pause, même légère - et s'accompagnent d'un allongement sensible de la voyelle finale supportant la variation, allongement dont on rend compte dans la transcription au moyen d'un redoublement graphique.

Le premier procédé consiste en une remontée mélodique affectant des composants phonologiques bas ou moyen, qui prend donc la forme globale d'un ton modulé BH ou MH. Cette variation a très clairement une valeur suspensive (glosée /susp./) et marque une pause provisoire dans l'énoncé en en isolant un élément ou un groupe d'éléments dont elle souligne le caractère non final. Elle est essentiellement sinon exclusivement utilisée à des fins de thématisation, d'un complément indirect, d'une proposition ou d'un "embrayeur" (cf. 16.1. et 18.4.) et, en tant que telle, n'exerce évidemment pas d'attraction tonale[1]. Exemples :

... ɓā nyá lɔ́ gá↓ ɗɛ̄ˉ lɔ̀ɔ́ ɓā nyá gá↓ ɗɛ̄ˉ àm-nzúgyɔ́ lɔ́... (I, 58)
.../celui de/son/ce-ci/rel./aor.3 + venir/ici(?) + susp./celui de/son/rel./aor.3 + venir/ inach.3-interroger/ici(?)/...
... pour lui qui est venu ici, pour lui qui est venu poser des questions...

---

1 Cette modulation montante peut évidemment être rapprochée des tons hauts démarcatifs précédemment évoqués pour des langues comme le matuumbi, le yulu et certains parlers banda (cf. 5.4.). Mais il semble bien qu'il s'agisse ici d'un procédé intonationnel et non spécifiquement tonal.

bɔ̀ gìdì músàbā kìí zɛ́ sīsī nì.yɔ́... (I, 135)
/bon!/dos/M./à + susp./eux/de/ici/...
bon! après Musaba, ceux d'ici,...

... kí sɛ̀ kùngyā ɓé gɛ̄ ngá↓lī míngìí (I, 65)
.../toi/avec/poule/ta/pl./sol + à/beaucoup + susp./
nè-kí nɛ̄ kí à bɔ̀¯ ngɔ̄nɔ̄ ɓɛ̄ (I, 66)
/3 + dire + pl./que/toi/être/grand/membre/village/
... (si) tu as beaucoup de poules,
on dit que tu es le chef du village

sùngūlā pɛ̄rɛ̄mɛ̀ kásəkə ɓā mbùnzú↓ gɛ̄ gà nzàfà bɛ̀ɛ́ (I, 173)
/à cause de/premier/casque/celui de/Blanc/pl./rel./aor.3 + être blanc/stat. + susp./
màkɛ̀sɛ̀ ìsɔ̄ màlā ɓɛ̄ ná bá↓būlàbà àkɔ̀ sɛ̀ nzàfà kùngyā gɔ̀ (I, 174)
/M./aor.3 + tomber/sorte/village/le/ainsi/aor.3 + voir/avec/blanc/poule/nég./
parce que les premiers casques des Blancs sont blancs,
(quand) Makese survient dans tel village il ne (veut) pas voir une poule blanche

... mám-tā nɛ̀ tú` kɔ̄ɔ́ m-āɓɛ̄ sɛ̀ ngɔ́ɓɛ́ tálá↓ sɛ́ (I, 165)
.../inach.1-faire/tout/acc. + susp./aor.1-aller/avec/guerre/bord/leur/
... quand j'aurai tout préparé, j'irai leur faire la guerre

bɔ̰̀ɔ̰́ ná`¯ (I, 17) *bon!, c'est cela*
/bon! + susp./cela + être/

En combinaison avec un ton final haut, l'effet suspensif pourrait au contraire prendre la forme d'une courbe descendante, globalement comparable à une modulation HM. Mais plus qu'une suspension les rares illustrations dont on dispose ne traduisent-elles pas plutôt une hésitation ou une rupture dans le fil de l'énoncé ? Exemple :

kɔ́ɔ̄ zɛ́ gá↓ gàlí líbɔ́↓ ná`¯ (I, 197)
/puis + susp.(?)/eux/rel./aor.3 + connaître + pl./art/ce/
puis... ce sont eux qui connaissaient cette technique

Une courbe descendante du même type, affectant des composants haut ou moyen et prenant la forme d'une modulation de type HM ou MB (mais qu'en va-t-il en cas de ton final bas ?), est en revanche couramment attestée avec une valeur d'interrogation totale (glosée /interr./). Ce procédé intonationnel constitue d'ailleurs le seul moyen dont dispose la langue pour traduire une interrogation qui porte sur l'énoncé dans son ensemble. Exemples :

kí à túū /toi/être/y + interr./ *comment vas-tu ? [*litt. *y es-tu ?]*

á-tūlī kɔ̄ɔ̀
/aor.2-s'éveiller/acc. + interr./
*as-tu bien dormi ? [*litt. *t'es-tu réveillé ?]*

w-ɔ́ˉ kɔ̄ɔ̀ (I, 158) *as-tu compris ?*
/aor.2-entendre/acc. + interr./

Le dernier type de variation prend la forme d'une courbe descendante voire ascendante-descendante qui s'identifie à des modulations HB, MHB ou BHB selon qu'elle se combine à un ton final haut, moyen ou bas. Ce procédé, qui comporte lui-même une dimension interrogative, traduit plus précisément l'attente d'un assentiment ou d'une approbation de l'interlocuteur (glosé comme *expectatif*, la meilleure traduction en serait rendue par "... n'est-ce pas ?"). Exemples :

[...] kɛ́tɛ̄ dɛ̀ˉ gɛ́.là [...] tēˊ ínzā èkɔ́ˋl ínzā tàˊ gɔ́ɔ̀ (I, 105)
.../premier/personne/ces-là/aor.3 + faire + pl./aussi/école/aussi/autrefois/nég. + expect./
ces premières personnes n'avaient pas non plus fréquenté l'école (n'est-ce pas) ?

èkɔ́ˋl tú à kālɛ̄ɛ́ˋ (I, 89)
/école/y/être/absent + expect./
l'école n'existait pas alors (n'est-ce pas) ?

kɔ́.náˋ.gà lī gɛ́gɛ̄ tàˊ dɔ́↓ [...] bāgīlɔ̀ gɔ̀ɔ́ˋ (I, 21)
/c'est...que/nom/notre(I)/autrefois/ne pas être/.../B./nég. + expect./
notre nom autrefois n'était donc pas Bagiro (n'est-ce pas) ?

7. PRELIMINAIRES MORPHOLOGIQUES : SUFFIXATIONS TONALES ET ALTERATIONS VOCALIQUES

Plusieurs morphèmes ont la propriété de voir leur expression s'amalgamer en des suites non immédiatement segmentables (mots phonologiques) avec celle du lexème, nom ou verbe, qu'ils déterminent. Les modifications tonales et, moins systématiquement, vocaliques qui résultent de la suffixation de ces éléments grammaticaux à une forme lexicale non marquée répondent à des principes communs de sorte qu'il est avantageux d'en faire un exposé général, préalable à l'étude plus proprement syntaxique.

7.1. Identification des morphèmes

Le *pluriel verbal* (cf. 12.3. et 13.1.) connaît différentes expressions complémentaires. Il se présente sous les formes segmentables **kí** ou **yí** (conditionnant la réduction d'aperture d'une voyelle de 3ème degré dans la forme verbale) pour certains des verbes monosyllabiques (des seules classes 1, 1bis, 5 et 6) :

w-ò¯/w-ò-kí	*il boit/ils boivent*
ɓū/ɓū-kí	*il lèche/ils lèchent*
bɔ̀¯/bò-kí	*il est grand/ils sont grands*
à¯/à-yí	*il part/ils partent*
w-ɔ̀¯/w-ò-yí	*il perçoit/ils perçoivent*

Pour tous les autres verbes (de loin les plus nombreux), il se traduit par des modifications vocaliques et/ou tonales que l'on justifie structurellement par la suffixation d'une forme symbolique |**-í**| :

tāngā/tāngé	*il touche/ils touchent*
ɓɛ̀/ɓè´	*il pile/ils pilent*
túgyú↓/tú↓gyú	*il détruit/ils détruisent*

Deux *associatifs personnels "directs"* (cf. 8.3.), respectivement symbolisés par les formes |**-í**| "ton, ta, tes" et |**-¨**| "son, sa ses", apparaissent, dans tous les cas, sous une forme amalgamée à celle du nom qu'ils déterminent. Il en va de même du *connectif* |**-í**| "de", spécifique de certains des termes désignant des "relations de parenté/alliance" (cf. 8.7.), et dont l'expression est identique à celle de l'associatif personnel de 2ème personne. Exemples :

kàmù / kàmuí (~ kàmí ~ kàmú) / kàmū
oeil / ton oeil / son oeil

lɔ̄ / lūé / lɔ̄	*corps / ton corps / son corps*
nànà	*oncle maternel*
/ nàní	*/ ton oncle maternel*
/ nànā	*/ son oncle maternel*
/ nàní dɛ́↓¯	*/ oncle maternel de quelqu'un*
kàbúlá↓	*grand-père*
/ kàbú↓lé	*/ ton grand-père*
/ kàbú↓lā	*/ son grand-père*
/ kàbú↓lé dɛ́↓¯	*/ grand-père de quelqu'un*

Enfin le *relateur* **kì ~ kī** "à" (cf. 11.3.), qui est postposé au nom ou au syntagme nominal qu'il gouverne, s'exprime aussi librement sous une forme amalgamée, symbolisée par |**-ī`** ~ **-ī**|, avec certains noms d'emploi courant (par commodité on désigne cet amalgame comme la "forme circonstancielle"[1] du nom). Le choix des variantes tonales est, dans les deux cas, régi par l'identité du composant tonal ultime du terme auquel ce morphème est postposé/suffixé : **kì** et |**-ī`**| sont appelés par un registre final moyen, **kī** et |**-ī**| (qui tend à varier librement avec |**-ī`**|) par un registre bas ou haut[2]. Exemples :

kāgā kì	*à l'arbre*
gī kì	*à son bras*
lɔ̀ kī	*à l'endroit*
súpà kī	*en bouteille*
mànɛ̄ kì ~ mànē`	*à l'eau*
fàɗù kī ~ fàɗī	*au feu*
kàzà kī ~ kàzē`	*au soleil*
ɗɔ̄bɔ́↓ kī ~ ɗɔ́↓bē ~ ɗɔ́↓bē`	*sur le chemin*

Un même nom peut recevoir la double suffixation d'un associatif personnel de 3ème personne et de la marque circonstancielle, l'une et l'autre

1 Le terme est repris de Palayer (1970:22-24), qui l'applique à une forme très comparable du sar.

2 On pourrait proposer pour les variantes des suffixes une formalisation tonale identique à celle des formes segmentables (soit |-ì ~ -ī| au lieu de |-ī` ~ -ī|) à la condition toutefois de considérer que la seule variante |-ì| s'adjoint - et non se substitue - au composant ultime du schème. La formalisation retenue ne répond d'ailleurs pas seulement à un souci de systématique formelle, elle rend également compte de la tendance que manifeste la langue à généraliser le choix de |-ī`| dans tous les contextes.

s'appliquant alors successivement dans cet ordre[3] :

zɔ̀ / zɔ̀¯ / zùē` *tête / sa tête / à sa tête*

7.2. Suffixations tonales

En règle générale on doit considérer que le morphotonème propre aux différentes formes structurelles qui viennent d'être identifiées se substitue au composant ultime du terme auquel il est suffixé, étant admis

- que les schèmes tonals des lexèmes non-marqués sont toujours, comme on l'a vu précédemment, définis par deux composants (voire plus mais le cas ne se présente pas ici), le premier de ces composants n'étant pas substituable, même dans le cas des monosyllabes;
- que la suffixation est nécessairement consécutive à l'application éventuelle du principe de faille.

Il y a toutefois non pas substitution mais adjonction du morphotonème au composant ultime du terme non marqué

- en cas de suffixation (de |-M| ou |-H|) au schème BH$^{\downarrow}$, comme si le repère de faille, H$^{\downarrow}$ (qui est transféré sur le composant initial dans le cas d'une suffixation à HH$^{\downarrow}$), ne pouvait jamais disparaître de la forme suffixée;
- en cas de suffixation (de |-H|) aux verbes de schème HM (cl. 7) et HB (cl. 8)[4], voire à certains noms de schème HM[5] ou H$^{\downarrow}$M[6].

1) suffixation de |-H| (*pluriel verbal*, *associatif personnel* "ton", *connectif*)

- par substitution :

ɓɛ̀/ɓè´	*il pile/ils pilent*
ɓɔ̀gɔ̀/ɓògué	*il dérobe/ils dérobent*
lɔ̀kɔ̀lɔ̀/lòkòlué	*il glisse/ils glissent*
lù/lùí ~ lù´	*foie/ton foie*
bùlà/bùlé	*père/ton père, père de -*
tā/tē´	*il fait/ils font*

---

3 L'associatif personnel de 2ème personne est toujours suivi du relateur **KI** sous sa forme segmentable : **zùé/zùé kī** "ta tête/à ta tête".

4 Le comportement tonal spécifique du pluriel des verbes de cl. 8 est vraisemblablement corrélé à leur acquisition récente; il est moins explicable pour les verbes de cl. 7, d'ailleurs peu nombreux (cf. 12.1.).

5 L'unique exemple en est donné par **kílā/kílē´** "queue/ta queue". Pourtant les formes **kónyí** "ta mère", **nánzué** "ton frère" et **ságyué** "ton beau-frère" s'expliquent nécessairement par la substitution de |-H| au composant final d'un schème HM dont l'identité est par ailleurs variable (cf. 8.8.).

6 Le comportement exceptionnel de **gángá↓lū/gángá↓lūí** "poitrine/ta poitrine" s'explique selon toute vraisemblance par l'origine composée du terme (CVCV$^{\downarrow}$.CV) et le caractère originellement monosyllabique de sa syllabe finale.

ìzī/ìzí	*il est mou/ils sont mous*
ɓàtàlɔ̄/ɓàtàlué	*il se lève/ils se lèvent*
kūmū/kūmú	*nombril/ton nombril*
gá↓yɛ̄/gá↓yé	*épouse/ton épouse*
bùlànyɛ̄/bùlànyé	*tante parternelle/ta tante pat., tante pat. de -*
ngbá↓/ngbé↓´	*il reste/ils restent*
tání↓/tá↓ní	*il dispose/ils disposent*
yákálí↓/yáká↓lí	*il détache/ils détachent*
ní↓ ~ ní↓¯/ní↓´	*co-épouse/ta co-épouse, co-épouse de -*
ngálá↓/ngá↓lé	*menton/ton menton*

- par adjonction :

ngbìlí↓/ngbìlí↓´	*estomac/ton estomac*
ɓàkúlá↓/ɓàkú↓lé	*compagnon/ton compagnon, compagnon de -*
fɛ́lɛ̄/félē´	*il surveille/ils surveillent*
ká`/ké`´	*il vend/ils vendent*
bálà/bálè´	*il salue/ils saluent*
kɔ́mándè/kɔ́mándè´	*il commande/ils commandent*

2) suffixation de |-M| (*associatif personnel* "son")

- par substitution :

zɔ̀/zɔ̀¯	*tête/sa tête*
ngàɓà/ngàɓā	*époux/son époux*
lī/lī	*nom/son nom*
māyā/māyā	*cuisse/sa cuisse*
gá↓yɛ̄/gá↓yɛ̄	*épouse/son épouse*
ní↓ ~ ní↓¯/ní↓¯	*co-épouse/sa co-épouse*
ngálá↓/ngá↓lā	*menton/son menton*

- par adjonction :

ngbìlí↓/ngbìlí↓¯	*estomac/son estomac*

On notera que la suffixation de l'associatif personnel |-̄| "son, sa, ses", qui se réduit à un morphotonème sans identité vocalique, est toujours d'effet nul lorsqu'elle s'applique à un terme de composant final moyen.

3) suffixation de |-MB ~ -M| (*forme circonstancielle*)

fàɗù/fàɗī	*feu/au feu*
kàzà/kàzē`	*soleil/au soleil*
dɛ̀¯/dè¯`	*personne/à quelqu'un*
tàlā/tàlē`	*sa bouche/à sa bouche*
lɔ̄/lūè	*son corps/à son corps*

kāyɛ̄/kāyē`	*brousse/en brousse*
kpāngbālā/kpāngbālē`	*pierre plate/sur la pierre plate*
kúgí↓/kú↓gī ~ kú↓gī`	*maison/à la maison*

Les noms de schème HM ont, dans le cas particulier des formes circonstancielles, un comportement irrégulier vraisemblablement du à l'attraction des noms de schème HH↓ auxquels ils s'assimilent :

kɔ́ngɔ̄/kó↓nguē	*colline/à la colline*
ngálā/ngá↓lī ~ ngá↓lī`	*terre/à terre*

L'ensemble des modifications de schèmes résultant des suffixations tonales est systématisé dans le Tableau 4.

schème non marqué	+ |-H|	+ |-M|	+ |-MB|
BB	BH	BM	BMB
BM	BH	BM	BMB
BH↓	BH↓H	BH↓M	-
MM	MH	MM	MB
HB	HBH	-	-
HM	HMH HH *(cert. noms)*	HM H↓M *(f. circ.)*	H↓MB
H↓M	H↓H	H↓M	-
HH↓	H↓H	H↓M	H↓MB

Tableau 4 : Récapitulatif des modifications de schèmes consécutives aux suffixations tonales

7.3. Altérations vocaliques

Les altérations vocaliques se caractérisent de façon générale

- par une réduction du degré d'aperture, laquelle est toutefois sans effet sur les voyelles de premier et de second degré (hormis cas unique de **o** dans une distribution **o-a**);
- par une antériorisation, totale (**a** > **ɛ**) ou partielle (**ua/ɔ** > **ue**, **u** > **ui**), du timbre, laquelle est sans effet sur les voyelles antérieures.

L'antériorisation ne peut jamais affecter que la voyelle finale du terme non marqué - laquelle demeure toujours brève - tandis que la réduction du degré d'aperture peut toucher toutes les voyelles constitutives d'un polysyllabe, ce qui justifie que l'on traite de ces altérations en termes de distributions vocaliques plutôt qu'en termes de voyelles isolées.

1) **(a/e/o/u/i-)i/e** > inchangées

gī/gī´	*bras/ton bras*
tàkí/tàkí	*il sort/ils sortent*
tékíꜜ/téꜜkí	*il cueille/ils cueillent*
ngèlì/ngèlí	*vulve/ta vulve*
tótíꜜ/tóꜜtí	*il détache/ils détachent*
ngōlī/ngōlí	*pénis/ton pénis*
lùtì/lùtí	*il écorche/ils écorchent*
kúgíꜜ/kúꜜgī`	*maison/à la maison*
ndìgì/ndìgí	*il aime/ils aiment*
gìdì/gìdí	*dos/ton dos*
kɔ́másè/kɔ́másè´	*il commence/ils commencent*
tírè/tírè´	*il prend/ils prennent en photo*

2) **o/i/u-u** > inchangées

fòlū/fòlú	*il frappe/ils frappent*
ìlū/ìlú	*il coud/ils cousent*
tūzū/tūzú	*il tire/ils tirent*
kūmū/kūmú	*nombril/ton nombril*

3) **(a-)u** > **(a-)u** de règle pour les verbes (**(a-)ui** toujours (?) possible mais de fait inusité)

> **(a-)ui** (~ **a-i**) de règle pour les noms

gù/gù´ (~ **gùí**)	*il gratte/ils grattent*
fàɗū/fàɗú (~ **fàɗuí**)	*il débite/ils débitent*
lù/lùí	*foie/ton foie*
tàlà ngálúꜜ/tàlà ngáꜜluí	*coeur/ton coeur*
kàmù/kàmuí ~ **kàmí** (~ **kàmú**)	*oeil/ton oeil*
fàɗù/fàɗī	*feu/au feu*

On soulignera ici l'avenir très précaire du phonème **ui** qui, né de ces seuls contextes morpho-syntaxiques, se voit en fait progressivement assimilé soit à **u** (pluriel verbal) soit à **i** (nom et associatif personnel, forme circonstancielle). Cette évolution est évidemment favorisée par le fait que les différentes suffixations s'accompagnent toujours, en l'occurrence, d'une modification tonale qui garantit l'opposition avec la forme de base quand bien même la distribution vocalique demeure inchangée.

4) **i/u-ɛ** > **i/u-e**

tìfɛ̄/tìfé	*il gémit/ils gémissent*
súlɛ́↓/sú↓lé	*il roule/ils roulent (un lien)*

5) (**ɛ/ɔ-**)**ɛ** > (**e/o-**)**e**

ɓɛ̀/ɓè´	*il pile/ils pilent*
nyɛ̀/nyè´	*placenta/ton placenta*
ɓɛ̄/ɓē`	*village/au village*
gbɛ́lɛ́↓/gbé↓lé	*il grave/ils gravent*
gɛ̀ɗɛ̂/gèɗé	*fesses/tes fesses*
w-ɔ̀ɗɛ̄/w-òɗé	*il extrait/ils extraient*
ngɔ́yɛ́↓/ngó↓yé	*cou/ton cou*

6) **a-ɛ/a** > **a-e** (plus rarement **a-i**)

àlɛ̄/àlé	*il finit/ils finissent*
àɓɛ̄/àɓí	*il part/ils partent*
māyɛ̄/māyé	*cuisse/ta cuisse*
kōmànɛ̄/kōmàné	*beau-parent/ton beau parent, beau-parent de -*
àfā/àfé	*il arrive/ils arrivent*
àdā/àdí	*il donne/ils donnent*
tàlà/tàlé	*bouche/ta bouche*
ngálā/ngá↓lē` ~ ngá↓lī`	*terre/à terre*

7) (**i/u-**)**a** > (**i/u-**)**e** ((**i/u-**)**ue** après consonne à caractère phonétiquement labial pour les verbes)

tā/tē´	*il fait/ils font*
fà/fùé	*il dépèce/ils dépècent*
mbà/mbè´	*sein/ton sein*
ìnā/ìné	*il vise/ils visent*
ìkpā/ìkpué	*il pousse/ils poussent*
kílā/kílē´	*queue/ta queue*
tútá↓/tú↓té	*il bouscule/ils bousculent*
tūɓā/tūɓué	*il crie/ils crient*
bùlà/bùlé	*père/ton père, père de -*
ngūlā/ngūlē`	*son chez-soi/chez lui [*litt. *à son chez-soi]*

8) **e-a** > **e-e**

zéngbà/zéngbè´	*il salue/ils saluent*

9) **o-a** > **u-e**

ngòndà/ngùndē`	*brousse/en brousse*

10) **ɔ-ɔ** > **o-ue** (rarement **o-e** ou même **o-i**)

tɔ̄lɔ̄/tōlué	*il tue/ils tuent*
lɔ̀kɔ̀lɔ̀/lòkòlué	*il glisse/ils glissent*
w-ɔ̀lɔ̄/w-òlé	*il croît/ils croissent*
kɔ́nɔ́↓/kó↓né	*nez/ton nez*
ngɔ̄nɔ̄/ngōní	*enfant/ton enfant, enfant de -*

Rappelons, à propos de la distribution **o-ue** dans laquelle elle est particulièrement sensible, l'assimilation tendancielle de **ue** à **o** en élocution rapide : les successions **o-ue** sont virtuellement confondues avec les successions **o-o**.

11) **(a/i/u-)ɔ/ua** > **(a/i/u-)ue**

gyɔ̀/gyùé	*il enfante/ils enfantent*
lɔ̄/lūé	*corps/ton corps*
zɔ̀ˉ/zùēˋ	*sa tête/à sa tête*
ɓàtàlɔ̄/ɓàtàlué	*il se lève/ils se lèvent*
nánzɔ̄/nánzué	*frère/ton frère*
ìgɔ̄/îgué	*il interdit/ils interdisent*
nzùgyɔ̀/nzùgyué	*il interroge/ils interrogent*
suà/sùé	*il mange/ils mangent*
ìnduā/îndué	*il place/ils placent*
tūkuā/tūkué	*il saisit/ils saisissent*

L'ensemble de ces altérations vocaliques est récapitulé dans le Tableau 5 (page suivante).

<table>
<tr><td>1.</td><td>(V-)i</td><td>+ |-i|</td><td>></td><td>id.</td><td></td></tr>
<tr><td></td><td>(V-)e</td><td>...</td><td>></td><td>id.</td><td></td></tr>
<tr><td>2.</td><td>o-u</td><td>...</td><td>></td><td>id.</td><td></td></tr>
<tr><td></td><td>i-u</td><td>...</td><td>></td><td>id.</td><td></td></tr>
<tr><td></td><td>u-u</td><td>...</td><td>></td><td>id.</td><td></td></tr>
<tr><td>3.</td><td>(a-)u</td><td>...</td><td>></td><td>id. : verbes</td><td></td></tr>
<tr><td></td><td></td><td></td><td>></td><td>(a-)ui</td><td>(~ a-i) : noms</td></tr>
<tr><td>4.</td><td>i-ɛ</td><td>...</td><td>></td><td>i-e</td><td></td></tr>
<tr><td></td><td>u-ɛ</td><td>...</td><td>></td><td>u-e</td><td></td></tr>
<tr><td>5.</td><td>ɛ-ɛ</td><td>...</td><td>></td><td>e-e</td><td></td></tr>
<tr><td></td><td>ɔ-ɛ</td><td>...</td><td>></td><td>o-e</td><td></td></tr>
<tr><td>6.</td><td>a-ɛ</td><td>...</td><td>></td><td>a-e</td><td>(~ a-i)</td></tr>
<tr><td></td><td>a-a</td><td>...</td><td>></td><td>a-e</td><td>(~ a-i)</td></tr>
<tr><td>7.</td><td>a</td><td>...</td><td>></td><td>e</td><td>(~ ue : verbes, contexte labial)</td></tr>
<tr><td></td><td>i-a</td><td>...</td><td>></td><td>i-e</td><td>(~ i-ue : verbes, contexte labial)</td></tr>
<tr><td></td><td>u-a</td><td>...</td><td>></td><td>u-e</td><td>(~ u-ue : verbes, contexte labial)</td></tr>
<tr><td>8.</td><td>e-a</td><td>...</td><td>></td><td>e-e</td><td></td></tr>
<tr><td>9.</td><td>o-a</td><td>...</td><td>></td><td>u-e</td><td></td></tr>
<tr><td>10.</td><td>ɔ-ɔ</td><td>...</td><td>></td><td>o-ue</td><td>(~ o-e, o-i)</td></tr>
<tr><td>11.</td><td>ɔ</td><td>...</td><td>></td><td>ue</td><td></td></tr>
<tr><td></td><td>ua</td><td>...</td><td>></td><td>ue</td><td></td></tr>
<tr><td></td><td>a-ɔ</td><td>...</td><td>></td><td>a-ue</td><td></td></tr>
<tr><td></td><td>i-ɔ</td><td>...</td><td>></td><td>i-ue</td><td></td></tr>
<tr><td></td><td>i-ua</td><td>...</td><td>></td><td>i-ue</td><td></td></tr>
<tr><td></td><td>u-ɔ</td><td>...</td><td>></td><td>u-ue</td><td></td></tr>
<tr><td></td><td>u-ua</td><td>...</td><td>></td><td>u-ue</td><td></td></tr>
</table>

Tableau 5 : Récapitulatif des altérations vocaliques consécutives aux suffixations de |**-i**|

LE NOM

8. LE SYNTAGME NOMINAL

Le présent chapitre a pour objet d'identifier, à travers l'étude de leurs propriétés morphologiques et syntaxiques, les différents éléments qui peuvent s'associer à un centre de type nominal pour constituer des groupes monofonctionnels, c'est-à-dire des groupes qui jouent globalement un seul et même rôle vis-à-vis des autres éléments constitutifs de l'énoncé.

Les relations privilégiées qu'entretiennent entre eux les éléments constitutifs du syntagme ne répondent pas à un modèle unique. Ces relations sont de nature hiérarchique dans le cas d'une détermination, le centre constituant alors le terme capital, nucléaire, d'une relation qui s'établit entre déterminé et déterminant(s). Elles sont au contraire de nature égalitaire ou plus exactement a-hiérarchique dans les cas plus rares d'une apposition ou d'une coordination entre deux termes homofonctionnels, le "centre" n'ayant alors que la valeur conventionnelle de premier terme à paraître dans la chaîne. Le principe d'attraction tonale est, semble-t-il, opératoire dans le seul cas des relations de détermination. S'il est apparemment facile de caractériser l'un et l'autre type de relation, on verra que l'interprétation syntaxique de certaines successions est pourtant délicate, soit qu'une structure appositive ait pu donner naissance à une structure déterminative, soit que l'apposition soit elle-même mise à contribution dans certains types de détermination.

Le centre de syntagme est éminemment représenté par un nom mais aussi par d'autres termes, lexèmes ou morphèmes, qui assument des fonctions identiques à celles du nom et peuvent recevoir certaines de ses expansions. L'identification plus précise de ces "quasi-nominaux" fera l'objet du prochain chapitre mais ils seront, le cas échéant, évoqués dès à présent dans l'illustration des différents modèles syntagmatiques.

8.1. Le syntagme minimal

Le nom possède en règle générale la faculté d'assumer à lui seul, sans recours à un déterminant nécessaire, sa fonction dans l'énoncé :

gì-gīlí má↓nē bɛ̄ sùngūlā ngɔ́ɓɛ́ (I, 33)
/aor.D + traverser + pl./eau/assert./à cause de/guerre/
nous avons traversé le fleuve à cause d'un conflit

bɔ̄kɔ̀yɛ̀ zɔ̀nyɔ̀ kí ákɔ́ kú↓lā ānyā (Prov. 3)
/serpent/aor.3 + mordre/toi/aor.2 + voir/corde/aor.2 + fuir/
si le serpent t'a mordu, quand tu vois une corde, tu fuis

Les éléments - déterminants ou apposés - qui sont associés au nom au sein du syntagme sont donc essentiellement de nature facultative ou expansive (il en va de même dans le cas de la plupart des centres "quasi-nominaux" qui sont exposés plus loin). Seuls font exception certains noms sémantiquement "relationnels" qui ne peuvent (jamais ?) apparaître sans recevoir la détermination d'un "validateur", lexical ou grammatical (cf. 10.).

8.2. Le partitif kɔ̀tɔ́ ~ àtɔ́

Le partitif constitue l'unique représentant de sa catégorie. Il est aussi le seul déterminant - si du moins telle est bien sa fonction - qui soit antéposé au centre de syntagme. Il traduit l'extraction d'une unité (pluralisable) ou d'une quantité d'un ensemble, la valeur d'indéfini ou d'indéterminé ("quelque, un quelconque") qu'il acquiert dans certains contextes ne lui étant pas essentielle (il est d'ailleurs combinable avec le défini (`)**ná**, qui succède au nom). Son expression connaît deux variantes segmentales (**kɔ̀tɔ́ ~ àtɔ́**), qui sont apparemment libres et indépendantes d'un conditionnement phonique ou morpho-syntaxique. Exemples :

kɔ̀tɔ́ bɛ̄ ìsɔ̄ ɗà´mà (III, 13)
/certaine/chose/aor.3 + tomber/là-bas/
quelque-chose est tombé là-bas

nù´ á↓tɔ́ dɛ̄¯ (I, 229) *on prend une personne*
/aor.3 + prendre + pl./certaine/personne/

nzàpā ìnduā kɔ̀tɔ́ gàlī bɛ̄ zɔ̀ ní àdā kí
/dieu/aor.3 + poser/certaine/connaissance/chose/sommet/le + à/aor.3 + donner/toi/
*Dieu t'a donné de l'intelligence en plus [*litt. *Dieu a mis de l'intelligence en plus pour toi]*

tā `tɔ́ lìbɔ̀ nyá gɛ̄ (III, 12)
/aor.3 + faire/certaine/ruse/sa/pl./
il joue quelques-uns de ses tours

sɛ̀ wàngyā té↓ sē´ kɔ́↓tɔ́ gīyā ná tàkí sɛ́↓ ná nɛ̄... (II, 12)
/avec/matin/itér./aor.3 + prendre + pl./certain/nouveau/le/aor.3 + sortir + pl./avec/cela/alors/...
le (lendemain) matin on en prend de nouvelle [nourriture], on sort avec...

Il est remarquable que dans un tel contexte le partitif n'exerce jamais d'attraction tonale sur le nom qu'il est supposé déterminer alors que le même partitif exerce une attraction sur ses propres déterminants lorsqu'il fonctionne lui-même comme centre de syntagme (cf. 9.2.). La justification de ce défaut d'attraction doit donc être recherchée non pas dans l'identité du partitif mais dans celle de la relation syntaxique que celui-ci entretient avec le nom qui lui succède. Deux hypothèses peuvent alors être avancées. On peut notamment envisager que l'attraction ne s'exerce pas du déterminant à son déterminé : le partitif représentant le seul déterminant antéposé au nom, il échapperait ainsi à une règle par ailleurs générale, sans que son statut de déterminant soit pour autant remis en cause. Une telle solution n'est pas vraiment satisfaisante dans la mesure où l'attraction tonale fonctionne bien par ailleurs dans des contextes plus ou moins comparables, notamment entre l'indice personnel et le verbe (même si le principe d'attraction n'explique pas toutes les variations tonales verbales) ou entre le relateur **sɛ̀** "avec, au moyen de" lui-même réhaussé (**sɛ́↓**) et le centre de syntagme qui lui succède. Il est en revanche plus fructueux de rapprocher la situation qui nous intéresse de celle de l'apposition (cf. 8.13.) comme de celle de la relation d'"association sélective" (cf. 9.5.), autres contextes syntaxiques où l'attraction tonale fait défaut, pour y reconnaître une relation de caractère a-hiérarchique, résultant d'une thématisation du partitif placé en tête de séquence. Ce dernier n'aurait donc pas statut de déterminant du nom qui lui succède mais représenterait lui-même le centre d'un syntagme de nature appositive, le nom subséquent lui étant homofonctionnel.

Du moins cette interprétation, qui rend plus explicite et plus cohérente la fonction syntaxique du principe d'attraction tonale, me semble-t-elle assez convaincante d'un point de vue historique. Est-elle pour autant toujours valide en l'état actuel de la langue ou ne convient-il pas plutôt de considérer que le partitif, aujourd'hui réel déterminant du nom, est simplement contraint par la forme héritée d'une structure syntaxique révolue ? On penche plus volontiers pour cette dernière façon de voir les choses. Les places respectives qu'occupent le *pluriel* **gɛ̄** ou le relateur **KI** "à", qui succèdent non pas au partitif mais au groupe nominal dans son ensemble, tendent notamment à prouver que la structure du syntagme n'est plus celle d'une apposition mais bien celle d'une détermination d'un centre nominal par l'antéposition du partitif :

kɔ̀tɔ́ ɓànà kūbū má↓ ná gɛ̄ /certain/vieux/vêtement/mon/le/pl./	*certains vieux vêtements à moi*
kɔ̀tɔ́ lɔ̀ kī /certain/endroit/à/	*à un certain endroit*

àɓɛ̄ sūkpū [...] kɛ̀mɛ̀ kɔ̀tɔ́ ngɔ̀ndà kī (I, 141)
/aor.3 + aller/aor.3 + se cacher/.../intérieur/certain/forêt/à/
il va se cacher... dans une certaine forêt

8.3. Les associatifs personnels

Les associatifs personnels sont directement postposés voire suffixés au nom qu'ils déterminent et représentent, relativement à ce dernier, les déterminants grammaticaux de premier rang. Ils fondent deux paradigmes mutuellement exclusifs, lesquels sont toutefois largement confondus puisque seules s'y distinguent les formes de 2ème et 3ème personnes du singulier et, dans une moindre mesure, de 3ème personne du pluriel. Le premier de ces paradigmes est réservé à l'expression d'une relation associative de caractère intime ou essentiel et s'applique éminemment à des désignations d'entités constitutives de l'individu physique, psychique ou social (ex. **zɔ̀** "tête", **lù** "foie", **màyà** "ombre (d'un animé), âme, esprit", **lī** "nom"), de productions ou d'espaces relatifs à l'individu (ex. **nzū** "son, voix", **lùɓɔ́lɔ́↓** "bile, venin", **kāmbɔ́lɔ́↓** "alentour, proximité", **ngūlā** "lieu d'établissement, chez-soi"), de relations de parenté/alliance (ex. **ní↓¯** "co-épouse", **nánzɔ̄** "frère"). Le second d'entre eux est réservé à l'expression de relations associatives de moindre degré d'affectation. Bien qu'aucun exemple de choix significatif n'ait été clairement mis en évidence on suppose en effet que le choix de l'un ou l'autre paradigme tient plus à la nature de la relation associative qu'à l'identité du nom déterminé[1].

Les formes de ce que l'on appellera respectivement associatifs personnels "directs" et "indirects" sont les suivantes :

		directs	/	indirects	
sg.	1		**má**		*mon/ma*
	2	|-í|	/	**ɓé**	*ton/ta*
	3	|-̄|	/	**nyá**	*son/sa*
	L		**ní**		*son/sa (logophorique)*
pl.	E		**á↓gɛ̄**		*notre (exclusif)*
	D		**gɛ́**		*notre (duel)*
	I		**gɛ́gɛ̄**		*notre (inclusif)*
	2		**sɛ́**		*votre*
	3	**gɛ̄ ~ zɛ́**	/	**zɛ́**	*leur*
	L		**nígɛ̄**		*leur (logophorique)*

1 Sur la nature des relations dites de "possession aliénable/inaliénable", cf. Creissels (1979). Sur l'identité et le fonctionnement de cette opposition dans des langues généalogiquement ou géographiquement proches du bagiro, cf. Fédry (1976) et Boyeldieu/éd. (1987).

On y relève en particulier la présence de pronoms *logophoriques* (L, référant au tiers dont on rapporte le discours, cf. 17.2.) et la distinction de trois "nous", *exclusif* (E, "moi et un/d'autre(s), sans toi"), *duel* (D, "toi et moi") et *inclusif* (I, "toi, moi et un/d'autre(s)"). Le tiers référé est toujours un animé, l'expression d'un tiers inanimé étant assumée par le défini (`)**ná**, complémentaire des associatifs personnels sous cet aspect (cf. infra).

Les formes "directes" de sg. 2/3 (|**-í**| et |**--̄**|) sont caractérisées comme des formes structurelles dont la réalisation a été détaillée au chapitre précédent. Selon toute vraisemblance la forme "indirecte" de sg. 2 résulte elle-même d'un amalgame historique du pronom associatif **ɓā** "celui/celle de" avec l'équivalent d'un associatif personnel "direct" ou d'un personnel indépendant :

ɓé < ***ɓā** + |**-í**| ~ **kí**

Il est également remarquable que plusieurs formes d'associatifs résultent historiquement d'une mise en jeu du pluriel **gɛ̄**, ce dont témoignent non seulement certains rapprochements formels :

pl. 3 (dir.) **gɛ̄**	<	**pluriel* ?
pl. I **gɛ́gɛ̄**	<	*pl. D **gɛ́** + *pluriel*
pl. L **nígɛ̄**	<	*sg. L **ní** + *pluriel*
pl. E **á↓gɛ̄**	<	*? + *pluriel*

mais surtout le fait que les formes identifiées ci-dessus dans la colonne de gauche ne peuvent être directement suivies du morphème de pluriel, contrairement aux autres associatifs personnels. Dans l'état actuel de la langue il faut toutefois considérer ces formes historiquement complexes comme des termes originaux, qui font aujourd'hui l'objet d'un choix unique : en dehors même du fait que **á↓gɛ̄** "notre (exclusif)" n'est pas synchroniquement décomposable, elles sont en effet régulièrement combinables avec le pluriel lorsque ce dernier succède au défini (`)**ná** (ces propriétés combinatoires sont détaillées et commentées plus loin, à propos du *pluriel* **gɛ̄**).

Un dernier point concerne le choix des deux variantes **gɛ̄** ~ **zɛ́** "leur" du paradigme des associatifs "directs". Dans l'état actuel de la langue la seule forme **zɛ́** s'emploie pour les désignations des relations de parenté/alliance, les formes **gɛ̄** ou **zɛ́** s'employant concurremment pour celles des constituants de l'individu. Selon toute vraisemblance la répartition complémentaire de ces deux variantes, historiquement plus stricte, se trouve aujourd'hui perturbée par l'extension de la forme **zɛ́**, qui est aussi celle du paradigme des associatifs "indirects". L'existence même de la variante **gɛ̄** paraît donc, à terme, compromise.

A titre exemplaire on illustre enfin la combinatoire des associatifs personnels avec les trois noms **zɔ̀** "tête", **kàbúlá↓** "grand-père" (suivis des associatifs "directs") et **kūbū** "vêtement" (suivi des associatifs "indirects") :

		zɔ̀	**kàbúlá↓**	**kūbū**
sg.	1	**zɔ̀ má**	**kàbúlá↓ má**	**kūbū má**
	2	**zùé**	**kàbú↓lé**	**kūbū ɓé**
	3	**zɔ̀¯**	**kàbú↓lā**	**kūbū nyá**
	L	**zɔ̀ ní**	**kàbúlá↓ ní**	**kūbū ní**
pl.	E	**zɔ̀ á↓gɛ̄**	**kàbúlá↓ á↓gɛ̄**	**kūbū á↓gɛ̄**
	D	**zɔ̀ gɛ́**	**kàbúlá↓ gɛ́**	**kūbū gɛ́**
	I	**zɔ̀ gɛ́gɛ̄**	**kàbúlá↓ gɛ́gɛ̄**	**kūbū gɛ́gɛ̄**
	2	**zɔ̀ sɛ́**	**kàbúlá↓ sɛ́**	**kūbū sɛ́**
	3	**zɔ̀ gɛ̄**	**kàbúlá↓ zɛ́**	**kūbū zɛ́**
	L	**zɔ̀ nígɛ̄**	**kàbúlá↓ nígɛ̄**	**kūbū nígɛ̄**

8.4. Le défini (`)ná

Le défini - qui ne doit pas être confondu avec le personnel indépendant **ná** "cela, (lui/elle)" - constitue l'unique représentant de sa catégorie. Il est postposé au nom ou à ses déterminants de premier rang, associatif personnel ou nom :

màgɛ̀ ná	*le champ*
kūbū ná	*le vêtement*
kúgí↓ ná	*la maison*
màgɛ̀ gɛ́gɛ̄ ná	*notre (incl.) champ (en question)*
kūbū má↓ ná	*mon vêtement (en question)*
kúgí↓ zɛ́↓ ná	*leur maison (en question)*
màgɛ̀ fɔ̄kɔ̄ ná	*le champ de maïs*
kúgí↓ kɛ́gbɛ̄ ná	*le nid de souris*

La caractérisation formelle exacte de ce morphème pose problème. Lorsqu'il succède à un ton haut le défini subit toujours un abaissement (faille) qui pourrait être imputé au nom (ex. **kúgí↓ ná**) puisque les tons finals hauts des schèmes nominaux représentent toujours de "faux tons hauts", mais qui ne peut être imputé aux tons hauts des associatifs personnels (ex. **kūbū má↓ ná, kúgí↓ zɛ́↓ ná**) lesquels représentent toujours de "vrais tons hauts" comme en témoigne l'absence de faille pour tout autre terme qui leur succède (ex. **sɔ́** "quatre", **vɔ́** "tout", **gɛ̄** *pluriel*, **sílíkɔ́** "d'abord") :

kūbū má sɔ́	*mes quatre vêtements*
kúgí↓ zɛ́ vɔ́	*toute leur maison*
kūbū má gɛ̄	*mes vêtements*
kúgí↓ zɛ́ sílíkɔ́	*leur maison d'abord*

La justification de la faille qui affecte le défini doit donc être recherchée non dans le terme qui précède mais bien dans la forme du défini lui-même. Dans l'état actuel des choses, l'explication la plus cohérente consiste à caractériser ce dernier par une forme (`)**ná** dont le ton précessif, imperceptible ou plutôt inexistant dans le contexte d'un ton précédent bas ou moyen (ex. **màgɛ̀ ná** "le champ (en question)", **kūbū ná** "le vêtement (en question)", **màgɛ̀ gɛ́gɛ̄ ná** "notre vêtement (en question)"), se manifesterait dans le seul contexte d'un ton précédent haut ("vrai" ou "faux", peu importe alors) qui l'assimilerait pour provoquer une faille :

/-H/, |`**ná**| > /-H↓ **ná**/

L'analyse est complexe et fait de surcroît appel à une notion (ton précessif) dont la réalité ne se vérifie nulle part ailleurs dans la langue. On s'y tiendra néanmoins faute d'une interprétation plus satisfaisante.

De façon générale le défini (que l'on traduit par "le/la" dans le mot-à-mot) prête au nom qu'il détermine une valeur définie, déterminée ou spécifique qui ne présuppose pas nécessairement de référence à un "connu" :

kàmuí s-ìndā lɔ̄ dɛ̀¯ ná gē` (I, 94)
/oeil + ton/aor.3!-reposer/corps/personne/la/pl. + à/
*tu dois veiller [*litt. *: que ton oeil repose] sur les gens*

ákɔ́↓´ ngɔ̄nɔ̄ dɛ̀nyɛ̄ ná àyì ndó nɛ̄... (I, 219)
/si/jeune/femme/la/aor.3 + être belle/beaucoup/alors/...
*si c'est une belle jeune fille [*litt. *: si la jeune fille est belle]...*

suá↓ ɓā bīnyā tú` zā kɛ̀mɛ̀ kátá↓ ní kɔ̄ (II, 11)
/aor.2 + manger/celui de/chèvre/tout/hors de/intérieur/pot/le + à/acc./
[le défini apparaît ici sous sa forme circonstancielle (`)**ní**, cf. 11.5.]
tu as déjà mangé toute la part de la chèvre dans le (hors du) pot

Plus souvent pourtant il acquiert une valeur spécifiquement anaphorique lorsque le nom défini a été mentionné ou du moins évoqué précédemment. On le traduirait alors au mieux par "le/la - en question" voire par un démonstratif ("ce/cette") :

kɔ́ ìnduā mángà ná tá↓lē` (I, 143)
/puis/aor.3 + placer/tabac/le/bouche + sa + à/
alors il porte le tabac (en question) à sa bouche
[le même terme **mángà** est cité dans la phrase précédente]

ɗè¯ [...] kuà kútá↓ ná (I, 200)
/succ./.../aor.3 + saisir/bouclier/le/
puis... il prend le bouclier
[la phrase précédente parle d'"objet tressé"]

kɔ́ lī bāgīlɔ̀ ná kuà ndà zɔ̀ gɛ́gɛ̄ (I, 38)
/puis/nom/Bagiro/le/aor.3 + saisir/tête/notre(I)/
*alors ce nom de Bagiro [*dont il vient dêtre longuement question*] nous est désormais attaché [*litt. *: prend nos têtes]*

Cette valeur anaphorique est en quelque sorte anticipée lorsque le terme défini reçoit une seconde détermination sous la forme d'une proposition relative, introduite par **gà** (cf. infra) :

kɔ̀tɔ́ tùlúgù ná gá↓ lī à sàgbókɔ́ndɔ̀... (I, 137)
/certain/garde/le/rel./nom + son/être/S./...
le garde qui s'appelait Sagbokondo...

lī mbùnzú↓ ná gá↓ ɗè¯ kɔ́ kɔ́másè kāyī ndèlī ɓɛ̄... (I, 181)
/nom/Blanc/le/rel./aor.3 + venir/puis/aor.3 + commencer/partage/intérieur/village/...
le nom du Blanc qui est venu pour commencer à partager le pays...

Dans tous les exemples qui viennent d'être cités - y compris devant relative - le défini est supprimable et donc expansif. Il peut par ailleurs jouer le rôle d'un "validateur" vis-à-vis des noms sémantiquement relationnels qui appellent normalement un déterminant nécessaire :

bùlà ná /mâle/le/ *le mâle*

zó↓ ná /deuxième/le/ *le deuxième*

sāmī sɛ̀ kùmā ná *c'est encore chaud*
/*aor.3* + être encore/avec/chaud/le/

ndákí↓ ná gɛ̄ àkué ndá zá` nɛ̄... (I, 215)
/restant/le/pl./aor.3 + voir + pl./désormais/en vain/alors/...
quand ceux qui restent voient qu'il n'y a plus d'issue...

kàmù ná fɛ̄lɛ̄ gɔ̀ *la/sa surface n'est pas large*
/surface/la/aor.3 + être large/nég./

La traduction du dernier exemple montre que le défini peut alors déterminer le nom auquel il est postposé non pas de façon interne ou autonome (absolue) mais par référence - implicite ou explicite - à une autre entité à laquelle le nom défini est alors associé. Une telle situation est particulièrement nette dans le cas de définition des noms qui désignent la partie constitutive d'un tout :

kāgā gɛ́.lɔ̀ ɗà´mà nɛ̄ yàlɛ̀ ná ngālā ndó
/arbre/ces/là-bas/alors/racine/la = sa/aor.3 + être long/beaucoup/
ces arbres là-bas, leurs racines sont très longues

bàbà luà mā` ɓùkù m-úluá tálá↓ ná zá` (Dev. 4)
/mon père/aor.3 + envoyer/moi + avec/colis/aor.1-chercher/ouverture/la = sa/en/vain/
mon père m'envoie un colis, j'(en) cherche l'ouverture en vain

Le défini manifeste alors des affinités fonctionnelles et sémantiques évidentes avec le double paradigme des associatifs personnels : référant essentiellement à un tiers *inanimé*, il tend à fonctionner comme un complémentaire des pronoms associatifs direct |-̄-̄| ou indirect **nyá** "son/sa", lesquels renvoient toujours à un tiers *animé* (le caractère animé/inanimé du déterminant oriente alors naturellement le sémantisme ou du moins la traduction du nom déterminé) :

ngɔ̄nɔ̄ nyá /enfant/son/ *son enfant*

ngɔ̄nɔ̄ ná /petit/le/ *le/son petit*

tàlā /bouche + sa/ *sa bouche*

tàlà ná *le/la/son bord, ouverture, tranchant*
/bord = ouverture = tranchant/le/

Il manque pourtant (encore ?) au défini la faculté de se combiner avec lui-même alors qu'il peut, comme on l'a vu, être postposé aux associatifs personnels[2] :

màgɛ̀ má↓ ná /champ/mon/le/ *mon champ (en question)*

ngɔ̄nɔ̄ nyá↓ ná /enfant/son/le/ *son enfant (en question)*

tàlā ná /bouche + sa/la/ *sa bouche (en question)*

L'ambivalence et les latitudes combinatoires du défini (`)**ná** sont assez exactement comparables à celles du ngbandi **ní** "le/la; cela", à ceci près que le ngbandi connaît une seule catégorie de morphèmes correspondant aux deux paradigmes d'associatifs personnels et de personnels indépendants (cf. 9.1.) du bagiro. La situation commune aux deux langues présente également quelqu'analogie avec celle du banda, pour lequel Cloarec-Heiss (1986:88-94) établit toutefois une distinction entre deux morphèmes homophones, **nə̀** "le/la" et **nə̀** "son/sa", historiquement dérivés d'une forme unique mais précisément combinables dans l'état actuel de la langue. Cette évolution d'une valeur d'associatif (ou "possessif") de 3ème personne vers une valeur de défini/anaphorique semble assez répandue (Creissels, 1979:209-216, 1989:166). Il est toutefois difficile de dire, dans le cas présent, si le bagiro suit une voie comparable (ce que semble suggérer l'existence d'un pronom indépendant **ná** "cela") ou au contraire une voie inverse (ce que semblent suggérer les commutations partielles du défini avec les associatifs personnels).

2 Selon toute vraisemblance le défini ne peut pas non plus être *directement* postposé au pronom associatif **ɓā** "celui/celle de" comme le font les associatifs personnels : **ɓā nyá** /celui de/son/ "le sien/la sienne" (cf. 9.5.).

catégorie originale, laquelle peut néanmoins compléter partiellement celle des associatifs personnels, notamment lorsqu'on met ces derniers en parallèle avec le paradigme des personnels indépendants :

personnels indépendants	associatif personnel	défini
lɔ̄ *lui/elle*	|-̈|/**nyá** *son/sa*	
ná *cela, (lui/elle)*		(`)**ná** *le/la, son/sa*

8.5. Le pluriel gɛ̄

Seul représentant de sa catégorie, le pluriel est postposé au nom ou à ses éventuels déterminants de rang supérieur[3] :

kūbū gɛ̄	*les/des vêtements*
kūbū má gɛ̄	*mes vêtements*
kūbū ná gɛ̄	*les vêtements (en question)*
kūbū má↓ ná gɛ̄	*mes vêtements (en question)*

kūbū ɓā gá↓yɛ̄ má gɛ̄
/vêtement/celui de/épouse/ma/pl./
les vêtements de mon épouse, le vêtement de mes épouses, les vêtements de mes épouses

Comme l'illustre ce dernier exemple la postposition du pluriel à un nom déterminant entraîne une ambiguïté quant à son incidence puisqu'il peut lui-même, théoriquement du moins, affecter le déterminé ou le déterminant, voire chacun des deux[4].

Un autre type d'ambiguïté résulte du fait que plusieurs associatifs personnels sont, historiquement, partiellement ou totalement formés à partir du pluriel (cf. supra) :

gɛ́gɛ̄	*notre (incl.)*	<	***gɛ́**	*notre (duel) + pluriel*
nígɛ̄	*leur (log.)*	<	***ní**	*son/sa (log.) + pluriel*
á↓gɛ̄	*notre (excl.)*	<	*? + *pluriel*	
gɛ̄	*leur (ass. dir.)*	<	**pluriel* ?	

3 On observe, au moins pour le cas de **dɛ̀¯** "personne, être humain", que la postposition du pluriel a pour effet de capter le composant tonal ultime du schème BM porté par le nom monosyllabique : **dɛ̀ gɛ̄** "des gens" (cp. infra, **dɛ̀nyɛ̄** "femme" < **dɛ̀¯** + ***nyɛ̄**, et chap. 9, n. 2).

4 La postposition *directe* du pluriel **gɛ̄** au centre de syntagme permettrait ici, si elle était possible (cf. infra), de lever partiellement cette ambiguïté.

Si l'on a choisi d'interpréter ces formes comme des unités synchroniquement indécomposables, le fait qu'elles ne puissent, à la différence des autres associatifs personnels, se voir directement postposer le pluriel **gɛ̄** est bien révélateur de leur mode de formation. Dès lors, et en dépit d'une possible opposition graphique, ces formes sont ambivalentes :

	kūbū nígɛ̄	*leur(s) (log.) vêtement(s)*
et	**kūbū ní gɛ̄**	*ses (log.) vêtements*
	kūbū gɛ̄	*les vêtements; leur(s) vêtement(s)*

En dehors même de la situation, certains éléments du contexte linguistique peuvent parfois lever cette ambiguïté. Ainsi dans **nè-kí nɛ̄... dɛ̀¯ nígɛ̄ w-ɔ̄yɛ̀ kɔ̄ (I, 212)** /3+dire-pl./que/.../personne/leur/aor.3-mourir/acc./ "ils disent que... l'un des leurs est mort", l'absence de pluriel dans la forme verbale **w-ɔ̄yɛ̀** "est mort" indique que **dɛ̀¯ nígɛ̄** doit nécessairement être compris comme "une personne à eux" et non comme "des personnes à lui".

Ces limites combinatoires sont toutefois levées en présence du défini (`)**ná** qui réinstaure, pour tous les associatifs personnels, la faculté d'une postposition - alors indirecte - du pluriel. Exemple :

átà gɛ́gɛ̄ ná gɛ̄ (I, 198) *nos ancêtres en question*
/grand-parent/notre(I)/le/pl./

Il y a donc distorsion dans les latitudes combinatoires des associatifs personnels avec le pluriel **gɛ̄** selon que le défini, qui s'insère entre l'un et l'autre, est absent ou présent :

		ass. pers.	*ass. pers. +pluriel*	*ass. pers. +déf. +pl.*
sg.	1	**má**	**má gɛ̄**	**má↓ ná gɛ̄**
	2 (dir.)	**|-í|**	**|-í| gɛ̄**	**|-í|↓ ná gɛ̄**
	2 (ind.)	**ɓé**	**ɓé gɛ̄**	**ɓé↓ ná gɛ̄**
	3 (dir.)	**|-̄-|**	**|-̄-| gɛ̄**	**|-̄-| ná gɛ̄**
	3 (ind.)	**nyá**	**nyá gɛ̄**	**nyá↓ ná gɛ̄**
	L	**ní**	**ní gɛ̄**	**ní↓ ná gɛ̄**
pl.	E	**á↓gɛ̄**	-	**á↓gɛ̄ ná gɛ̄**
	D	**gɛ́**	**gɛ́ gɛ̄**	**gɛ́↓ ná gɛ̄**
	I	**gɛ́gɛ̄**	-	**gɛ́gɛ̄ ná gɛ̄**
	2	**sɛ́**	**sɛ́ gɛ̄**	**sɛ́↓ ná gɛ̄**
	3 (gɛ̄)	**gɛ̄**	-	**gɛ̄ ná gɛ̄**
	3 (zɛ́)	**zɛ́**	**zɛ́ gɛ̄**	**zɛ́↓ ná gɛ̄**
	L	**nígɛ̄**	-	**nígɛ̄ ná gɛ̄**

De façon générale la présence du pluriel résulte d'un choix "en plus" et non d'une alternative qui l'opposerait à un hypothétique "morphème zéro".

Son absence en particulier n'implique pas nécessairement unité ou singularité comme tend à le prouver la traduction proposée pour **kàzī** "éléphant" dans cet exemple :

> **kɔ́mə̀ dèʒá` kàzī gīlī ndà ndèlī lɔ̄ gɛ́gɛ̄ ndà kɔ́... (I, 46)**
> /comme/déjà/éléphant/aor.3 + couper/désormais/dans/corps/notre/désormais/puis/...
> *comme à ce moment-là les éléphants avaient déjà divisé notre groupe...*

Le pluriel **gɛ̄** est donc clairement de nature expansive et seul représentant de sa catégorie. Il traduit de façon générale une "pluralité explicite" ou encore, dans le cas particulier où il s'applique à un nom individuel, une extension aux pairs ("les gens comme") ou aux subordonnés ("les gens de", "la famille de"); exemples[5] :

> **ɓā àkɔ̄ gɛ̄ nɛ̄... (I, 107)**
> /celui de/A./pl./alors/...
> *au temps des (chefs comme) Ako...*

> **sàgbókɔ́ndɔ̄ gɛ̄ tótùé gɔ̄ (I, 144)**
> /S./pl./aor.3 + suivre + pl./dos + son/
> *les (gens de) Sagbokondo le poursuivent*

8.6. Les déterminants démonstratifs

L'identification et l'organisation tant formelle que sémantique des éléments grammaticaux que l'on présume constituer une même catégorie de démonstratifs représente l'un des points les plus délicats et les moins bien compris du système. On en propose, à titre provisoire, la systématisation suivante :

sg.	/	pl.	
(´)lɔ̀	/	**gɛ́.lɔ̀** (~ **gɛ̄.lɔ̀**)	*(proche, visible, présent)*
(á)là	/	**gɛ́.là** (~ **gɛ̄.là**)	*(éloigné, invisible, absent ?)*
nɛ̀	< ? >	**gɛ́**	*(éloigné ou anaphorique ?)*

Le premier d'entre eux a la forme **lɔ̀** après un nom dont il subit, le cas échéant, l'attraction tonale. Mais il est toujours de ton bas (**´lɔ̀**) lorsqu'il succède au défini (`)**ná**. Enfin il entre en une combinaison plus ou moins figée avec le pluriel sous les deux formes complémentaires **gɛ́.lɔ̀**, succédant à ton

[5] Sur la valeur intensive-restrictive du pluriel dans la forme composée de certains quantificateurs, cf. infra, note 16).

bas, moyen ou "faux haut", et **gē.lɔ̀**, succédant à "vrai ton haut" (notamment défini, personnel indépendant)[6]. Exemples :

kūbū lɔ̀	*ce vêtement-ci*
kúgí lɔ́	*cette maison-ci*
kūbū ná lɔ̀	*ce vêtement-ci (en question)*
kúgí↓ ná lɔ̀	*cette maison-ci (en question)*
kūbū gɛ́.lɔ̀	*ces vêtements-ci*
kúgí↓ gɛ́.lɔ̀	*ces maisons-ci*
kūbū ná gɛ̄.lɔ̀	*ces vêtements-ci (en question)*
kúgí↓ ná gɛ̄.lɔ̀	*ces maisons-ci (en question)*

- déterminant un associatif personnel :

ɓā nyá lɔ́ gá... (I, 58) *pour lui qui...*
/celui de/son/ce-ci/rel./

- déterminant un personnel indépendant (en l'occurrence le personnel pluriel **zɛ́** "eux", qui peut apparemment se voir postposer l'une ou l'autre forme du singulier ou du pluriel) :

zɛ́ lɔ́ nè-kí nɛ̄... (I, 212) *ceux-ci disent que...*
/eux/ce-ci/dire + pl./que/...

zɛ́ gɛ̄.lɔ̀ kínì´... (I, 213) *ceux-ci se précipitent...*
/eux/ces-ci/aor.3 + se précipiter + pl./...

Le second démonstratif apparaît sous la forme **álà** (parfois **´là** ?) après un nom de ton final bas ou moyen (les illustrations font défaut pour le cas d'un ton final "faux haut"). Il se combine avec le pluriel sous les deux formes complémentaires **gɛ́.là** et **gɛ̄.là**. Exemples :

lɔ̀ álà (III, 14) *cet endroit (-là)*
/endroit/ce-là/

bī álà[7] (I, 224)
/chose/cette-là/
cette chose(-là) [pour *ces évènements*]

---

6 Les différentes formes démonstratives qui sont identifiées sous la forme tonale HB pourraient en fait répondre à un schème H↓B : **´↓lɔ̀**, **á↓là**, **gɛ́↓.lɔ̀** et **gɛ́↓.là**, le défaut d'attraction tonale s'expliquant peut-être ici par une rupture énonciative dans l'emploi des démonstratifs "déictiques". En ce sens la nature de ces déterminants serait, historiquement du moins, sensiblement différente de celle des démonstratifs "anaphoriques" (cf. infra). Quant à la tendance au figement des suites composées **gɛ́.lɔ̀** et **gɛ́.là**, elle est indiquée non seulement par la possible variation tonale du pluriel (cp. **gɛ̄** et **gɛ́.lɔ̀**) mais surtout par le comportement de ces ensembles à la forme circonstancielle (cf. 11.5.).

7 Le vocalisme de **bɛ̄** "chose", nom d'emploi très courant dans le discours, est systématiquement soumis à des variations exceptionnelles en présence des déterminants grammaticaux que représentent le défini (**bī ná** "la chose") et les démonstratifs (**bū lɔ̀** "cette chose-ci" et **bī álà** "cette chose(-là)).

dɛ̀ˉ álà (~ **dɛ̀ ˊlà** ?) **(I, 63)** *cette personne(-là)*
/personne/cette-là/

tùlúgù gɛ́.là (I, 92) *ces gardes(-là)*
/garde/ces-là/

- déterminant un personnel indépendant (en l'occurrence **kí** "toi", qui n'exerce jamais d'attraction tonale) :

kí là gà nùˊ kí... (I, 92) *toi(-là) que l'on a pris...*
/toi/ce-là/rel./aor.3 + prendre + pl./toi/...

- déterminant le partitif :

àtɔ́ gɛ̄.là /certain/ces-là/ *ces autres(-là)*

La forme **nɛ̀** du dernier démonstratif est toujours susceptible de subir l'attraction tonale qu'elle peut également transmettre. Exemples :

kétɛ̄ ɓɛ̄ nɛ̀ (I, 108) *ce/le premier village*
/premier/village/ce/

sùngūlā ngɔ́ɓɛ́ nɛ́ (I, 51) *à cause de cette/la guerre*
/à cause de/guerre/cette/

- déterminant un personnel indépendant (en l'occurrence **zɛ́** "eux" qui se voit postposer la forme du singulier **nɛ̀**) :

á-sā zɛ́ nɛ́ mó↓té kī (I, 95)
/aor.2-prendre/eux/ce/dessous + ton/à/
tu as pris ceux-là/tu les a pris sous ta responsabilité

Enfin la forme **gɛ́** peut elle-même transmettre l'attraction tonale[8] :

gì-tōlué ngbúgù gɛ́ àsū (I, 41)
/aor.D-tuer + pl./Ngbugu/ces/c'est mauvais/
nous avons tué ces/les Ngbugu en grand nombre

àm-sé tá↓ˊ [...] màkūnzì gɛ́ sɛ́ tó↓pōyì nɛ̀ (I, 60)
/inach.3 + prendre + pl./autrefois/.../chef/ces/avec/tipoye/ce/
on portait autrefois ces/les chefs avec ce/le tipoye

Du point de vue des valeurs, il semble que (ˊ)**lɔ̀** et (**á**)**là** - et leurs pluriels - réfèrent très précisément à la *situation* de l'énonciation (circonstances *hic et nunc* de profération du discours), en distinguant sans doute deux degrés de proximité-visibilité ("ici/là") dont l'opposition n'est pourtant pas toujours clairement reconnue (l'un et l'autre sont souvent considérés comme des variantes équivalentes). Les deux formes **nɛ̀** (sg.) et **gɛ́** (pl.) sont discursivement moins fréquentes et leur couplage, non explicite, n'est que

8 Ce qui n'est pas le cas dans le premier des exemples suivants pour des raisons qui tiennent à la nature de **àsū** "c'est mauvais = beaucoup", forme verbale figée (cf. 18.2.).

présumé. Ces deux derniers termes comportent généralement une dimension d'"éloignement" qui s'explique sans doute par le fait qu'ils réfèrent plus précisément au *contexte* du discours. A proprement parler les démonstratifs **nɛ̀**/pl. **gɛ́** renverraient donc non pas tant à du "moins proche" qu'à du "déjà cité". Ne sont-ils d'ailleurs pas exclusifs du défini (`)**ná**, lequel est en revanche couramment combiné avec les précédents ? D'un double point de vue catégoriel et sémantique il y aurait donc vraisemblablement lieu d'opérer une distinction entre des *démonstratifs déictiques* ((´)**lɔ̀**, (**á**)**là** et leurs pluriels) et des *démonstratifs anaphoriques* (**nɛ̀** et **gɛ́**).

8.7. La détermination par un nom

La détermination d'un nom par un nom (ou par un quasi-nominal) répond dans tous les cas à une succession ordonnée du déterminé puis du déterminant, lesquels peuvent s'enchaîner directement ou se voir reliés par des morphèmes de nature diverse qui prennent place entre l'un et l'autre. On distingue ainsi quatre modèles de détermination qui ont leur valeur propre :

- juxtaposition simple
- médiation du pronom associatif **ɓā**
- médiation du connectif |**-í**|
- médiation d'un relateur (ou "préposition")

Juxtaposition simple

Le déterminant succède de façon immédiate et directe au déterminé, l'ordre et éventuellement l'attraction tonale (de règle dans ce contexte) marquant à eux seuls la relation syntaxique des deux éléments. Il s'agit du modèle le plus général et le plus fréquent. Il exprime des valeurs relationnelles nombreuses et variées que l'on caractérise à travers quatre types essentiels, lesquels ne sont bien entendu pas discrets mais constituent plutôt des pôles au sein d'un continuum sémantique.

1) Le déterminant exprime plutôt une origine (voire un agent), un but, une application :

mànɛ̄ mbà	/eau/sein/	*lait*
kàɓɛ̀ kùngyā	/oeuf/poule/	*oeuf de poule*
dòkū ngālā	/termitière/termite sp./	*termitière des termites ngālā*
kɛ́gbɛ̄ kúgí	/souris/maison/	*souris de maison*
kúgí↓ **kɛ́gbɛ̄**	/maison/souris/	*nid de souris*
ɓɔ̄ mángà	/faim/tabac/	*envie de tabac*
ɗɔ̄bɔ́ má↓**nɛ̄**	/chemin/eau/	*chemin de (qui mène à) l'eau*

ngītɔ̄ gɔ̄ dɛ̀nyɛ̄	/biens/dos/femme/	*prestations matrimoniales (en nature)*
ɓɔ́lɔ̀ màgɛ̀	/sac/champ/	*sacoche pour (aller au) champ*
gbándá↓ kāngɛ̄	/filet/poisson/	*filet à poisson*

2) Le déterminant exprime plutôt l'entité à laquelle réfère un sous-ensemble ou un espace relationnel : le déterminé est notamment représenté par ces désignations de "parties" constitutives de ou relatives à un tout dont la traduction varie selon qu'elles s'appliquent à un animé ou à un inanimé (bouche/bord, tranchant; ventre/intérieur; nez/avant; etc...) :

tàlà mànɛ̄	/bord/eau/	*bord de l'eau*
kɛ̀mɛ̀ kúgí	/intérieur/maison/	*intérieur de maison*
zɔ̀ kɔ́ngɔ̄	/haut/colline/	*haut, sommet de colline*
kàmù ɗɔ̄bɔ́	/surface/chemin/	*surface de chemin*
kàmù fɔ̄kɔ̄	/grain/maïs/	*grain(s) de maïs*
kɔ́nɔ́ wó↓tō`	/avant/véhicule/	*avant de véhicule*
kāmbɔ́lɔ́↓ kúgí	/alentour/maison/	*alentours de maison*
nzùbā dù	/ancienne place/plaie/	*cicatrice*
kōlī kɔ̀kɛ̀	/manche/houe/	*manche de houe*
ɓɔ́lɔ̀ kūbū	/sac/vêtement/	*poche*

On notera à ce propos que l'association à l'*individu* de certains noms qui réfèrent - ou peuvent dans ce cas précis référer - soit à des parties internes soit à des parties superficielles voire à des secrétions du corps physique, s'exprime nécessairement au moyen du nom **lɔ̄** "corps", lequel représente alors le premier déterminant du centre et reçoit à son tour la détermination d'un nom ou d'un associatif personnel. Ainsi en va-t-il notamment de **yàlɛ̀** "veine, (racine)", **táɗɔ̄↓** "chair, (animal, gibier, viande)", **zīyā** "chair, (pulpe)", **màngá↓** "sang", **túmā** "sueur", **ndàlā** "peau" et **bɛ̀lɛ̄** "poil, plume", termes dont le sémantisme se trouve éventuellement orienté par le choix du déterminant. Exemples :

màngá↓ lɔ̄ bɔ̄kɔ̀yɛ̀	/sang/corps/serpent/	*sang de/du serpent*
màngá↓ lɔ̄ má	/sang/corps/mon/	*mon sang*
táɗɔ̄↓ lɔ̄ kāngɛ̄	/chair/corps/poisson/	*chair de/du poisson*
táɗɔ̄↓ lɔ̄	/chair/corps + son/	*sa chair*

Si, dans l'état actuel de la langue, il n'y a pas lieu d'analyser ces syntagmes autrement que comme la succession de deux déterminations hiérarchisées, il faut néanmoins souligner que l'existence de telles constructions prédisposent le nom **lɔ̄** "corps" à fonctionner, de façon plus générale et systématique, comme le simple marqueur (*connectif*) d'un modèle original de détermination médiate ou indirecte.

3) Le déterminant exprime plutôt une variété, un type qui spécifie le déterminé :

dɛ̀ˉ ngàɓà	/personne/mâle/	*homme (au sens mâle et noble)*
gbāyā fùlū	/Gb./F./	*"Gbaya-Furu" (du Zaïre, par opposition aux "Gbaya-Bagiro" de RCA)*
lī bāgīlɔ̀	/nom/B./	*nom (de) Bagiro*
tàlà ngbúgù	/langue/Ngb./	*langue ngbugu (des Ngbugu)*
kāgā yòngō	/bâton/hameçon/	*ligne (à pêche)*
bīnyā ngbàgà	/chèvre/Ngbaga(?)/	*mouton*
gàlī bɛ̄	/connaissance/chose/	*intelligence*

4) Le déterminant exprime plutôt une classe à l'intérieur de laquelle se définit un genre ou un type, une propriété ou une qualité, un numéro d'ordre : le déterminé est notamment représenté par les termes **kɔ́nyɔ́↓** "(mère,) femelle", **bùlà** "(père,) mâle", **kúlá↓** "mâle (des oiseaux), coq", **ngbókú↓** "mâle (des ovins et caprins)", **ngɔ̄nɔ̄** "(enfant,) petit, jeune", par tous les termes, dérivés de verbes ou non, que l'on traduit au mieux par des adjectifs français mais qu'il n'y a semble-t-il pas lieu de traiter autrement que comme des noms - essentiellement relationnels - centres de syntagme[9] et enfin par les noms "ordinaux", principalement dérivés de quantificateurs, qui méritent la même analyse[10]. Exemples :

kɔ́nyɔ́ ká↓zī	/femelle/éléphant/	*éléphant femelle*
kɔ́nyɔ́↓ dālā	/femelle/tambour/	*grand tambour (des deux tambours d'appel)*
bùlà bàɗū	/mâle/potamochère/	*potamochère mâle*
kúlá tángyá	/coq/pintade/	*coq de pintade*
ngbókú↓ bīnyā	/mâle/chèvre/	*bouc*

9 Ces noms présumés ne sont sans doute pas substituables par le pronom associatif **ɓā** "celui/celle de" mais cette limite tient peut-être plus au caractère de la relation qu'à la nature même des noms déterminés. Pour une analyse comparable dans une langue géographiquement proche, le banda-linda, voir Cloarec-Heiss (1986:73-81); sur les critères implicatifs et substitutifs applicables à l'adjectif dans une autre langue géographiquement proche, le zande, voir Boyd (1987:72-76).

10 La plupart des noms "ordinaux" sont dérivés des quantificateurs "cardinaux" (cf. infra) qui voient leur éventuel ton final haut modifié en un "faux ton haut" (ex. **zó** "deux" et **zó↓** "deuxième", **mùtuá** "trois" et **mùtuá↓** "troisième"). Mais les formes **kɛ́tɛ̄** (ou **prímyɛ́rɛ̀**, **pɛ̄rɛ̄mɛ̀**) "premier" et **ndákí↓** "reste, restant, (dernier ?)" sont originales. Les restrictions de substitution qui caractérisent ces noms "ordinaux" sont du même ordre que celles qui viennent d'être mentionnées pour les noms "de qualité".

ngɔ̄nɔ̄ bīnyā	/petit/chèvre/	*chevreau*
ngɔ̄nɔ̄ ɓàlē	/petit/esclave/	*jeune esclave*
ngɔ̄nɔ̄ dālā	/petit/tambour/	*petit tambour (des deux tambours d'appel)*
ngɔ̄nɔ̄ ngànzā	/petit/Ng./	*membre du groupe/village Nganza, "petit" Nganza*[11]
nzàfà bísí	/blanc/chien/	*chien blanc*
kɔ̀yɛ̄ kɔ̄sɔ̄	/lourd/pierre/	*pierre lourde*
gīyā kūbū	/neuf/vêtement/	*vêtement neuf*
gútú↓ kāgā	/court/bâton/	*bâton court*
gàlì gī	/gauche/main + sa/	*sa main gauche*
tɛ̄mbɛ̄ gī má	/droite/main/ma/	*ma main droite*
zó↓ ɓɛ̄	/deuxième/village/	*deuxième village*
ngbèɗē ɓɛ̄	/huitième/village/	*huitième village*

kɛ́tɛ̄ kàngbà gɛ̄ (I, 60) *les premiers ancêtres*
/premier/adulte/pl./

Les constructions par lesquelles le bagiro exprime la "qualité" et l'"ordre" tranchent notablement avec celles que l'on observe dans des langues proches comme le sar (Palayer, 1970:36-40, 57-58), le ngambay (Vandame, 1963:70-72, 126) ou le kenga (Vandame, 1968:21-22, 28), qui voient toujours le qualificatif ou l'ordinal succéder au nom par la médiation d'une marque spécifique. Il est peu douteux qu'il faille reconnaître ici l'empreinte d'une langue oubanguienne.

Certaines successions répondant à ce premier modèle de juxtaposition simple résultent d'une combinatoire plus ou moins figée. Plusieurs cas de figure témoignent d'une telle situation qui s'accompagne parfois d'altérations formelles :

- le déterminé n'est jamais attesté - du moins dans le corpus dont on dispose - qu'avec un seul et même déterminant :

ɗō.ngyá	/?.jambe/	*talon*
ngɔ̀fɛ̀.gìdì	/?.dos/	*écorce, écaille*
ngbālā.kāgā	/?.arbre/	*hauteur, cîme (?) d'arbre*

- le déterminant n'est jamais attesté qu'avec un ou deux déterminés :

tàlà.bītī	/ouverture.?/	*ouverture de maison, porte*
zɔ̀.ɓàlū	/tête.?/	*genou*
dɛ̀nyɛ̄	(cp. **dɛ̀⁻** "personne", ***nyɛ̄** "femme"))	*femme*
bùlànyɛ̄	(cp. **bùlà** "père", ***nyɛ̄** "femme"))	*soeur du père, enfant du frère*

---

11 Le terme de "petit" est d'un emploi fréquent dans la variété locale du français pour désigner les membres d'un même groupe social (couramment établis en un même lieu, "village" ou "quartier"). Cette expression ne fait d'ailleurs que traduire une formulation lexicale qui est commune à plusieurs langues de cette région (notamment bagiro, ngbandi et ngbugu).

kàm(ù).kàlà	/surface.?/	*étendue d'eau temporaire*
lùkɔ̀lɛ̀	(cp. **lù** "foie")	*tristesse*
kāmbɔ́lɔ́↓	(cp. **kāyɛ̄** "alentour, extérieur")	*proximité, alentour*

- deux termes par ailleurs bien individualisés s'associent en des groupes spécifiques dont la forte fréquence discursive témoigne d'une tendance à la composition :

dɛ̀¯ ngàɓà[12]	/personne/mâle/	*homme*
kàm(ù) kàzà	/surface/soleil/	*ciel*
ngɔ̄nɔ̄ ngɛ̄tɛ̄ ~ ngɔ̄ngɛ̄tɛ̄ ~ ngɛ̄ngɛ̄tɛ̄ ~ nyɛ̄ngɛ̄tɛ̄	/enfant/petit/	*enfant*

Ce dernier cas de figure rend également compte des combinaisons récurrentes de noms déverbatifs (voire d'infinitifs ? cf. 9.7.) avec le nom **bɛ̄** "chose", lequel tend à fonctionner dans ce contexte comme un morphème dérivatif traduisant l'objet ou l'instrument du procès :

bɛ̄ kùsuà	/chose/fait de manger/	*nourriture*
bɛ̄ ndā	/chose/couchage/	*couche, lit*
bɛ̄ tɛ̀¯	/chose/fait d'ouvrir/	*chose ouvrable, chose qui s'enlève*
bɛ̄ k-ìdā	/chose/*inf.*-donner/	*fait de donner [*ou *chose à offrir ?]*

Médiation du pronom associatif ɓā

Le pronom associatif **ɓā** "celui/celle de" prend place entre le déterminé et le déterminant. Il est difficile de dire si la construction est de type appositionnel (le premier nom étant homofonctionnellement "repris" par le pronom associatif qui représente lui-même le déterminé), ce qu'elle a sans doute été, ou de type hiérarchisé (le pronom associatif n'étant qu'un médiateur entre le premier nom déterminé et le déterminant qui succède). Il est notamment impossible de recourir ici au témoignage de l'attraction tonale (ou de son défaut), laquelle ne peut de toute façon pas affecter le pronom associatif **ɓā**, de ton moyen. Mais ce critère formel ne serait en soi pas décisif, la banalisation d'une ancienne structure appositive comme expression courante de la détermination constituant en fait l'interprétation la plus vraisemblable de la situation actuelle.

---

12 On remarquera que certains groupes composés sont transcrits comme deux mots isolés ou comme deux mots réunis par un point ou encore comme un seul mot graphique. Il est sûr que la composition est une affaire de degré, qui peut justifier de telles distinctions. Il est en revanche moins sûr que les transcriptions adoptées soient toujours absolument cohérentes avec les différents types de composition que l'on pourrait identifier. Il entre dans ces choix une part d'impression et de subjectivité dont on voudra bien nous tenir quitte.

Cette construction traduit différentes relations - en particulier "destination/application" et "possession" au sens le plus large - dont la nature est plus lâche, circonstancielle et contractuelle que dans le modèle précédent (sans doute les deux constructions peuvent-elles commuter relativement à un même déterminé mais aucun exemple d'une telle opposition n'a été recherché ni rencontré). Exemples :

kùlā ɓā bīnyā *corde de (la) chèvre*
/corde/celle de/chèvre/

ndòkuà ɓā dènyē (II, 7)
/demande en mariage/celle de/femme/
demande en mariage concernant la femme

bɔ̀¯ kɔ̄māndēmā ɓā lá ɓɛ̄ ná (I, 69)
/grand/chef/celui de/personne de/village/le/
le grand chef des gens du village

pɛ̄rɛ̄mɛ̀ kásəkə̀ ɓā mbùnzú↓ gɛ̄ (I, 173)
/premier/casque/celui de /Blanc/pl./
les premiers casques des Blancs

bísí↓ ɓā àbà gɛ̄ *les chiens de mon père*
/chien/celui de/mon père/pl./

- le déterminant est un infinitif présumé[13] :

ngɛ̄tɛ̄ kādɔ̄ ɓā k-ò¯ sɛ̀ gbódò
/petite/calebase/celle de/inf.-boire/avec/bouilie/
petite calebasse pour boire la bouillie

- le déterminant est un pronom interrogatif :

kúgí↓ ɓā yɛ́↓¯ *la maison de qui ?*
/maison/celle de/qui?/

Ce même modèle de détermination permet également la spécification en genre (par **dènyē** "femme" ou **dɛ̀¯ ngàɓà** "homme") des désignations de relation sociale qui sont sexuellement indéterminées : **ngbɔ̀´↓** "ami(e)", **ngàkàyì** "aîné(e)", **kàyɛ̄gìdì** et **dà´ngɛ̄tɛ̄** "cadet(te)", **kōmànɛ̄** "beau-père, belle-mère, gendre, bru". Le déterminant introduit par **ɓā** s'ajoute alors à un premier déterminant de valeur relationnelle (en l'occurrence un associatif personnel mais la chose doit être également possible avec un nom) qui marque déjà lui-même le centre de syntagme :

ngbɔ̀´↓ má ɓā dènyē *mon amie*
/ami/mon/celui de/femme/

---

13 Sur l'identification des infinitifs des verbes à initiale vocalique, cf. 9.7.

ngàkàyì ɓé ɓā dɛ̀¯ ngàɓà *ton aîné*
/aîné/ton/celui de/personne/mâle/

kōmàní ɓā dɛ̀nyɛ̄ *ta belle-mère, ta bru*
/beau- + ton/celui de/femme/

Peut-être l'associatif personnel peut-il être alors lui-même suivi du pluriel **gɛ̄** (ex. (?) **ngbɔ̀´↓ má gɛ̄ ɓā dɛ̀nyɛ̄** ?/ami/mon/pl./celui de/femme/ ?"mes amies"). Sans pouvoir être affirmatif, je doute en revanche que le pluriel **gɛ̄** puisse être, en présence de **ɓā**, directement postposé au centre (ex. (?) **kūbū gɛ̄ ɓā gá↓yɛ̄ má** ?/vêtement/pl./celui de/épouse/ma/ ?"les vêtements de mon épouse"). Une telle construction, jugée "moins correcte" en sar (Palayer, 1970:34) est au contraire seule possible en ngambay (Vandame, 1963:80-81).

Médiation du connectif |-í|

Le connectif a la forme d'un suffixe |**-í**| qui s'amalgame au déterminé en vertu des principes exposés au chap. 7. Ce type de construction est réservé, lorsqu'elles sont déterminées par un nom et en particulier par un nom propre, à la plupart des désignations de parenté/alliance qui régissent par ailleurs des associatifs personnels "directs" (cf. supra). Exemples :

ngàɓà *époux*

ngàɓé dɛ́↓nyɛ̄ lɔ̀ *l'époux de cette femme*
/époux + de/femme/cette-ci/

ngɔ̄nɔ̄ *fils, fille*

ngōní mílìmbá (I, 172) *le fils de Milimba*
/enfant + de/M./

bùlà *père*

bùlé ngámbā (I, 188) *le père de Ngamba*
/père + de/Ng./

Cette construction s'oppose notamment à celle de la juxtaposition directe. Comparer :

ngɔ̄nɔ̄ ngànzā /petit/Ng./
membre du groupe/village Nganza, "petit" Nganza

ngōní ngá↓nzā /enfant + de/Ng./
enfant de (un nommé) Nganza

Médiation d'un relateur

La relation de détermination est marquée par un relateur (ou "préposition") qui a par ailleurs pour fonction plus évidente sinon essentielle de relier certains groupes nominaux au prédicat verbal (cf. 11.). Cette situation concerne, à s'en tenir aux données disponibles, deux relateurs dont les occurrences au sein du syntagme nominal doivent être commentées.

Le comitatif-instrumental **sɛ̀** "avec, au moyen de" permet de relier deux personnels indépendants. La langue ne peut toutefois, dans une telle structure, associer deux personnes isolées, mais doit poser un ensemble (notionnellement pluriel) pour spécifier ensuite l'un des composants de cet ensemble, procédé logique qui correspond plus à une détermination (subordination) qu'à une coordination :

sèkí sɛ́↓ lɔ̄ — *toi/vous et lui [*litt. *vous avec lui]*
/vous/avec/lui/

gɛ̀¯ sɛ̀ mā — *toi et moi [*litt. *nous deux avec moi]*
/nous(D)/avec/moi/

La langue ne peut par ailleurs exprimer une relation équivalente entre deux noms référant à des animés[14] qu'en recourant à une construction appositive (dans laquelle le premier nom est repris par le personnel indépendant **zɛ́** "eux") faute de quoi la suite prend valeur de prédication associative (cf. 15.5.). Comparer :

yāmbàlì sɛ̀ ngɔ̄nɔ̄ gɛ̄ — *Yambali est avec/a ses enfants*
/Y./avec/enfant + son/pl./

yāmbàlì zɛ́ sɛ́↓ ngɔ̄nɔ̄ gɛ̄
/Y./eux/avec/enfant + son/pl./
*Yambali et ses enfants [*litt. *Yambali, eux avec ses enfants]*

bīnyā zɛ́ sɛ́ kágbá (II,1)
/chèvre/eux/avec/léopard/
*la chèvre et le léopard [*litt. *la chèvre, eux avec le léopard]*

Le personnel indépendant **zɛ́** "eux" est toutefois fréquemment omis dans ce dernier cas mais la trace en subsiste dans l'identité tonale figée de la forme **sɛ́↓** (résultant d'une attraction dont le conditionnement n'est plus présent) qui diverge alors du relateur **sɛ̀** dont elle est issue et constitue un connectif original, spécifique du syntagme nominal. Comparer avec les exemples précédents :

yāmbàlì sɛ́↓ ngɔ̄nɔ̄ gɛ̄ — *Yambali et ses enfants*
/Y./avec/enfant + son/pl./

bīnyā sɛ́ kágbá (II, 3) — *la chèvre et le léopard*
/chèvre/avec/léopard/

---

[14] Les exemples en sont rares et peu explicites pour le cas d'inanimés. Voir notamment **àm-ānyā dà ndōlī sɛ̀ kàzà (Dev. 6)** /inach.3-courir/surface(?)/nuit/avec/ jour/ "elle court nuit et jour" où les deux noms semblent être associés par le relateur **sɛ̀** seul.

kè sɛ́↓ kázī (Dev. 7) *caca et pipi*
/caca/avec/pipi/

L'autre relateur qui nous intéresse ici a par ailleurs la forme composée **sī... KI** "vers, en direction de" mais n'est que partiellement mis en jeu dans le syntagme nominal où il apparaît sous la forme **sī** (ou **sīsī** ?) pour introduire des spécifications d'orientation spatiale :

gī sī tɛ̄mbɛ̄ /main + sa/de/droite/ *sa main droite*

gī má sī gàlì /main/ma/de/gauche/ *ma main gauche*

zɛ́ sīsī nìyɔ́ (I, 135) /eux/de(?)/ici/ *ceux d'ici*

En fait les relateurs composés étant généralement formés à partir d'un premier terme nominal, la seule forme **sī**, qui n'est pourtant pas (plus ?) attestée dans d'autres contextes, s'identifie sans doute historiquement moins à un relateur qu'à un nom. La construction serait donc, à l'origine du moins, celle d'un déterminant nominal.

8.8. Noms à identité tonale variable

Le comportement des noms relativement aux différents types de déterminations - grammaticales ou lexicales - précédemment envisagées montre qu'en règle générale chaque nom de la langue est défini par un schème tonal unique, constant et stable, y compris dans les cas d'amalgames où l'identité de ce schème tonal subsiste sous une forme structurelle, propre à expliquer certaines réalisations particulières. Quelques rares noms - qui réfèrent tous à des relations de parenté/alliance - font toutefois exception à ce principe et nécessitent une caractérisation tonale distincte selon l'identité du déterminant avec lequel ils sont combinés.

Tel est le cas de **gá↓yɛ̄** "épouse", qui présente un schème H↓M en isolation ainsi qu'avec la plupart des déterminants non-amalgamés (ass. pers. sg. 1 **gá↓yɛ̄ má**/pl. E **gá↓yɛ̄ á↓gɛ̄**/etc...; défini **gá↓yɛ̄ ná**) mais un schème HH↓ avec le pluriel (**gáyɛ́↓ gɛ̄**), les formes amalgamées (ass. pers. sg. 2 **gá↓yé**/3 **gá↓yɛ̄**; connectif |**-í**| **gá↓yé dɛ́↓¯** "épouse de quelqu'un") s'expliquant par des suffixations à un schème lexical qui peut être indifféremment H↓M ou HH↓[15].

Une alternance comparable s'observe dans le cas de **ní↓¯** "co-épouse", le schème HH↓ tendant ici, sous forme de variante libre, à se substituer au schème H↓M en présence de certains associatifs personnels (sg. 2 (dir.) **ní↓´**

---

15 Les deux schèmes H↓M et HH↓ sont en effet confondus lorsque leur sont suffixés un composant tonal H (> H↓H dans les deux cas en présence de |**-í**|, associatif personnel sg. 2 (dir.) ou connectif) ou M (> H↓M dans les deux cas en présence de |-̄|, ass. pers. sg. 3 (dir.)).

ou (indir.) **ní↓ ɓé**/3 (dir.) **ní↓¯** ou (indir.) **ní↓ nyá**/L **ní↓ ní**, pl. E **ní↓ á↓gɛ̄**/D **ní↓ gɛ́** et d'autres ?) ou encore avec le défini (**ní↓ ná**).

Enfin les trois noms **kɔ́nyɔ́↓** "mère, femelle de", **nánzɔ́↓** "frère" et **ságyɔ́↓** "beau-frère" présentent, de façon presque exactement parallèle, une alternance plus complexe des trois schèmes HM, HH↓ et H↓M. Le schème HM apparaît en présence de l'associatif personnel sg. 1 (**kɔ́nyɔ̄ má, nánzɔ̄ má, ságyɔ̄ má**) et constitue la seule interprétation structurelle possible en présence de l'ass. pers. sg. 2 (dir.) (**kónyí, nánzué, ságyué**). Ce même schème varie par ailleurs de façon libre (ou incertaine ?) avec H↓M en présence des diférentes formes d'ass. pers. pl. E/D/I/2/3/L (**kɔ́nyɔ̄ á↓gɛ̄** ou **kɔ́↓nyɔ̄ á↓gɛ̄, nánzɔ̄ á↓gɛ̄** ou **ná↓nzɔ̄ á↓gɛ̄, ságyɔ̄ á↓gɛ̄** ou **sá↓gyɔ̄ á↓gɛ̄**, etc...). Le schème HH↓ apparaît en isolation ainsi qu'avec le défini (**kɔ́nyɔ́↓ ná** et **ságyɔ́↓ ná**, seuls illustrés), avec le pluriel (**nánzɔ́↓ gɛ̄**, seul illustré) ou, pour le seul **kɔ́nyɔ́↓**, avec un nom sans connectif |**-í**| (**kɔ́nyɔ́ dɛ́↓¯** "mère de quelqu'un", **kɔ́nyɔ́↓ bīnyā** "chèvre femelle"). Quant aux formes amalgamées avec l'ass. pers. sg. 3 (dir.) (**kɔ́↓nyɔ̄, ná↓nzɔ̄, sá↓gyɔ̄**) ou, pour les seuls **nánzɔ́↓** et **ságyɔ́↓**, avec le connectif |**-í**| (**ná↓nzué dɛ́↓¯** "frère de quelqu'un", **sá↓gyué dɛ́↓¯** "beau-frère de quelqu'un"), elles doivent à nouveau s'expliquer par l'effet d'une suffixation à un schème lexical dont l'identité peut être indifféremment HH↓ ou H↓M.

De façon générale l'instabilité tonale exceptionnelle de ces noms semble indiquer une élimination tendancielle du schème nominal H↓M - remarquablement peu fréquent - au profit des schèmes HM et surtout HH↓ avec lequel il est confondu dans certains cas d'amalgame.

8.9. Les quantificateurs

On propose à titre provisoire de rassembler en une même catégorie de quantificateurs différents termes qui présentent des caractéristiques syntaxiques et sémantiques communes. Une analyse plus fine devrait toutefois traiter des possibles affinités adverbiales de cet ensemble, de même qu'elle pourrait conclure à l'identification d'une catégorie spécifique de cardinaux, lesquels présentent certaines facultés combinatoires qui leur sont propres (cf. infra).

Dans l'état actuel des choses sont ici regroupés ce que l'on pourrait appeler des quantificateurs "généraux" :

kàlālà	(cp. **kàlà** "un")	*seul, isolé*
kàlàgɛ̄	(cp. **kàlà** "un", **gɛ̄** *pluriel*)	*seul, unique, exclusif*

fínyá ~ fínyágɛ̄ (fínyá↓ ~ fínyá↓gɛ̄ ?)[16]	*un peu*
vɔ́ (~ vɔ́vɔ́, tú`, tútú`, vɔ́tú`...)	*tout, tous*

et les cardinaux :

kàlà		*un*
zó		*deux*
mùtuá		*trois*
sɔ́		*quatre*
mí		*cinq*
mí.nyàlā.kàlà	/cinq.ajoute.un/	*six*
sísì.mùtuá	/?.trois/	*sept*
(plus rarement **sìnī.mùtuá.sìnī.sɔ́**	/d'une part(?).trois.d'une part(?).quatre/)	
ngbèɗɛ̄		*huit*
sínì.sɔ́ ~ sí`.sɔ́	/?.quatre/	*neuf*
(ou **gūmbáyā**, du ngbandi)		
bàlé↓.ná kálà ~ bà´↓.ná.kálà	/dizaine.la.une/	*dix*
(du ngbandi **bàlé** "dizaine")		
bàlé↓.ná kálà.zɔ̀.ná.kálà	/dizaine.la.une.sommet.le.un/	*onze*
bàlé↓.ná.kálà.zɔ̀.ná.zó	/dizaine.la.une.sommet.le.deux/	*douze*
bàlé↓.ná.zó	/dizaine.la.deux/	*vingt*
bàlé↓.ná.mùtuá	/dizaine.la.trois/	*trente*
ngbàngbò (du ngbandi)		*cent*

Les quantificateurs n'ont pas pour fonction spécifique de déterminer le nom puisqu'ils peuvent par ailleurs constituer des expansions primaires du prédicat verbal (ce en quoi ils sont comparables à des adverbes). Ces occurrences, comme les difficultés d'analyse syntaxique qu'elles peuvent parfois susciter, seront étudiées en leur lieu et place (cf. 14.4.). Nous intéressent ici les situations dans lesquelles les quantificateurs, postposés au centre de syntagme et à ses éventuels déterminants de rang supérieur, jouent plus clairement le rôle d'un déterminant du nom ou du quasi-nominal (ce qui est en particulier le cas lorsque le groupe nominal a fonction de sujet d'un prédicat, verbal ou autre). Leur soumission irrégulière au principe d'attraction tonale tend toutefois à prouver que, même dans un tel contexte, ils ne sont qu'imparfaitement ou marginalement intégrés au syntagme, comme si la relation hiérarchique qui les unit au centre était incertaine ou affaiblie : certains quantificateurs sont réfractaires à l'attraction tonale (notamment les composés de **bàlé↓** "dizaine"), d'autres peuvent (librement ?) ne pas la subir

16 On remarquera la valeur intensive-restrictive que le *pluriel nominal* **gɛ̄** prête aux formes composées **kàlàgɛ̄** et **fínyágɛ̄**.
Ces deux formes de quantificateurs sont par ailleurs fréquemment renforcées par l'adverbe **bà** "seulement" (**kàlàgɛ̄ bà, fínyá bá, fínyágɛ̄ bà**, cf. 14.4.).

(ex. **mùtuá** "trois"), d'autres enfin la subissent sytématiquement (ex. **ngbèɗē** "huit"). Encore faut-il, dans ce dernier cas, préciser que **kàlà** "un" ne subit qu'une attraction partielle (> **kálà**) à l'instar de certains adverbes (cf. 14.4.), tandis que **kàlàgɛ̄** "seul, unique" subit soit une attraction partielle (> **kálàgɛ̄**) soit une attraction totale (> **kálá↓gɛ̄**), le conditionnement de ces variantes n'étant pas éclairci. Exemples :

kàtā fínyá	/sel/un peu/	*un peu de sel*
bī álà vɔ́	/chose/cette/tout/	*toute cette chose(-là)*
màgɛ̀ má↓ ná vɔ́	/champ/mon/le/tout/	*tout mon champ (en question)*
kúgí kálà	/maison/une/	*une maison*
kúgí↓ zó	/maison/deux/	*deux maisons*
kúgí↓ gɛ̄ zó	/maison/pl./deux/	*deux maisons*
kúgí mú↓tuá ~ kúgí↓ mùtuá	/maison/trois/	*trois maisons*
kúgí ngbé↓ɗē	/maison/huit/	*huit maisons*
kúgí↓ bàlé↓.ná.kálà	/maison/dix/	*dix maisons*
màgɛ̀ má↓ ná zó	/champ/mon/le/deux/	*mes deux champs (en question)*

- déterminant le partitif :

kɔ̀tɔ́ kálàgɛ̄ bà à kālɛ̄ (II, 15)
/certain/unique/seulement/être/absent/
il n'(en) reste pas un seul

kɔ̀tɔ́ kálà ngbá *il (en) reste un*
/certain/un/aor.3 + rester/

kɔ̀tɔ́ gɛ̄ zó ngbé↓´ *il (en) reste deux*
/certain/pl./deux/aor.3 + rester + pl./

- déterminant un personnel indépendant :

lɔ̄ kàlālà ɗò¯ *il part (tout) seul*
/lui/isolé/aor.3 + partir/

lɔ̄ kàlàgɛ̄ bà ɗò¯ *lui seul part*
/lui/unique/seulement/aor.3 + partir/

zɛ́ kálá↓gɛ̄ bà ɗò-kí *eux seuls partent*
/eux/unique/seulement/aor.3 + partir + pl./

gɛ̀gɛ̄ vɔ́ sɛ́ kú↓yā *nous avons tous un couteau*
/nous(I)/tous/avec/couteau/

- déterminant un pronom interrogatif :

ángā´dī gɛ̄ vɔ́vɔ́ (I, 105) *tous les quiconques*
/quel?/pl./tous/

On remarquera notamment que l'expression du pluriel **gɛ̄** n'est pas obligatoire en présence d'un quantificateur sémantiquement "pluriel", du moins lorsque le centre de syntagme est un nom.

Il existe également - du moins pour les quantificateurs "cardinaux", dont les latitudes combinatoires ne seraient donc pas strictement identiques ? - la possibilité d'être plus étroitement intégrés au syntagme nominal : introduits par le relateur **sɛ̀** "avec" (omissible sous certains conditions), ils sont alors nécessairement suivis du défini (`)**ná** dont le comportement tonal n'est pas bien compris dans ce contexte : ce dernier est réalisé **ná** après ton non haut (le relateur **sɛ̀** est alors obligatoire) et ↓¯**ná** (?)[17] après ton haut (le relateur **sɛ̀** est alors facultatif). Exemples :

màgɛ̀ sɛ̀ ngbèɗɛ̄ ná	*les huit champs (en question)*
màgɛ̀ (sɛ̀) zó↓¯ ná	*les deux champs (en question)*
màgɛ̀ (sɛ̀) mùtuá↓¯ ná	*les trois champs (en question)*

Cette construction permet notamment la double expression d'un "cardinal" et du quantificateur "général" **vɔ́** "tout, tous" dont la combinaison n'est apparemment pas autorisée dans le modèle précédent :

màgɛ̀ sɛ̀ ngbèɗɛ̄ ná vɔ́ /champ/avec/huit/le/tous/	*tous les huit champs (en question)*
màgɛ̀ zɛ́ (sɛ́↓) mí↓¯ ná vɔ́ /champ/leur/(avec/)cinq/le/tous/	*tous leurs cinq champs (en question)*

8.10. Les adverbes

Certains adverbes ont la faculté de fonctionner comme des déterminants du nom. Tel est notamment le cas des adverbes composés à valeur spatiale **yɔ́mà** (< **yɔ́ ámà**) "ici" et **ɗà´mà** (< **ɗà ámà**) "là", qui peuvent venir en complément du démonstratif **lɔ̀** avec lequel ils fondent une opposition "présent proche/présent éloigné" :

kāgā lɔ̀ yɔ́mà	*cet arbre-ci (présent ou visible, proche)*
kāgā lɔ̀ ɗà´mà	*cet arbre-là (présent ou visible, éloigné)*
kāgā gɛ́.lɔ̀ ɗà´mà	*ces arbres-là*

ou qui peuvent même se voir directement postposés au nom (dont ils subissent, le cas échéant, l'attraction tonale) :

[17] Apparemment la succession a bien la forme (-)Cv́↓ ¯**ná** plutôt que (-)Cv́↓ `**ná** ou même (-)Cv́ `**ná**, sans que l'on sache s'il faut imputer cette réalisation au quantificateur "cardinal" ou au défini. Sur la distinction avec la valeur ordinale, cf. 9.6.

kúgí↓ yɔ́mà *cette maison-ci*
kúgí ɗá↓´mà *cette maison-là*

Des adverbes à valeur temporelle peuvent également entrer dans la constitution du syntagme nominal (on ne peut ici valablement commenter, dans les deux derniers exemples, le comportement inégal de **tà´** "autrefois" et **ndà** "désormais" à l'égard de l'attraction tonale, non plus que leur position respective relativement au défini (`)**ná**) :

... kɔ́ bìlī mángà nɛ̀ gà tàkī kɔ́ (I, 143)
.../puis/odeur/tabac/ce/aujourd'hui (passé)/aor.3 + sortir/puis/
... puis l'odeur du tabac de [dont on a parlé] tout-à-l'heure se répand

... ɓā kàngbà gɛ́ tà´↓ ná... (I, 3)
.../celui de/ancêtre/ces/autrefois/le/...
... au [temps] des ancêtres autrefois...

ɓā gìdì ná ndá↓ nɛ̄ lákā... (III, 20)
/celui de/dos/le/désormais/alors/chose/...
la fois suivante maintenant, chose...

L'identification précise du point d'incidence fonctionnelle d'un adverbe peut toutefois faire problème lorsque celui-ci succède au complément d'un prédicat verbal. Tel est ci-dessous le cas pour **ɗà** "là-bas", dont on ne sait s'il faut faire un déterminant de **zɛ́** "eux" ou une expansion directement rattachée au prédicat **gì-tōlué** "nous tuons"[18] :

gì-tōlué zɛ́ ɗá↓ sílē` nú kɔ́mbélétènɛ̄ (I, 77)
/aor.D-tuer + pl./eux/là/de ce côté/là-bas/complètement/
nous tuons ceux-là vers là-bas complètement

8.11. Adjectifs ?

Il convient de mentionner ici l'existence de termes fortement expressifs tels **wùsùwùsù** "touffu", **kpɛ́ngbɛ́lɛ́ngbɛ́** "très plat" ou **ngɔ̀ngɔ́ngɔ́↓** "(démarche) lente", lesquels pourraient constituer une catégorie originale de lexèmes (adjectifs à proprement parler ?) fonctionnant notamment comme déterminants du nom; ex. :

mbàyɛ̄ tàlā wùsùwùsù ìsɔ̄ ngá↓lī kɔ̄ (I, 150)
/barbe/bouche + sa/touffu/aor.3 + tomber/terre + à/acc./
sa barbe touffue tombe à terre

---

18 Le fait que **ɗà** subisse en l'occurrence l'attraction tonale de **zɛ́** n'est pas discriminatoire puisque cette attraction s'exerce normalement d'un complément à l'autre (cf. 14.4.).

Les illustrations en sont trop rares (cf. encore Dev. 1 et 3) pour que l'on puisse être plus précis. Il faut toutefois noter que l'un de ces termes au moins peut former énoncé avec un groupe nominal :

kàɓɛ̄ nyá ngɔ̀ngɔ́ngɔ́ *sa démarche est lente*
/démarche/sa/lente/

mais qu'il ne peut en revanche constituer l'expansion d'un prédicat verbal, ce en quoi il se distingue radicalement des adverbes.

8.12. La proposition relative

La proposition relative - verbale ou non verbale - est introduite par le relatif **gà** qui subit l'attraction tonale sans la transmettre. La relative détermine un nom, un pronom, un personnel indépendant (et leurs déterminants éventuels) ou un associatif personnel. Constituant le déterminant de rang ultime elle est postposée au centre de syntagme et à tous les autres déterminants éventuels de ce dernier[19].

Le relatif **gà** n'est pas un pronom : il a pour fonction d'établir une relation entre la proposition et le terme (ou syntagme) qu'elle détermine mais il ne joue lui-même aucun rôle dans cette proposition (à la différence du français par exemple) dont il se démarque par la rupture de l'éventuelle attraction tonale. Le référent de l'"antécédent" est, en règle générale, explicitement exprimé dans la proposition par un "reflet" de forme pronominale (indice personnel, associatif personnel ou personnel indépendant); seul n'est pas reflété ce qui constituerait l'objet inanimé d'un prédicat verbal.

Il existe plusieurs critères possibles de classement des relatives : nature (et même fonction) de l'antécédent, type énonciatif (verbal ou autre) de la proposition relative, fonction du reflet dans la relative. On a choisi d'exposer successivement les relatives verbales puis les relatives non verbales, en distinguant dans chaque cas les différentes fonctions du reflet, la nature et l'identité de l'antécédent étant précisées exemple par exemple.

1) Le reflet, représenté par l'indice personnel, est constitutif du prédicat verbal[20] :

---

[19] Cette formulation est un peu hâtive. On ne sait pas en particulier quelles places respectives occupent les quantificateurs, les adverbes et la relative si du moins ceux-ci sont combinables au sein du même syntagme.

[20] Sur l'analyse fonctionnelle de l'indice personnel, cf. 13.

kɛ́tɛ̄ ɓɛ̄ nɛ̀ gà ɗê¯ gīlī tàlà mòngúmbà nɛ̄... (I, 108)
/premier/village/ce-là/rel./succ./aor.3 + couper/bord/vêtement sp./alors/...
[l'antécédent est un nom : **ɓɛ̄**]
*le premier village qui a abandonné [*litt. *coupé le bord de] le vêtement traditionnel...*

lī mbùnzú↓ ná gá↓ ɗê¯ kɔ́ kɔ́másè kāyī ndèlī ɓɛ̄... (I, 181)
/nom/Blanc/le/rel./aor.3 + venir/puis/aor.3 + commencer/partage/milieu/village/...
[l'antécédent est un nom : **mbùnzú↓**]
le nom du Blanc qui est venu commencer à partager le pays...

zɛ́ gá↓ gàlí líbɔ́↓ ná`¯[21] **(I, 197)**
/eux/rel./aor.3 + connaître + pl./art/le + être/
[l'antécédent est un personnel indépendant : **zɛ́**]
ce sont eux qui connaissaient cette technique

lɔ̄ gà àm-áwú↓ ákɔ́↓ lɔ̄ sɛ̀ kàmí gɔ́ (Dev. 8)
/lui/rel./inach.3-gronder/aor.2 + voir/lui/avec/oeil + ton/nég./
[l'antécédent est un personnel indépendant : **lɔ̄**]
lui qui gronde, tu ne le vois pas de tes propres yeux

m-ɔ́¯ sèkí gá↓ ám-ūgbué
/aor.1-entendre/vous/rel./inach.2-rire + pl./
[l'antécédent est un personnel indépendant : **sèkí**]
*je vous entends rire [*litt. *j'entends vous qui êtes en train de rire]*

màlā gɛ́gɛ̄ gà gì-ɓátá↓lué... (I, 32)
/espèce/notre(I)/rel./aor.D-se lever + pl./...
[l'antécédent est un associatif personnel : **gɛ́gɛ̄**]
notre "race" à nous qui sommes partis...

ɓā nyá lɔ́ gá↓ ɗê¯ lɔ̀ɔ́... (I, 58)
/celui de/son/ce-ci/rel./aor.3 + venir/ici + susp./...
[l'antécédent est un associatif personnel : **nyá**]
pour lui qui est venu ici...

2) Le reflet d'un antécédent de caractère animé est objet de la relative verbale (où il est exprimé par un personnel indépendant) :

ɓɔ̀gɔ̀ táɗɔ́↓ ná gá↓ dɛ̀¯ ná gɛ̄ tōlué gá↓ lɔ̄
/aor.3 + dérober/animal/le/rel./personne/la/pl./aor.3 + tuer + pl./récemment/lui/
[l'antécédent est un nom : **táɗɔ́↓**]
il dérobe l'animal que les gens avaient tué

---

21 Le développement d'une relative dans un énoncé identificateur a pour effet potentiel d'emphatiser l'antécédent (cf. 15.2.). Ce cas particulier d'exploitation sémantique de la proposition relative est sans incidence sur ses caractéristiques formelles qui demeurent donc exemplaires.

ángā´dī gē vɔ́vɔ́ gá↓ àm-ɓālé tá↓´ zɛ́ (I, 105)
/quel?/pl./tous/rel./aor.3-nommer + pl./autrefois/eux/
[l'antécédent est un pronom interrogatif : **ángā´dī**]
*quelque nom qu'ils eûssent autrefois [*litt. *tous les quiconques qu'on nommait autrefois]*

kí là gà nù´ kí... (I, 92)
/toi/ce-là/rel./aor.3 + prendre/toi/...
[l'antécédent est un personnel indépendant : **kí**]
toi que l'on a choisi...

3) Le reflet d'un antécédent de caractère inanimé, qui serait logiquement l'objet d'une relative verbale, n'est pas exprimé[22] :

àgē k-ìdā mā kìmbè ná gá↓ mú-nzúgyɔ́
/aor.3 + refuser/donner/moi/argent/le/rel./aor.1-demander/
[l'antécédent est un nom : **kìmbè**]
il refuse de me donner l'argent que je demande

m-ɔ́¯ bɔ̀gyɔ̄ lɔ̀ gà á-bɔ́↓gyɔ̄ gɔ̀
/aor.1-entendre/parole/ce-ci/rel./aor.2-dire/nég./
[l'antécédent est un nom : **bɔ̀gyɔ̄**]
je n'entends pas ce (cette parole) que tu dis

dù bī álà vɔ́ gá↓ suà gà ánē
/aor.3 + vomir/chose/ce-là/rel./aor.3 + manger/récemment/anaph./
[l'antécédent est un nom : **bē** (altéré en **bī**, cf. supra, note 7)]
il vomit tout ce qu'il avait mangé

bísí lɔ́ gá↓ ágy-àkué nzàfà bè[23]
/chien/ce-ci/rel./inach.D-voir + pl./aor.3 + être blanc/assert./
[l'antécédent est un nom : **bísí↓**]
ce chien que nous voyons est blanc

4) On ne dispose d'aucun exemple clair dans lequel le reflet soit un complément indirect de la relative verbale.

5) Le reflet est un déterminant du nom (fonction secondaire), exprimé par un associatif personnel dans la relative verbale :

[22] Cette particularité n'est pas propre à la proposition relative mais tient à la liberté générale du prédicat verbal quant à l'expression d'un objet (cf. 14.2.).

[23] Le nom **bísí↓** "chien" est ici traité comme un inanimé alors que **táɗɔ̄↓** "animal" était, dans un exemple précédent, traité comme un animé, ce qui tend à prouver que l'opposition ne doit pas être prise dans un sens trop strict.

kɛ́tɛ̄ dɛ̀˜ gɛ́.là gà àm-ɓālé lī gɛ̄... (I, 105)
/premier/personne/ces-là/rel./inach.3-nommer + pl./nom/leur/...
[l'antécédent est un nom : **dɛ̀˜**]
*les premières personnes que l'on nommait [*litt. : *dont on nommait les noms]...*

kí gà gī´ ngánzá↓ byɛ̧́`... (I, 64)
/toi/rel./bras + ton/aor.3 + être fort/bien/...
[l'antécédent est un personnel indépendant : **kí**]
toi dont le bras est fort...

6) Le reflet est un déterminant du nom (fonction secondaire), exprimé par le défini (`)**ná** dans la relative verbale (sur les affinités du défini avec les associatifs personnels, cf. supra)

gīlī kùlā sɛ̀ kùyā gà tàlà ná àtà ndó
/aor.3 + couper/corde/avec/couteau/rel./tranchant/le/aor.3 + être tranchant/beaucoup/
[l'antécédent est un nom : **kùyā**]
il coupe la corde avec un couteau dont le fil est très tranchant

7) Le reflet est sujet d'une relative équative (où il est exprimé par un personnel indépendant) :

á-sūlī ánɛ̄ gɛ́.là gà zɛ́ à brávə̀ dɛ̀˜ gɛ̄ (I, 98)
/aor.2-choisir/celui/ces-là/rel./eux/être/courageux/personne/pl./
[l'antécédent est un pronom démonstratif : **ánɛ̄ gɛ́.là**]
tu choisis ceux-là qui sont des hommes courageux

bāgīlɔ̀ ná gá↓ ìndué zó↓ gégē` gà gɛ̀gɛ̄ à gbāyā gɛ̄ nɛ̄... (I, 129)
/B./le/rel./aor.3 + placer + pl./tête/notre(I) + à/rel./nous(I)/être/Gb./pl./alors/...
[l'exemple comporte ici un emboîtement de deux relatives : la première a pour antécédent un nom (**bāgīlɔ̀**), objet "logique" (non reflété) de la relative verbale laquelle renferme à son tour un antécédent (associatif personnel à la forme circonstancielle : **gégē`**) reflété par **gɛ̀gɛ̄**, sujet de la relative équative]
ce (nom de) Bagiro qu'ils nous ont donné à nous qui sommes des Gbaya...

8) Le reflet est sujet d'une relative circonstancielle (où il est exprimé par un personnel indépendant) :

dɛ̀˜ gà lɔ̄ sɛ̀ ngàngū míngì... (I, 169)
/personne/rel./lui/avec/force/beaucoup/...
[l'antécédent est un nom : **dɛ̀˜**]
la personne qui est très puissante...

9) Le reflet est un déterminant du nom (fonction secondaire), exprimé par un associatif personnel dans la relative équative :

kɔ̀tɔ́ tùlúgù ná gá↓ lī à sàgbókɔ́ndɔ̀ ìmā àsū (I, 137)
/certain/garde/le/rel./nom + son/être/S./aor.3 + être chaud/c'est mauvais/
[l'antécédent est un nom : **tùlúgù**]
*le garde qui s'appelait [*litt. *dont le nom était] Sagbokondo était très dur*

Il existe enfin des cas où l'antécédent entretient un rapport plus elliptique avec la relative (verbale en l'occurrence) qui ne dispose en quelque sorte d'aucune place (ou fonction) prédéfinie pour l'accueillir (l'antécédent, qui n'est pas reflèté, ne peut en particulier pas être assimilé à un objet "logique") :

màlā gɛ́gɛ̄ gà nè-kí nɛ̄ bāgīlɔ̀... (I, 6)
/espèce/notre(I)/rel./3 + dire-pl./que/B./...
[ni **màlā** ni **gɛ́gɛ̄**, qui peuvent l'un ou l'autre constituer l'antécédent de la relative, ne pourraient être réintroduits tels quels dans un énoncé comme **nè-kí nɛ̄ bāgīlɔ̀** "on dit (que) 'Bagiro'"]
notre "race" (à propos de) laquelle on dit "Bagiro"

lɔ̀ álē gà lɔ̄lɔ̀ nì-zā nɛ̄ nì-táɓɔ̀ yìngà ná nɛ̄ tɛ́lɛ́↓ ámà (I, 202)
/lieu/ce-là + à/rel./celui-ci/L-dire/que/aor.L-jeter/lance/la/alors/aor.3 + se tourner/ainsi/
[**lɔ̀ álē** ne peut, tel quel, trouver place dans un énoncé comme **lɔ̄lɔ̀ nì-zā nɛ̄ nì-táɓɔ̀ yìngà ná** "(quand) il veut jeter la lance"]
au moment où celui-ci veut jeter la lance, il se détourne ainsi

Comme on l'a vu dans certaines des illustrations qui précèdent, la proposition relative constitue l'un des moyens d'expression de l'emphase (cf. aussi 16.2.). On verra qu'elle entre également en jeu dans le marquage de certaines propositions dépendantes (cf. 18.3.).

8.13. L'apposition

L'apposition peut être distinguée de la détermination en ce que les deux termes - ou groupes - qui la composent ne sont pas syntaxiquement hiérarchisés, le premier d'entre eux étant fonctionnellement "repris" ou "doublé" par celui qui lui succède, lequel renvoie, de surcroît, au même référent. On observera également que l'attraction tonale ne fonctionne jamais dans ce contexte.

L'apposition représente en fait un cas particulier de thématisation dans lequel les deux termes homofonctionnels, juxtaposés, s'enchaînent de façon directe et non interrompue par l'insertion d'éléments tiers (cf. 16.1.), ce qui justifie sa constitution en un syntagme d'un type particulier (seuls peuvent s'insérer les éventuels déterminants du premier terme ou "centre"). On a vu plus haut que l'apposition pouvait jouer un rôle d'appoint dans l'expression de certaines déterminations (médiation du pronom associatif **ɓā**, recours au personnel indépendant **zɛ́** pour l'expression d'un comitatif). Les exemples que l'on présente ici constituent en quelque sorte des cas d'apposition "pure".

Le "centre" peut être représenté par un personnel indépendant :

kɔ́ zɛ́ kàngbà ná gɛ̄... (I, 29) *et eux, les ancêtres...*
/puis/eux/ancêtre/le/pl./...

gɛ̀gɛ̄ nyɛ̄ngɛ̄tɛ̄ ná gɛ̄.lɔ̀ (I, 62) *nous, ces enfants*
/nous(I)/enfant/le/ces-ci/

zɛ́ sīsī nìyɔ́ à.nzēlété (I, 135) *ceux d'ici, les Nzelete*
/eux/de(?)/ici/les Nz./

kí bísí↓ āɓɛ̄ nɛ̄... (II, 10) *toi, le chien, tu vas et...*
/toi/chien/aor.2 + aller/alors/...

ou par un associatif personnel :

ɓā gɛ́gɛ̄ gbāyā ná`¯... (I, 132) *c'est le nôtre à nous, les Gbaya*
/celui de/nous(I)/Gb./le + être/

ou encore par un nom (qui peut lui-même être au moins déterminé par le défini (`)**ná**). Les illustrations textuelles en sont notamment fréquentes pour **lákā** "chose, machin", terme dont la présence peut traduire une hésitation véritable, marquée par une pause :

tùlɛ̀ zɛ́ sɛ́↓ lákā... mùmù (III, 1)
/T./eux/avec/chose/.../rat de G./
Turè et chose,... le rat de Gambie

ou plutôt constituer, sans pause sensible, comme un tic de langage trahissant un certain manque d'assurance dans l'expression :

dɔ̰́kə mbílímbílí gɛ̀gɛ̄ à lákā fùlū gɛ̄ ánɛ̄ (I, 43)
/donc/précisément/nous(I)/être/chose/F./pl./anaph./
donc, pour être exact, nous sommes des choses, des Furu

... lákā ná tùlɛ̀ ná nzì¯ ɓā nyá ínzā ndɛ́ (III, 6)
.../chose/la/T./le/aor.3 + s'asseoir/celui de/son/aussi/différemment/
... chose, Turè s'asseoit quant à lui de son côté

Enfin c'est vraisemblablement comme une apposition qu'il faut encore comprendre cette construction particulière du groupe figé **kàwū ná** /restriction/la/ "seulement, rien de plus que"[24] :

---

[24] Le sens hypothétique de "repos, pause" que l'on peut assigner au nom dérivé du verbe **àwū** "respirer, reprendre souffle" fait le lien avec cette valeur restrictive, seule attestée. Sur d'autres occurrences du même groupe **kàwū ná**, cf. 15.2.-3. Sur une autre expression de la restriction au moyen de l'adverbe **kàlà**, cf. 14.4.

kàwū ná ɓā mùmù gɛ̄ ànzé (III, 10)
/restriction/la/celui de/rat de G./pl./aor.3 + sortir + pl./
seuls ceux [les termites] du rat de Gambie sortent

8.14. La coordination

La coordination est caractérisée par l'association homofonctionnelle de deux termes qui n'ont pas le même référent. L'un et l'autre sont reliés par un morphème coordinatif de forme **ɗè¯**[25], qui ne subit pas l'attraction tonale. Les rares illustrations de ce modèle syntaxique n'ont été produites que comme des traductions du français (*Questionnaire d'Inventaire Linguistique*) et leur représentativité est incertaine :

kāgā sɔ́ ɗè¯ kɔ̄sɔ̄ mùtuá *quatre bâtons et trois pierres*
/bâton/quatre/et/pierre/trois/

lɔ̄ sɛ̀ bɔ̀¯ zɔ̀ ɗè¯ ngālā ngɔ́yɛ́ *il a une grosse tête et un long cou*
/lui/avec/gros/tête/et/long/cou/

25 Sans doute faut-il rapprocher le coordinatif du verbe **ɗè¯** "il vient", ou plus exactement du *successif* **ɗè¯** "puis, ensuite", issu de la grammaticalisation de ce dernier (cf. 13.3.).

9. LES QUASI-NOMINAUX

Les quasi-nominaux représentent ces catégories de nature diverse, lexicale ou grammaticale, dont les propriétés combinatoires et fonctionnelles recouvrent partiellement celles des noms. Ils ont notamment en commun avec ces derniers la faculté d'assumer des fonctions primaires relativement au prédicat. Ils s'en distinguent en revanche par le nombre - généralement plus réduit - et la nature des expansions qu'ils peuvent eux-mêmes recevoir.

9.1. Les personnels indépendants

Les personnels indépendants (que l'on pourrait aussi dire "libres" ou "polyvalents") s'organisent dans le paradigme suivant :

sg.	1	**mā**	*moi*
	2	**kí**	*toi*
	3	**lɔ̄**	*lui/elle*
	-	**ná**	*cela (, lui/elle)*
	L	**nɛ̀¯**	*moi/lui/elle (logophorique)*
pl.	E	**gɛ̄**	*nous (exclusif)*
	D	**gɛ̀¯**	*nous (duel)*
	I	**gɛ̀gɛ̄**	*nous (inclusif)*
	2	**sèkí**	*vous*
	3	**zɛ́**	*eux/elles*
	L	**nɛ̀gɛ̄**	*nous/eux/elles (logophorique)*

Cet ensemble est parallèle à celui des associatifs personnels présentés dans le précédent chapitre, à l'exception toutefois de sg. 3 **ná** "cela", lequel doit être formellement rapproché du défini[1]. Là encore on observe que les formes de pl. I **gɛ̀gɛ̄** et pl. L **nɛ̀gɛ̄** résultent selon toute vraisemblance d'une pluralisation des formes correspondantes de pl. D **gɛ̀¯** et sg. L **nɛ̀¯**[2] (il serait

---

1 A la différence du défini, le personnel indépendant **ná** ne subit jamais de faille après un "vrai" ton haut, ex. **ákɔ́↓ ná** "tu le vois" mais **àkué ná** "ils le voient". Sa caractérisation formelle est donc bien **ná** dans tous les cas.

2 Le composant tonal ultime du schème BM du pronom monosyllabique s'assimile à celui du pluriel, cp. **nɛ̀¯** et **nɛ̀gɛ̄**, **gɛ̀¯** et **gɛ̀gɛ̄** (cp. 8., n. 3).
A l'inverse le composant tonal initial de **nɛ̀¯** (et aussi **gɛ̀¯**?) est capté par le terme précédent qu'il détermine, cp. **ādā** /aor.2+donner/ "donne!" et **ādā `nɛ̄ (I, 1) [ādā`nɛ̄]** /aor.2+donner/lui(L)/ "donne-lui!" (cp. chap. 11, n. 4). La dépendance syntaxique directe

plus hasardeux de vouloir faire dériver pl. E **gɛ̄** du pluriel lui-même); l'identification de ces formes n'est toutefois pas ambiguë puisque le pluriel n'est par ailleurs postposé à aucun autre personnel indépendant[3]. Il faut enfin souligner l'identité formelle de sg. 3 **lɔ̄** "lui/elle" et du nom **lɔ̄** "corps" ou, mieux encore, du syntagme **lɔ̄** /corps+son/ "son corps".

On a déjà eu l'occasion d'évoquer le comportement particulier de sg. 2 **kí** "toi", lequel n'exerce jamais d'attraction tonale sur les tons bas subséquents et contraste par là aussi bien avec pl. 2 **sèkí** "vous" du même paradigme qu'avec sg. 2 |**-í**| (direct) et **ɓé** (indirect) "ton" du paradigme des associatifs personnels.

On a montré plus haut que les personnels indépendants peuvent, à l'instar du nom, être déterminés par un démonstratif, un quantificateur, une proposition relative ou encore un personnel indépendant ou un nom introduits par le relateur **sɛ̀**. Ils peuvent également se voir apposer un nom. Mentionnons ici deux autres déterminants qui ne sont peut-être pas spécifiques des personnels indépendants mais qui n'ont, de fait, été relevés qu'avec ces derniers. Il s'agit d'une part de l'*identificatif* **ngyà** "-même", lequel est nécessairement suivi du défini (et du pluriel en accord avec les personnels pluriels) :

mā ngyà ná — *moi-même*
/moi/même/le/

kí ngyà ná ám-tā — *tu le fais toi-même*
/toi/même/le/inach.2-faire/

zɛ́ ngyá↓ ná gɛ̄ ínzā àm-sé ínzā zɛ́ sɛ́ tó↓pōyì nɛ̀ (I, 61)
/eux/même/le/pl./aussi/inach.3+prendre+pl./aussi/eux/avec/tipoye/ce/
eux-mêmes on les portait aussi avec le tipoye

D'autre part ce qu'on pourrait appeler l'*illustratif* **tɛ́lɛ̀** (~ [tɛ́`l]), emprunté au français, est antéposé au personnel indépendant avec la valeur de "soit, comme, par exemple" (ce qui traduit en fait l'expression courante du français local, "tel que moi/toi/lui/etc...") :

... tɛ́lɛ̀ lɔ̄ɔ́ lɔ̄ brávə̀ míngì ánɛ̄... (I, 11
.../tel/lui+susp./lui/courageux/beaucoup/anaph./...
... lui par exemple, il est très courageux...

---

constitue bien une condition de ce transfert, lesquel est au contraire inopérant dans un exemple comme **nɛ̀ nɛ̄ nɛ̀ˉ yàˉ nán-ɔ̀dɛ̄... (II, 5)** /3+dire/que/lui(L)/être/inach.3+épouser/... "il dit que c'est lui-même qui épousera...".

3 Sinon sous forme de démonstratif pluriel composé, ex. **zɛ́ gɛ̄.lɔ̀** (I, 213) /eux/ces-ci/ "ceux-ci".

... tɛ́lɛ̀ sèkí lɔ́↓ ánɛ̄ kɔ̄māndēmā sɛ́ à lɔ̀ ánɛ̄ (I, 124)
.../tel/vous/ce-ci/anaph./chef/votre/être/ce-ci/anaph./
... vous par exemple, voici votre chef

tɛ́`l mā` ʃɛ́`fdəkḁtɔ̱` (I, 163)
/tel/moi + être/chef de canton/
imaginons que je suis chef de canton

9.2. Le partitif

On a vu dans le précédent chapitre quels problèmes d'interprétation syntaxique soulèvent les occurrences du partitif suivi d'un nom. Il est par ailleurs des cas où le partitif fonctionne lui-même comme un nom, notamment lorsqu'il est isolé ou lorsqu'il est suivi du pluriel, d'un démonstratif ou d'un quantificateur. Il est alors susceptible d'exercer une attraction tonale sur ses déterminants et représente sans conteste un centre de syntagme :

gīlí kɔ́↓tɔ́ kálà *on en a coupé un*
/aor.3 + couper + pl./certain/un/

kɔ̀tɔ́ kálàgɛ̄ bà à kālɛ̄ (II, 15) *il n'en reste pas un seul*
/certain/unique/seulement/être/absent/

kɔ̀tɔ́ gɛ̄ zó ngbé↓´ *il en reste deux*
/certain/pl./deux/aor.3 + rester + pl./

kɔ̀tɔ́ gɛ̄ nɛ̄ àm-tūkué kɔ́↓tɔ́ gɛ̄ sɛ̀ ngɔ̄nɔ̄ ɓàlē (I, 217)
/certain/pl./alors/inach.3-attraper + pl./certain/pl./avec/jeune/esclave/
certaines (fois), on en attrape certains comme jeunes esclaves

Le partitif quasi-nominal peut également prendre une valeur alternative ("l'un... l'autre", "certain... un autre") en renvoyant soit à un nom soit à lui-même dans des propositions symétriques juxtaposées :

dɛ̀¯ ngàɓà ɓà māngā kɔ̀tɔ́ ìnā kpā
/personne/mâle/aor.3 + danser/danse/certain/aor.3 + chanter/chant/
un homme danse, un autre chante

kɔ̀tɔ́ gɛ̄ àlué bɛ́ tá↓lɔ̄ kɔ̀tɔ́ gɛ̄ nzì-kí ngá↓lī`
/certain/pl./aor.3 + se tenir + pl./seulement/debout/certain/pl./aor.3 + être assis-pl./terre + à/
les uns (certains) sont debout, les autres (d'autres) sont assis

9.3. Les pronoms démonstratifs

L'identité comme l'organisation sémantique des pronoms démonstratifs sont relativement incertaines. On en propose donc une systématisation provisoire :

álɔ̀	*ceci (?)*	*(inanimé)*
álà	*cela (?)*	*(inanimé)*
lɔ̄lɔ̀	*celui-ci, ceci (?)*	*(animé, inanimé)*
lālà	*celui-là, cela (?)*	*(animé, inanimé)*
ánɛ̄	*ceci/cela*	*(inanimé)*
ánɛ̄ gɛ́	*ceux-ci/là*	*(inanimé)*
ánɛ̄ gɛ́.lɔ̀	*ceux-ci (?)*	*(animé, inanimé)*
ánɛ̄ gɛ́.là	*ceux-là (?)*	*(animé, inanimé)*

Les pronoms démonstratifs révèlent des affinités formelles évidentes avec les déterminants démonstratifs[4]. On ne sait toutefois s'il est justifié de rapprocher le pronom **ánɛ̄** "ceci/cela" du déterminant **nɛ̀** "ce, le".

Les formes plurielles de **ánɛ̄** fonctionnent apparemment aussi comme pluriel de **álɔ̀/álà** et **lɔ̄lɔ̀/lālà**, couples dont l'opposition sémantique n'a pas été clairement établie ("proche/lointain", "présent/absent" ?). On notera la formation probable de **lɔ̄lɔ̀** (et **lālà** ?) à partir du personnel indépendant **lɔ̄** "lui, elle" et du déterminant démonstratif (´)**lɔ̀**/(**á**)**là**. Enfin **ánɛ̄**, qui est combinable avec les formes plurielles du déterminant démonstratif (**ánɛ̄ gɛ́**, **ánɛ̄ gɛ́.lɔ̀/.là**) a peut-être un statut à part : comme pour les formes parallèles de déterminants (cf. 8.6.), il s'agirait plus d'un *anaphorique* que d'un *déictique*. Illustrations :

álà mādɑ̄ kɔ̄ (I, 82) *c'est terminé*
/cela/aor.3 + être fini/déjà/

m-ɔ́¯ álà kɔ̄ (I, 40) *j'ai compris cela*
/aor.1-entendre/cela/déjà/

á-zā nɛ̄ lɔ̄lɔ̀ nɛ̄ ngánzá↓ àsū (I, 96)
/2-dire/que/celui-ci/alors/aor.3 + être fort/c'est mauvais/
tu (te) dis que celui-ci, il est très fort

kùé lɔ̄lɔ̀ (I, 219) *on prend celui-ci*
/aor.3 + prendre + pl./celui-ci/

nàngé ánɛ̄ kɔ̄ *ils ont laissé cela*
/aor.3 + laisser + pl./cela/acc./

kɛ̀mɛ̀ ánɛ̄ gé` (I, 105) *parmi ceux-là*
/intérieur/cela/pl. + à/
[le démonstratif **gɛ́** est ici à la forme circonstancielle]

---

4 Comme dans le cas des déterminants (cf. 8.6.), l'identification tonale exacte de certains pronoms n'est pas sûre : **álɔ̀** et **álà** (HB) ou **á↓lɔ̀** et **á↓là** (H↓B) ?

ánɛ̄ gɛ́.là tà´ àm-té tá↓´ ndōkúɗī (I, 91)
/cela/ces-là/autrefois/inach.3-faire + pl./autrefois/comment?/
ceux-là autrefois, comment faisaient-ils ?

á-sūlī ánɛ̄ gɛ́.là gà... (I, 105) *tu choisis ceux-là qui...*
/aor.2-choisir/cela/ces-là/rel./...

On verra plus loin que la forme **ánɛ̄**, qui fonctionne alors soit comme une modalité de proposition (*anaphorique*) soit comme un présentatif, joue un rôle fondamental dans la mise en relation de l'énoncé avec le contexte du discours.

9.4. Les pronoms interrogatifs

Les interrogatifs **yɛ́↓¯** "qui?" et **ɗī** "quoi?" fonctionnent comme un nom, tant en fonction primaire qu'en fonction secondaire[5] :

yɛ́↓¯ ɗɛ̂¯ ánɛ̄ *qui est venu ?*
/qui?/aor.3 + venir/anaph./

ákɔ́↓ yɛ́↓¯ *qui vois-tu ?*
/aor.2 + voir/qui?/

yɛ́↓¯ lɔ̀ ánɛ̄ *qui est-ce ?*
/qui?/ceci(?)/anaph./

kúgí↓ ɓā yɛ́↓¯ *la maison de qui ?*
/maison/celle de/qui?/

ám-suá↓ ɗī *que manges-tu ?*
/inach.2-manger/quoi?/

ɗī à tā tà´ ɗī (I, 3)
/quoi?/être/aor.3 + faire/autrefois/quoi?/
*qu'en allait-il autrefois ? [*litt. *c'est quoi qui faisait quoi ?]*

īgbɔ̄ sùngūlā ɗī *pourquoi ris-tu ?*
/aor.2 + rire/à cause de/quoi?/

L'interrogatif **ɗī** "quoi?" entre encore en composition dans les formes figées **sīsɔ̀ɗī** "de quel côté?", **ndōkúɗī** "comment?" (pronoms interrogatifs circonstanciels qui seront illustrés plus loin) et **ángānídī ~ ángā´ɗī** "(le)quel?" :

àm-ɓālé lī gɛ̄... lákā àkɔ̄ gɛ̄ ò... ángā´ɗī gɛ̄... (I, 105)
/inach.3-nommer/nom/leur/.../chose/A./pl./o/.../quel?/pl./...
on les appelait... chose, les Ako... les quoi ?

---

5 Les interrogatifs sont aussi volontiers mis en valeur par un effet d'emphase ou de thématisation (cf. 16.).

Cette dernière forme peut à son tour se combiner avec différents noms ou relateurs d'origine nominale :

là´ngā´ɗī (< **lɔ̀ ángā´ɗī** /lieu/quel?/) *(à) quel endroit?, où?*
kàzà.´ngā´ɗī (/jour.quel?/) *quel jour?, quand?*
zā´ngā´ɗī (< **zā ángā´ɗī** /hors de/quel?/) *d'où?*

9.5. Le pronom associatif

Le pronom associatif **ɓā** "celui/celle de" fonctionne comme centre de syntagme. Il est nécessairement déterminé par un nom, par un pronom démonstratif ou par un associatif personnel (de type "indirect") et peut recevoir la détermination supplémentaire du défini, du pluriel ou d'un démonstratif. Exemples :

ɓā bīnyā sāmī nɛ̄... (II, 10)
/celui de/chèvre/aor.3 + être encore/alors/...
celle [la part de nourriture] de la chèvre n'est pas encore finie que...

ngùrù nyá dālī ɓā ɓàkúlá↓ gɛ̄ (I, 161)
/force/sa/aor.3 + dépasser/celle de/compagnon/pl./
sa force dépasse celle des autres

ɓā tùlɛ̀ ná gɛ̄ ànzé gɔ́ (III, 9)
/celui de/T./le/pl./aor.3 + sortir + pl./nég./
ceux [les termites] de Turè ne sortent pas

ɓā álà dālī kɔ̄ (I, 28)
/celui de/cela/aor.3 + passer/déjà/
*ce qui concerne ce point [*litt. *celui de cela] est acquis*

ādā lɔ̄ ɓā nyá *donne-lui le sien/sa part*
/aor.2 + donner/lui/celui de/son/

ɓā gɛ́gɛ̄ gbāyā ná`¯ (I, 132)
/celui de/notre(I)/Gb./le + être/
c'est le nôtre [notre chef] à nous, les Gbaya

Dans certains cas (notamment lorsqu'il est thématisé) le pronom associatif prend la valeur d'un circonstant non marqué ou fonctionne comme un pseudo-relateur. On le traduit alors mieux par "pour, quant à, en ce qui concerne" :

ɓā nyá lɔ́ gá↓ ɗē¯ lɔ̀ɔ́... (I, 58)
/celui de/son/ce-ci/rel./aor.3 + venir/ici + susp./...
pour lui qui vient ici,...

ɓā má àlɛ̄ sɛ̀ nàbɔ̄ ná kɔ̄
/celui de/mon/aor.3 + finir/avec/travail/le/acc./
pour ce qui me concerne, c'en est fini de ce travail

tùlɛ̀ ná nzì¯ ɓā nyá ínzā ndɛ́ (III, 6)
/T./le/aor.3 + s'asseoir/celui de/son/aussi/différemment/
mùmù ná nzì¯ ínzā ɓā nyá ndɛ́ (III, 7)
/rat de G./le/aor.3 + s'asseoir/aussi/celui de/son/différemment/
Turè s'assied quant à lui d'un côté,
le rat de Gambie s'assied quant à lui d'un autre côté

La détermination du pronom associatif par un associatif personnel appelle plusieurs remarques. Tout d'abord cette détermination se fait toujours au moyen des associatifs personnels "indirects" (cf. 8.3.), de sorte que les jeux de distribution ou d'opposition possibles entre personnels directs et indirects déterminant un nom se trouvent ici neutralisés :

lī *son nom*
/nom + son/

kūbū nyá *son vêtement*
/vêtement/son/

ɓā nyá *le sien*
/celui de/son/

Ensuite dans une construction comme **ɓā nyá** "le sien", l'expression de la relation associative est en quelque sorte doublement exprimée, à la fois par **ɓā**, pronom associatif, et par **nyá**, associatif personnel (le mot-à-mot adopté, /celui de/son/, traduit cette réalité). Le pronom **ɓā** manifeste en ce sens une certaine affinité avec les noms "relationnels" qui sont nécessairement déterminés (cf. 10.), à la différence près que ces derniers commandent (généralement ?) les associatifs personnels "directs".

Enfin l'associatif personnel indirect sg. 2 **ɓé** "ton" connaît une combinatoire particulière. Il peut en effet fonctionner *seul* comme pronom associatif, ce qui tend à prouver qu'il est lui-même, à la différence des autres associatifs personnels, vraisemblablement formé à partir de **ɓā** (**ɓé** < ***ɓā** + |**-í**| ou **KI** ?); exemples :

gɛ̄ sɛ̀ kùyā ɓé↓ ná` kālɛ̄
/nous(E)/avec/couteau/ton = le tien/le + être/absent/
*nous avons un couteau, toi pas [*litt. *le tien n'existe pas]*

suá↓ ɓé vɔ́ (II, 10)
/aor.2 + manger/ton = le tien/tout/
tu manges toute la tienne [ta part de nourriture]

La combinaison **ɓā ɓé** /celui de/ton/ est toutefois, comme pour les autres personnels, de rigueur dans le type de syntagme que l'on pourrait appeler d'"association sélective", lequel correspond - en apparence du moins - à un renversement de l'ordre déterminé-déterminant. La référence personnelle de l'association y est, plus que dans le cas d'une association "simple", exprimée de façon contrastive avec d'autres références, contextuellement potentielles et précisément exclues (soit "X de moi/toi/lui...(et non de tel autre)" ou, plus librement, "le mien/la mienne, de X")[6]. On notera que le second terme est alors préférentiellement - sinon nécessairement - marqué par un anaphorique (démonstratif anaphorique ou défini). Comparer :

ɓā ɓé dɛ̀¯ gɛ́ (I, 214)
/celui de/ton/personne/ces-là/
*tes gens à toi [*par opposition avec ceux de l'autre camp, dont il vient d'être question*]*

et **dɛ̀¯ ɓé gɛ̄** *tes gens*
/personne/ta/pl./

bīnyā tàkī sɛ̀ ndákí↓ ɓā nyá kúsà ná[7] (II, 13)
/chèvre/aor.3 + sortir/avec/restant/celui de/son/nourriture/la/
*la chèvre sort avec le reste de sa nourriture à elle [*par opposition avec la part du léopard*]*

et **ndákí↓ kúsà nyá** *le reste de sa nourriture*
/restant/nourriture/sa/

Cet effet de focalisation (ou d'emphase) sur le terme personnel de la relation associative ne résulte pas en fait d'une forme de détermination mais bien plutôt d'une forme d'apposition de deux syntagmes dont le premier a pour centre le pronom associatif[8]. Il est significatif à cet égard que l'attraction tonale soit inopérante de l'un à l'autre, comme en témoigne le premier des exemples cités ci-dessus.

9.6. Les quantificateurs définis

Les quantificateurs définis par (`)**ná** et introduits par le relateur **sɛ̀** - omissible sous certaines conditions - ont été présentés, dans le précédent chapitre, comme des déterminants du nom. Ces mêmes groupes peuvent à eux seuls assumer une fonction primaire. Si le comportement tonal du défini (réalisé **ná** après ton non-haut et ↓¯ **ná** après ton haut) n'est pas clairement

---

6 Une structure parallèle s'observe en ngbandi, cp. **bɔ̀ngɔ̄ tɛ́ mbī** /vêtement/celui de/moi/ "mon vêtement" et **tɛ́ mbī bɔ̀ngɔ̄ ní** /celui de/moi/vêtement/le/ "mon vêtement à moi/le mien, de vêtement".

7 La suite **ndákí↓ ɓā nyá** doit bien être comprise non pas comme "son reste" (qui s'exprimerait sous la forme **ndákí↓ nyá** ou **ndákí↓¯** ?) mais comme "le reste du sien"

8 Lequel est toujours, du moins dans les exemples dont on dispose, déterminé par un associatif personnel.

compris dans ce contexte, du moins observe-t-on qu'il garantit toujours, complémentairement avec le relateur **sɛ̀**, une opposition avec les noms "ordinaux" (cf. 8.7.); comparer :

sā sɛ̀ ngbèɗē ná *il prend les huit*
/aor.3 + prendre/avec/huit/le/

et **nù ngbèɗē ná** *il prend le huitième*
/aor.3 + prendre/huitième/le/

sā (sɛ̀) mùtuá↓¯ ná *il prend les trois*
/aor.3 + prendre/(avec/)trois/le/

et **nù mùtuá↓ ná** *il prend le troisième*
/aor.3 + prendre/troisième/le/

[*n.b.* les verbes **nù** "prendre (une unité ou une quantité non dénombrable)" et **sā** "prendre (une pluralité dénombrable)" se distribuent de façon complémentaire relativement à la nature de l'objet]

Bien que la chose n'ait pas été expressément vérifiée, on présume que ces groupes fonctionnent normalement comme sujet d'un prédicat verbal, ce en quoi ils se distingueraient des simples quantificateurs, qui, de nature plus adverbiale, peuvent être postposés au verbe (place apparente d'un objet) mais ne peuvent, seuls, en constituer le sujet :

(**sɛ̀ ngbèɗē ná ɗò-kí** ?) *les huit s'en vont*
/avec/huit/le/aor.3 + partir-pl./

sā ngbèɗē *il (en) prend huit*
/aor.3 + prendre/huit/

(***ngbèɗē ɗò-kí** est agrammatical)
(*/huit/aor.3 + partir-pl./)

kɔ̀tɔ́ gɛ̄ ngbèɗē ɗò-kí *huit s'en vont*
/certain/pl./huit/aor.3 + partir-pl./

dɛ̀¯ ngbèɗē ɗò-kí *huit personnes s'en vont*
/personne/huit/aor.3 + partir-pl./

9.7. Les procédés déverbatifs : nom et infinitif

La langue distingue deux ensembles de termes qui sont dans un rapport dérivationnel avec les verbes[9]. Les premiers sont des noms à part entière, les

---

9 S'il est clair que les infinitifs sont dérivés des verbes, c'est arbitrairement et par économie d'expression que l'on parle ici de "noms dérivés de verbes". L'identification du sens de cette dérivation est en fait aléatoire (verbe > nom ou nom > verbe ?), du moins pour les

seconds des infinitifs. Les uns et les autres, qui ne sont pas toujours formellement distincts, ont toutefois des latitudes combinatoires qui ne sont pas identiques. De plus les verbes n'ont pas tous un partenaire nominal (on a dénombré 53 noms dérivés des 265 verbes recensés) alors que chacun d'entre eux se voit dériver une forme infinitive.

On exposera d'abord les caractéristiques formelles de chacun de ces ensembles pour commenter ensuite leurs propriétés syntaxiques.

Caractéristiques formelles

La formalisation des modèles déverbatifs présuppose l'identification morphologique des classes verbales (cf. 12.1.) sur laquelle on devra donc ici anticiper.

Noms et infinitifs dérivés des verbes "à initiale vocalique" (classes 1, 1bis et 2) résultent d'une préfixation de |**k̀-**| à la forme fondamentale du verbe[10]. Les formes du nom et de l'infinitif sont alors le plus souvent confondues (la forme infinitive est conventionnellement toujours transcrite avec un tiret qui n'a qu'une valeur morphologique, non phonologique) :

verbe	nom	infinitif
àsū (cl. 1) *il est mauvais*	**kàsū** *mauvais, mal*	**k-àsū** *être mauvais*
àkɛ̀ (cl. 2) *il est rouge*	**kàkɛ̀** *rouge(ur)*	**k-àkɛ̀** *être rouge*
àdā (cl. 2) *il donne*	-	**k-ìdā** *donner*
w-ɔ̀yɛ̄ (cl. 1) *il est lourd*	**kɔ̀yɛ̄** *lourd(eur)*	**k-ɔ̀yɛ̄** *être lourd*
w-ɔ̀¯ (cl. 1bis) *il entend*	-	**k-ɔ̀¯** *entendre*
w-ɔ̀yɛ̀ (cl. 2) *il meurt*	**kɔ̀yɛ̀** *(le) mort*	**k-ɔ̀yɛ̀** *mourir*
gyɔ̀ (cl. 2) *il enfante*	**kɔ̀gyɔ̀** *parent*	**k-ɔ̀gyɔ̀** *enfanter*
w-ò¯ (cl. 1) *il boit*	-	**k-ò¯** *boire*

verbes à initiale consonantique, et ne peut trouver de solution que diachronique, terme par terme.

10 Cette forme fondamentale (ou structurelle) est toujours, en classe 1, 1bis et 2, tonalement distincte de la forme de citation (aor.3) du verbe et se voit précisément modifier sous l'effet du préfixe |**k̀-**|. Elle s'en distingue aussi parfois par son identité segmentale, certains verbes voyant leur voyelle initiale structurelle effacée ou au contraire renforcée par **w-** dans leur expression phonologique.

w-òlì (cl. 2) *il avale; est profond*	**kòlì** *profond(eur)*	**k-òlì** *avaler; être profond*
w-ùyì (cl. 2) *il descend*	-	**k-ùyì** *descendre*
ìzī (cl. 1) *il est souple*	**kìzī** *souple(sse)*	**k-ìzī** *être souple*
gbì (cl. 2) *il (se) perd*	-	**k-ìgbì** *(se) perdre*
ìsɔ̄ (cl. 1) *il tombe*	-	**k-ìsɔ̄** *tomber*
ìgɔ̄ ~ w-ɔ̀gɔ̄ ~ àgɔ̄ *il interdit* (cl. 1)		**k-ìgɔ̄ ~ k-ɔ̀gɔ̄ ~ k-àgɔ̄** *interdire*
gbɔ̀ (cl. 2) *il lave*	-	**k-ìgbɔ̀** *laver*
ìgbɛ̄ (cl. 1) *il fouit*	-	**k-ìgbɛ̄** *fouir*
ɓɛ̀ (cl. 2) *il pile*	-	**k-ìɓɛ̀** *piler*

Toutefois si la distribution vocalique qui caractérise la forme fondamentale est **i-u**, **i-ua** ou **i-a**[11], le nom se distingue de l'infinitif par ses distributions vocaliques **u-u** et **u-(u)a**[12] :

tù (cl. 2) *il lève (végétal)*	**kùtù** *levé,* *herbe verte*	**k-ìtù** *lever*
lù (cl. 2) *il est noir;* *prépare une décoction*	**kyùlù**[13] *noir(ceur)* (?! **kìlù bɛ̄**[14] *décoction)*	**k-ìlù** *être noir;* *préparer une décoction*
ìmā (cl. 1) *il est chaud*	**kùmā** *chaud, chaleur*	**k-ìmā** *être chaud*
suà (cl. 2) *il mange*	**bɛ̄ kùsuà** *nourriture* (? **kúsà ~ kúsuà**[15] *viande)*	**k-ìsuà** *manger*

11 Du moins pour **i-a** dans le contexte - quasi général - d'une consonne à caractère phonétiquement labial. Qu'en irait-il du nom dérivé d'un verbe comme **ìnā** (cl. 1; infinitif **k-ìnā**) "il vise" ?

12 C'est peut-être le nom qui témoigne ici d'un vocalisme archaïque, l'infinitif ayant subi la pression analogique de la préfixation par **kì-** des verbes à initiale consonantique (sur ces problèmes, cf. 12.).

13 La palatalisation du préfixe **k-̀** (**kyùlù** et non ***kùlù**) n'est pas expliquée.

14 La distribution vocalique **i-u** (**kìlù** et non ***kùlù**) est inattendue et non expliquée.

15 La variation tonale (**kúsà** et non ***kùsà**) est exceptionnelle et non expliquée.

ɗuà (cl. 2) *il est éloigné*	**kùɗà ~ kùɗuà** *éloigné, éloignement*	**k-ìɗuà** *être éloigné*

Noms et infinitifs dérivés des verbes "à initiale consonantique" (cl. 3 à 8) sont toujours distincts dans la mesure où les seconds seuls sont préfixés par **kì-**[16]. On pourrait par ailleurs considérer que les noms sont dérivés sans modification formelle, à l'exception toutefois du cas des verbes de cl. 3 (structurellement identifiés par un schème |HB| *variable*) dont les dérivés nominaux attestent un schème BB que l'on doit logiquement expliquer, comme celui de la forme de citation (aor.3) correspondante, par l'effet d'un préfixe de forme |Ø̀|. Illustrations :

ɓɔ̀gɔ̀ (cl. 3) *il dérobe*	**ɓɔ̀gɔ̀** *vol, rapt*	**kì-ɓɔ́gɔ́↓** *dérober*
nzàfà (cl. 3) *il est blanc*	**nzàfà** *blanc(heur)*	**kì-nzáfá↓** *être blanc*
gbílá↓ (cl. 4) *il est paresseux*	**gbílá↓** *paresse*	**kì-gbílá↓** *être paresseux*
kémbí↓ (cl. 4) *elle est belle*	**kémbí↓** *belle, beauté (d'une femme)*	**kì-kémbí↓** *être belle*
bɔ̀¯ (cl. 5) *il est grand*	**bɔ̀¯** *grand(eur)*	**kì-bɔ̄**[17] *être grand*
gàlī (cl. 5) *il connaît*	**gàlī bɛ̄** *connaissance*	**kì-gàlī** *connaître*
ndā (cl. 6) *il est couché*	**bɛ̄ ndā** *couche, lit*	**kì-ndā** *être couché*
fɛ̄lɛ̄ (cl. 6) *il est large*	**fɛ̄lɛ̄** *large(ur)*	**kì-fɛ̄lɛ̄** *être large*
kázī (cl. 7) *il urine*	**kázī** *urine*	**kì-kázī** *uriner*
ndúguā (cl. 7) *il est clair*	**ndúguā** *clair, clarté*	**kì-ndúguā** *être clair*
zéngbà (cl. 8) *il salue*	-	**kì-zéngbà** *saluer*
kɔ́másè (cl. 8) *il commence*	-	**kì-kɔ́másè** *commencer*

---

[16] Exception toutefois pour **ɓī** (cl. 6) "il dort", dont l'infinitif a deux formes, **kì-ɓī** ou (plus fréquemment ?) **kà-ɓī**. Faut-il expliquer cette dernière forme par une attraction analogique des verbes à initiale vocalique **a** ?
Contrairement à ce que l'on observe dans la plupart des autres langues "sara", le bagiro étend donc la marque d'infinitif aux verbes à initiale consonantique. Un même comportement s'observe en ndoka (P. Nougayrol, *comm. pers.*).

[17] Sur la modification tonale subie par la forme verbale dans ce contexte, cf. 12.1.

Propriétés syntaxiques

On ne peut en l'état actuel des choses qu'esquisser les propriétés spécifiques de l'infinitif par contraste avec celles des noms. Aucune recherche systématique n'a été faite sous cet aspect et l'exploitation des illustrations glanées ici ou là est d'autant plus limitée que nom dérivé de verbe et infinitif sont souvent, comme on vient de le voir, formellement confondus.

En fait l'opposition ne se fait pas tant "en amont" dans la hiérarchie des fonctions, l'infinitif fonctionnant comme un nom du point de vue des termes qui le régissent. Il peut notamment représenter
- l'objet (et sans doute aussi le sujet ?) d'un prédicat verbal :

àgɛ̄ kì-ɗē ná ngūlā mí
/aor.3 + refuser/inf.-venir/le/chez/mon + à/
il refuse de venir chez moi

- un circonstant, marqué comme tel par un relateur :

zā kì-yɛ̄ gī´... sùngūlā kì-yɛ̄ gī´ kɔ́ àkué... (I, 83)
/hors de/inf.-tendre/main + ta/.../à cause de/tendre/main + ta/puis/aor.3 + voir + pl./...
du fait de ta générosité... grâce à ta générosité, ils ont vu...

- le sujet d'un énoncé circonstanciel :

kì-tā lɔ̄ gɛ̄ tà´ ndōkúɗī (I, 4)
/inf.-faire/corps/leur/autrefois/comment?/
quelle était leur façon d'être autrefois ?

- le prédicat d'un énoncé circonstanciel :

lɔ̄ kì-zéngbà dɛ̀¯ gē`
/lui/inf.-saluer/personne/pl. + à/
il est en train de saluer les gens

- le déterminant d'un nom :

gàlī lìbɔ̀ kì-ɓā kátá
/aor.3 + connaître/art/inf.-façonner/poterie/
il connaît l'art de façonner les poteries

ndá gɛ́ɗɛ̄ kí↓tɔ̄ dɛ̀ álà sɛ̀ tìpóyìí... (I, 63)
/cause/raison/inf.-porter/personne/ce-là/avec/tipoye + susp./...
*la raison pour laquelle on portait [*litt. *la raison de porter] ces gens en tipoye,...*

ngɛ̄tɛ̄ kāɗɔ̄ ɓā k-ò¯ sɛ̀ gbódò
/petite/calebasse/celle de/inf.-boire/avec/bouillie/
petite calebasse pour boire la bouillie

Le contraste s'observe en revanche "en aval", l'infinitif régissant des termes qui ne peuvent déterminer le nom. Cette analyse n'est pas vérifiable dans le cas d'une expansion nominale puisqu'on ne peut alors formellement distinguer l'objet d'un verbe et le déterminant simplement juxtaposé d'un nom :

kì-ɓā kátá *façonner des poteries*
/inf.-façonner/poterie/

kì-yɛ̄ gī´ *être généreux [*litt. *tendre ta main]*
/inf.-tendre/main + ta/

kì-zéngbà dɛ̀ gɛ̄ *saluer les/des gens*
/inf.-saluer/personne/pl./

à moins que seul l'infinitif (?) ne préserve par exemple la faculté spécifique du verbe correspondant à recevoir deux objets (cf. 14.2.) :

... gī´ ìzī sɛ̀ bɛ̄ k-ìdā bɛ̄ dɛ̀¯ ndó (I, 83)
.../main + ta/aor.3 + être souple/avec/chose/inf.-donner/chose/personne/beaucoup/
*... tu es très généreux [*litt. *ta main est très souple avec la donation de choses aux gens]*

Mais la spécificité de l'infinitif est confirmée dans les rares exemples où ce dernier est, à l'instar du verbe, suivi du personnel indépendant, lequel ne peut jamais constituer un déterminant du nom :

mú-ndígí kí↓zéngbà kí *je veux te saluer*
/aor.1-vouloir/inf.-saluer/toi/

àgɛ̄ k-ìdā mā kìmbɛ̀ ná *il refuse de me donner l'argent*
/aor.3 + refuser/inf.-donner/moi/argent/le/

Inversement les formes ambiguës qui sont suivies d'un associatif personnel représenteraient donc plutôt des noms dérivés que des infinitifs (?)[18] :

mú-nī kàkɔ̄ (k-àkɔ̄ ?) ɓé
/aor.1-rêver/voir/ton/
*je suis surpris de te voir [*litt. *je rêve la vision de toi]*

ìgɔ̄ kàɓɛ̄ (k-àɓɛ̄ ?) má bāmbālí↓ kɔ̄
/aor.3 + interdire/aller/mon/B./déjà/
*il m'a interdit d'aller [*litt. *il a interdit mon aller] à Bambari*

kàlɔ̄ (k-àlɔ̄ ?) gɛ́gɛ̄ gà gy-àlué... (I, 40)
/départ/notre/rel./aor.D-quitter + pl./...
notre départ à nous qui avons quitté...

---

18 A moins précisément que les infinitifs aient la particularité d'accepter à la fois les déterminants du nom (associatifs personnels) et ceux du verbe (personnels indépendants), ce qui se vérifierait de façon décisive en testant cette combinatoire auprès de l'infinitif d'un verbe à initiale consonantique (peut-on notamment dire (?) **kì-zéngbà ɓé** "ton saluer" à côté de **kì-zéngbà kí** "te saluer" ?). Cette question devrait être approfondie en relation avec celle de l'expression des "actants" des verbes transitifs ("agent/patient") et intransitifs ("actant unique").

Notons enfin que l'infinitif peut, à l'instar du nom, recevoir la détermination du défini (`)**ná**[19], lequel constitue une expansion facultative dans les exemples qui suivent :

> **sùngūlā bùlà kɔ́ àgɛ̄ kì-ɗō ná**
> /à cause de/père/son/puis/aor.3 + refuser/inf.-partir/le/
> *il refuse de partir à cause de son père*

> **àgé kí↓ɗē ná ngūlā mí gɔ̀**
> /aor.3 + refuser + pl./inf.-venir/le/chez/mon + à/nég./
> *ils ne refusent pas de venir chez moi*

et peut-être aussi celle du démonstratif **nɛ̀** (mais ne s'agit-il pas plutôt de noms dans ces deux exemples d'interprétation incertaine ?) :

> **k-àfā (kàfā ?) nɛ̀... (I, 60)** *cette arrivée...*
> /inf.-arriver/ce/

> **k-àwù (kàwù ?) nɛ̀ gà... (I, 92)** *cette sévérité que...*
> /inf.-gronder/ce/rel./...

---

19 Rien ne permettant en fait, dans un tel contexte, de distinguer le personnel indépendant **ná** "cela" du défini (`)**ná** "le/la (en question)", c'est la seule vraisemblance qui nous conduit à y reconnaître celui-ci plutôt que celui-là.

10. REMARQUES SUR LA DETERMINATION NECESSAIRE

A plusieurs reprises on a mentionné l'existence de noms sémantiquement "relationnels"[1], lesquels ont la propriété d'être éminemment déterminés. Il est difficile d'affirmer que cette détermination est toujours obligatoire et non expansive (ce qu'elle est peut-être toutefois pour certains d'entre eux) : le témoignage des langues géographiquement proches et typologiquement comparables sous cet aspect tend à prouver qu'une telle détermination peut souvent être omise, fût-ce dans des situations minoritaires[2]. Le bagiro lui-même connaît apparemment des "exceptions" comparables[3]. Il n'en reste pas moins que ces termes ont, ne serait-ce que de façon tendancielle, un comportement spécifique qui peut être justifié par certains traits sémantiques. On y trouve en effet :

- des désignations d'éléments constitutifs d'une entité, physique ou psychique (ex. **zɔ̀** "tête, sommet", **kɛ̀mɛ̀** "ventre, intérieur", **ngyà** "pied, jambe, tronc (d'arbre)", **ndákí↓** "reste, reliquat", **lī** "nom", **màyà** "âme, esprit, ombre (d'un animé)") ou d'espaces relatifs à une entité (ex. **kāmbɔ́lɔ́↓** "alentour, proximité", **ngūlā** "lieu intime, lieu propre", **nzùbā** "ancien emplacement, trace, vestige")[4];
- des termes référant aux relations sociales soit, essentiellement, les relations de parenté/alliance (ex. **bùlà** "père", **gá↓yɛ̄** "épouse");
- des termes qui, partiellement identiques à ceux du précédent ensemble, ont ici une valeur non pas proprement relationnelle mais classificatoire : **kɔ́nyɔ́↓** "(mère,) femelle", **ngɔ̄nɔ̄** "(enfant,) petit, jeune, membre (d'un groupe social)", **kúlá↓** "mâle (des oiseaux), coq", etc...;
- des désignations d'attributs, de propriétés ou de qualités, noms majoritairement - mais non exclusivement - dérivés de verbes et qu'il convient souvent de traduire par un adjectif français (ex. de dérivés : **kòlì**

---

1 Le terme est repris de Fédry (1976), qui l'applique au sar.

2 Voir notamment Monino (1987) et Roulon (1987) pour le cas des parlers gbaya et Boyd (1987) pour celui du zande.

3 Voir notamment cette phrase, obtenue par traduction du français : **lɔ̄ sɛ̀ bɔ̀¯ zɔ̀ dɛ̀¯ ngālā ngɔ́yɛ́** /lui/avec/gros/tête/et/long/cou/ "il a une grosse tête et un long cou" ou encore la formulation de plusieurs réponses à des devinettes : **kàmbílì ngyà (dɛ̀¯) (Dev. 3)** /ongle/pied/(personne/) "l'ongle du pied (de quelqu'un)", **mbī (Dev. 12)** "les oreilles", **ngōlī sɛ́ ngélí** /pénis/et/vulve/ "pénis et vulve".

4 C'est au sein de cet ensemble que l'on rencontre les noms qui entrent en composition avec le relateur **KI** (cf. 11.4.).

"profond(eur)", **nzùmù** "pourri(ture)"; ex. de noms originaux : **gútú**↓ "petit(esse), court, peu élevé", **kìzà** "vérité, vrai");

- des désignations ordinales (**kétɛ̄** "premier", **zó**↓ "deuxième", **ngbèɗē** "huitième", etc...) : à l'exception de **kétɛ̄**, ces termes sont formellement dérivés des quantificateurs "cardinaux" dont ils se distinguent éventuellement par un "faux" ton haut final (**zó** "deux" > **zó**↓ "deuxième" mais **ngbèɗē** "huit, huitième") et surtout par le fait qu'ils sont suivis d'un déterminant nécessaire.

Sous des caractérisations diverses - qui ne sont d'ailleurs pas sans affinités[5] - ces noms partagent une caractéristique sémantique commune qui est celle d'appeler l'expression d'une incidence ou d'une référence. On comprend dès lors que cette fonction de détermination nécessaire ne puisse être assumée par les déterminants du nom qui sont "internes" ou "autoréférentiels" comme le pluriel ou les démonstratifs. Seuls peuvent fonctionner comme "validateurs" des noms relationnels ceux des déterminants qui réfèrent - ou peuvent référer - à une entité autre, qui constitue comme le support ou la raison du déterminé. Peuvent assumer ce rôle :

- un nom :

kɛ̀mɛ̀ kúgí *(l')intérieur de (la) maison*
/intérieur/maison/

zó↓ **ɓɛ̄** *le deuxième village*
/deuxième/village/

- un associatif personnel (et plus particulièrement un associatif personnel "direct") :

lī má /nom/mon/ *mon nom*

kó↓**né** /nez + ton/ *ton nez*

ngɔ̄nɔ̄ ou **ngɔ̄nɔ̄ nyá** *son enfant* (quelle différence ?)
/enfant + son/ /enfant/son/

ngūlā gɛ́gɛ̄ (I, 10) *notre pays, notre foyer*
/lieu propre/notre(*I*)/

- le défini (`)**ná** dont on a montré plus haut les affinités logico-sémantiques avec le paradigme des associatifs personnels (cf. 8.4.) :

bùlà ná /mâle/le/ *le mâle*

kòlì ná *le profond, la/sa profondeur*
/profond(eur)/le = la/

---

[5] Voir en particulier la valeur attributive générale des notions de classe ("mâle", "femelle", "petit"), de qualité ("profond", "court"...) et d'ordre ("premier", deuxième"...).

zó↓ ná /deuxième/le/ *le deuxième*

- un pronom démonstratif (le corpus en offre un unique exemple, où le nom déterminé entre en composition avec le relateur **KI** (cf. 11.4.)) :

kɛ̀mɛ̀ ánɛ̄ gé`... (I, 105) *parmi ceux-là...*
/intérieur/ceux/ces-là + à/

- le pronom associatif :

ndákí↓ ɓā nyá[6] *le reste du sien*
/reste/celui de/son/

On notera que le pronom associatif **ɓā** "celui/celle de" doit lui-même être considéré comme un quasi-nominal qui appelle une détermination nécessaire, laquelle peut être assumée par un nom, par un personnel associatif (indirect), par un pronom démonstratif, selon toute vraisemblance par **ɓā** lui-même[7], mais apparemment pas par le défini (`)**ná**.

Il faut enfin mentionner l'existence de deux termes qui, toujours et exclusivement déterminés par un nom, fonctionnent pratiquement comme des morphèmes dérivationnels :

- **lá** (qui exerce une attraction tonale sur le nom subséquent) désigne l'"individu qui à caractère, qualité, propriété de" :

lá gbílá	/personne de/paresse/	*(un) paresseux*
lá kpátá	/personne de/boisson/	*(un) buveur*
lá ɓɛ̄	/personne de/village/	*(une) personne du village*
lá yīlē	/personne de/folie/	*(un) fou*
lá dɛ́↓nyɛ̄	/personne de/femme/	*(un) marié*

- **ɓɔ̄** désigne le "membre d'un groupe social spécifique" (dit "petit" en français local) :

ɓɔ̄ kākpō *membre de Kakpo, "petit" Kakpo*
/membre de/K./

ɓɔ̄ ngànzā gɛ̄ *les (gens de) Nganza, les "petits" Nganza*
/membre de/Ng./pl./

---

6 Sur l'interprétation de cette suite, cf. 9., note 7.

7 Sans doute peut-on dire en effet **ɓā ɓā nyá** /celui de/celui de/son/ "celui du sien" ?

11. LES RELATEURS

Les relateurs (ou "prépositions" au sens fonctionnel du terme) ont pour rôle essentiel soit précisément de relier certains syntagmes nominaux de fonction primaire à un groupe prédicatif (notamment verbal) soit de conférer statut prédicatif à un syntagme nominal dans certains types d'énoncés non verbaux. En ce sens les relateurs entretiennent des rapports étroits avec le syntagme nominal dont ils constituent comme une sorte de prolongement, de nature plus externe ou centrifuge toutefois que les expansions - subordonnées ou apposées - qui ont fait l'objet des précédents chapitres.

Les relateurs du bagiro s'organisent en un système diffus de morphèmes qui peuvent précéder, suivre ou encadrer le syntagme nominal, d'où l'inadéquation du terme de "préposition" pris dans sa stricte acception formelle. Ce système est dominé par deux relateurs essentiels qui traduisent l'un (**sɛ̀**, antéposé) la mise en jeu d'un actant (animé ou inanimé) complémentaire, non bénéficiaire, et l'autre (**KI**, postposé ou suffixé) la situation spatio-temporelle d'une entité ou d'un évènement. L'un et surtout l'autre sont susceptibles d'être sémantiquement précisés ou développés au moyen de certains noms qui, fortement récurrents et semi-grammaticalisés dans ce contexte, jouent un rôle syntaxique et sémantique d'appoint. Les autres relateurs sont représentés soit par un morphème propre (et discontinu, **bà... bà** "comme, autant que") soit par des noms (préposés) ou des adverbes (postposés) qui tendent à fonctionner comme des relateurs dans des groupes par ailleurs non marqués.

On envisagera successivement ces différents types de relateurs pour clore le chapitre par l'exposé des pronoms circonstanciels.

11.1. Le relateur sɛ̀

Le relateur **sɛ̀** est préposé au syntagme nominal dont le centre est représenté par un nom, un personnel indépendant, un pronom interrogatif ou peut-être aussi un infinitif (?). Exemples :

fɔ̀ kāyɛ̄ kúgí↓ nyá sɛ́↓ fɔ̄lɔ̄
/aor.3 + enduire/extérieur/maison/avec/argile blanche/
il enduit sa maison d'argile blanche

ɗò¯ sὲ ná *il l'emporte*
/aor.3 + partir/avec/cela/

bɔ̀gyɔ̄ sὲ yέ↓¯ *avec qui parle-t-il ?*
/aor.3 + parler/avec/qui?/

àm-ɓá ká↓¯ sὲ k-ìnā kpā *il marche en chantant*
/inach.3-marcher/marche/avec/chanter/chant/
[sur l'interprétation incertaine de **k-ìnā** comme un infinitif, cf. 9.7.]

Il est parfois formellement réduit à un ton bas (̀) qui se combine avec le composant tonal ultime du terme précédent comme ici dans **á↓ɗē`** (pour **á↓ɗē sὲ**) :

āɓε̄ w-ōngī fàɗù á↓ɗē` ná ādā mā
/aor.2 + aller/aor.2 + transporter/feu/aor.2 + venir + avec/cela/aor.2 + donner/moi/
*va me chercher du feu [*litt. *va, prends du feu, viens avec cela, donne-moi]*

Les valeurs les plus évidentes de **sὲ** sont celles d'un instrumental ("au moyen de") et d'un comitatif ("avec, en compagnie de") mais il exprime également différentes relations que l'on peut traduire par "envers" ou "contre", "à propos de", "en état de", etc... voire par une situation spatiale ou temporelle. Exemples :

à-yí kálá sέ↓ zέ (I, 215) *ils marchent contre eux*
/aor.3 + aller + pl/seulement/avec/eux/

lù má w-ɔ̄yὲ sὲ kɔ̀kὲ má
/foie/mon/aor.3-mourir/avec/houe/ma/
*j'ai oublié ma houe [*litt. *mon foie est mort en ce qui concerne ma houe]*

àm-tūkué kɔ́↓tɔ́ gε̄ sὲ ngɔ̄nɔ̄ ɓàlē (I, 217)
/inach.3-attraper + pl./certain/pl./en tant que/petit/esclave/
on en attrape certains comme jeunes esclaves

būkū ná sāmī sὲ kùmā ná
/cendre/la/aor.3 + être encore/avec/chaleur/la/
les cendres sont encore chaudes

táɓɔ̄ kìdɔ̀ nyá sέ kúɗá↓ ná
/aor.3 + jeter/bâton/son/avec/éloignement/le/
il jette son bâton au loin

ìnā `tɔ́ bε̄ sὲ ngálā (III, 16)
/aor.3 + lancer/un certain/chose/avec/terre/
il lance quelque chose à terre

ɗè¯ sὲ wàngyā *il vient le matin*
/aor.3 + venir/avec/matin/

Il exprime encore une valeur plus proprement associative ("avoir quelque chose") ou attributive ("être dans un état") dans le cas d'un énoncé circonstanciel à prédicat nominal (cf. 15.5.) :

kí sɛ̀ bīnyā ɓé gɛ̄ (I, 65) *tu as des [*litt. *tes] chèvres*
/toi/avec/chèvre/ta/pl./

lɔ̄ sɛ̀ lɔ̄kɔ̀nyɔ̀ *il est malade*
/lui/avec/maladie/

ná sɛ́↓ ɗɔ̄bɔ́↓ ná
/cela/avec/chemin = manière juste/le/
*c'est juste, correct [*litt. *c'est avec la manière juste]*

Comme on l'a dit plus haut ces relations peuvent être rapportées à la valeur plus générale d'"introduction d'un actant (animé ou inanimé) complémentaire", lequel n'est toutefois jamais un bénéficiaire[1]; on observe d'ailleurs, par contraste avec le français par exemple, que certains verbes comme **luà** "envoyer, adresser (qqc à qqn)" ou **ìgɛ̄** interdire, refuser (qqc à qqn)" traitent le destinataire-bénéficiaire comme un objet et le patient comme une expansion indirecte, précisément introduite par **sɛ̀** :

bàbà luà mā` ɓùkù (Dev. 4) *mon père m'envoie un colis*
/mon père/aor.3 + envoyer/moi + avec/colis/

ìgé bísí [...] sɛ̀ dɛ̀nyɛ̄ álà kɔ̄ (II, 21)
/aor.3 + refuser + pl./chien/.../avec/femme/ce-là/acc./
on refuse la femme au chien

11.2. Les composés de sɛ̀

Le relateur **sɛ̀** tend à se composer avec certains des noms - eux-mêmes déterminés par un nom ou par un pronom - qui lui succèdent. Une telle analyse est très incertaine pour des termes comme **dà** "intérieur, étendue (?)" (cp. **dàfà** "paume, plante" ?) et **gìdì** "dos, suite" qui semblent se combiner en des suites **sɛ̀ dà** "pendant" et **sɛ̀ gìdì** "après" dont la fréquence n'est pourtant pas significative. Exemples :

ɗē¯ sɛ̀ dà ndōlī *il vient pendant la nuit*
/aor.3 + venir/avec/étendue(?)/nuit/

àpuí sɛ̀ gìdì ná... (II, 4) *et puis, après cela...*
/et puis/avec/suite/la/...

[1] Comme l'illustre l'un des exemples cités plus haut, l'expression du datif-bénéfactif est couramment assurée par une forme conjuguée du verbe **k-ìdā** "donner" (cf. 18.2.).

Elle s'impose en revanche pour le nom **ngūlā** "lieu intime, lieu propre, chez-soi" qui se combine avec **sɛ̀** en une forme figée et généralement altérée **sùngūlā** "à cause de, du fait de" dont la fréquence textuelle est remarquable. Le relateur composé introduit alors des termes (nom, infinitif, défini et sans doute aussi associatif personnel) qui sont formellement des déterminants du nom. Exemples :

gì-gīlí má↓nɛ̄ bɛ̀ sùngūlā ngɔ́ɓɛ́ (I, 33)
/aor.D-traverser + pl./eau/assert./à cause de/guerre/
nous avons traversé l'eau à cause des guerres

sùngūlā kì-yɛ̄ gī´... (I, 83)
/à cause de/inf.-tendre/main + ta/...
du fait de ta générosité... [litt. du fait de tendre ta main]

dī kɔ́ [...] à´m↓kué ngbúgù gɛ́ sú↓ngūlā ná... (I, 193)
/quoi?/puis/.../inach.3-saisir + pl./Ngbugu/ces/à cause de/cela/...
[en dépit de la traduction imposée par le choix de "à cause de", **ná** représente bien ici un défini, qui détermine l'ancien nom **ngūlā**, et non un personnel indépendant]
pourquoi attrapaient-ils les Ngbugu...? [litt. (c'est) quoi? ils attrapaient les Ngbugu à cause de cela]

On verra plus loin que **sùngūlā** fonctionne également comme un conjonctif par le biais d'une structure relative (cf. 18.3.).

11.3. Le relateur KI et la forme "circonstancielle"

Toujours postposé ou suffixé à l'ensemble du syntagme nominal dont il marque la fonction, ce relateur connaît des expressions variables qui sont strictement équivalentes du double point de vue sémantique et syntaxique (la formulation "relateur **KI**" recouvrira conventionnellement l'ensemble de ces variantes formelles).

Il apparaît d'une part sous la forme segmentale variable **kì ~ kī** dont l'identité tonale est contrastivement conditionnée par le composant tonal ultime du terme qui précède, conformément à ce qui a été détaillé au chap. 7. Exemples :

nàkɔ̄ kūbū nyá kāgā kì *il suspend son vêtement à l'arbre*
/aor.3 + suspendre/vêtement/arbre/à/

lɔ̄ k-ìsuà tùtù kī *il est en train de manger la pâte de manioc*
/lui/inf.-manger/pâte de manioc/à/

Il se manifeste également sous la forme d'altérations vocaliques et/ou tonales - commodément symbolisées par un suffixe variable |**-ī`** ~ **-ī**| - avec différents noms d'emploi courant; exemples : **fàɗù** "feu" et **fàɗī** "au feu", **kāyɛ̄** "brousse" et **kāyē`** "en brousse", **ngálā** "terre" et **ngá↓lī`** "à terre", etc... (voir encore le chap. 7. pour le détail de ces réalisations et de leur conditionnement). On parle alors conventionnellement de "forme circonstancielle" du nom, notion qui n'a qu'une valeur morphologique pour désigner la fusion formelle d'un terme et du relateur **KI** sous sa forme suffixée.

Certains termes représentent de toute évidence des formes circonstancielles figées ou du moins des formes marquées dont le partenaire simple (non-marqué) n'est pas attesté dans le corpus dont on dispose. Ainsi en va-t-il de **kú↓tī** "vers l'extérieur, au dehors", **kpó↓yī** "vers le fond, vers le bas" et sans doute encore de **sílē`** (**sí↓lē`** ?) (**nú**) "vers là-bas (?)" et **nílè** (**ní↓lē`** ?) "ici, là, à cet endroit".

Ce phénomène d'amalgame n'affecte pas seulement le nom mais touche également

- certains quasi-nominaux comme les pronoms démonstratifs; exemples :

álà	*cela*	**álè¯**	*à cela*
ánɛ̄ gɛ́.lɔ̀	*ceux-ci*	**ánɛ̄ gé.lùē**	*à ceux-ci*

- et surtout la plupart des déterminants grammaticaux qui succèdent au nom puisque le relateur est toujours postposé ou suffixé à l'ensemble du syntagme qu'il marque; exemples :

associatif personnel :

màgɛ̀ má	*mon champ*	**màgɛ̀ mí**	*dans mon champ*
/champ/mon/		/champ/mon + à/	

défini :

ɗɔ̄bɔ́↓ ná	*le chemin*	**ɗɔ̄bɔ́↓ ní**	*sur le chemin*
/chemin/le/		/chemin/le + à/	

pluriel :

ɓɛ̄ gɛ̄	*les villages*	**ɓɛ̄ gē`**	*aux villages*
/village/*pl.*/		/village/*pl.* + à/	

Les formes circonstancielles de ces morphèmes, qui ne répondent pas de façon régulière aux principes morphologiques précédemment exposés pour les noms (cf. 7.), sont présentées et commentées dans une section suivante (cf. infra).

Dans certains cas la présence du relateur **KI** - manifesté sous sa forme segmentale ou amalgamé dans la forme circonstancielle d'un déterminant grammatical - peut même exercer une attraction sur le vocalisme d'un nom précédent, centre de syntagme (centre effectif ou grammaticalisé en élément de relateur composé, cf. infra). En témoignent au moins les possibles variations - non systématiques ? - de **gɔ̄** (> **gō**) "dos, arrière", **ɓɛ̄** (> **ɓē**) "village", **lɔ̄** (> **lō**) "corps, à, sur", **kāmbɔ̄lɔ́↓** (> **kāmbólué↓**) "proximité" et surtout **zɔ̀** (> **zò**) "tête, sommet", l'effet métaphonique s'observant donc toujours du 3ème au 2ème degré d'aperture (**ɛ**, **ɔ** > **e**, **o** ~ **ue**).

Cette assimilation régressive s'exerce à proximité :

gō mí /dos/mon + à/ *derrière moi*

ɓē kì /village/à/ *au village*

kāmbólué↓ zé` *à côté d'eux*
/proximité/leur + à/

ngbúgù gɛ̄ ìndué zó↓ gégē` (I, 55)
/Ngb./pl./aor.3 + poser + pl./tête/notre(I) + à/
les Ngbugu nous ont donné (ce nom) [litt. *ont posé (ce nom) sur nos têtes]*

ngàngū gɛ́gɛ̄ àɓɛ̄ zò gē` kɔ̄ (I, 227)
/force/notre(I)/aor.3 + aller/tête/leur + à/acc./
notre force les a dépassés

ou même à distance (l'identité vocalique des termes intermédiaires est telle que l'on ne peut en l'occurrence vérifier s'ils subissent eux-mêmes - et donc éventuellement transmettent - cette attraction vocalique) :

kázī lō kūbū nyí *il y a de l'urine sur son vêtement*
/urine/corps/habit/son + à/

k-ìsù zò dòkū kì *grimper sur une colline*
/inf.-grimper/sommet/colline/à/

Ne faut-il pas voir dans cette alternance des voyelles de 3ème/2ème degré le vestige d'un processus d'harmonisation vocalique, toujours à l'oeuvre dans les langues sara-bongo-baguirmiennes orientales comme le bongo (Kilpatrick, 1985:34-39), le modo (Andersen, 1981:18-21; Persson et Persson, 1991:7) et le baka (Parker, 1985:74), dont les systèmes vocaliques connaissent une opposition de tension/laxité (ou +ATR/-ATR) ?

Sous ses différentes formes le relateur **KI** gouverne semble-t-il exclusivement un nom ou un infinitif et leurs déterminants éventuels :

ìnduā mángà ná tá↓lē` (I, 143)
/aor.3 + placer/tabac/le/bouche + sa + à/
il porte le tabac à sa bouche

àlɔ̄ kì-tā nàbɔ̄ nyí kɔ̄
/aor.3 + commencer/inf.-faire/travail/son + à/acc./
il a commencé à faire son travail

Employé seul, comme dans les exemples qui précèdent, il traduit une valeur situative très générale, relative à un espace ou à un temps (nom) ou encore à un évènement (infinitif). On observe toutefois que certains noms déterminés (centres de syntagme), qui sont des noms "relationnels" désignant des parties constitutives de ou relatives à un ensemble (cf. 10.), sont sensiblement récurrents dans ce contexte. Ils manifestent alors une tendance très nette à la grammaticalisation et à la composition avec **KI**, abandonnant virtuellement à leur déterminant la fonction effective de centre. Ce faisant ils fondent des relateurs plus variés, au sémantisme à la fois plus restreint et plus spécifique.

11.4. Les composés de KI

On dénombre seize noms qui entrent, fût-ce encore virtuellement, en composition avec **KI**. Eu égard aux conditions d'enquête cette liste n'est sans doute pas exhaustive, mais il est également vraisemblable que le paradigme complet en est limité et clos du point de vue de la langue. Si l'indice de grammaticalisation repose uniquement sur un critère de fréquence[2] on observe néanmoins que certains des noms concernés (en particulier **sī** et **zā**, cf. infra) sont presque exclusivement réservés à ce type de contexte et ne fonctionnent pas (plus ?) par ailleurs comme des centres de syntagme de plein droit.

Dans la mesure où l'on peut alors parler de relateur composé, celui-ci se présente sous une forme discontinue (ex. **kὲmὲ... KI** "dans, à l'intérieur de") laquelle encadre un terme ou un groupe qui prend naturellement la forme des déterminants du nom et plus particulièrement de ceux d'entre eux qui constituent des "validateurs" des noms relationnels, à savoir le nom, l'associatif personnel, le défini, le pronom démonstratif ou le pronom associatif (cf. 10.). Des illustrations en sont données dans l'inventaire systématique des formes composées qui suit :

▶ **gìdì** "dos, suite"
> **gìdì... KI** "derrière, après"

gìdì músàbā kìí... (I, 135) *après Musaba,...*
/suite/M./à + susp./...

▶ **gɔ̄** "dos, arrière, bout, fin"
> **gɔ̄... KI** "à la suite de, à la recherche de"

àɓí gɔ̄ dὲnyɛ̄ kì (II, 4) *ils vont chercher femme*
/aor.3 + aller + pl./dos/femme/à/

▶ **dànà** "milieu, centre"
> **dànà... KI** "au milieu de, au centre de (étendue)"

ìndué lɔ̄ dànà ní (I, 229) *on le place au centre*
/aor.3 + placer/lui/centre/le + à/

2 On notera en particulier que le relateur essentiel **KI** n'est jamais supprimable et que les noms grammaticalisés ne subissent aucune altération formelle, hormis les éventuels phénomènes d'attraction précédemment mentionnés, qui ne leur sont pas propres.

► **kàmù** "oeil, grain, fruit, surface"
> **kàmù... KI** "sur (étendue), à la surface de"

ɓà kà¯ kàmù ɗó↓bē *il marche sur la route*
/aor.3 + marcher/marche/surface/route + à/

► **kāmbɔ́lɔ́↓** (contraction de **kāyɛ̄ mbɔ́lɔ́↓** /extérieur/?/ ?)
"proximité, (alentour ?) de"
> **kāmbɔ́lɔ́↓... KI** "à côté, proximité, (alentour ?) de"

ànyā kāmbɔ́lɔ́ dó↓kū kì *il court auprès (autour ?) de la butte*
/aor.3 + courir/proximité/butte/à/

► **kāyɛ̄** "alentour, extérieur, brousse"
> **kāyɛ̄... KI** "autour de, auprès de"

àɓɛ̄ kāyɛ̄ bàngíkété↓ kī
/aor.3 + aller/alentour/B.K./à/
il va au bord de la (rivière) Bangui-Ketté

► **kɛ̀mɛ̀** "intérieur, ventre"
> **kɛ̀mɛ̀... KI** "dans, à l'intérieur de, pendant"

ìné lɔ̄ kɛ̀mɛ̀ wòtó` kī (I, 115)
/aor.3 + placer + pl./lui/intérieur/automobile/à/
on le place dans l'automobile

► **lɔ̄** "corps"
> **lɔ̄... KI** "à, sur, contre, envers"

kàmuí sì-ndā lɔ̄ dɛ̀¯ ná gē` (I, 94)
/oeil + ton/aor.3! + reposer/corps/personne/pl. + à/
*tu dois veiller [*litt. *ton oeil doit reposer] sur les gens*

► **mɔ̀tɔ̀** "dessous (?)"
> **mɔ̀tɔ̀... KI** "sous, sous l'autorité/la responsabilité/la charge de"

á↓sā zɛ́ mó↓té kī (I, 96) *tu les prends sous ta responsabilité*
/aor.2-prendre/eux/dessous + ton/à/

► **ndèlī** "partie, fraction (extraite d'une étendue ou d'une masse)"
> **ndèlī... KI** "dans, parmi"

ndèlī ánɛ̄ gé.lùē... (I, 82) *parmi ceux-ci...*
/partie/cela/pl./ce-là + à/...

► **ngūlā** "lieu intime, lieu propre, chez-soi"
> **ngūlā... KI** "chez"

ɗê⁻ ngūlā mí *il vient chez moi*
/aor.3 + venir/chez-soi/mon + à/

▶ **nzùbā** "ancien emplacement, trace, vestige"
> **nzùbā... KI** "en l'absence de"

ɗê⁻ nzùbā mí *il vient en mon absence*
/aor.3 + venir/trace/ma + à/

▶ **sī** "côté, direction (?)" (obsolète)
> **sī... KI** "du côté de, vers, en direction de"

nzì⁻ sī gàlì nāmī` *il s'asseoit à gauche de sa soeur*
/aor.3 + s'asseoir/côté/gauche/soeur + sa + à/

▶ **tàlà** "bouche, langue parlée, bord(ure), ouverture, fil, tranchant"
> **tàlà... KI** "au bord de, à"

sāmī tàlà nàbɔ̄ nyí *il est encore à son travail*
/aor.3 + être encore/bord/travail/son + à/

▶ **zā** "?" (obsolète)
> **zā... KI** "hors de, en provenance de, à partir de, depuis"

w-ɔ̀ɗɛ̄ kɔ̄nɔ̄ zā gī mí *il extrait l'épine de ma main*
/aor.3 + extraire/épine/?/main/mon + à/

▶ **zɔ̀** "tête, sommet, unité"
> **zɔ̀... KI** "sur, en haut de, en tête de"

á↓nzī zɔ̀ ɓā bīnyā kì (II, 10)
/aor.2-s'asseoir/sommet/celui de/chèvre/à/
tu t'asseois devant celle [la part] de la chèvre

11.5. Formes circonstancielles grammaticales

Les formes circonstancielles irrégulières des déterminants du nom que constituent les associatifs personnels, le défini et le pluriel sont indiquées ci-dessous en regard des formes simples. On notera que les deux associatifs personnels sg. 2 (direct et indirect) sont toujours suivis du relateur **KI** sous sa forme segmentale (ex. **tàlé** "ta bouche" et **tàlé kī** "à ta bouche", **kúgí↓ ɓé** "ta maison" et **kúgí↓ ɓé kī** "à ta maison") tandis que l'associatif personnel sg. 3 (direct) connaît des variantes (conditionnées par l'identité lexicale du nom déterminé ?) : forme circonstancielle (ex. **lɔ̄** "son corps" et **lūè** "à son corps", **tàlā** "sa bouche" et **tàlē`** "à sa bouche") ou relateur sous sa forme segmentale (ex. **gī** "son bras" et **gī kì** "à son bras").

	formes simples	formes circonstancielles
associatifs personnels		
sg. 1	**má**	**mí**
2 (dir)	|**-í**|	(|**-í**| **kī**)
2 (indir)	**ɓé**	(**ɓé kī**)
3 (dir)	|**-̄**|	|**-ī`**| (~ |**-̄**| **kì**)
3 (indir)	**nyá**	**nyí**
3L	**ní**	**ní**
pl. 1E	**á↓gɛ̄**	**á↓gē`**
1D	**gɛ́**	**gé`**
1I	**gɛ́gɛ̄**	**gégē`**
2	**sɛ́**	**sé`**
3 (**gɛ̄**)	**gɛ̄**	**gē`**
3 (**zɛ́**)	**zɛ́**	**zé`**
3L	**nígɛ̄**	**nígē`**
défini	(`)**ná**	(`)**ní**
pluriel	**gɛ̄**	**gē`**

Il est remarquable que les formes circonstancielles à ton final haut (*associatif personnel* sg. 1 **mí**/3 **nyí**/L **ní** et *défini* (`)**ní**) n'exercent généralement pas d'attraction tonale sur le terme suivant[3]; exemples :

ɗē¯ ngūlā mí gɔ̀ *il ne vient pas chez moi*
/aor.3 + venir/foyer/mon + à/nég./

ndā zɔ̀ ní gɔ̀ (Dev. 10) *il ne se couche pas dessus*
/aor.3 + se coucher/sommet/le + à/nég./

Or les mêmes formes apparaissent parfois avec un ton final HB (**mí`**/**nyí`**/**ní`** et (`)**ní`**). Ces variantes sont plus conformes au mode de formation des autres formes circonstancielles, toujours marquées par un composant ultime bas (*associatif personnel* sg. 3 |**-ī`**|/pl. E **á↓gē`**/D **gé`**/ I **gégē`**/2 **sé`**/3 **gē`**, **zé`**/L **nígē`** et *pluriel* **gē`**). Elles constituent très vraisemblablement des archaïsmes, actuellement en nette régression, qui pourraient toutefois expliquer le comportement irrégulier des formes actuelles à l'égard de l'attraction tonale.

---

3 Ce défaut d'attraction tonale semble bien être inhérent aux formes circonstancielles considérées et non dicté par des relations syntaxiques particulières.
On a par ailleurs relevé un exemple où l'attraction tonale peut - facultativement - fonctionner : **àgɛ̄ kì-ɗē ngūlā mí sùngūlā nàbɔ̄ nyá** ou **àgɛ̄ kì-ɗē ngūlā mí sú↓ngūlā nàbɔ̄ nyá** /aor.3 + refuser/inf.-venir/foyer/mon + à/à cause de/travail/son/ "il refuse de venir chez moi à cause de son travail". Faut-il y voir l'amorce d'une régularisation dans le comportement de ces formes circonstancielles ?

L'effet du relateur **KI** sur les démonstratifs est assez mal connu. Certains *pronoms* démonstratifs connaissent une forme circonstancielle comme en témoignent quelques occurences textuelles : **álà** "cela" et **álè¯** "à cela" (I, 85/193/202?/204?), **ánē gɛ́.lɔ̀** "ceux-ci" et **ánē gé.lùē** "à ceux-ci" (I, 82). La forme **nì¯** illustrée en I, 30 représente selon toute vraisemblance la forme circonstancielle du déterminant démonstratif **nɛ̀** "ce, le"[4]. Il n'est pas certain en revanche que les *déterminants* démonstratifs (´)**lɔ̀** "ce-ci" et (**á**)**là** "ce(-là)" puissent être suivis du relateur **KI** sous quelque forme que ce soit. On se demande en particulier dans quelle mesure cette combinatoire, absente de tout le corpus, n'est pas relayée par la succession du défini sous sa forme circonstancielle ((`)**ní**) et de l'un des pseudo-relateurs adverbiaux **lɔ̀** (?) ou **yɔ́** "ici" et **ɗà** "là(-bas)" (cf. infra)[5]. Exemples :

màgɛ̀ lɔ̀ /champ/ce-ci/ *ce champ-ci*	et ?	**màgɛ̀ ní lɔ̀** /champ/le + à/ici(?)/ *(ici) au champ*
	ou	**màgɛ̀ ní yɔ́** /champ/le + à/ici/ *(ici) au champ*
màgɛ́ là /champ/ce(-là)/ *ce champ (-là)*	et ?	**màgɛ̀ ní ɗà** /champ/le + à/là(-bas)/ *(là(-bas)) au champ*

Enfin on ne sait rien du comportement formel des personnels indépendants qui doivent logiquement pouvoir être suivis du relateur **KI** dans certains cas, notamment lorsqu'ils représentent les compléments d'un infinitif. En d'autres termes qu'advient-il des formes **mā/kí/lɔ̄**/etc... si on les substitue à **dɛ̀¯** "personne" dans l'exemple suivant :

lɔ̄ kì-zéngbà dɛ̀¯ kì — *il est en train de saluer une personne*
/lui/inf.-saluer/personne/à/

avec le sens de "il est en train de me/te/le/etc... saluer" ?

---

4 Comme dans d'autres cas (cf. 9., note 2) la forme **ɓē `nī (I, 30) [ɓē`nī]** /village/ce + à/ "à ce village" doit s'expliquer par le transfert régressif du composant tonal initial du schème BM de **nì¯** sur le terme précédent qu'il détermine (**ɓē** "village").

5 Il faut peut-être voir là un autre indice du statut particulier des déterminants démonstratifs "déictiques" qui, n'acceptant pas la postposition du relateur **KI**, se comportent en fait comme s'ils étaient extérieurs au syntagme (cf. 8., note 6).

11.6. Le relateur (?) bà... bà

La forme discontinue **bà... bà** "comme, autant que" pose un problème d'analyse syntaxique. Plus qu'un relateur gouvernant des syntagmes nominaux ne faut-il pas la considérer comme un conjonctif - ce qu'elle est par ailleurs sans conteste - gouvernant des propositions subordonnées à prédicat verbal implicite (ce dernier s'identifiant au prédicat verbal de la proposition principale) ? On remarquera notamment, dans le dernier des trois exemples suivants, que **bà...bà** encadre un syntagme nominal qui est lui-même déjà marqué par le relateur **KI** :

mú-ndígí ká↓fɛ̀ bà pèkē bà
/aor.1-aimer/café/comme.../vin de raphia/...comme/
j'aime autant le café que le vin de raphia

àm-tā kàsū bɛ̄ bà ná↓nzɔ̄ bà
/inach.3 + faire/mauvais/chose/comme.../frère + son/...comme/
il agit mal comme son frère

mànɛ̄ nzī lɔ̀ àm-áɗɛ́ bá kɔ́↓tɔ́ lɔ̀ kī bà
/eau/pluie/cette/inach.3 + pleuvoir/comme.../un certain/lieu/à/...comme/
*il pleut ici comme ailleurs [*litt. *comme en un autre lieu]*

Le même terme entre dans la composition d'une forme adverbiale (?) figée : cp. **búlā** "ainsi" et **bàbūlàbà ~ bàbúlàbà** "ainsi", laquelle apparaît notamment dans un énoncé dont l'analyse est incertaine :

kɔ̀tɔ́ zɔ̀ ɓɛ̄ bàbúlàbà kɛ̀mbɛ̀ ɗà bà (I, 70)
/un certain/unité/village/ainsi/K./là-bas/comme/
(soit) un village comme par exemple Kembe

11.7. Pseudo-relateurs nominaux

Quelques noms (ou noms présumés) apparaissent dans des contextes tels qu'ils pourraient fonctionner comme des relateurs sans pourtant que l'état du corpus (ou de la langue ?) autorise une conclusion précise.

Tel est le cas de **dà** "intérieur, étendue (?)" (cp. **dàfà** "paume, plante" ?), déjà mentionné à propos des composés de **sɛ̀**, et qui ne constitue peut-être dans l'exemple suivant que le centre d'une expansion circonstancielle non marquée :

àm-ānyā dà ndōlī sɛ̀ kàzà (Dev. 6) *elle court nuit et jour*
/inach.3-courir/pendant/nuit/avec/jour/

Les noms présumés **sī** "côté, direction (?)" et **zā** "?", qui entrent généralement en composition avec **KI** (cf. supra), apparaissent également, avec les mêmes sens respectifs de "vers, du côté de" et "hors de, depuis", en tête de groupes non marqués par ailleurs. Exemples :

... sī zàyírè (I, 30) *vers le Zaïre*
.../côté/Z./

gì-ɓátá↓lué zā túnā ɗà (I, 42) *nous venons de l'autre rive*
/aor.D-se lever/de/rive/là-bas/

àlɔ̀ zā ɗà´mà *il vient de là-bas*
/aor.3 + se lever/de/là-bas/

zā yālɔ̀ lī má` mā-dɔ̀-dɛ̀¯-gɔ̀
/à partir de/aujourd'hui/nom/mon + être/je-ne pas être-personne-nég./
à partir d'aujourd'hui mon nom est je-ne-suis-pas-une-personne

zā kì-yɛ̄ gī´... (I, 83)
/de/inf.-tendre/main + ta/...
*du fait d'être généreux... [*litt. *de tendre ta main]*

De ces deux termes c'est peut-être **zā** qui se comporte le plus évidemment comme un relateur dans la mesure où il introduit un infinitif (que l'on ne peut considérer comme une expansion circonstancielle non marquée) ou encore un adverbe (en particulier **ɗà´mà**, les adverbes **yālɔ̀** et **sìnímà** étant peut-être issus de formes nominales).

Le nom (?) **ɓɔ̀** "membre (d'un groupe social donné)" (cf. 10.) pourrait fonctionner comme un relateur devant des noms de groupe social - qui sont en même temps des noms de lieux d'établissement - par ailleurs non marqués :

mám-āɓɛ̄ ɓɔ̀ kākpō *je m'en vais chez les Kakpo/à Kakpo*
/inach.1 + aller/membre/K./

Enfin le groupe problématique **tàlà ɓā** /bord/celui de/ "vers, au bord de (?)", dont on ne sait s'il se distingue sémantiquement de **tàlà... KI** "au bord de", apparaît dans certains énoncés produits à partir du français; exemple :

àm-ānyā tàlà ɓā mànɛ̄ *il court vers (au bord de ?) la rivière*
/inach.3-courir/bord/celui de/eau/

11.8. Pseudo-relateurs adverbiaux

L'adverbe **ɗà** "là(-bas)" connaît une distribution remarquable. S'il peut de fait constituer à lui seul une expansion du prédicat verbal comme dans l'exemple suivant :

nzì¯ ɗà *il s'asseoit là(-bas)*
/aor.3 + s'asseoir/là-bas/

on observe néanmoins, à travers de nombreuses occurrences textuelles, qu'il est presque exclusivement postposé

- soit à des groupes circonstanciels marqués par **KI** ou par un composé de **KI**[6] :

àɓɛ̄ sūkpū ngùndē ɗà (I, 141)
/aor.3 + aller/aor.3 + se cacher/forêt + à/là-bas/
il va se cacher dans une forêt

ɗò¯ ngūlē ɗà *il part chez lui*
/aor.3 + partir/chez-soi + son + à/là-bas/

- soit à des groupes circonstanciels non marqués (sinon éventuellement par le problématique **zā**, cf. supra)[7] :

àɓɛ̄ túnā ɗà *il part sur l'autre rive*
/aor.3 + aller/rive/là-bas/

gì-ɓátá↓lué [...] zā ngɛ̀mɛ̀nɛ̀ ɗà (I, 32)
/aor.D-se lever + pl./.../de/G./là-bas/
nous venons [...] de Gemena

L'adverbe, qui traduit toujours une valeur d'éloignement spatial, offre alors dans ces contextes toutes les caractéristiques d'un relateur potentiel, fût-il secondaire.

Des remarques similaires pourraient être faites pour l'adverbe **yɔ́** "ici", de même que pour l'adverbe (?) **lɔ̀** "ici(?)"[8], mais les occurrences en sont beaucoup plus rares. Exemples :

sāmī ɓē` yɔ́ *il est encore (ici) au village*
/aor.3 + être encore/village + à/ici/

kùtù gɛ̄ kàmù ɗɔ̄bɔ́↓ ní lɔ̀ *il y a des herbes (ici) sur le chemin*
/herbe/pl./surface/chemin/le + à/ici(?)/

---

6 S'il est lui-même bas, le composant tonal ultime du schème de la forme circonstancielle, monosyllabique ou dissyllabique, lexicale ou grammaticale, est assimilé par le ton bas de **ɗà**; cp. **ɓē`** /village + à/ "au village" et **ɓē ɗà** /village + à/là-bas/ "au village (là-bas)", **ngūlē`** /chez-soi + son + à/ "chez lui" et **ngūlē ɗà** /chez-soi + son + à/là-bas/ "chez lui (là-bas)", **màgɛ̀ sé`** /champ/votre + à/ "dans votre champ" et **màgɛ̀ sé ɗà** /champ/votre + à/là-bas/ "dans votre champ (là-bas)".

7 Voir encore les deux formes **kágā (ɗà)** et **kɔ̀gɔ̄ ɗà** "au dehors, à l'extérieur", que l'on a choisi de traiter parmi les adverbes mais qui sont vraisemblablement, sinon des noms, du moins des termes d'origine nominale (cf. 14., note 13).

8 L'analyse de ce terme est incertaine (cf. notamment I, 58). Le groupe **ní lɔ̀** ne représente-t-il pas en fait la forme circonstancielle de **ná lɔ̀** /le/ce-ci/, succession du défini et d'un déterminant démonstratif (cf. supra) ? Les adverbes **lɔ̀/ɗà** "ici(?)"/"là-bas" ne sont d'ailleurs peut-être pas sans rapport avec les démonstratifs, déterminants (´)**lɔ̀**/(**á**)**là** "ce-ci"/"ce-là" (cf. 8.6.), et pronoms **álɔ̀/álà** "ceci/cela" (cf. 9.3.).

11.9. Pronoms circonstanciels

Différents termes ont la propriété spécifique de se substituer globalement au syntagme nominal introduit par un relateur. On les identifie comme des pronoms circonstanciels[9].

Le pronom anaphorique **tú** "y" exprime une valeur situative générale qui doit être mise en parallèle avec celle de **KI**. Exemples :

nù kāɗɔ̄ ìnā bī ná tú
/aor.3 + prendre/calebasse/aor.3 + mettre/chose/la/y/
il prend une calebasse (et) y met la chose

èkɔ́`l tú à kālɛ̄ɛ́` (I, 89) *l'école n'existait pas alors ?*
/école/y/être/absent + expect./

kìmbɛ̀ tú *il y a de l'argent*
/argent/y/

kí à túū *comment vas-tu ? [*litt. *y es-tu ?]*
/toi/être/y + interr./

Le pronom **tú** n'est toutefois jamais employé comme équivalent d'un composé de **KI**, la valeur anaphorique étant alors directement exprimée par le défini sous sa forme circonstancielle ((`)**ní**). Exemples :

ndā zɔ̀ ní gɔ̀ (Dev. 10) *il ne se couche pas dessus*
/aor.3 + se coucher/sommet/le + à/nég./

kāngɛ̄ kɛ̀mɛ̀ ní *il y a des poissons dedans*
/poisson/intérieur/le + à/

On serait également tenté de traiter comme un pronom circonstanciel certaines occurrences du relateur **sɛ̀** qui semblent avoir une valeur anaphorique. Exemples :

ngɛ̄tɛ̄ kāɗɔ̄ ɓā k-ò¯ sɛ̀ gbódò
/petite/calebasse/celle de/inf.-boire/avec/bouillie/
petite calebasse pour boire la bouillie (avec ?)

nɛ̀ nɛ̄ s-ìnù fàɗù s-ìdā `nɛ̄ kɔ̄ ɗɛ̀¯ n-ò¯ sɛ̀ mángà (I, 142)
/il dit/que/aor.3!-prendre/feu/aor.3!-donner/lui(L)/puis/success./aor.L-fumer/avec/tabac/
il dit [à l'enfant] qu'il aille lui chercher du feu pour qu'il fume le tabac (avec ?)

---

9 Ces termes offrent évidemment des affinités formelles et fonctionnelles avec les adverbes. Ils s'en distinguent plus d'un point de vue sémantique dans la mesure où ils réfèrent principalement à une relation spécifique portant sur un élément anaphorique ou interrogatif.

Or le problème se pose de savoir si dans ces exemples, et indépendamment de la traduction que l'on peut en proposer, le terme **sɛ̀** constitue bien à soi seul une expansion du prédicat verbal, distincte du nom qui lui succède, ou s'il n'a pas tout simplement pour fonction d'introduire les compléments respectifs **gbɓ́dò** "bouillie" et **mángà** "tabac" sans préjudice du fait que ceux-ci réfèrent alors à des "patients". Deux éléments m'incitent à adopter le dernier point de vue. D'une part, quel que soit son statut, le terme **sɛ̀** n'apparaît jamais seul : il est toujours suivi soit d'un nom soit d'un personnel indépendant, lequel peut précisément exprimer une valeur anaphorique; exemple :

ɗò-kí sɛ́ꜜ ná (I, 219) *ils l'emmènent*
/aor.3 + partir-pl./avec/cela/

D'autre part le complément direct (ou objet), qui peut être séparé du prédicat verbal par certains adverbes, n'est en revanche jamais précédé d'un syntagme nominal à relateur qui ne peut que lui succéder (cf. 14.3.). L'hypothétique pronom circonstanciel **sɛ̀** présenterait donc, par contraste avec le groupe nominal introduit par le relateur **sɛ̀**, la double particularité de ne pouvoir apparaître sans objet, et de précéder cet objet.

Il est par ailleurs remarquable que la langue fasse couramment l'économie de l'expression anaphorique d'un objet "inanimé" lorsque le référent de ce dernier est explicitement exprimé - avec quelque fonction que ce soit - dans une section précédente du même énoncé (ce qui signifie que le bagiro dit, littéralement, "il prend le bâton (et) casse" là où le français dit "il prend le bâton et *le* casse") : cette particularité s'observe aussi bien dans les propositions relatives (cf. 8.12.) que dans les propositions juxtaposées (cf. 14.2.). Or rien n'empêche d'appliquer la même analyse aux exemples qui nous intéressent ici et de considérer que les noms **ngɛ̄tɛ̄ kāɗɔ̄** "petite calebasse" et **fàɗù** "feu", qui ne sont pas explicitement rappelés par un anaphorique après les verbes **k-ò¯** "boire" et **n-ò¯** "lui-même fume", occupent néanmoins, par rapport à ces derniers, la place d'un objet implicite, n'autorisant d'expansion supplémentaire que sous la forme des compléments indirects **sɛ̀ gbɓ́dò** "avec la bouillie" et **sɛ̀ mángà** "avec le tabac".

On éprouvera peut-être quelque réticence à suivre cette analyse qui conduit logiquement à faire de l'objet - implicite - l'expression syntaxique d'un "instrumental" et du complément indirect l'expression d'un "patient", intervertissant dans ce cas précis les valeurs sémantiques qui sont le plus couramment attachées à chaque type de complément[10]. Cette situation particulière, d'ailleurs conforme à une vision des faits linguistiques qui veut

10 On a cependant montré plus haut que le bagiro pouvait traiter le destinataire-bénéficiaire comme un objet et le patient comme un complément indirect introduit par **sɛ̀**.

disjoindre les deux perspectives syntaxique et sémantique[11], s'explique sans doute par la prédisposition du verbe transitif à traiter prioritairement comme un objet tout terme précédemment exprimé qui doit constituer l'un de ses actants, et ce quelle que soit la nature de cet actant[12]. La fonction d'objet - implicite - étant en l'occurrence réservée à l'expression d'un "instrumental", l'expression d'un "patient" passe nécessairement par la médiation du relateur **sɛ̀**, dont la caractérisation comme "introducteur d'un actant complémentaire" (cf. supra) prend ici tout son sens.

Les autres pronoms circonstanciels sont des interrogatifs qui sont composés à partir du pronom **ɗī** "quoi?" :

► **ndōkúɗī** "comment?, combien?"

kì-tā lɔ̄ gɛ̄ tà´ ndōkúɗī (I, 4) *comment vivaient-ils autrefois ?*
/inf.-faire/corps/leur/autrefois/comment?/

lɔ̄ sɛ̀ kùngyā gɛ̄ ndōkúɗī *combien a-t-il de poules ?*
/lui/avec/poule/pl./comment?/

► **sīsòɗī** "où?" (cp. **sī** "côté, direction (?)")

ám-āɓɛ̄ sīsòɗī *où vas-tu ?*
/inach.2-aller/où?/

álɔ́↓ zā sīsòɗī *d'où viens-tu ?*
/aor.2 + se lever/de/où?/

D'autres interrogatifs résultent de l'association plus ou moins figée d'un nom déterminé par le pronom **ángā´ɗī** "(le)quel?". Ils demeurent formellement plus proches d'une expansion circonstancielle non marquée (cf. 14.2.) :

► **là´ngā´ɗī** "où?" (< **lɔ̀ ángā´ɗī** /lieu/quel?/)

ám-āɓɛ̄ là´ngā´ɗī *où vas-tu ?*
/inach.2-aller/où?/

álɔ́ lá↓´ngā´ɗī *d'où viens-tu ?*
/aor.2 + se lever/où?/

---

11 Sur la distinction de trois points de vue *morphosyntaxique*, *sémantico-référentiel* et *énonciatif-hiérarchique* dans l'analyse de l'énoncé, cf. Hagège (1982/27-60).

12 Ceci ne vaut pas pour un "circonstant", comme le prouve l'existence du pronom circonstanciel **tú** "y" (cf. supra). Cette différence de traitement tend à montrer que les compléments indirects marqués par **sɛ̀** sont sémantiquement plus impliqués dans le procès que les compléments indirects marqués par **KI**, ce que corrobore leurs places respectives relativement au prédicat verbal (cf. 14.4.).

► **zā´ngā´ɗī** "d'où?" (< **zā ángā´ɗī** /?/quel?/)

gy-àlué mbílímbílí zā´ngā´ɗī kɔ́ gì-ɗê-kí ɗī (I, 29)
/aor.D-se lever-pl./exactement/d'où?/puis/aor.D-venir-pl./quoi?/
d'où venons-nous exactement ?

► **kàzà.´ngā´ɗī** "quand?" (/jour/quel?/)

ám꜌ɗē kàzà.´ngā´ɗī *quand viendras-tu ?*
/inach.2-venir/jour/quel?/

LE VERBE

12. MORPHOLOGIE VERBALE

Les formes spécifiquement verbales (autres que l'infinitif) ou formes précisément "conjuguées" du bagiro sont étroitement liées

- à l'expression obligatoire d'un indice personnel dont la composante segmentale, lorsqu'elle n'est pas nulle (Ø), est directement antéposée aux verbes "à initiale consonantique" ou préfixée aux verbes "à initiale vocalique" :

mú-tā	*je fais*	**tā**	*il fait*	**gì-tā**	*nous (duel) faisons*
m-āfā	*j'arrive*	**àfā**	*il arrive*	**gy-àfā**	*nous (duel) arrivons*

- à l'expression obligatoire d'une opposition binaire de nature aspectuelle ("aoriste"/"inachevé"), dont la forme s'amalgame à celle des indices personnels avec lesquels elle fonde deux paradigmes distincts :

Aoriste		Inachevé	
mú-tā	*je fais*	**mám(ú)-tā**	*je ferai*
tā	*il fait*	**àm(ù)-tā**	*il fera*
gì-tā	*nous (d.) faisons*	**gyágì-tā**	*nous (d.) ferons*
m-āfā	*j'arrive*	**mám-āfā**	*j'arriverai*
àfā	*il arrive*	**àm-āfā**	*il arrivera*
gy-àfā	*nous (d.) arrivons*	**gyágy-àfā**	*nous (d.) arriverons*

- à l'expression facultative d'un nombre pluriel, lequel a pour effet sémantique de dédoubler partiellement le système des indices personnels; ce morphème est postposé (**kí**, **yí**) ou suffixé (|**-í**|) au verbe (le choix de ces variantes formelles est essentiellement conditionné par la forme canonique du verbe concerné) :

kū	*il pleure*	**kū-kí**	*ils pleurent*
àm(ù)-kū	*il pleurera*	**àm(ù)-kū-kí**	*ils pleureront*
w-ɔ̄ˉ	*il entend*	**w-ò-yí**	*ils entendent*
àm-ɔ̄	*il entendra*	**àm-ō-yí**	*ils entendront*
tā	*il fait*	**tēˊ**	*ils font*
àm(ù)-tā	*il fera*	**àm(ù)-té**	*ils feront*

kpílí↓	*il lace*	**kpí↓lí**	*ils lacent*
àm(ù)-kpílí↓	*il lacera*	**àm(ù)-kpí↓lí**	*ils laceront*

Bien qu'elles soient absolument isolables dans certains cas, les expressions formelles de l'indice personnel-aspectuel et du pluriel verbal sous sa forme postposée (**kí, yí**) sont donc toujours, ici ou là, susceptibles d'interférer avec l'identité tonale ou même vocalique du verbe. Cet état de fait justifie qu'on relie systématiquement, au moyen d'un tiret graphique, le verbe à ses partenaires grammaticaux, du moins lorsque ces derniers sont, ne serait-ce que partiellement, identifiables sous une forme segmentale (ce qui n'est pas le cas de l'indice personnel-aspectuel aor.3 non plus que du pluriel sous sa forme suffixée, lesquels sont intégralement amalgamés à l'expression du verbe).

Notons à ce propos que, même sous sa forme postposée, le pluriel verbal succède toujours directement au verbe et n'admet aucune insertion d'un élément extérieur, contrairement à ce qu'on observe par exemple en sar (Palayer, 1970:83) ou en mbay (Caprile, 1972:28), ces langues autorisant l'enchâssement de certains personnels en fonction d'objet.

Comme le laissent entrevoir les exemples qui précèdent, la caractérisation formelle des différentes unités significatives - lexème verbal, morphème d'indice personnel, morphème aspectuel et éventuellement morphème de pluriel - susceptibles d'entrer en jeu dans la "forme verbale" n'est ni univoque ni toujours immédiatement segmentable. On observe en particulier que le schème tonal porté par le verbe appartient toujours à l'identité lexicale de ce dernier comme en témoignent les oppositions suivantes :

zɛ̀	*il pète*	**zɛ̀¯**	*il casse*
àlɔ̀	*il se lève*	**àlɔ̄**	*il dépasse*
m-ūluā	*je puise*	**m-úluá↓**	*j'envoie*
ɓàlā	*il est égoïste*	**ɓālā**	*il nomme*
fɛ̄lɛ̄	*il est large*	**fɛ́lɛ̄**	*il regarde*
nāwū	*il verse*	**náwú↓**	*il baille*

mais qu'il peut également contribuer à exprimer, voire exprimer à lui seul

- le pluriel :

tā	*il fait*	**tē´**	*ils font*
nzùmù	*il est pourri*	**nzùmú**	*ils sont pourris*
kpílí↓	*il lace*	**kpí↓lí**	*ils lacent*

- ou l'indice personnel :

gì-bɔ̀gyɔ̄	*nous (duel) parlons*	**gí-bɔ́↓gyɔ̄**	*nous (excl.) parlons*
gy-àfā	*nous (d.) arrivons*	**m-āfā**	*j'arrive*
àfā	*il arrive*	**āfā**	*tu arrives*

- ou encore l'aspect (contrairement aux cas précédents ce dernier ne peut être intégralement exprimé par le seul schème tonal du verbe) :

àfā	*il arrive*	**àm-āfā**	*il arrivera*
zɔ̀nyɔ̀	*il mord*	**àm(ù)-zɔ́nyɔ́↓**	*il mordra*

D'un point de vue morphologique il est donc avantageux de regrouper dans des classes distinctes tous les verbes dont le comportement en relation avec l'indice personnel et l'aspect répond à un principe unitaire (le conditionnement des variantes du pluriel n'est, comme on le verra, pas directement déductible de l'identité classificatoire des verbes). Cette répartition repose sur le double critère du schème tonal et de l'initiale vocalique/consonantique qu'il convient d'assigner morphologiquement à chaque verbe. Les 265 verbes du corpus lexical sont ainsi distribués à travers neuf classes, pratiquement numérotées, avec une classe 1bis, de 1 à 8 et regroupant d'abord les verbes "à initiale vocalique" (cl. 1, 1bis et 2), puis les verbes "à initiale consonantique" (cl. 3 à 8).

Avant de commenter l'identification des différents termes qui entrent solidairement dans la constitution des formes verbales[1], on fournira, classe par classe, au moyen de verbes exemplaires, une illustration des conjugaisons, c'est-à-dire des paradigmes formels des différents types de verbes associés aux différents indices personnels, sans et avec pluriel, pour les deux aspects aoriste et inachevé (cf. Conjugaisons pages suivantes).

Les verbes retenus sont les suivants (ils sont ici, comme dans le lexique, cités aux formes de l'aoriste-3ème personne (aor.3) sg./pl.) :

cl. 1	**à¯/à-yí**	*aller, partir*
	w-ò¯/w-ò-kí	*boire*
	ìsɔ̄/ìsué	*tomber*
	ànyā/ànyí	*courir*
	w-ɔ̀ɗɛ̄/w-òɗé	*extraire*
cl. 1bis	**w-ɔ̀¯/w-ò-yí**	*percevoir, entendre*
cl. 2	**suà/sùé**	*manger*
	gyɔ̀/gyùé	*enfanter, engendrer*
	àkɔ̀/àkué	*voir, regarder*
	w-ɔ̀yɛ̀/w-òyé	*mourir*
cl. 3	**ndìɗì/ndìɗí**	*faire cuire*
	lɔ̀kɔ̀lɔ̀/lòkòlué	*glisser, être glissant*
	ɓàtàlɔ̄/ɓàtàlué	*se lever*
cl. 4	**zí↓/zí↓´**	*défaire, détacher*
	tɛ́lɛ́↓/té↓lé	*retourner, refaire*
	yákálí↓/yáká↓lí	*défaire, détacher*

1 Une analyse de la morphologie verbale a été précédemment tentée (Boyeldieu, 1991a) mais, faute d'avoir su faire alors la distinction entre "vrais" et "faux" tons hauts, les conclusions que j'ai exposées dans cette contribution sont erronées et caduques.

cl. 5	**tɛ̀ˉ/tɛ̀´**	*ouvrir, découvrir*
	ɗɔ̀ˉ/ɗɔ̀-kí	*partir*
	sùlī/sùlí	*crier*
cl. 6	**tā/tē´**	*faire*
	kū/kū-kí	*pleurer*
	sūkpū/sūkpú	*se cacher*
cl. 7	**táɓɔ̄/táɓūé**	*jeter, lancer*
cl. 8	**káˋ/kéˋ´**	*vendre*
	bálà/bálè´	*saluer*
	kɔ́mándè/kɔ́mándè´	*commander*

Les huit indices personnels quant à eux sont identifiés au moyen des symboles 1, 2, 2!, 3, 3!, L, E et D, dont les valeurs seront précisées dans le prochain chapitre. L'indice 2! (sg./pl.) n'est attesté qu'à l'inachevé. Les indices 1 et E ne sont pas combinables avec le pluriel. Enfin les indices 2! et 3! (sg./pl.) imposent, à l'inachevé, la présence d'une modalité de proposition prohibitive, **ànɛ̄**, qui n'est pas mentionnée dans les tableaux de Conjugaisons.

12.1. Le lexème verbal

Verbes à initiale consonantique

Les verbes des classes 3 à 8 - verbes dits "à initiale consonantique" - sont aisément identifiables sous forme de suites segmentales CV, CVCV ou CVCVCV qui sont constantes d'un indice personnel à l'autre et d'un aspect à l'autre. Les modifications vocaliques (ex. cl. 4 **tɛ́lɛ́↓**/pl. **té↓lé** "retourner, refaire", cl. 6 **tā**/pl. **tē´** "faire", cl. 7 **táɓɔ̄**/pl. **táɓūé** "jeter, lancer", etc...) observées en présence du pluriel sont justifiées par l'effet d'un morphème |**-í**| (cf. 7. et infra) et c'est dans tous les cas la forme segmentale non marquée du singulier qui peut - et doit - être considérée comme la forme fondamentale - lexicale - du verbe.

Il en va de même, à l'exception des classes 3 et 5, pour ce qui concerne l'identité tonale du verbe. Là encore les schèmes sont constants eu égard aux variations d'indice personnel et d'aspect, les seules variations s'observant en présence du pluriel et devant être expliquées par la présence de ce dernier (formes **kí** ou |**-í**|, cf. infra). Les formes de base sont donc les suivantes :

Classe		1	1	1
Infinitif		**k-à¯** "aller"	**k-ò¯** "boire"	**k-ìsɔ̄** "tomber"
Aoriste				
sg.	1	**m-ā**	**m-ō**	**m-ūsɔ̄**
	2	**ā**	**w-ō**	**īsɔ̄**
	3	**à¯**	**w-ò¯**	**ìsɔ̄**
	3!	**s-à¯**	**s-ò¯**	**s-ìsɔ̄**
	L	**n-à¯**	**n-ò¯**	**n-ìsɔ̄**
	E	**gy-ā**	**gy-ō**	**g-īsɔ̄**
	D	**gy-à¯**	**gy-ò¯**	**g-ìsɔ̄**
pl.	D	**gy-à-yí**	**gy-ò-kí**	**g-ìsué**
	2	**ā-yí**	**w-ō-kí**	**īsué**
	3	**à-yí**	**w-ò-kí**	**ìsué**
	3!	**s-à-yí**	**s-ò-kí**	**s-ìsué**
	L	**n-à-yí**	**n-ò-kí**	**n-ìsué**
Inachevé				
sg.	1	**mám-ā**	**mám-ō**	**mám(ú)-sɔ̄**
	2	**ám-ā**	**ám-ō**	**ám(ú)-sɔ̄**
	2!	**sám-ā**	**sám-ō**	**sám(ú)-sɔ̄**
	3	**àm-ā**	**àm-ō**	**àm(ù)-sɔ̄**
	3!	**sás-à¯**	**sás-ò¯**	**ás-ìsɔ̄**
	L	**nán-à¯**	**nán-ò¯**	**nán-ìsɔ̄**
	E	**gyágy-ā**	**gyágy-ō**	**gyágí-sɔ̄**
	D	**gyágy-à¯**	**gyágy-ò¯**	**gyágì-sɔ̄**
pl.	D	**gyágy-à-yí**	**gyágy-ò-kí**	**gyágì-sué**
	2	**ám-ā-yí**	**ám-ō-kí**	**ám(ú)-sūé**
	2!	**sám-ā-yí**	**sám-ō-kí**	**sám(ú)-sūé**
	3	**àm-ā-yí**	**àm-ō-kí**	**àm(ù)-sué**
	3!	**sás-à-yí**	**sás-ò-kí**	**sás-ìsué**
	L	**nán-à-yí**	**nán-ò-kí**	**nán-ìsué**

Conjugaisons

Classe		1	1	1bis
Infinitif		**k-ànyā** "courir"	**k-ɔ̀ɗɛ̄** "extraire"	**k-ɔ̀ˉ** "percevoir"
Aoriste				
sg.	1	**m-ānyā**	**m-ɔ̄ɗɛ̄**	**m-ɔ́ˉ**
	2	**ānyā**	**w-ɔ̄ɗɛ̄**	**w-ɔ́ˉ**
	3	**ànyā**	**w-ɔ̀ɗɛ̄**	**w-ɔ̀ˉ**
	3!	**s-ànyā**	**s-ɔ̀ɗɛ̄**	**s-ɔ̀ˉ**
	L	**n-ànyā**	**n-ɔ̀ɗɛ̄**	**n-ɔ̀ˉ**
	E	**gy-ānyā**	**gy-ɔ̄ɗɛ̄**	**gy-ɔ́ˉ**
	D	**gy-ànyā**	**gy-ɔ̀ɗɛ̄**	**gy-ɔ̀ˉ**
pl.	D	**gy-ànyí**	**gy-òɗé**	**gy-ò-yí**
	2	**ānyí**	**w-ōɗé**	**w-óˉ-yí**
	3	**ànyí**	**w-òɗé**	**w-ò-yí**
	3!	**s-ànyí**	**s-òɗé**	**s-ò-yí**
	L	**n-ànyí**	**n-òɗé**	**n-ò-yí**
Inachevé				
sg.	1	**mám-ānyā**	**mám-ɔ̄ɗɛ̄**	**mám-ɔ́ˉ**
	2	**ám-ānyā**	**ám-ɔ̄ɗɛ̄**	**ám-ɔ́ˉ**
	2!	**sám-ānyā**	**sám-ɔ̄ɗɛ̄**	**sám-ɔ́ˉ**
	3	**àm-ānyā**	**àm-ɔ̄ɗɛ̄**	**àm-ɔ̄**
	3!	**sás-ànyā**	**sás-ɔ̀ɗɛ̄**	**sás-ɔ̀ˉ**
	L	**nán-ànyā**	**nán-ɔ̀ɗɛ̄**	**nán-ɔ̀ˉ**
	E	**gyágy-ānyā**	**gyágy-ɔ̄ɗɛ̄**	**gyágy-ɔ́ˉ**
	D	**gyágy-ànyā**	**gyágy-ɔ̀ɗɛ̄**	**gyágy-ɔ̀ˉ**
pl.	D	**gyágy-ànyí**	**gyágy-òɗé**	**gyágy-ò-yí**
	2	**ám-ānyí**	**ám-ōɗé**	**ám-óˉ-yí**
	2!	**sám-ānyí**	**sám-ōɗé**	**sám-óˉ-yí**
	3	**àm-ānyí**	**àm-ōɗé**	**àm-ō-yí**
	3!	**sás-ànyí**	**sás-òɗé**	**sás-ò-yí**
	L	**nán-ànyí**	**nán-òɗé**	**nán-ò-yí**

Classe		2	2	2
Infinitif		**k-ìsuà** "manger"	**k-ɔ̀gyɔ̀** "enfanter"	**k-àkɔ̀** "regarder"
Aoriste				
sg.	1	**m-úsuá↓**	**m-ɔ́gyɔ́↓**	**m-ákɔ́↓**
	2	**(í)suá↓**	**(í)gyɔ́↓**	**ákɔ́↓**
	3	**suà**	**gyɔ̀**	**àkɔ̀**
	3!	**s-ìsuà**	**s-ɔ̀gyɔ̀**	**s-àkɔ̀**
	L	**n-ìsuà**	**n-ɔ̀gyɔ̀**	**n-àkɔ̀**
	E	**g-ísuá↓**	**gy-ɔ́gyɔ́↓**	**gy-ákɔ́↓**
	D	**g-ìsuà**	**gy-ɔ̀gyɔ̀**	**gy-àkɔ̀**
pl.	D	**g-ìsué**	**gy-ògyué**	**gy-àkué**
	2	**í↓sué**	**í↓gyué**	**á↓kué**
	3	**sùé**	**gyùé**	**àkué**
	3!	**s-ìsué**	**s-ògyué**	**s-àkué**
	L	**n-ìsué**	**n-ògyué**	**n-àkué**
Inachevé				
sg.	1	**mám(ú)-suá↓**	**mám-ɔ́gyɔ́↓**	**mám-ákɔ́↓**
	2	**ám(ú)-suá↓**	**ám-ɔ́gyɔ́↓**	**ám-ákɔ́↓**
	2!	**sám(ú)-suá↓**	**sám-ɔ́gyɔ́↓**	**sám-ákɔ́↓**
	3	**àm(ù)-suá↓**	**àm-ɔ́gyɔ́↓**	**àm-ákɔ́↓**
	3!	**sás-ìsuà**	**sás-ɔ̀gyɔ̀**	**sás-àkɔ̀**
	L	**nán-ìsuà**	**nán-ɔ̀gyɔ̀**	**nán-àkɔ̀**
	E	**gyág-ísuá↓**	**gyágy-ɔ́gyɔ́↓**	**gyágy-ákɔ́**
	D	**gyág-ìsuà**	**gyágy-ɔ̀gyɔ̀**	**gyágy-àkɔ̀**
pl.	D	**gyág-ìsué**	**gyágy-ògyué**	**gyágy-àkué**
	2	**ám(ú)↓sué**	**ám-ó↓gyué**	**ám-á↓kué**
	2!	**sám(ú)↓sué**	**sám-ó↓gyué**	**sám-á↓kué**
	3	**àmú↓sué** ~ **à´m↓sué** ~ **àm-sué↓´**	**àm-ó↓gyué**	**àm-á↓kué**
	3!	**sás-ìsué**	**sás-ògyué**	**sás-àkué**
	L	**nán-ìsué**	**nán-ògyué**	**nán-àkué**

Conjugaisons

Classe		2	3	3
Infinitif		**k-ɔ̀yɛ̀** "mourir"	**kì-ndíɗí↓** "faire cuire"	**kì-lɔ́kɔ́lɔ́↓** "glisser"
Aoriste				
sg.	1	**m-ɔ́yɛ́↓**	**mú-ndíɗí↓**	**mú-lɔ́kɔ́lɔ́↓**
	2	**w-ɔ́yɛ́↓**	**á-ndíɗí↓**	**á-lɔ́kɔ́lɔ́↓**
	3	**w-ɔ̀yɛ̀**	**ndìɗì**	**lɔ̀kɔ̀lɔ̀**
	3!	**s-ɔ̀yɛ̀**	**sì-ndíɗí↓**	**sì-lɔ́kɔ́lɔ́↓**
	L	**n-ɔ̀yɛ̀**	**nì-ndíɗí↓**	**nì-lɔ́kɔ́lɔ́↓**
	E	**gy-ɔ́yɛ́↓**	**gí-ndíɗí↓**	**gí-lɔ́kɔ́lɔ́↓**
	D	**gy-ɔ̀yɛ̀**	**gì-ndíɗí↓**	**gì-lɔ́kɔ́lɔ́↓**
pl.	D	**gy-òyé**	**gì-ndí↓ɗí**	**gì-lókó↓lué**
	2	**w-ó↓yé**	**á-ndí↓ɗí**	**á-lókó↓lué**
	3	**w-òyé**	**ndìɗí**	**lòkòlué**
	3!	**s-òyé**	**sì-ndí↓ɗí**	**sì-lókó↓lué**
	L	**n-òyé**	**nì-ndí↓ɗí**	**nì-lókó↓lué**
Inachevé				
sg.	1	**mám-ɔ́yɛ́↓**	**mám(ú)-ndíɗí↓**	**mám(ú)-lɔ́kɔ́lɔ́↓**
	2	**ám-ɔ́yɛ́↓**	**ám(ú)-ndíɗí↓**	**ám(ú)-lɔ́kɔ́lɔ́↓**
	2!	**sám-ɔ́yɛ́↓**	**sám(ú)-ndíɗí↓**	**sám(ú)-lɔ́kɔ́lɔ́↓**
	3	**àm-ɔ́yɛ́↓**	**àm(ù)-ndíɗí↓**	**àm(ù)-lɔ́kɔ́lɔ́↓**
	3!	**sás-ɔ̀yɛ̀** (~ **sás-ɔ̀yɛ́↓**)	**sásì-ndíɗí↓**	**sásì-lɔ́kɔ́lɔ́↓**
	L	**nán-ɔ̀yɛ̀** (~ **nán-ɔ̀yɛ́↓**)	**nánì-ndíɗí↓**	**nánì-lɔ́kɔ́lɔ́↓**
	E	**gyágy-ɔ́yɛ́↓**	**gyágí-ndíɗí↓**	**gyágí-lɔ́kɔ́lɔ́↓**
	D	**gyágy-ɔ̀yɛ̀**	**gyágì-ndíɗí↓**	**gyágì-lɔ́kɔ́lɔ́↓**
pl.	D	**gyágy-òyé**	**gyágì-ndí↓ɗí**	**gyágì-lókó↓lué**
	2	**ám-ó↓yé**	**ám(ú)-ndí↓ɗí**	**ám(ú)-lókó↓lué**
	2!	**sám-ó↓yé**	**sám(ú)-ndí↓ɗí**	**sám(ú)-lókó↓lué**
	3	**àm-ó↓yé**	**àm(ù)-ndí↓ɗí**	**àm(ù)-lókó↓lué**
	3!	**sás-òyé**	**sásì-ndí↓ɗí**	**sásì-lókó↓lué**
	L	**nán-òyé**	**nánì-ndí↓ɗí**	**nánì-lókó↓lué**

Conjugaisons

Classe	3	4	4
Infinitif	**kì-ɓátáꜜlɔ̄** "se lever"	**kì-zíꜜ** "défaire"	**kì-tɛ́lɛ́ꜜ** "retourner"
Aoriste			
sg. 1	**mú-ɓátáꜜlɔ̄**	**mú-zíꜜ**	**mú-tɛ́lɛ́ꜜ**
2	**á-ɓátáꜜlɔ̄**	**á-zíꜜ**	**á-tɛ́lɛ́ꜜ**
3	**ɓàtàlɔ̄**	**zíꜜ**	**tɛ́lɛ́ꜜ**
3!	**sì-ɓátáꜜlɔ̄**	**sì-zíꜜ**	**sì-tɛ́lɛ́ꜜ**
L	**nì-ɓátáꜜlɔ̄**	**nì-zíꜜ**	**nì-tɛ́lɛ́ꜜ**
E	**gí-ɓátáꜜlɔ̄**	**gí-zíꜜ**	**gí-tɛ́lɛ́ꜜ**
D	**gì-ɓátáꜜlɔ̄**	**gì-zíꜜ**	**gì-tɛ́lɛ́ꜜ**
pl. D	**gì-ɓátáꜜlué**	**gì-zíꜜ´**	**gì-téꜜlé**
2	**á-ɓátáꜜlué**	**á-zíꜜ´** (ou **áꜜzí** ?)	**á-téꜜlé**
3	**ɓàtàlué**	**zíꜜ´**	**téꜜlé**
3!	**sì-ɓátáꜜlué**	**sì-zíꜜ´**	**sì-téꜜlé**
L	**nì-ɓátáꜜlué**	**nì-zíꜜ´**	**nì-téꜜlé**
Inachevé			
sg. 1	**mám(ú)-ɓátáꜜlɔ̄**	**mám(ú)-zíꜜ**	**mám(ú)-tɛ́lɛ́ꜜ**
2	**ám(ú)-ɓátáꜜlɔ̄**	**ám(ú)-zíꜜ**	**ám(ú)-tɛ́lɛ́ꜜ**
2!	**sám(ú)-ɓátáꜜlɔ̄**	**sám(ú)-zíꜜ**	**sám(ú)-tɛ́lɛ́ꜜ**
3	**àm(ù)-ɓátáꜜlɔ̄**	**àm(ù)-zíꜜ**	**àm(ù)-tɛ́lɛ́ꜜ**
3!	**sásì-ɓátáꜜlɔ̄**	**sásì-zíꜜ**	**sásì-tɛ́lɛ́ꜜ**
L	**nánì-ɓátáꜜlɔ̄**	**nánì-zíꜜ**	**nánì-tɛ́lɛ́ꜜ**
E	**gyágí-ɓátáꜜlɔ̄**	**gyágí-zíꜜ**	**gyágí-tɛ́lɛ́ꜜ**
D	**gyágì-ɓátáꜜlɔ̄**	**gyágì-zíꜜ**	**gyágì-tɛ́lɛ́ꜜ**
pl. D	**gyágì-ɓátáꜜlué**	**gyágì-zíꜜ´**	**gyágì-téꜜlé**
2	**ám(ú)-ɓátáꜜlué**	**ám(ú)-zíꜜ´** (ou **ám(ú)ꜜzí** ?)	**ám(ú)-téꜜlé**
2!	**sám(ú)-ɓátáꜜlué**	**sám(ú)-zíꜜ´** (ou **sám(ú)ꜜzí** ?)	**sám(ú)-téꜜlé**
3	**àm(ù)-ɓátáꜜlué**	**àm(ù)-zíꜜ´**	**àm(ù)-téꜜlé**
3!	**sásì-ɓátáꜜlué**	**sásì-zíꜜ´**	**sásì-téꜜlé**
L	**nánì-ɓátáꜜlué**	**nánì-zíꜜ´**	**nánì-téꜜlé**

Conjugaisons

Classe		4	5
Infinitif		**kì-yákálí↓**	**kì-tɛ̄**
		"détacher"	"ouvrir"
Aoriste			
sg.	1	**mú-yákálí↓**	**mú↓tɛ̄**
	2	**á-yákálí↓**	**á↓tɛ̄**
	3	**yákálí↓**	**tɛ̄¯**
	3!	**sì-yákálí↓**	**sì-tɛ̄**
	L	**nì-yákálí↓**	**nì-tɛ̄**
	E	**gí-yákálí↓**	**gí↓tɛ̄**
	D	**gì-yákálí↓**	**gì-tɛ̄**
pl.	D	**gì-yáká↓lí**	(**gì-tè´** ou **gì-té** ?)
	2	**á-yáká↓lí**	(**á↓tē´** ou **á↓té** ?)
	3	**yáká↓lí**	**tè´**
	3!	**sì-yáká↓lí**	(**sì-tè´** ou **sì-té** ?)
	L	**nì-yáká↓lí**	(**nì-tè´** ou **nì-té** ?)
Inachevé			
sg.	1	**mám(ú)-yákálí↓**	**mám(ú)↓tɛ̄**
	2	**ám(ú)-yákálí↓**	**ám(ú)↓tɛ̄**
	2!	**sám(ú)-yákálí↓**	**sám(ú)↓tɛ̄**
	3	**àm(ù)-yákálí↓**	**àm(ù)-tɛ̄**
	3!	**sásì-yákálí↓**	**sásì-tɛ̄**
	L	**nánì-yákálí↓**	**nánì-tɛ̄**
	E	**gyágí-yákálí↓**	**gyágí↓tɛ̄**
	D	**gyágì-yákálí↓**	**gyágì-tɛ̄**
pl.	D	**gyágì-yáká↓lí**	(**gyágì-tè´** ou **gyágì-té** ?)
	2	**ám(ú)-yáká↓lí**	(**ám(ú)↓tē´** ou **ám(ú)↓té** ?)
	2!	**sám(ú)-yáká↓lí**	(**sám(ú)↓tē´** ou **sám(ú)↓té** ?)
	3	**àm(ù)-yáká↓lí**	(**àm(ù)-tè´** ou **am(ù)-té** ?)
	3!	**sásì-yáká↓lí**	(**sásì-tè´** ou **sásì-té** ?)
	L	**nánì-yáká↓lí**	(**nánì-tè´** ou **nánì-té** ?)

Classe		5	5	6
Infinitif		**kì-ɗō** "partir"	**kì-sùlī** "crier"	**kì-tā** "faire"
Aoriste				
sg.	1	**mú↓ɗō**	**mú-sú↓lī**	**mú-tā**
	2	**á↓ɗō**	**á-sú↓lī**	**á-tā**
	3	**ɗò¯**	**sùlī**	**tā**
	3!	**sì-ɗō**	**sì-sùlī**	**sì-tā**
	L	**nì-ɗō**	**nì-sùlī**	**nì-tā**
	E	**gí↓ɗō**	**gí-sú↓lī**	**gí-tā**
	D	**gì-ɗō**	**gì-sùlī**	**gì-tā**
pl.	D	**gì-ɗò-kí**	**gì-sùlí**	**gì-té**
	2	**á↓ɗō-kí**	**á-sú↓lí**	**á-tē´**
	3	**ɗò-kí**	**sùlí**	**tē´**
	3!	**sì-ɗò-kí**	**sì-sùlí**	**sì-té**
	L	**nì-ɗò-kí**	**nì-sùlí**	**nì-té**
Inachevé				
sg.	1	**mám(ú)↓ɗō**	**mám(ú)-sú↓lī**	**mám(ú)-tā**
	2	**ám(ú)↓ɗō**	**ám(ú)-sú↓lī**	**ám(ú)-tā**
	2!	**sám(ú)↓ɗō**	**sám(ú)-sú↓lī**	**sám(ú)-tā**
	3	**àm(ù)-ɗō**	**àm(ù)-sùlī**	**àm(ù)-tā**
	3!	**sásì-ɗō**	**sásì-sùlī**	**sásì-tā**
	L	**nánì-ɗō**	**nánì-sùlī**	**nánì-tā**
	E	**gyágí↓ɗō**	**gyágí-sú↓lī**	**gyágí-tā**
	D	**gyágì-ɗō**	**gyágì-sùlī**	**gyágì-tā**
pl.	D	**gyágì-ɗò-kí**	**gyágì-sùlí**	**gyágì-té**
	2	**ám(ú)↓ɗō-kí**	**ám(ú)-sú↓lí**	**ám(ú)-tē´**
	2!	**sám(ú)↓ɗō-kí**	**sám(ú)-sú↓lí**	**sám(ú)-tē´**
	3	**àm(ù)-ɗò-kí**	**àm(ù)-sùlí**	**àm(ù)-té**
	3!	**sásì-ɗò-kí**	**sásì-sùlí**	**sásì-té**
	L	**nánì-ɗò-kí**	**nánì-sùlí**	**nánì-té**

Conjugaisons

Classe		6	6	7
Infinitif		**kì-kū** "pleurer"	**kì-sūkpū** "se cacher"	**kì-táɓɔ̄** "lancer"
Aoriste				
sg.	1	**mú-kū**	**mú-sūkpū**	**mú-táɓɔ̄**
	2	**á-kū**	**á-sūkpū**	**á-táɓɔ̄**
	3	**kū**	**sūkpū**	**táɓɔ̄**
	3!	**sì-kū**	**sì-sūkpū**	**sì-táɓɔ̄**
	L	**nì-kū**	**nì-sūkpū**	**nì-táɓɔ̄**
	E	**gí-kū**	**gí-sūkpū**	**gí-táɓɔ̄**
	D	**gì-kū**	**gì-sūkpū**	**gì-táɓɔ̄**
pl.	D	**gì-kū-kí**	**gì-sūkpú**	**gì-táɓūé**
	2	**á-kū-kí**	**á-sūkpú**	**á-táɓūé**
	3	**kū-kí**	**sūkpú**	**táɓūé**
	3!	**sì-kū-kí**	**sì-sūkpú**	**sì-táɓūé**
	L	**nì-kū-kí**	**nì-sūkpú**	**nì-táɓūé**
Inachevé				
sg.	1	**mám(ú)-kū**	**mám(ú)-sūkpū**	**mám(ú)-táɓɔ̄**
	2	**ám(ú)-kū**	**ám(ú)-sūkpū**	**ám(ú)-táɓɔ̄**
	2!	**sám(ú)-kū**	**sám(ú)-sūkpū**	**sám(ú)-táɓɔ̄**
	3	**àm(ù)-kū**	**àm(ù)-sūkpū**	**àm(ù)-táɓɔ̄**
	3!	**sásì-kū**	**sásì-sūkpū**	**sásì-táɓɔ̄**
	L	**nánì-kū**	**nánì-sūkpū**	**nánì-táɓɔ̄**
	E	**gyágí-kū**	**gyágí-sūkpū**	**gyágí-táɓɔ̄**
	D	**gyágì-kū**	**gyágì-sūkpū**	**gyágì-táɓɔ̄**
pl.	D	**gyágì-kū-kí**	**gyágì-sūkpú**	**gyágì-táɓūé**
	2	**ám(ú)-kū-kí**	**ám(ú)-sūkpú**	**ám(ú)-táɓūé**
	2!	**sám(ú)-kū-kí**	**sám(ú)-sūkpú**	**sám(ú)-táɓūé**
	3	**àm(ù)-kū-kí**	**àm(ù)-sūkpú**	**àm(ù)-táɓūé**
	3!	**sásì-kū-kí**	**sásì-sūkpú**	**sásì-táɓūé**
	L	**nánì-kū-kí**	**nánì-sūkpú**	**nánì-táɓūé**

Conjugaisons

Classe		8	8	8
Infinitif		**kì-ká`** "vendre"	**kì-bálà** "saluer"	**kì-kɔ́mándè** "commander"
Aoriste				
sg.	1	**mú-ká`**	**mú-bálà**	**mú-kɔ́mándè**
	2	**á-ká`**	**á-bálà**	**á-kɔ́mándè**
	3	**ká`**	**bálà**	**kɔ́mándè**
	3!	**sì-ká`**	**sì-bálà**	**sì-kɔ́mándè**
	L	**nì-ká`**	**nì-bálà**	**nì-kɔ́mándè**
	E	**gí-ká`**	**gí-bálà**	**gí-kɔ́mándè**
	D	**gì-ká`**	**gì-bálà**	**gì-kɔ́mándè**
pl.	D	**gì-ké``´**	**gì-bálè´**	**gì-kɔ́mándè´**
	2	**á-ké``´**	**á-bálè´**	**á-kɔ́mándè´**
	3	**ké``´**	**bálè´**	**kɔ́mándè´**
	3!	**sì-ké``´**	**sì-bálè´**	**sì-kɔ́mándè´**
	L	**nì-ké``´**	**nì-bálè´**	**nì-kɔ́mándè´**
Inachevé				
sg.	1	**mám(ú)-ká`**	**mám(ú)-bálà**	**mám(ú)-kɔ́mándè**
	2	**ám(ú)-ká`**	**ám(ú)-bálà**	**ám(ú)-kɔ́mándè**
	2!	**sám(ú)-ká`**	**sám(ú)-bálà**	**sám(ú)-kɔ́mándè**
	3	**àm(ù)-ká`**	**àm(ù)-bálà**	**àm(ù)-kɔ́mándè**
	3!	**sásì-ká`**	**sásì-bálà**	**sásì-kɔ́mándè**
	L	**nánì-ká`**	**nánì-bálà**	**nánì-kɔ́mándè**
	E	**gyágí-ká`**	**gyágí-bálà**	**gyágí-kɔ́mándè**
	D	**gyágì-ká`**	**gyágì-bálà**	**gyágì-kɔ́mándè**
pl.	D	**gyágì-ké``´**	**gyágì-bálè´**	**gyágì-kɔ́mándè´**
	2	**ám(ú)-ké``´**	**ám(ú)-bálè´**	**ám(ú)-kɔ́mándè´**
	2!	**sám(ú)-ké``´**	**sám(ú)-bálè´**	**sám(ú)-kɔ́mándè´**
	3	**àm(ù)-ké``´**	**àm(ù)-bálè´**	**àm(ù)-kɔ́mándè´**
	3!	**sásì-ké``´**	**sásì-bálè´**	**sásì-kɔ́mándè´**
	L	**nánì-ké``´**	**nánì-bálè´**	**nánì-kɔ́mándè´**

Conjugaisons

cl. 4	Cv́↓, Cv́Cv́↓, Cv́Cv́Cv́↓
cl. 6	Cv̄, Cv̄Cv̄
cl. 7	Cv́Cv̄
cl. 8	Cv́`, Cv́Cv́`, Cv́Cv́Cv́`

L'identité tonale des verbes de classe 3 et 5 en revanche varie en fonction de l'indice personnel et de l'aspect, et ce dans des conditions qui ne sont pas identiques d'une classe à l'autre. Faisons abstraction des formes du pluriel, qui seront commentées ultérieurement, et considérons successivement chacune des deux classes.

Les variations tonales manifestées par les verbes de cl. 5 diffèrent selon que le verbe est monosyllabique (CV) ou dissyllabique (CVCV) :

Aoriste		
sg. 1	**mú↓**Cv̄	**mú-**Cv́↓Cv̄
2	**á↓**Cv̄	**á-**Cv́↓Cv̄
3	Cv̀ˉ	Cv̀Cv̄
3!	**sì-**Cv̄	**sì-**Cv̀Cv̄
L	**nì-**Cv̄	**nì-**Cv̀Cv̄
E	**gí↓**Cv̄	**gí-**Cv́↓Cv̄
D	**gì-**Cv̄	**gì-**Cv̀Cv̄
Inachevé		
sg. 1	**mám(ú)↓**Cv̄	**mám(ú)-**Cv́↓Cv̄
2	**ám(ú)↓**Cv̄	**ám(ú)-**Cv́↓Cv̄
2!	**sám(ú)↓**Cv̄	**sám(ú)-**Cv́↓Cv̄
3	**àm(ù)-**Cv̄	**àm(ù)-**Cv̀Cv̄
3!	**sásì-**Cv̄	**sásì-**Cv̀Cv̄
L	**nánì-**Cv̄	**nánì-**Cv̀Cv̄
E	**gyágí↓**Cv̄	**gyágí-**Cv́↓Cv̄
D	**gyágì-**Cv̄	**gyágì-**Cv̀Cv̄

Les variations des dissyllabes sont justifiables si l'on considère que le schème fondamental du verbe est BM (Cv̀Cv̄) et que ce schème subit l'attraction tonale - couramment attestée par ailleurs dans la langue - des indices personnels-aspectuels de ton haut final (aor.1/2/E et inach.1/2/2!/E suivis de Cv́↓Cv̄).

La même explication vaut pour les monosyllabes (forme fondamentale Cv̀ˉ), à condition toutefois d'envisager que le premier composant du schème

(B- pour BM, H- pour H↓M) s'assimile au ton final de l'indice personnel-aspectuel qui précède[2] :

|(-)B-Cv̀¯| > (-)B-Cv̄
|(-)H-Cv́↓¯| > (-)H↓Cv̄

Le schème fondamental BM apparaît effectivement sous sa forme contrastée dans le cas - unique - où l'indice personnel-aspectuel (aor.3) connaît une expression segmentale nulle :

|Cv̀¯| > Cv̀¯

Compte tenu des deux règles qui viennent d'être énoncées (1. attraction tonale générale exercée par les indices de ton final haut sur le schème BM et 2. assimilation par ces derniers du premier composant tonal d'un verbe monosyllabique), la forme de base des verbes de classe 5 peut être caractérisée par un schème tonal unique (spécifique du seul lexème verbal) et identifiée à la forme aor.3 :

cl. 5	Cv̀¯, Cv̀Cv̄

On va voir dans les lignes qui suivent que des variations tonales a priori comparables sont au contraire justifiées par un effet d'*abaissement* exercé par certains indices personnels-aspectuels sur le composant initial du schème des verbes de cl. 3, 1, 1bis et 2. Une telle explication pourrait être étendue aux verbes de cl. 5, à condition toutefois de considérer que le conditionnement exercé par les indices aor.3!/L/D et inach.3/3!/L/D, ainsi que par le préfixe d'infinitif **kì-**, diffère ici de celui que l'on observe en cl. 3 où ces mêmes éléments *n'affectent pas le schème d'un verbe à initiale consonantique*. La généralisation perd alors tout son intérêt. On est donc bien fondé à considérer que les verbes de cl. 5 sont soumis au principe général d'attraction tandis que les verbes de cl. 1, 1bis, 2 et 3 subissent l'effet d'un principe d'abaissement qui est spécifique de la morphologie verbale.

Les variations tonales des verbes de cl. 3 sont d'une autre nature. Abstraction faite du cas particulier de **ɓàtàlɔ̄**/pl. **ɓàtàlué** "se lever", qui est commenté plus loin, ces verbes ne diffèrent de leurs homologues de cl. 4 (Cv́Cv́↓, Cv́Cv́Cv́↓) que sur un seul point : l'aor.3 a la forme Cv̀Cv̀, Cv̀Cv̀Cv̀. Contrairement à ce qui vient d'être proposé pour les verbes de cl. 5, on ne peut ici arguer d'une attraction tonale des indices personnels-aspectuels sur un schème verbal de base BB (Cv̀Cv̀, Cv̀Cv̀Cv̀), attraction qui ne saurait justifier des formes suivantes[3] :

---

[2] Sur d'autres manifestations d'un même principe de transfert/effacement au sein de la morphologie verbale, cf. infra, 12.3.

[3] La même observation vaut pour la forme de l'infinitif : **kì**-(Cv́)Cv́Cv́↓.

Aoriste

sg.	3!	**sì-(Cv̌)Cv̌Cv́↓**
	L	**nì-(Cv̌)Cv̌Cv́↓**
	D	**gì-(Cv̌)Cv̌Cv́↓**

Inachevé

sg.	3	**àm(ù)-(Cv̌)Cv̌Cv́↓**
	3!	**sásì-(Cv̌)Cv̌Cv́↓**
	L	**nánì-(Cv̌)Cv̌Cv́↓**
	D	**gyágì-(Cv̌)Cv̌Cv́↓**

Il faut donc logiquement considérer, pour la seule classe 3, soit que les indices à ton final bas ont pour effet exceptionnel de réhausser un schème verbal fondamental de forme BB, soit que l'indice aor.3 (d'expression segmentale nulle) a pour effet exceptionnel d'abaisser un schème fondamental de forme HH↓ qui s'identifie donc à celui des verbes de cl. 4. La seconde solution est préférable non seulement pour des raisons d'économie mais surtout parce qu'elle rejoint, dans son principe, l'interprétation imposée par l'analyse des verbes à initiale vocalique (cf. infra). Pour être plus exact on considérera d'ailleurs que l'indice aor.3 agit sur le premier composant de la forme *structurelle* d'un schème fondamental |HB| (> HH↓), lequel se trouve ainsi modifié en |BB| (> BB).

Il reste toutefois à rendre compte de l'effet exceptionnel de l'indice aor.3 sur ce schème[4]. Une nouvelle alternative s'offre ici concernant la caractérisation formelle de cet indice dont l'expression segmentale est toujours nulle. On peut d'une part considérer que les classes 4-8 et 3 conditionnent respectivement deux variantes complémentaires |Ø-| et |Ø̀-| de l'indice avec les réalisations suivantes :

cl.	4	|Ø-|	HH↓	>	HH↓
	5	|Ø-|	BM	>	BM
	6	|Ø-|	MM	>	MM
	7	|Ø-|	HM	>	HM
	8	|Ø-|	HB	>	HB
et cl.	3	|Ø̀-|	|HB|	>	BB

On peut d'autre part caractériser l'indice par une forme unique et générale |Ø̀-| en considérant que les schèmes des classes 4-8 sont "invariables" et

[4] Le même complément serait nécessaire si l'on considérait que le schème fondamental de cl. 3 est réhaussé par les indices illustrés plus haut. La solution qu'on choisit de retenir ici n'est donc pas plus lourde à cet égard.

insensibles à l'effet d'abaissement virtuellement lié à l'aor.3 tandis que le schème de classe 3, essentiellement "variable", est sensible à cet effet :

	cl. 4	|Ø̀-|	HH↓	(*invar.*)	>	HH↓
	5	|Ø̀-|	BM	(*invar.*)	>	BM
	6	|Ø̀-|	MM	(*invar.*)	>	MM
	7	|Ø̀-|	HM	(*invar.*)	>	HM
	8	|Ø̀-|	HB	(*invar.*)	>	HB
et	cl. 3	|Ø̀-|	|HB|	(*var.*)	>	BB

Il est remarquable que, dans l'un et l'autre cas, le comportement spécifique des verbes de classe 3 trouve sa cause première dans l'identité morphologique (classificatoire) de ces verbes. Il paraît donc à la fois plus cohérent et plus avantageux de s'en tenir à une caractérisation formelle unique de l'indice aor.3 (|Ø̀-|) et de définir le schème fondamental de classe 3 comme un schème "variable", propriété qu'il partage notamment avec les schèmes des verbes à initiale vocalique[5].

On prendra garde toutefois que la forme fondamentale du verbe est ici distincte de la forme de citation, laquelle est conventionnellement, pour tous les verbes de toutes les classes, identifiée à celle de l'aor.3. On reviendra plus loin sur cette divergence entre les deux approches descriptive et pratique de la même réalité linguistique.

Quant au verbe **ɓàtàlɔ̄**/pl. **ɓàtàlué** "se lever", seul de son espèce en cl. 3, il se singularise par la présence d'un composant tonal moyen sur sa syllabe ultime, composant qui affecte uniformément ses deux variantes tonales : **ɓàtàlɔ̄** et **ɓátá↓lɔ̄**. De toute évidence ce verbe exceptionnel résulte de la succession figée - et morphologiquement réinterprétée - d'un verbe de cl. 2, **ɓà**/pl. **ɓùé** "frapper du pied" et de l'adverbe **tàlɔ̄** "vers le haut".

Les verbes de cl. 3 seront donc fondamentalement identifiés par les formes structurelles suivantes :

cl. 3	|Cv́Cv̀|, |Cv́Cv́Cv̀| (except. |Cv́Cv̀Cv̄|)	*à schème variable*

Verbes à initiale vocalique : segments

Les verbes des classes 1, 1bis et 2 - verbes dits "à initiale vocalique" - posent, en relation avec les indices personnels-aspectuels, des problèmes

5 Cette notion de schème verbal "invariable/variable" est spécifiquement relative à l'éventuel effet d'abaissement de certains indices personnels-aspectuels et ne doit pas être confondue avec l'effet plus général de l'attraction tonale qui s'exerce, comme on vient de le voir, sur les verbes de classe 5.

d'identification plus délicats; on s'est laissé guider, dans l'exposé des classes verbales, par un ordre de complexité croissante.

Là encore on se limitera à l'étude des formes non marquées du singulier, les formes plurielles qui leur correspondent étant justifiées ultérieurement. On traitera d'abord, classe par classe, des caractérisations segmentales pour aborder ensuite, de façon globale, l'identification tonale des verbes à initiale vocalique.

On distingue, en cl. 1, trois sous-types caractérisés par leur vocalisme initial : 1) voyelle **a**, 2) voyelle **i** et 3) voyelle postérieure, **o** ou **ɔ**.

Les verbes à initale **a** (ex. **à**¯/pl. **à-yí** "aller, partir, **ànyā**/pl. **ànyí** "courir") révèlent une forme segmentale **a**(CV) constante pour tous les indices personnels-aspectuels : la voyelle **a** ne peut donc appartenir qu'au verbe et non à l'indice personnel, lequel est uniformément caractérisé par une consonne finale (C-, VC- ou CVC-), du moins lorsque sa forme segmentale n'est pas nulle (aor.2/3).

La même observation vaut pour les verbes à initiale postérieure **o** ou **ɔ** (ex. **w-ò**¯/pl. **w-ò-kí** "boire", **w-ɔ̀ɗɛ̄**/pl. **w-òɗé** "extraire"), à ceci près que les formes aor.2/3 sont précédées d'un segment **w-** qui doit logiquement être assigné à l'indice, même si son apparition résulte des contraintes phonologiques auxquelles est soumise la forme segmentale du verbe (la langue n'acceptant, pour toute voyelle initiale, que les "non-postérieures" **i** ou **a**)[6]. On soulignera donc ici le caractère abstrait (morphologique) de la caractérisation de ces verbes par une "voyelle initiale" qui n'apparaît jamais comme telle au plan phonologique.

Les verbes à initiale **i** (ex. **ìsɔ̄**/pl. **ìsué** "tomber") présentent, à l'aoriste, une alternance de formes (-)**i**CV/-**u**CV, cette dernière variante étant limitée au contexte de l'indice personnel 1 (**m-ū**Cv̄) qui en représente donc le conditionnement. S'il paraît raisonnable de considérer que la voyelle **i/u** est toujours ici, fût-ce partiellement, constitutive du verbe, on observera toutefois que les formes aor./3!/L/D sont phonologiquement identiques à leurs homologues monosyllabiques de cl. 5 et 6, convergence qui fragilise l'identité verbale de cette voyelle "initiale" :

6 L'identification d'un **w-** initial dans ces formes verbales a été discutée en 3.1.

<table>
<tr><td></td><td></td><td colspan="3">cl. 1</td><td>|</td><td>cl. 6</td><td>|</td><td>cl. 5</td></tr>
<tr><td>Aoriste</td><td></td><td>init. a</td><td>:</td><td>init. i</td><td>|</td><td></td><td>|</td><td></td></tr>
<tr><td>sg.</td><td>1</td><td>m-āCv̄</td><td>:</td><td>m-ūCv̄</td><td>|</td><td>mú-Cv̄</td><td>|</td><td>múꜜCv̄</td></tr>
<tr><td></td><td>2</td><td>āCv̄</td><td>:</td><td>īCv̄</td><td>|</td><td>á-Cv̄</td><td>|</td><td>áꜜCv̄</td></tr>
<tr><td></td><td>3</td><td>àCv̄</td><td>:</td><td>ìCv̄</td><td>|</td><td>Cv̄</td><td>|</td><td>Cv̀⁻</td></tr>
<tr><td></td><td>3!</td><td>s-àCv̄</td><td>:</td><td>s-ìCv̄</td><td>></td><td>sì-Cv̄</td><td>=</td><td>sì-Cv̄</td></tr>
<tr><td></td><td>L</td><td>n-àCv̄</td><td>:</td><td>n-ìCv̄</td><td>></td><td>nì-Cv̄</td><td>=</td><td>nì-Cv̄</td></tr>
<tr><td></td><td>E</td><td>gy-āCv̄</td><td>:</td><td>g-īCv̄</td><td>|</td><td>gí-Cv̄</td><td>|</td><td>gíꜜCv̄</td></tr>
<tr><td></td><td>D</td><td>gy-àCv̄</td><td>:</td><td>g-ìCv̄</td><td>></td><td>gì-Cv̄</td><td>=</td><td>gì-Cv̄</td></tr>
</table>

Ce transfert classificatoire, qui n'est que virtuel à l'aoriste, est acquis d'une façon beaucoup plus nette à l'inachevé où plusieurs des formes verbales "à initiale **i**" contrastent tonalement avec leurs homologues d'initiale **a** (ou postérieure), indiquant par là que la segmentation doit s'opérer *après* les voyelles **-(u)** ou **-i** qui relèvent dès lors de l'indice personnel-aspectuel. Plus que la classe 5 c'est la classe 6 des verbes à initiale consonantique qui exerce ici son attraction :

<table>
<tr><td></td><td></td><td colspan="3">cl. 1</td><td>|</td><td>cl. 6</td><td>|</td><td>cl. 5</td></tr>
<tr><td>Inachevé</td><td></td><td>init. a</td><td>:</td><td>init. i</td><td>|</td><td></td><td>|</td><td></td></tr>
<tr><td>sg.</td><td>1</td><td>mám-āCv̄</td><td>:</td><td>mám(ú)-Cv̄</td><td>=</td><td>mám(ú)-Cv̄</td><td>|</td><td>mám(ú)ꜜCv̄</td></tr>
<tr><td></td><td>2</td><td>ám-āCv̄</td><td>:</td><td>ám(ú)-Cv̄</td><td>=</td><td>ám(ú)-Cv̄</td><td>|</td><td>ám(ú)ꜜCv̄</td></tr>
<tr><td></td><td>2!</td><td>sám-āCv̄</td><td>:</td><td>sám(ú)-Cv̄</td><td>=</td><td>sám(ú)-Cv̄</td><td>|</td><td>sám(ú)ꜜCv̄</td></tr>
<tr><td></td><td>3</td><td>àm-āCv̄</td><td>:</td><td>àm(ù)-Cv̄</td><td>=</td><td>àm(ù)-Cv̄</td><td>=</td><td>àm(ù)-Cv̄</td></tr>
<tr><td></td><td>3!</td><td>sás-àCv̄</td><td>:</td><td>sás-ìCv̄</td><td>></td><td>sásì-Cv̄</td><td>=</td><td>sásì-Cv̄</td></tr>
<tr><td></td><td>L</td><td>nán-àCv̄</td><td>:</td><td>nán-ìCv̄</td><td>></td><td>nánì-Cv̄</td><td>=</td><td>nánì-Cv̄</td></tr>
<tr><td></td><td>E</td><td>gyágy-āCv̄</td><td>:</td><td>gyágí-Cv̄</td><td>=</td><td>gyágí-Cv̄</td><td>|</td><td>gyágíꜜCv̄</td></tr>
<tr><td></td><td>D</td><td>gyágy-àCv̄</td><td>:</td><td>gyág-ìCv̄</td><td>></td><td>gyágì-Cv̄</td><td>=</td><td>gyágì-Cv̄</td></tr>
</table>

Là encore la notion de verbe "à initiale vocalique" apparaît comme essentiellement relative, non seulement à l'égard de la réalité phonologique mais surtout du point de vue morphologique de la classification verbale.

Mentionnons, pour conclure sur l'identification segmentale des verbes de classe 1, le caractère fluctuant du vocalisme initial de certains d'entre eux, et la préservation, qui est visiblement le fait des locuteurs les plus âgés, de rares initiales en **ɛ**. Les illustrations en sont fournies pour l'infinitif et quelques formes significatives de l'aoriste :

► **àdā**/pl. **àdí** "donner"

Infinitif		**k-ìdā**
Aoriste/sg.	1	**m-ūdā**
	2	**ādā**
	3	**àdā**
	L	**n-ìdā**
pl.	2	**ādí** (~ **īdí** ?)
	3	**àdí** ~ **ìdí**
	L	**n-ìdí**

► **ìfɛ̄**/pl. **ìfé** "dépouiller, dépiauter"

Infinitif		**k-ìfɛ̄**
Aoriste/sg.	1	**m-ūfɛ̄** ~ **m-ɛ̄fɛ̄**
	2	**īfɛ̄** (~ **ɛ̄fɛ̄** ?)
	3	**ìfɛ̄** (~ **ɛ̀fɛ̄** ?)
pl.	3	**ìfé** ~ **èfé**

► **ìgɛ̄**/pl. **ìgé** "refuser, démentir"

Infinitif		**k-ìgɛ̄**
Aoriste/sg.	1	(m-ūgɛ̄ ? ~) **m-ɛ̄gɛ̄** ~ **m-āgɛ̄**
	2	**īgɛ̄** ~ **ɛ̄gɛ̄** ~ **āgɛ̄**
	3	**ìgɛ̄** ~ **ɛ̀gɛ̄** ~ **àgɛ̄**
pl.	3	**ìgé** ~ **ègé** ~ **àgé**

► **ìgɔ̄**/pl. **ìgué** "interdire, empêcher"

Infinitif		**k-ìgɔ̄** ~ **k-ɔ̀gɔ̄** ~ **k-àgɔ̄**
Aoriste/sg.	1	**m-ɔ̄gɔ̄** ~ **m-āgɔ̄**
	2	**w-ɔ̄gɔ̄** ~ **āgɔ̄**
	3	**ìgɔ̄** ~ **w-ɔ̀gɔ̄** ~ **àgɔ̄**
pl.	3	**ìgué**

► **ìgyɔ̄**/pl. **ìgyué** "conseiller; tresser"

Infinitif		**k-ɔ̀gyɔ̄**
Aoriste/sg.	1	**m-ɔ̄gyɔ̄**
	2	**īgyɔ̄** ~ **w-ɔ̄gyɔ̄** ~ **āgyɔ̄**
	3	**ìgyɔ̄**

► **ìkɔ̄**/pl. **ìkué** "tendre (un piège)"

Infinitif		**k-ìkɔ̄**
Aoriste/sg.	1	**m-ɔ̄kɔ̄**
	3	**ìkɔ̄**

Ces variations vocaliques sont révélatrices de l'attraction analogique que le modèle |**i**CV| exerce sur certaines formes |**a**CV| ou surtout |ɔCV|, voire sur un archaïque |**ɛ**CV|.

La classe 1bis est constituée d'un unique verbe de forme V (**w-ò¯**/pl. **w-ò-yí** "percevoir, entendre"), caractérisé par une initiale postérieure. Sa spécificité tient à son identité tonale et sera donc commentée plus loin.

En classe 2, les verbes à initiale **a** (ex. **àkɔ̀**/pl. **àkué** "voir, regarder") et les verbes à initiale postérieure *stable* (**u**, **o**, ɔ; ex. **w-ɔ̀yɛ̀**/pl. **w-òyé** "mourir") ont un comportement parallèle à celui de leurs homologues de classe 1 : ils présentent une forme constante VCV et conditionnent les formes segmentales complémentaires **∅/w-** des indices personnels aor.2/3.

Les verbes à initiale **i** ont un comportement sensiblement différent, qui tient notamment à l'absence de voyelle initiale en aor.3 voire - facultativement et pour le seul singulier - en aor.2. Plus encore que leurs homologues de cl. 1, ces verbes tendent à fonctionner comme des verbes à initiale consonantique dont les caractéristiques tonales ne seraient toutefois que partiellement identifiables à celles des verbes de cl. 3 (lesquels sont, de surcroît, toujours polysyllabiques)[7] :

	cl. 2 (**a-**)	:	cl. 2 (**i-**)	|	(classe virtuelle)	|	cl. 3
Aoriste		:		|		|	
sg. 1	**m-á**Cv́ꜜ	:	**m-ú**Cv́ꜜ	>	(**mú-**Cv́ꜜ)	=	**mú-**Cv́Cv́ꜜ
2	**á**Cv́ꜜ	:	(**í**)Cv́ꜜ	>	((**í-**)Cv́ꜜ)	|	**á-**Cv́Cv́ꜜ
3	**à**Cv̀	:	Cv̀	=	(Cv̀)	=	Cv̀Cv̀
3!	**s-à**Cv̀	:	**s-ì**Cv̀	>	(**sì-**Cv̀)	|	**sì-**Cv́Cv́ꜜ
L	**n-à**Cv̀	:	**n-ì**Cv̀	>	(**nì-**Cv̀)	|	**nì-**Cv́Cv́ꜜ
E	**gy-á**Cv́ꜜ	:	**g-í**Cv́ꜜ	>	(**gí-**Cv́ꜜ)	=	**gí-**Cv́Cv́ꜜ
D	**gy-à**Cv̀	:	**g-ì**Cv̀	>	(**gì-**Cv̀)	|	**gì-**Cv́Cv́ꜜ
Inachevé		:		|		|	
sg. 1	**mám-á**Cv́ꜜ	:	**mám(ú)-**Cv́ꜜ	=	(**mám(ú)-**Cv́ꜜ)	=	**mám(ú)-**Cv́Cv́ꜜ
2	**ám-á**Cv́ꜜ	:	**ám(ú)-**Cv́ꜜ	=	(**ám(ú)-**Cv́ꜜ)	=	**ám(ú)-**Cv́Cv́ꜜ
2!	**sám-á**Cv́ꜜ	:	**sám(ú)-**Cv́ꜜ	=	(**sám(ú)-**Cv́ꜜ)	=	**sám(ú)-**Cv́Cv́ꜜ
3	**àm-á**Cv́ꜜ	:	**àm(ù)-**Cv́ꜜ	=	(**àm(ù)-**Cv́ꜜ)	=	**àm(ù)-**Cv́Cv́ꜜ
3!	**sás-à**Cv̀	:	**sás-ì**Cv̀	>	(**sásì-**Cv̀)	|	**sásì-**Cv́Cv́ꜜ
L	**nán-à**Cv̀	:	**nán-ì**Cv̀	>	(**nánì-**Cv̀)	|	**nánì-**Cv́Cv́ꜜ
E	**gyágy-á**Cv́ꜜ	:	**gyág-í**Cv́ꜜ	>	(**gyágí-**Cv́ꜜ)	=	**gyágí-**Cv́Cv́ꜜ
D	**gyágy-à**Cv̀	:	**gyág-ì**Cv̀	>	(**gyágì-**Cv̀)	|	**gyágì-**Cv́Cv́ꜜ

7 La segmentation des formes inach.1/2/2! **mám(ú)-**Cv́ꜜ/**ám(ú)-**Cv́ꜜ/**sám(ú)-**Cv́ꜜ ne repose que sur l'amuïssement fréquent de la voyelle (**u**). Elle est plus clairement acquise pour l'inach.3 **àm(ù)-**Cv́ꜜ qui constraste tonalement avec **àm-á**Cv́ꜜ. Les formes du pluriel ne sont, pour une fois, pas strictement parallèles à celles du singulier dans la mesure où l'indice assimile le premier composant du schème verbal de pluriel HꜜH (cf. infra).

Abstraction faite d'autres critères (identité tonale, formation du nom déverbatif par préfixation de **k-̀**) qui justifient en eux-mêmes leur intégration en cl. 2, les verbes "à initiale **i**" ne diffèrent en fait des verbes à initiale consonantique que par la forme divergente de l'indice aor.2 :

cl. 2 (**i**CV)	(**í**)C**v́**↓
cl. 3-8	**á-**CV

Or ces deux formes ont été relevées comme variantes possibles pour quelques verbes de cl. 2 ((**í**)**gbí**↓ ~ **á-gbí**↓ "tu (te) perds", (**í**)**lú**↓ ~ **á-lú**↓ "tu tètes", (**í**)**zɛ́**↓ ~ **á-zɛ́**↓ "tu pètes" et **í**↓**zé** ~ **á-zé**↓ "vous pétez"), ce qui témoigne très clairement de l'attraction analogique que les verbes de classe 3 exercent sur leurs homologues de classe 2.

Par le traitement morphologique qu'il réserve aux différents verbes à initiale **i**, le bagiro représente en fait un état transitoire entre la situation des langues "sara" qui ont préservé ce vocalisme initial (kenga, ngambay, kaba-na, sar) et celles qui l'ont intégralement éliminé (baguirmien, ndoka, mbay). Comparer par exemple bagiro **suà**/inf. **k-ìsuà** "manger", **ìnduā**/inf. **k-ìnduā** "mettre, poser" avec d'une part le kenga (Vandame, 1968) **ɔ̀sɔ̄/k-ɔ̀sɔ̄, ɔ̀ndɔ̄/k-ɔ̀ndɔ̄**, ou le sar (Palayer, 1970) **ìsà/k-ìsà, ìndā/k-ìndā**, et d'autre part le baguirmien (Stevenson, 1969) **sa/kə-sa, nda/kə-nda**, le ndoka (Nougayrol, *comm. pers.*) **swà/k-ùsà, ndwā/k-ùndā**, et surtout le mbay (Caprile, 1969, 1972) **sà/sà, ndā/ndā**, ce dernier allant, semble-t-il, jusqu'à priver ces verbes de leur préfixe d'infinitif.

On a parlé plus haut, pour cette même classe 2, de verbes à initiale postérieure *stable*. Ceci pour les distinguer des verbes à initiale postérieure *instable* (ɔ; ex. **gyɔ̀**/pl. **gyùé** "enfanter, engendrer") qui leur sont rigoureusement identiques à la seule exception des formes aor.2/3, lesquelles s'identifient à celles des verbes à intiale **i** :

Aoriste		ɔ- stable	ɔ- instable
sg.	1	**m-ɔ́Cv́**↓	**m-ɔ́Cɔ́**↓
	2	**w-ɔ́Cv́**↓	(**í**)**Cɔ́**↓
	3	**w-ɔ̀Cv̀**	**Cɔ̀**
	3!	**s-ɔ̀Cv̀**	**s-ɔ̀Cɔ̀**
	etc...		

Le caractère stable/instable de la voyelle postérieure est prédictible et conditionné par le caractère hétérotimbre (|**uCi**|, |**oCi**|, |**ɔCɛ**|) ou isotimbre (|**ɔCɔ**|) du vocalisme de la forme de base en vertu d'un principe de préservation des contrastes vocaliques (cette distinction n'a pas lieu d'être établie dans les classes 1 et 1bis où la voyelle initiale postérieure est *stable* dans tous les cas[8]).

8 La justification de cette stabilité ne doit pas être recherchée dans l'identité des distributions vocaliques (les verbes de cl. 1 comportent eux-mêmes des formes de structure |**ɔCɔ**|) mais dans le caractère contrasté du schème de l'aor.3 (BM) qui bloque alors l'effacement de la voyelle initiale (cf. infra).

Signalons, pour conclure l'analyse segmentale, que l'on n'a pas observé, parmi les verbes de classe 2, ces cas de variations vocaliques ou d'occurrences exceptionnelles d'une initiale ɛ mentionnés plus haut à propos de la classe 1.

Verbes à initiale vocalique : tons

Les verbes à initiale vocalique offrent la particularité commune d'être soumis à des variations du schème tonal dont la répartition relativement aux indices personnels-aspectuels est, à une exception près, identique pour les différentes classes. Chacune de ces dernières voit ainsi alterner deux schèmes respectivement caractérisés comme "bas" (aor.3/3!/L/D, inach.3!/L/D et, pour la seule cl. 1bis, inach.3) et "non-bas" (aor.1/2/E, inach.1/2/2!/E et, pour les seules cl. 1 et 2, inach.3[9]) :

		"bas"	/	"non-bas"
cl.	1	BM	/	MM
	1bis	BM	/	HM
	2	BB	/	HH↓

Se pose donc à nouveau le problème du choix d'un schème fondamental, définitoire de chacune des classes à initiale vocalique. On ne saurait envisager ici l'effet du principe général d'attraction tonale sur un schème "bas" : dans une telle hypothèse le schème BM devrait prendre la forme H↓M et non MM (comme en cl. 1) ou HM (comme en cl. 1bis) ; de plus ce principe n'expliquerait pas qu'un schème "non-bas" apparaisse à l'inach.3 (du moins en cl. 1 et 2) ou qu'à l'inverse un schème "bas" apparaisse à l'inach./3!/L/D. Si l'on veut justifier des variations tonales en terme de réhaussement, celui-ci doit donc résulter d'un principe spécifique, qu'il faut alors mettre en balance avec l'hypothèse d'un abaissement. Partant du principe qu'il est généralement plus avantageux de choisir comme formes fondamentales celles qui révèlent le maximum de distinctions (ici M/H vs. B), on préfèrera considérer que le schème fondamental s'identifie, pour chaque classe, au schème "non-bas" ou, pour être plus exact, à la forme structurelle du schème "non-bas" et que le premier composant de ce schème structurel est systématiquement abaissé par un ton bas *latent* (ou *flottant*) inhérent à certains des indices personnels-aspectuels (*ipa*) :

9 L'inach.3 de cl. 1bis **àm-ɔ̄** "il percevra" constitue la seule véritable irrégularité dans l'ensemble des phénomènes tonals qui sont envisagés ici. Le caractère monosyllabique de **w-ɔ̀¯** "il perçoit" comme le fait qu'il soit l'unique représentant d'une classe originale font obstacle à une éventuelle justification de cette irrégularité. Tout au plus peut-on constater que l'inach.3 de cl. 1bis **àm-ɔ̄** est tonalement identique aux formes correspondantes des monosyllabes de cl. 1 (**àm-ā** "il ira", **àm-ō** "il boira").

cl. 1	|*ipa*-| |MM|	>	*ipa*-MM
	|*ipa*-̀| |MM|	>	*ipa*-BM
cl. 1bis	|*ipa*-| |HM|	>	*ipa*-HM
	|*ipa*-̀| |HM|	>	*ipa*-BM
cl. 2	|*ipa*-| |HB|	>	*ipa*-HH↓
	|*ipa*-̀| |HB|	>	*ipa*-BB

Il faut ici mentionner le fait que, lors d'enquêtes systématiques sur les conjugaisons des verbes de cl. 2, certaines variantes tonales sont apparues pour les formes de l'inach.3!/L sg., notamment **sás-ɔ̀yɛ́↓** pour **sás-ɔ̀yɛ̀** et **nán-ɔ̀yɛ́↓** pour **nán-ɔ̀yɛ̀** ("mourir"), **sás-òɗí↓** pour **sás-òɗì** et **nán-òɗí↓** pour **nán-òɗì** ("creuser"). Ces formes - seules formes "basses" à révéler ce comportement - doivent logiquement s'expliquer comme le résultat d'un effet d'abaissement sur le premier composant du schème *phonologique* HH↓ et non sur celui du schème *structurel* |HB|. Elles peuvent toutefois trouver deux explications historiques : 1) elles constitueraient des innovations et résulteraient d'une attraction analogique des formes "hautes" ou 2) elles constitueraient au contraire les vestiges d'un phénomène d'abaissement spécifique des formes de l'inachevé, postérieur à la fixation du schème phonologique HH↓ et, a fortiori, aux alternances tonales caractéristiques de l'aoriste. On penche plus volontiers pour la seconde hypothèse.

Comme on le verra bientôt de façon plus détaillée, cette solution garantit une grande cohérence dans la formalisation des indices personnels-aspectuels puisque les tons bas *latents* identifiés en présence des verbes à initiale vocalique correspondent à l'amuïssement des seuls composants bas *initiaux* (ex. aor.L **nì/n-̀**) ou *contrastés* (ex. inach.D **gyágì/gyág(y)-̀**) qui sont identifiés en présence des verbes à initiale consonantique[10]. La seule exception est représentée par la forme non concordante de l'inach.3 de cl. 1bis que l'on doit logiquement justifier par un indice irrégulier de forme **àm-̀** (cf. infra).

Chacune des classes à initiale vocalique sera donc identifiée par les formes structurelles suivantes :

cl. 1	|v̄|, |v̄Cv̄|	*à schème variable*
cl. 1bis	|v́¯|	*à schème variable*
cl. 2	|v́Cv̀|	*à schème variable*

Là encore on prendra garde que le schème fondamental définitoire de ces classes diffère de celui de la forme de citation, qui est toujours conventionnellement celle de l'aor.3.

Récapitulatif des classes verbales

L'identité et la représentativité des différentes classes verbales sont résumées dans le Tableau 6.

---

10 La même remarque vaut pour la marque de l'infinitif, **kì/k-̀**.

<table>
<tr><td colspan="3">initiale vocalique (94)</td><td>schème variable (113)</td></tr>
<tr><td>1 (40)</td><td>|v̄| (2)</td><td>|v̄Cv̄| (38)</td><td></td></tr>
<tr><td>1bis (1)</td><td>|v́¯| (1)</td><td></td><td></td></tr>
<tr><td>2 (53)</td><td></td><td>|v́Cv̀| (53)</td><td></td></tr>
<tr><td colspan="4">initiale consonantique (171)</td></tr>
<tr><td>3 (19)</td><td></td><td>|Cv́Cv̀| (17)</td><td>|Cv́Cv̀Cv̀| (1)
(except. |Cv́Cv̀Cv̄| (1))</td></tr>
<tr><td></td><td></td><td></td><td>schème invariable (152)</td></tr>
<tr><td>4 (34)</td><td>Cv́↓ (1)</td><td>Cv́Cv́↓ (32)</td><td>Cv́Cv́Cv́↓ (1)</td></tr>
<tr><td>5 (35)</td><td>Cv̀¯ (8)</td><td>Cv̀Cv̄ (27)</td><td></td></tr>
<tr><td>6 (61)</td><td>Cv̄ (8)</td><td></td><td>Cv̄Cv̄ (53)</td></tr>
<tr><td>7 (5)</td><td></td><td></td><td>Cv́Cv̄ (5)</td></tr>
<tr><td>8 (17)</td><td>Cv́` (2)</td><td>Cv́Cv̀ (12)</td><td>Cv́Cv́Cv̀ (3)</td></tr>
</table>

Tableau 6 : Récapitulatif des classes verbales
(en exposant : représentativité absolue pour un total de 265 verbes)

Les classes "à schème variable" et surtout les classes "à initiale vocalique" sont celles parmi lesquelles on trouve la plus forte proportion de verbes comparables avec les langues apparentées (cf. Boyeldieu, 1989:261, 1991b:285). Sous leur forme actuelle elles constituent donc les meilleurs témoins d'un héritage commun à l'ensemble des langues sara-bongo-baguirmiennes.

En contrepartie les classes "à schème invariable" constituent par excellence le lieu d'accueil des formes étrangères comme des formes dérivées. C'est ainsi que la classe 6, statistiquement prépondérante, comporte une proportion notable de dérivés "intensifs" (cf. infra) tandis que la classe 8 est exclusivement composée d'emprunts (au ngbandi et au français principalement).

On observera à ce propos que l'intégration en classe 8, qui repose sur l'attribution d'un schème invariable HB, est réservée à presque tous les verbes empruntés au ngbandi, et ce quel que soit leur identité tonale dans la langue d'origine :

ngbandi	bagiro	
bàlà	**bálà/bálè´**	*saluer*
bàtà	**bátà/bátè´**	*garder, veiller*
bóngbì	**ɓóngbì/ɓóngbì´**	*rassembler*
dī	**dí`/dí`´**	*critiquer*
kā	**ká`/ké`´**	*vendre*
kángà	**kángà/kángè´**	*(en)fermer*
kìnì	**kínì/kínì´**	*se précipiter*
mándà	**mándà/mándè´**	*apprendre*
pɛ̀tɛ̀	**pɛ́tɛ̀/pétè´**	*appuyer, presser*

sɔ̀sɔ̀	**sɔ́sɔ̀/sósùé**	*piler pour décortiquer*
(**tɔ̀ndɔ̀, tɔ̀mbɔ̀** ?)	**tɔ́tɔ̀/tótùé**	*suivre*
zángbì	**zángbì/zángbì´**	*(s')affronter*
zéngbà	**zéngbà/zéngbè´**	*saluer*

Un unique verbe d'origine ngbandi est intégré en cl. 4 :

zí	**zí↓/zí↓´**	*détacher, défaire*

12.2. Les indices personnels-aspectuels

Personne et aspect connaissent des expressions qui sont si étroitement amalgamées qu'il serait déraisonnable de chercher à leur assigner une forme propre et indépendante. On ne manquera pas bien sûr de remarquer que plusieurs des formes indicielles de l'inachevé semblent résulter d'un redoublement de celles de l'aoriste en vertu d'un modèle C(V) > C**a**C(V)[11]. Mais cette formulation n'est pas généralisable et il convient en fait de caractériser globalement et successivement les personnels de l'aoriste puis ceux de l'inachevé. Sous cette forme amalgamée les indices personnels-aspectuels révèlent d'ailleurs encore plusieurs variantes qui sont complémentairement conditionnées par l'identité morphologique du verbe qui leur succède.

A l'exception de l'aor.3, dont l'identification a déjà fait l'objet d'une discussion à propos des verbes de classe 3, les indices antéposés aux verbes à initiale consonantique sont immédiatement segmentables et formellement invariables :

aor. 1	**mú**	inach. 1	**mám(ú)**
2	**á**	2	**ám(ú)**
-	-	2!	**sám(ú)**
3	|Ø̀-|	3	**àm(ù)**
3!	**sì**	3!	**sásì**
L	**nì**	L	**nánì**
E	**gí**	E	**gyágí**
D	**gì**	D	**gyágì**

La voyelle finale des indices inach.1/2/2!/3, clairement identifiée en élocution lente, est couramment amuïe. Il s'agit là d'un phénomène qui n'est pas propre à la morphologie verbale mais qui peut affecter d'autres successions (-)**amu** (cf. 2.2.).

---

11 Sans doute l'inachevé résulte-t-il historiquement, comme c'est encore clairement le cas dans certaines langues apparentées (voir notamment l'*inachevé* du sar (Palayer, 1970:85) et l'*éventuel* du mbay (Caprile, 1972:36-37)), d'une construction sérielle à partir du verbe **à**¯ "il va, part". Si tel est bien le cas certaines formes personnelles ont toutefois subi des modifications telles que cette explication ne peut plus être envisagée d'un point de vue synchronique.

L'identification des formes indicielles qui sont préfixées aux verbes à initiale vocalique est plus délicate non pas tant parce qu'elle doit rendre compte de variantes diverses mais parce qu'elle doit traduire certaines manifestations négatives comme la suppression d'un élément segmental (voyelle) morphologiquement constitutif du verbe. Dans ce dernier cas l'amalgame de l'indice et du verbe devient irréductible. Ces formes sont exposées dans le Tableau 7.

initiale	**a**	**u/o/ɔ** *stables*	**ɔ** *instable* (cl. 2)	**i** cl. 1	**i** cl. 2
aor.					
1	**mᵘ-**	.....	.....	.....	.....
2	**Ø**	**w-**	[(**i**)CV]	**Ø**	[(**i**)CV]
3	**Ø-̀**	**w-̀**	**Ø-̀**[CV]	**Ø-̀**	**Ø-̀**[CV]
3!	**s-̀**	.....	.....	.....	.....
L	**n-̀**	.....	.....	.....	.....
E	**g(y)-**	.....	.....	.....	.....
D	**g(y)-̀**	.....	.....	.....	.....
inach.					
1	**mám-**	.....	.....	**mám(ú)-**[CV]	.....
2	**ám-**	.....	.....	**ám(ú)-**[CV]	.....
2!	**sám-**	.....	.....	**sám(ú)-**[CV]	.....
3	**àm-**	.....	.....	**àm(ù)-**[CV]	.....
		àm-̀ (cl. 1bis)			
3!	**sás-̀**	.....	.....	.....	.....
L	**nán-̀**	.....	.....	.....	.....
E	**gyág(y)-**	.....	.....	**gyágí-**[CV]	**gyág(y)-**
D	**gyág(y)-̀**[12]	.....	.....	.....	.....

Tableau 7 : Formes indicielles préfixées aux verbes à initiale vocalique

On observera que le conditionnement principal des variantes tient plus à l'identité de la voyelle initiale qu'à la classification verbale qui n'intervient que de façon secondaire (pour le seul cas d'une initiale **i**).

Pour l'essentiel les formes indicielles de ce deuxième ensemble sont caractérisées par des formes C-, VC- ou CVC- qui sont rigoureusement

12 Les indices inach.E/D connaissent des variantes **ág(y)-** et **ág(y)-̀** qui semblent toutefois réservées au seul verbe de cl. 2 **àkɔ̀** "voir, regarder" : **gyágy-ákɔ́↓** ~ **ágy-ákɔ́↓** "nous (excl.) voyons", **gyágy-àkɔ̀** ~ **ágy-àkɔ̀** "nous (duel) voyons", **gyágy-àkué** ~ **ágy-àkué** "nous (incl.) voyons".

complémentaires des formes CV, VCV ou CVCV antéposées aux verbes à initiale consonantique. On observe de plus que l'absence de voyelle finale, qui doit naturellement être imputée à la forme canonique structurelle (|V| ou |VCV|) des verbes concernés, ne compromet pas l'identité des composants tonals bas supportés par cette voyelle : ces derniers subsistent - à moins qu'ils ne soient eux-mêmes précédés d'un autre composant bas - sous forme de ton *latent* inhérent à la forme préfixée :

aor.	3!	**sì**	/	**s-̀**
	L	**nì**	/	**n-̀**
	D	**gì**	/	**g-̀**
inach.	3!	**sásì**	/	**sás-̀**
	L	**nánì**	/	**nán-̀**
	D	**gyágì**	/	**gyág(y)-̀**

Voyelle et ton sont en revanche intégralement élidés lorsque ce ton est haut ou encore lorsqu'il est bas et précédé d'un premier composant bas dans la syllabe précédente (inach.3) :

aor.	1	**mú**	/	**mᵘ-**[13]
	E	**gí**	/	**g(y)-**
inach.	1	**mám(ú)**	/	**mám-**
	2	**ám(ú)**	/	**ám-**
	2!	**sám(ú)**	/	**sám-**
	3	**àm(ù)**	/	**àm-** (cl. 1bis **àm-̀**)
	E	**gyágí**	/	**gyág(y)-**

Des remarques identiques peuvent être faites respectivement pour les formes non régulières de l'aor.3 (**∅-̀** / **∅-̀** ~ **w-̀** ~ **∅-̀**[CV]) et pour celles de l'aor.2 (**á** / **∅-** ~ **w-** ~ [(i)CV]).

Cette caractérisation complémentaire des indices personnels-aspectuels permet de rendre compte d'une façon très cohérente des variations tonales manifestées par les verbes des classes 1, 1bis, 2 et 3 (seules classes à schème tonal variable) en énonçant le principe selon lequel *les tons bas finals contrastés des indices personnels-aspectuels sont toujours manifestés soit dans la forme segmentale de l'indice soit, à défaut, dans celle du verbe*[14]. Pour les verbes de classe 3, verbes à initiale consonantique, ce composant tonal est toujours réalisé dans l'indice, à la seule exception de l'aor.3 qui, symbolisé par **∅-̀**, n'a pas d'expression segmentale et voit donc modifier le schème tonal

13 L'indice vocalique placé en exposant de la consonne traduit l'effet de postériorisation-arrondissement que celle-ci exerce sur la seule voyelle verbale initiale antérieure-étirée, **i** (> **u**).

14 Le même principe est applicable aux deux variantes **kì/k-̀** du préfixe d'infinitif.

fondamental. Pour les verbes de cl. 1, 1bis et 2 au contraire, verbes à initiale vocalique, ce composant tonal bas, qui ne peut jamais être exprimé dans la forme préfixée de l'indice, se reporte dans tous les cas sur un segment vocalique constitutif du verbe et conditionne ainsi toutes les occurrences d'une forme "basse" du schème tonal verbal.

On soulignera par ailleurs le parallélisme des variantes préfixées pour les deux indices aor.2 et 3. Tous deux ont une expression segmentale nulle (Ø- et Ø-̀) devant **a** ou, pour la seule cl. 1, devant **i**; ils prennent la forme d'une continue labio-vélaire (**w-** et **w-̀**) devant voyelle postérieure *stable*; ils se manifestent enfin de façon négative à travers la suppression - non systématique mais tendancielle en aor.2 - de l'initiale **i** ou postérieure *instable* des verbes de cl. 2 ([(i)CV] et Ø-̀[CV]).

Le comportement divergent des classes 1 et 2 à l'égard de ces voyelles initiales (**i** et **ɔ** *instable*) s'explique d'abord par l'identité phonologique du schème tonal porté par le verbe à l'aor.3 : la voyelle est élidée sous un schème tonal isotone (cl. 2 : BB) mais maintenue sous un schème tonal contrasté (cl. 1 : BM)[15]. Par analogie, et bien que le schème du verbe soit alors isotone (HHꜜ), le même comportement s'étend - tendanciellement - aux formes de l'aor.2 des seuls verbes de cl. 2 :

cl. 1	|**īsɔ̄**|	*tomber*	**ìsɔ̄**	*il tombe*
			īsɔ̄	*tu tombes*
cl. 2	|**ísuà**|	*manger*	**suà**	*il mange*
			(í)suáꜜ	*tu manges*
	|**ɔ́gyɔ̀**|	*enfanter*	**gyɔ̀**	*il enfante*
			(í)gyɔ́ꜜ	*tu enfantes*

En revanche les voyelles initiales **a** et **ɔ** *stable* (distribution hétérotimbre) des verbes de classe 2 ne sont, comme en classe 1, jamais élidées :

cl. 1	|**ānyā**|	*courir*	**ànyā**	*il court*
			ānyā	*tu cours*
	|**ɔ̄dɛ̄**|	*extraire*	**w-ɔ̀dɛ̄**	*il extrait*
			w-ɔ̄dɛ̄	*tu extrais*
	|**ɔ̄lɔ̄**|	*grossir*	**w-ɔ̀lɔ̄**	*il grossit*
			w-ɔ̄lɔ̄	*tu grossis*
cl. 2	|**ákɔ̀**|	*voir*	**àkɔ̀**	*il voit*
			ákɔ́ꜜ	*tu vois*
	|**ɔ́yɛ̀**|	*mourir*	**w-ɔ̀yɛ̀**	*il meurt*
			w-ɔ́yɛ́ꜜ	*tu meurs*

15 A plus forte raison ce maintien s'observe-t-il dans le cas du monosyllabe seul représentant de la classe 1bis : |ɔ̀¯| "percevoir", **w-ɔ̀¯** "il perçoit".

A l'inachevé enfin les verbes à initiale **i** des deux classes 1 et 2 tendent, de façon générale, à se comporter comme des verbes de forme [CV] qui sont précédés des formes indicielles propres aux verbes à initiale consonantique. Cette analyse s'impose au moins déjà pour les indices suivants[16] :

inach. 1	**mám(ú)**-[CV]	(cl. 1 et 2)
2	**ám(ú)**-[CV]	(cl. 1 et 2)
2!	**sám(ú)**-[CV]	(cl. 1 et 2)
3	**àm(ù)**-[CV]	(cl. 1 et 2)
E	**gyágí**-[CV]	(cl. 1)

12.3. Le pluriel

Le morphème de pluriel connaît différentes expressions formelles qui sont complémentaires et partiellement conditionnées par l'identité canonique du verbe auquel il est, selon les cas, postposé ou suffixé.

Il s'exprime sous la forme segmentable **kí** - ou dans deux cas exceptionnels **yí** - avec la majorité des verbes fondamentalement monosyllabiques (V ou CV). Sa présence entraîne, le cas échéant, la fermeture d'un vocalisme verbal de troisième degré (**ɛ/ɔ** > **e/o**). Exemples :

w-ò¯/pl. **w-ò-kí** (cl. 1)	*boire*
ɗè¯/pl. **ɗè-kí** (cl. 5)	*venir*
bɔ̀¯/pl. **bò-kí** (cl. 5)	*être grand*
ndɛ̀¯/pl. **ndè-kí** (~ **ndè´**) (cl. 5)	*emprunter*
ɓī/pl. **ɓī-kí** (cl. 6)	*dormir*
kū/pl. **kū-kí** (cl. 6)	*pleurer*
à¯/pl. **à-yí** (cl. 1)	*aller, partir*
w-ɔ̀¯/pl. **w-ò-yí** (cl. 1bis)	*entendre*

Il prend par ailleurs, et beaucoup plus fréquemment, la forme d'une altération vocalique et/ou tonale affectant le verbe, altération que l'on justifie par la suffixation d'une variante |**-í**| dont les effets formels ont été détaillés au chap. 7.

Le suffixe |**-í**| représente de toute évidence l'avatar d'un morphème **kí**, lequel n'a préservé sa forme originelle - parfois déjà amuïe en **yí** - qu'avec certains des verbes monosyllabiques. On rappellera à ce propos que la suffixation de la variante |**-í**| s'applique au schème tonal *phonologique* du verbe et non à son schème *structurel*, ce qui semble indiquer que l'évolution de **kí** en une altération vocalique et/ou tonale est historiquement postérieure à la fixation du schème phonologique lexical HH$^{\downarrow}$.

---

16 Du moins pour les formes du singulier, cf. supra, note 7.

Cette seconde variante est de règle pour tous les verbes fondamentalement polysyllabiques; exemples :

ìsɔ̄/pl. **ìsué** (cl. 1)	*tomber*
ɓɛ̀/pl. **ɓè´** (cl. 2)	*piler*
náwú↓/pl. **ná↓wú** (cl. 4)	*bailler*
fɛ́lɛ̄/pl. **félē´** (cl. 7)	*surveiller*

Elle l'est également pour huit des vingt-deux verbes monosyllabiques recensés dans le corpus :

zí↓/pl. **zí↓´** (cl. 4)	*défaire, détacher*
tɛ̀¯/pl. **tè´** (cl. 5)	*ouvrir, découvrir*
ndā/pl. **ndē´** (cl. 6)	*être couché*
ndɔ̄/pl. **ndūé** (cl. 6)	*goûter*
sā/pl. **sē´** (cl. 6)	*prendre (une quantité)*
tā/pl. **tē´** (cl. 6)	*faire, agir*
dí`**/pl. **dí`´ (cl. 8)	*dire, critiquer*
ká`**/pl. **ké`´ (cl. 8)	*vendre*

Si la forme **kí** ou **yí** du pluriel est réservée aux verbes monosyllabiques, l'inverse n'est donc pas vrai. La faible représentativité des monosyllabes ne permet pourtant pas de dégager clairement parmi ces derniers les traits qui conditionneraient le choix de l'une ou l'autre variante. Tout au plus peut-on remarquer que les formes **kí** et **yí**, plus archaïques, sont inconnues des verbes de classe 6 dont le vocalisme est ouvert (**a** et **ɔ**) ainsi que des verbes de classe 8, d'acquisition plus récente. Le verbe de classe 5 **ndɛ̀¯**/pl. **ndè-kí** ~ **ndè´** "emprunter" offre par ailleurs l'unique exemple d'un choix libre entre les deux formes du pluriel.

La suffixation au verbe du pluriel de forme |**-í**| entraîne des modifications tonales qui sont conformes à un modèle morphologique plus général, précédemment exposé au chap. 7. Il faut préciser toutefois que le schème de pl. MH (sg. MM) est exceptionnellement réalisé comme un simple ton haut dans le cas d'un verbe monosyllabique succédant directement à un ton bas dans la forme de l'indice personnel-aspectuel. Cette situation concerne les formes de l'aor.D/3!/L et celles de l'inach-D/3/3!/L des verbes de classe 6 (ex. **tā**/pl. **tē´** "faire") ainsi que celle de l'inach.3 des verbes de classe 1 à initiale **i** (ex. **ìsɔ̄**/pl. **ìsué** "tomber"), lesquels se comportent précisément, dans ce cas, comme des verbes monosyllabiques à initiale consonantique :

		sg.	pl.
(cl. 6)			
aor.	D	**gì-tā**	**gì-té**
	3!	**sì-tā**	**sì-té**
	L	**nì-tā**	**nì-té**
inach.	D	**gyágì-tā**	**gyágì-té**
	3	**àm(ù)-tā**	**àm(ù)-té**
	3!	**sásì-tā**	**sásì-té**
	L	**nánì-tā**	**nánì-té**
(cl. 1, init. **i**)			
inach.	3	**àm(ù)-sɔ̄**	**àm(ù)-sué**

L'identité du schème de pluriel MH est en revanche préservée lorsque celui-ci contraste directement avec un ton haut dans la forme de l'indice qui précède, ce qui est le cas par exemple de l'inach.2 :

	sg.	pl.
(cl. 6)		
inach. 2	**ám(ú)-tā**	**ám(ú)-tē´**
(cl. 1, init. **i**)		
inach. 2	**ám(ú)-sɔ̄**	**ám(ú)-sūé**

Une autre exception concerne la réalisation du schème de pluriel H↓H (sg. HH↓) dont le composant initial est (ou tend à être) assimilé par les formes indicielles inach.2/2!/3 dans le cas des verbes de classe 2 à initiale **i** (ex. **suà**/pl. **sùé** "manger") :

		sg.	pl.
(cl. 2, init. **i**)			
inach.	2	**ám(ú)-suá↓**	**ám(ú)↓sué**
	2!	**sám(ú)-suá↓**	**sám(ú)↓sué**
	3	**àm(ù)-suá↓**	**àmú↓sué** ~ **à´m↓sué** (ou, sans assimilation, **àm-sué↓´**

La postposition au verbe du pluriel sous sa forme segmentale **kí** ou **yí** est également susceptible d'exercer une influence sur l'identité tonale de la forme de base - alors toujours monosyllabique - qu'est celle du singulier. C'est ainsi que les schèmes BM des formes aor.D/3/3!/L et inach.D/3!/L des classes 1 (ex. **à¯**/pl. **à-yí** "aller", **w-ò¯**/pl. **w-ò-kí** "boire") et 1bis (**w-ɔ̀¯**/pl. **w-ò-yí** "percervoir") prennent systématiquement au pluriel la forme d'un simple ton bas. Soit, pour n'en donner que quelques illustrations :

		sg.	pl.
(cl.1)			
aor.	3	**à¯**	**à-yí**
		w-ò¯	**w-ò-kí**
inach.	D	**gyágy-à¯**	**gyágy-à-yí**
		gyágy-ò¯	**gyágy-ò-kí**
(cl. 1bis)			
aor.	3	**w-ɔ̀¯**	**w-ò-yí**
inach.	D	**gyágy-ɔ̀¯**	**gyágy-ò-yí**

Le même principe d'amuïssement d'un composant moyen encadré par les deux registres extrêmes bas et haut peut expliquer, en classe 5 (ex. **ɗò¯**/pl. **ɗò-kí** "partir"), les variations tonales de l'aor.3 :

		sg.	pl.
(cl. 5)			
aor.	3	**ɗò¯**	**ɗò-kí**

Il ne permet pas en revanche de comprendre celles de l'aor.D/3!/L et de l'inach.D/3/3!/L qui voient substituer un ton bas du pluriel à un ton moyen du singulier :

		sg.	pl.
(cl. 5)			
aor.	D	**gì-ɗō**	**gì-ɗò-kí**
	3!	**sì-ɗō**	**sì-ɗò-kí**
	L	**nì-ɗō**	**nì-ɗò-kí**
inach.	D	**gyágì-ɗō**	**gyágì-ɗò-kí**
	3	**àm(ù)-ɗō**	**àm(ù)-ɗò-kí**
	3!	**sásì-ɗō**	**sásì-ɗò-kí**
	L	**nánì-ɗō**	**nánì-ɗò-kí**

On sait que les tons moyens du singulier résultent de l'assimilation par l'indice personnel du premier composant tonal d'un schème BM définitoire des verbes de classe 5 et révélé sous sa forme intégrale dans les verbes dissyllabiques (cf. supra). D'une certaine façon on retrouve donc ici une situation comparable à celle des cas précédents (composant moyen amuï dans une succession BM-H) mais il reste toutefois à comprendre pourquoi le composant initial du schème BM n'est pas, au pluriel, assimilé par l'indice. L'explication la plus logique en est que ces successions d'un verbe monosyllabique et du pluriel sous sa forme **kí** sont globalement traitées comme des formes verbales dissyllabiques dont le comportement tonal est parallèle à celui des verbes fondamentalement dissyllabiques de même classe (ex. **sùlī**/pl. **sùlí** "crier"). Le même principe peut être appliqué au comportement des verbes de classe 1 (ex. **à¯**/pl. **à-yí** "aller" et **w-ɔ̀ɗɛ̄**/pl. **w-òɗé** "extraire"), l'unique représentant de la classe 1bis n'ayant pas de partenaire dissyllabique. Soit, pour n'en reprendre que quelques illustrations :

		sg.	pl.
(cl. 5)			
aor.	D	**gì-ɗō**	**gì-ɗò-kí**
		gì-sùlī	**gì-sùlí**
inach.	L	**nánì-ɗō**	**nánì-ɗò-kí**
		nánì-sùlī	**nánì-sùlí**
(cl. 1)			
aor.	D	**gy-à¯**	**gy-à-yí**
		gy-ɔ̀ɗɛ̄	**gy-òɗé**
inach.	L	**nán-à¯**	**nán-à-yí**
		nán-ɔ̀ɗɛ̄	**nán-òɗé**

En d'autres termes le pluriel **kí ~ yí** n'est pas ici simplement postposé au verbe mais tend au contraire à faire corps avec lui et à se comporter comme un suffixe[17]. Cette façon d'interpréter les faits peut être étendue à toutes les formes du pluriel des verbes de classe 1 mais elle est mise en défaut par les autres formes du pluriel des verbes de classe 5 (aor.2 et inach.2/2!), dont l'identité tonale diverge de celle de leurs partenaires dissyllabiques :

		sg.	pl.
(cl. 5)			
aor.	2	**á↓ɗō**	**á↓ɗō-kí**
		á-sú↓lī	**á-sú↓lí**
inach.	2	**ám(ú)↓ɗō**	**ám(ú)↓ɗō-kí**
		ám(ú)-sú↓lī	**ám(ú)-sú↓lí**
	2!	**sám(ú)↓ɗō**	**sám(ú)↓ɗō-kí**
		sám(ú)-sú↓lī	**sám(ú)-sú↓lí**

Le statut morphologique des formes de pluriel verbal en **kí ~ yí** est donc, en classe 5 du moins, éminemment ambigu. Cette situation résulte apparemment d'une concurrence entre deux principes analogiques qui prennent respectivement pour référence soit les formes correspondantes du singulier soit les formes correspondantes des dissyllabes.

Il est remarquable que les différentes irrégularités tonales qui viennent d'être exposées pour les deux situations d'un pluriel amalgamé (|**-í**|) ou

---

17 Rappelons ici que les formes **kí** ou **yí** du pluriel verbal ont également pour effet d'altérer les vocalismes **ɛ** (>**e**) et **ɔ** (>**o**) de la forme verbale du singulier.

postposé (**-kí/-yí**) concernent dans tous les cas l'identité de schèmes hétérotones supportés par des verbes *monosyllabiques*, schèmes dont l'un des composants se voit assimiler ou même simplement évacuer lorsque sa fonction contrastive est nulle. Ces "exceptions" pourraient donc être comprises comme l'effet d'un *principe de réajustement avec préservation des contrastes*, lequel expliquerait également les formes du singulier des monosyllabes de classe 5 (cf. supra)[18].

12.4. Formes structurelles, formes de citation et diachronie

A plusieurs reprises on a fait état de divergences entre les formes verbales fondamentales telles qu'elles ont été identifiées dans le présent chapitre et les formes qui sont pratiquement et conventionnellement adoptées pour citer les verbes d'une façon plus courante (comme dans le lexique par exemple). Cette double approche n'est pas vaine. On a montré que les variations tonales des verbes bagiro s'expliquent selon les cas par deux principes radicalement distincts : les verbes de classe 5 (morphologiquement "invariables") sont, sous l'effet des indices personnels-aspectuels de ton final haut, soumis au phénomène général d'attraction d'un registre haut sur un registre bas successif tandis que les verbes de classe 1, 1bis, 2 et 3 sont, sous l'effet des indices personnels-aspectuels de ton final bas, soumis à un principe d'abaissement qui leur est spécifique et, en tant que tels, définis comme morphologiquement "variables". Il en résulte que le schème fondamental des verbes de classe 5 s'identifie à celui de l'aor.3, tandis que celui des verbes des classes 1, 1bis, 2 et 3 s'identifie à celui de l'aor.1/2. Cette caractérisation trouve sa pleine justification dans la logique d'une étude minutieuse des principes qui régissent la morphologie du verbe et des morphèmes qui lui sont étroitement associés. Elle est en revanche beaucoup moins adéquate dans la perspective d'une identification pratique des verbes qui sont au contraire commodément cités sous une forme constante - par convention celle de l'aor.3 - quelle que soit leur identité classificatoire. Chacune de ces deux approches, éventuellement divergentes mais non contradictoires, répond donc à une pertinence qui lui est propre.

La spécificité du point de vue morphologique se manifeste encore par contraste avec l'interprétation historique des faits linguistiques. Si l'analyse

---

[18] Ce sont notamment des phénomènes de cette nature qui ont contribué au développement de la théorie autosegmentale (cf. par ex. Clements et Goldsmith/éds (1984) ou Philippson (1991)). Peut-être une analyse de ce type permettrait-elle ici de rendre compte de l'ensemble des faits d'une façon plus élégante et plus systématique. La tentative reste à faire.

synchronique du bagiro conduit à identifier le schème fondamental des classes "variables" à celui des formes de l'aor.1/2, cette solution ne préjuge en rien de la diachronie : j'ai notamment tenté de montrer par ailleurs, pour une langue étroitement apparentée comme le sar, que les verbes de cl. 1 et 2 - ou leurs homologues - résultent historiquement de la fusion deux à deux de quatre classes distinctes, respectivement identifiées, dans un système originel, les unes par ce qui correspondait au schème de l'aor.1/2, les autres par ce qui correspondait au schème de l'aor.3 (Boyeldieu, 1991b). Là encore les deux perspectives morphologique et historique, bien qu'en étroite affinité, répondent à deux logiques propres et irréductibles. L'interprétation synchronique des phénomènes parallèles de variations tonales qui s'observent dans la morphologie verbale des langues apparentées a d'ailleurs trouvé des solutions variables selon les auteurs. Ceux-ci font le plus souvent de l'aor.3 la forme fondamentale et/ou forme de citation du verbe : ainsi Vandame (1968) pour le kenga, Palayer (1970:78, 1989:346-348) pour le sar, Caprile (1972:26-27) pour le mbay et Djarangar (1988) pour le bédjondé. Mais la solution inverse (forme fondamentale et de citation tonalement identifiée à celles de l'aor.1/2) a été retenue par Ndjerassem (1982:98-99) pour le ngambay[19].

12.5. Dérivation verbale

L'identité classificatoire est éminemment mise en jeu par les procédés de dérivation interne qui associent deux verbes formellement et sémantiquement apparentés. Le corpus lexical dont on dispose est trop modeste toutefois pour que l'on puisse prétendre à quelqu'exhaustivité concernant l'identité, la productivité et la valeur précise de ces modèles dérivationnels. Les observations qui suivent sont donc essentiellement indicatives.

Le procédé le plus clairement attesté fait des verbes de classe 1 ou 2 (verbes "à initiale vocalique") des verbes de classe 6 (verbes "à initiale consonantique") préfixés par **t-**. Bien qu'elle soit rarement explicite dans la traduction assez succincte que l'on peut proposer pour chaque verbe, ce procédé semble conférer au dérivé une valeur "intensive" qui peut se manifester soit à travers une intensification (prolongation ou répétition) du procès soit à travers une pluralité de l'un ou des actants (agent et/ou patient). Exemples :

---

19 La position que j'ai moi-même adoptée pour le fer et le yulu (Boyeldieu, 1987), laquelle consiste à définir toute classe verbale par l'association de deux schèmes tonals (identiques ou distincts), est en quelque sorte indécise. Mais il n'est pas certain que les schèmes plus diversifiés du yulu puissent être réduits d'une façon simple.

cl. 1 > cl. 6

ìfɛ̄	*dépiauter*
> **tɛ̄fɛ̄**	*décortiquer, éplucher, écorcer*
ìnā	*viser, atteindre, poser, émettre, lancer*
> **tīnā**	*viser (plusieurs choses, une chose parmi plusieurs)*
w-ɔ̄ɗɛ̄	*extraire, enlever, arracher*
> **tɔ̄ɗɛ̄**	*extraire, arracher*
ìzū	*tirer*
> **tūzū**	*tirer*

cl. 2 > cl. 6

ɓɔ̀	*(se) rencontrer*
? > **tɔ̄ɓɔ̄**	*(pour)chasser, renvoyer*
nyɔ̀	*sucer*
> **tɔ̄nyɔ̄**	*sucer*
ɓà (**káyɛ̄**)	*crier*
> **tūɓā** (**káyɛ̄**)	*crier*
gù	*pincer, gratter*
> **tūgū**	*gratter (le corps), frotter*
gyuà	*couper (par friction)*
> **tūgyuā**	*couper (par friction)*
kuà	*saisir, affecter*
> **tūkuā**	*saisir, attraper, subvenir aux besoins de (qqn)*

Parmi les 61 verbes recensés en classe 6 on n'en dénombre pas moins de 20 dont l'initiale est un **t-**, ce qui laisse penser que ce modèle a été particulièrement productif s'il ne l'est encore.

La classe 4 a pu constituer une autre classe d'accueil pour des verbes eux-mêmes préfixés en **t-** (avec quelle valeur ?). Comparer notamment **ìkɔ̄** (cl. 1) "tendre un piège" et **tɔ́kɔ́ꜜ** (cl. 4) "attacher", **ndɔ̄gyɔ̄** (cl. 6, lui-même dérivé ?) "montrer, enseigner" et **tɔ́gyɔ́ꜜ** (cl. 4) "compter". Là encore on dénombre 12 verbes à initiale **t-** parmi les 34 représentants de la classe 4.

Enfin des exemples plus limités pourraient constituer des vestiges de dérivations en **nz-** : **ìgyɔ̄** (cl. 1) "conseiller" et **nzùgyɔ̀** (cl. 3) "demander, interroger" (voire **bɔ̀gyɔ̄** (cl. 5) "parler" ?), **gbɔ̀** (cl. 2) "laver (un objet, une partie du corps)" et **nzùgbɔ̄** ~ **nzìgbɔ̄** (cl. 5) "laver (le corps en entier)", ou encore en **s-** : **ìkpā** (cl. 1) "(se) pousser" et **sūkpā** (cl. 6) "(se) pousser, s'écarter, se retirer".

13. LE SYNTAGME VERBAL

Le présent chapitre a pour objet l'identification et la systématisation des différentes unités grammaticales qui, leur présence fût-elle facultative, entretiennent avec le verbe des relations étroites et privilégiées qui sont en quelque sorte "antérieures" à la prise en charge de la fonction prédicative par le groupe verbal qu'elles contribuent précisément à fonder. En d'autres termes on ne traite pas ici des unités - notamment adverbes ou modalités de proposition - qui peuvent exprimer des valeurs explicitement aspectuelles ou temporelles mais sont néanmoins extérieures au syntagme verbal à proprement parler et ne se définissent par rapport au verbe qu'en tant que celui-ci constitue le noyau prédicatif de l'énoncé ou de la proposition (sur les éléments constitutifs de l'énoncé à prédicat verbal, cf. 14.).

Pris dans son sens strict le syntagme verbal du bagiro se caractérise par la relative économie des valeurs qu'il permet d'exprimer puisqu'on y distingue au plus trois (2+1) formes essentielles, *aoriste*, *inachevé* et *injonctif*, constitutives du syntagme minimal (irréductible), lesquelles peuvent, sous réserve de fortes restrictions combinatoires, être complétées par l'un des trois aspectifs, *continu*, *successif* et *itératif*, qui sont toujours de nature expansive.

Un autre trait remarquable du système tient au fait - illustré dans le précédent chapitre - que les modalités verbales essentielles ne sont pas tant liées à l'expression du verbe qu'à celle des "personnes" qui le précèdent. Quant aux aspectifs, ceux-ci sont antéposés aux indices personnels-aspectuels en sorte que l'expression de la "personne" est encore plus clairement intégrée au sein de cet ensemble que constitue le syntagme verbal prédicatif.

Cette sorte d'asservissement de la marque personnelle au prédicat verbal, plus sensible ici qu'il ne l'est dans beaucoup d'autres langues, a plusieurs sortes de conséquences. Dans le fonctionnement de la langue tout d'abord, indice personnel-aspectuel et verbe sont indissociables et leur succession - qui tend précisément à s'amalgamer - n'admet ni insertion ni suppression (le sujet nominal en particulier ne commute pas avec les indices mais s'ajoute à certains d'entre eux). D'un point de vue pratique ensuite, la description tant morphologique que syntaxique du groupe verbal ne peut faire abstraction des indices personnels qui sont précisément chargés des marques essentielles. De façon plus théorique enfin, l'analyse fonctionnelle des indices personnels pose problème : faut-il, comme on serait a priori tenté de le faire, y reconnaître des éléments extérieurs au groupe verbal, propres à assumer une fonction nécessaire de sujet, ou ne convient-il pas au contraire de les considérer comme des éléments constitutifs du syntagme verbal prédicatif et faire du sujet une fonction facultative (dans l'énoncé à prédicat verbal), éventuellement assumée par les seuls nominaux (nom ou quasi-nominal) ? Considérant que l'analyse syntaxique ne peut, sans risque pour sa validité, faire fi des formes à travers lesquelles s'expriment ces relations, on penche plus volontiers pour cette dernière interprétation : l'indice personnel sera donc clairement analysé comme un élément interne au syntagme verbal[1]. Cette position n'interdit d'ailleurs nullement, lorsqu'aucun sujet n'est exprimé, de traiter sémantiquement l'indice personnel comme un "actant" du "procès".

13.1. Le système des "personnes"

Le précédent chapitre a conduit à l'identification de sept/huit formes personnelles parallèles pour chacun des deux paradigmes de l'aoriste et de l'inachevé, soit 1, 2, 3, 3!, L, E, D et, pour le seul inachevé, 2!. Compte tenu même de la complémentarité aoriste/inachevé, ces huit formes distinctes ne sont encore pas toutes pertinentes du point de vue du système référentiel des "personnes" rapportées au verbe puisque, comme on va le voir par la suite, les oppositions 2/2! et 3/3! ont une valeur exclusivement modale. La langue distingue donc à proprement parler six "personnes" dont les traductions sont partiellement dédoublées sous l'effet de leur combinaison éventuelle avec le pluriel verbal. On en propose la systématisation suivante, directement inspirée de celle que Caprile (1972:27) a dégagée pour le mbay (les indices personnels-aspectuels sont cités sous les deux variantes aoriste/inachevé que l'on rencontre devant les verbes à initiale consonantique) :

		(sg.)	+ pl.
1	**mú/mám(ú)**	*je*	-
2	**á/ám(ú)**	*tu*	*vous*
2!	--/**sám(ú)**	*tu (injonctif)*	*vous (injonctif)*
3	**Ø̀-/àm(ù)**	*il/elle*	*ils/elles*
3!	**sì/sásì**	*il/elle (injonctif)*	*ils/elles (injonctif)*
L	**nì/nánì**	*il/elle (logophorique)*	*ils, elles (logophorique)*
E	**gí/gyágí**	*nous (exclusif)*	-
D	**gì/gyágì**	*nous (duel)*	*nous (inclusif)*

► 1 réfère exclusivement au locuteur ("je") et n'est pas combinable avec le pluriel, ex. :

[1] Ce point de vue rejoint celui qu'adopte Palayer (1989:411-413) dans le cas du sar.

mú-tā kúgí	*je construis une maison*
mám(ú)-tā kúgí	*je construirai une maison*

► 2 et 2! réfèrent à l'interlocuteur ("tu") ou, en présence du pluriel, aux interlocuteurs ("vous") :

á-tā kúgí	*tu construis une maison*
ám(ú)-tā kúgí	*tu construiras une maison*
á-tē´ kúgí	*vous construisez une maison*
ám(ú)-tē´ kúgí	*vous construirez une maison*
sám(ú)-tā kúgí↓ ànɛ̄	*ne construis pas de maison!*
sám(ú)-tē´ kúgí↓ ànɛ̄	*ne construisez pas de maison!*

► 3 et 3! réfèrent au(x) tiers, sans distinction sexuelle ("il/elle, ce" ou, avec le pluriel, "ils/elles, on") :

tā kúgí	*il/elle construit une maison*
àm(ù)-tā kúgí	*il/elle construira une maison*
tē´ kúgí	*ils/elles construisent une maison*
àm(ù)-té kúgí	*ils/elles construiront une maison*
sì-tā kúgí	*qu'il/elle construise une maison!*
sásì-tā kúgí↓ ànɛ̄	*qu'il/elle ne construise pas de maison!*
sì-té kúgí	*qu'ils/elles construisent une maison!*
sásì-té kúgí↓ ànɛ̄	*qu'ils/elles ne construisent pas de maison!*

On notera que 3 peut, au singulier, référer à un inanimé ("ce, cela") :

nzàfà bɛ̀	/aor.3 + être blanc/stat./	*c'est blanc*
māɗā kɔ̄	/aor.3 + être fini/acc./	*c'est (déjà) fini*

et, au pluriel, à un ensemble d'animés plus ou moins indéterminés ("on, des gens") :

ndìɗí kúsuà àdí bísí (II, 8)
/aor.3 + faire cuire + pl./nourriture/aor.3 + donner + pl./chien/
on prépare de la nourriture pour le chien

... bùlé túlù w-ɔ̀yɛ̀ kɔ̄ kɔ́ nù´ túlù (I, 121)
.../père/T./aor.3 + mourir/acc./puis/aor.3 + prendre + pl./T./
... quand le père de Tulu est mort, on a pris Tulu [comme chef]

gyùé mā kākpō ɗà
/aor.3 + enfanter + pl./moi/K./là/
*je suis né [*litt. *on m'a enfanté] à Kakpo*

► L réfère à ce tiers spécifique ("il/elle" ou, avec le pluriel, "ils/elles" *logophoriques*) qu'est celui dont on rapporte les paroles :

tɛ̄` nɛ̄ nì-tā̆ kúgí	*il/elle dit qu'il/elle (-même) construit une maison*
tɛ̄` nɛ̄ nánì-tā̆ kúgí	*il/elle dit qu'il/elle (-même) construira une maison*
té`-kí nɛ̄ nì-té kúgí	*ils/elles disent qu'ils/elles (-mêmes) construisent une maison*
té`-kí nɛ̄ nánì-té kúgí	*ils/elles disent qu'ils/elles (-mêmes) construiront une maison*

L représente donc en quelque sorte un locuteur second (un double de "je") qui ne peut, en tant que tel, apparaître que dans cette proposition dépendante particulière qu'est le discours rapporté[2]. Il s'oppose alors plus particulièrement tant au locuteur propre qu'au tiers non spécifique (1/3/L); comparer :

tɛ̄` nɛ̄ mú-tā̆ kúgí	*il dit que je [moi qui parle] construis une maison*
tɛ̄` nɛ̄ tā̆ kúgí	*il dit qu'il [n'importe quel autre à l'exclusion de lui dont je rapporte les paroles] construit une maison*
tɛ̄` nɛ̄ nì-tā̆ kúgí	*il dit qu'il [lui-même dont je parle] construit une maison*

La même opposition existe, au singulier comme au pluriel, dans le paradigme des associatifs personnels, en sorte qu'il existe en bagiro quatre façons de traduire le français "il dit qu'il construit sa maison" (il dit qu'il (lui-même/un autre) construit sa maison (à lui/à un autre)).

► E réfère à l'association du locuteur et d'un ou plusieurs tiers ("moi et lui/elle/eux/elles"), association dont l'interlocuteur est toujours exclu ("nous sauf toi"). Ce "nous" *exclusif* n'est pas combinable avec le pluriel. Ex. :

gí-tā̆ kúgí	*nous (sans toi) construisons une maison*
gyágí-tā̆ kúgí	*nous (sans toi) construirons une maison*

► D enfin réfère à l'association du locuteur et d'un seul interlocuteur ("toi et moi") ou, en présence du pluriel, de plusieurs interlocuteurs ("vous et moi"). Il est remarquable à cet égard que l'*inclusif* résulte d'une pluralisation du *duel*.

Le système des personnes étant partiellement dédoublé sous l'effet de sa combinatoire avec le pluriel verbal, on n'identifie logiquement pas ici d'*inclusif* (I) à proprement parler, contrairement à ce que l'on a fait précédemment pour d'autres paradigmes de personnels, associatifs ou indépendants (cf. 8.3. et 9.1.).

Exemples :

gì-tā̆ kúgí	*nous (toi et moi) construisons une maison*
gyágì-tā̆ kúgí	*nous (toi et moi) construirons une maison*
gì-té kúgí	*nous (vous et moi) construisons une maison*
gyágì-té kúgí	*nous (vous et moi) construirons une maison*

2 Théoriquement du moins car on verra plus loin (cf. 18.3.) que le simple emploi du logophorique peut à lui seul exprimer certaine forme de subordination (forme elliptique du discours rapporté).

13.2. Les formes verbales essentielles : aoriste, inachevé et injonctif

L'analyse morphologique des indices personnels-aspectuels nous a naturellement conduits, dans le précédent chapitre, à faire une distinction binaire entre *aoriste* et *inachevé* en identifiant deux ensembles formels au sein desquels trouvaient logiquement leur place des indices (2/2! et 3/3!) dont l'opposition n'est pourtant pas de nature "personnelle" mais strictement modale. La logique des formes doit ici faire place à celle des choix (syntaxiques et sémantiques) pour montrer que la langue associe partiellement les différents indices personnels-aspectuels non pas en deux mais en trois paradigmes exclusifs auxquels correspondent trois valeurs verbales essentielles, l'*aoriste*, l'*inachevé* et l'*injonctif*, l'identité de ce dernier résultant essentiellement, hormis le choix de formes personnelles spécifiques, d'une mobilisation complémentaire des deux autres paradigmes et du recours à une forme propre de la négation. De façon plus précise

- l'*aoriste* regroupe les six formes aor.1/2/3/L/E/D (sg. ou pl.), lesquelles peuvent être niées au moyen de la modalité de proposition **gɔ̀** *négatif*; illustrations partielles (aor.1/3) :

1	**mú-tā kúgí**	*je construis une maison*
	mú-tā kúgí gɔ́	*je ne construis pas de maison*
3	**tā kúgí**	*il construit une maison*
	tā kúgí gɔ́	*il ne construit pas de maison*

- l'*inachevé* regroupe les six formes inach.1/2/3/L/E/D (sg. ou pl.), lesquelles peuvent, comme à l'aoriste, être niées au moyen de la modalité de proposition **gɔ̀** *négatif*; illustrations partielles (inach.1/3) :

1	**mám(ú)-tā kúgí**	*je construirai une maison*
	mám(ú)-tā kúgí gɔ́	*je ne construirai pas de maison*
3	**àm(ù)-tā kúgí**	*il construira une maison*
	àm(ù)-tā kúgí gɔ́	*il ne construira pas de maison*

- l'*injonctif* regroupe de façon complémentaire 1) sous sa forme *positive* les six formes aor.1/2/3!/L/E/D (sg. ou pl.), lesquelles ne peuvent être niées et 2) sous sa forme *négative*, les six formes inach.1/2(!)[3]/3!/L/E/D (sg. ou pl.), lesquelles appellent nécessairement la modalité de proposition **ànɛ̄** *prohibitif*; illustrations complètes (pour les seules formes du singulier) :

1	**mú-tā kúgí**	*que je construise une maison!*
	mám(ú)-tā kúgí↓ ànɛ̄	*que je ne construise pas de maison!*

---

3 La forme inach.2 est semble-t-il librement substituée à la forme spécifiquement injonctive inach.2!.

2(!)	**á-tā kúgí**	*que tu construises une maison!*
		construis une maison!
	sám(ú)-tā kúgí↓ ànɛ̄ ou **ám(ú)-tā kúgí↓ ànɛ̄**	*que tu ne construises pas de maison!*
		ne construis pas de maison!
3!	**sì-tā kúgí**	*qu'il construise une maison!*
	sásì-tā kúgí↓ ànɛ̄	*qu'il ne construise pas de maison!*
L	**nì-tā kúgí**	*[...] que lui-même construise une maison!*
	nánì-tā kúgí↓ ànɛ̄	*[...] que lui-même ne construise pas de maison!*
E	**gí-tā kúgí**	*que nous (sans toi) construisions une maison!*
		construisons (nous sans toi) une maison!
	gyágí-tā kúgí↓ ànɛ̄	*que nous (sans toi) ne construisions pas de maison!*
		ne construisons (nous sans toi) pas de maison!
D	**gì-tā kúgí**	*que nous (toi et moi) construisions une maison!*
		construisons (toi et moi) une maison!
	gyágì-tā kúgí↓ ànɛ̄	*que nous (toi et moi) ne construisions pas de maison!*
		ne construisons (toi et moi) pas de maison!

Si l'injonctif ne peut, sous sa forme négative, être confondu avec l'inachevé du fait de la présence du prohibitif **ànɛ̄**, il est, sous sa forme positive à l'exception de la forme spécifique aor.3!, confondu avec l'aoriste dont il emprunte les formes. Seule l'épreuve d'une "transformation" négative permet alors, cas par cas, de lever cette ambiguïté.

La composition de ces trois paradigmes essentiels est résumée dans le tableau suivant :

Aoriste		*Inachevé*		*Injonctif*	
positif	(négatif)	positif	(négatif)	positif /	négatif
aor.1	(...**gɔ̀**)	inach.1	(...**gɔ̀**)	aor.1 /	inach.1... **ànɛ̄**
aor.2	(...**gɔ̀**)	inach.2	(...**gɔ̀**)	aor.2 /	inach.2(!)... **ànɛ̄**
aor.3	(...**gɔ̀**)	inach.3	(...**gɔ̀**)	aor.3! /	inach.3!... **ànɛ̄**
aor.L	(...**gɔ̀**)	inach.L	(...**gɔ̀**)	aor.L /	inach.L... **ànɛ̄**
aor.E	(...**gɔ̀**)	inach.E	(...**gɔ̀**)	aor.E /	inach.E... **ànɛ̄**
aor.D	(...**gɔ̀**)	inach.D	(...**gɔ̀**)	aor.D /	inach.D... **ànɛ̄**

L'utilisation que l'on fait des notions d'"aoriste" et d'"inachevé" est donc fondamentalement ambivalente puisque leur acception *morphologique* est sensiblement plus large que leur acception *syntaxique* et *sémantique*, laquelle doit faire place à ce troisième terme qu'est l'"injonctif". On pourrait bien sur adopter des terminologies distinctes pour chacun des deux points de vue.

Cette solution offrirait sans doute l'avantage de clarifier l'exposé mais elle forcerait en quelque sorte la réalité en masquant ce fait que la langue construit l'injonctif à partir de l'aoriste et de l'inachevé, avec les ambiguïtés qui peuvent en résulter.

Les indices personnels-aspectuels ne pouvant être désamalgamés, il est difficile de considérer aujourd'hui que l'aoriste constitue formellement un terme non-marqué dans son opposition avec l'inachevé, ce qu'il est sans doute historiquement[4]. Si l'on envisage en revanche les trois paradigmes aoriste/inachevé/injonctif du double point de vue de leurs fréquences textuelles et de leurs valeurs sémantiques, l'aoriste apparaît très clairement comme le terme neutre - le moins marqué du point de vue du sens et le plus fréquent dans le discours - de cette triple opposition. Les paragraphes qui suivent commentent et illustrent la spécificité de chacune de ces formes verbales essentielles.

L'aoriste

L'aoriste[5] traduit l'expression la plus neutre du procès, et ne comporte en lui-même aucune dimension aspectuelle, modale ou surtout temporelle précise. Essentiellement défini, de façon négative, comme tout ce qui n'est explicitement ni inachevé ni injonctif, il acquiert toutefois, par opposition à ces derniers, une valeur constatative qui est à la fois aspectuelle ("achevé" ou plutôt "acquis") et modale ("indicatif"). Illustrations :

(1) **gì-tōlué zɛ́ àsū (I, 36)**
/aor.D-tuer + pl./eux/c'est mauvais/
nous les avons tués en grand nombre

(2) **bī ná gɛ̄ ndā tà´ búlā (I, 80)**
/chose/la/pl./aor.3 + être couché/autrefois/ainsi/
les choses étaient ainsi autrefois

(3) **lī bāgīlɔ̀ ná kuà ndà zɔ̀ gɛ́gɛ̄ (I, 38)**
/nom/B./le/aor.3 + saisir/désormais/tête/notre(I)/
*ce nom de Bagiro nous est désormais attaché [*litt. *prend désormais nos têtes]*

---

4 Cf. 12., note 11.

5 Le terme est repris d'une tradition désormais bien établie dans la description des langues "sara", voir notammment Vandame (1968:15, 35) pour le kenga, Palayer (1970:76-77, 81-83) pour le sar, Caprile (1972:36) pour le mbay.

(4) **w-ɔ́¯ kɔ̄ɔ̀ (I, 158)**
/aor.2 + percevoir/acc. + interr./
m-ɔ́¯ kɔ̄ (I, 159)
/aor.1- + percevoir/acc./
- as-tu compris ?
- j'ai compris

(5) **kí gà gī´ ngánzá↓ byɛ̰̄`... (I, 64)**
/toi/que/bras + ton/aor.3 + être fort/bien/...
*toi qui es vaillant... [*litt. *toi dont le bras est fort]*

(6) **bīnyā sɛ́ kágbá↓ ìzué ɓɛ̄ (II, 3)**
/chèvre/avec/léopard/aor.3 + lier + pl./village/
la chèvre et le léopard établissent (leur) village

(7) **... álà.gà tē´ búlā nɛ̄ n-àkɔ̀ ndà bīnyā sɛ̀ kàmù ní gɔ́ (II, 25)**
.../c'est...que/aor.3 + faire/ainsi/alors/aor.L-voir/désormais/chèvre/avec/oeil/ son(L)/nég./
[le chien dit que] ... puisqu'ils ont agi ainsi, il ne (voudra) plus désormais voir la chèvre de ses propres yeux

(8) **... nánì-ɗɛ̄ kɔ̄ n-ìsɔ̄ kí sɛ̀ ngɔ́ɓɛ́ (I, 72)**
.../inach.L-venir/acc.(?)/aor.L-tomber/toi/avec/guerre/
[l'ennemi dit que] ... il viendra te faire la guerre[6]

(9) **bà màlíkì sì-ɗɛ̄ gà bà nɛ̄ mú↓ɗɔ̄ kɔ̄**
/si.../M./aor.3!-venir/récemment/...si/alors/aor.1-partir/acc./
si Malik était venu aujourd'hui [pour m'emmener], je serais déjà parti

L'aoriste peut donc, selon les cas, traduire plus précisément un passé ponctuel (1), un passé duratif (2), un passé qui perdure (3), un accompli (4), un présent continu (5), un (présent) intemporel, notamment dans les contes (6), un intentionnel (7 **n-àkɔ̀**), un futur (8 **n-ìsɔ̄** succédant à un inachevé) ou un hypothétique révolu (9 **mú↓ɗɔ̄** succédant à une subordonnée conditionnelle). Cette liste empirique n'est qu'indicative : comme on l'a dit la valeur spécifique de l'aoriste ne se définit pas tant de façon positive ou cumulative que par contraste avec les formes sémantiquement marquées que constituent l'inachevé et l'injonctif.

L'inachevé

L'inachevé[7] est caractérisé par le fait qu'il présente le procés sous son aspect inaccompli, imperfectif, que ce procès soit ou non en cours. Il traduit

---

[6] Sur l'interprétation de **kɔ̄** dans cet exemple, cf. 18.5.

[7] Le terme est repris de Palayer (1970:85-86) qui l'applique à une forme verbale très comparable du sar.

en effet d'une part un habituel (1-2) ou, plus rarement, un progressif[8] (3) (procès initialisé), d'autre part un intentionnel (4) ou un futur (5) (procès non initialisé) :

(1) **àm-sé ínzā zɛ́ sɛ́ tó↓póyì nɛ̀ (I, 61)**
/inach.3-prendre + pl./aussi/eux/avec/tipoye/ce-là/
on les portait (habituellement) avec le tipoye

(2) **àm-té tá↓´ ndōkúɗī kɔ́ àm-ɓālé zɛ́ té`-kí nɛ̄ zɛ́ à tùlúgù gɛ̄ ɗī (I, 91)**
/inach.3-faire + pl./autrefois/comment?/puis/inach.3-nommer + pl./eux/3 + dire-pl./que/eux/être/garde/pl./quoi?/
comment faisaient-ils autrefois pour nommer ceux que l'on appelait "turugu" (gardes) ?

(3) **àm-tā ndà ngālā ná gɛ̄ (III, 18)**
/inach.3-faire/désormais/termite/le/pl./
il est maintenant en train de s'occuper des termites

(4) **bīnyā nɛ̀ nɛ̄ nɛ̀¯ yà¯ nán-ɔ̀ɗɛ̄ dɛ̀nyɛ̄ ná (II, 5)**
/chèvre/3 + dire/que/elle-même/être/inach.L-épouser/femme/la/
la chèvre dit que c'est elle-même qui va épouser la femme

(5) **àm-ō mànɛ̄ ānɛ̀** *il boira de l'eau (aujourd'hui)*
/inach.3-boire/eau/aujourd'hui(à venir)/

L'injonctif

Essentiellement modal, l'injonctif traduit l'expression d'un souhait, d'une nécessité ou d'un ordre (positifs ou négatifs), lesquels ne sont pas nécessairement adressés au seul interlocuteur (impératif au sens strict) :

ādā lɔ̄ ɓā nyá *donne-lui sa part!*
/aor.2 + donner/lui/celui de/son/

nzàpā sì-tā s-ìdā kí
/Dieu/aor.3!-faire/aor.3!-donner/toi/
*que Dieu te le rende! [*litt. *que Dieu fasse (et) te donne!]*

kàmuí sì-ndā lɔ̄ dɛ̀¯ ná gē` (I, 94)
/oeil + ton/aor.3!-reposer/corps/personne/la/pl. + à/
*tu dois veiller sur les gens [*litt. *ton oeil doit reposer sur les gens]*

bùlà má àgɛ̄ kɔ̄ mám-ɔ̄ɗɛ̄ dɛ̀nyɛ̄ lɔ̀ ànɛ̄
/père/mon/aor.3 + refuser/acc./inach.1-épouser/femme/cette/prohibitif/
*mon père a refusé que j'épouse cette femme [*litt. *mon père a refusé je ne dois pas...]*

8 Une valeur d'aspect progressif est également exprimée par l'énoncé circonstanciel à prédicat infinitif (cf. 15.5.).

ám-ná↓ngé bī ná ànɛ̄ *ne laissez pas la chose!*
/inach.3-laisser + pl./chose/la/prohib./

bùlé tɛ̄` nɛ̄ sám-ɓá↓ māngā ànɛ̄
/père + ton/3 + dire/que/inach.2!-danser/danse/prohib./
ton père a dit que tu ne dois pas danser

bùlé tɛ̄` nɛ̄ gyágì-ɓué māngā ànɛ̄
/père + ton/3 + dire/que/inach.D-danser/danse/prohib./
ton père a dit que nous ne devions pas danser

Fréquences

Les occurrences absolues des formes de l'aoriste, de l'inachevé et de l'injonctif à travers les trois textes présentés en annexe se chiffrent de la façon suivante[9] :

	I	II	III	total
aoriste	225	37	35	297
inachevé	23	6	2	31
injonctif	8	-	-	8

Ce tableau fait très clairement ressortir la prépondérance massive de l'aoriste (fréquence approximative de 9/10) sur l'inachevé (env. 1/10) et surtout sur l'injonctif (env. 1/30).

13.3. Les aspectifs : continu, successif et itératif

Trois verbes fonctionnent, sous une forme figée voire altérée, comme des morphèmes spécifiques du syntagme verbal. Toujours expansifs (facultatifs), ils présentent la particularité commune d'être, sous une forme qui est invariablement celle de l'aor.3 (sg.), antéposés à la succession de l'indice personnel-aspectuel et du verbe. Ils connaissent toutefois des limitations dans leur combinatoire avec les différents paradigmes aoriste/inachevé/injonctif. Leur valeur est essentiellement aspectuelle.

Le *continu* **nzì¯** (cp. **nzì¯**/pl. **nzì-kí** "s'asseoir, être assis") est toujours lié au paradigme de l'inachevé, du moins dans les rares exemples dont on dispose (trois occurrences textuelles). Il a pour effet sémantique de renforcer les valeurs d'habituel ou de progressif et peut-être plus précisément d'exclure les valeurs d'intentionnel ou de futur qui sont également attachées à cette forme essentielle. Illustrations :

---

9 On rappellera que certaines formes de l'injonctif sont formellement confondues avec celles de l'aoriste, ce qui peut rendre leur identification plus délicate.

nzì¯ mám-tā búlā *j'agis habituellement ainsi*
/cont./inach.1-faire/ainsi/

zɛ́ gá↓ nzì¯ àm-té sátí↓nɛ́lɛ̀ ɓé kàzà vɔ́ à (I, 100)
/eux/rel./cont./inach.3-faire + pl./sentinelle/ta/jour/tous/être/
ce sont eux qui sont tes sentinelles tous les jours

ndá↓ ná gá↓ kàzà vɔ́ kɔ́ kàgbà nzì¯ àm-tūkuā [...] bīnyā gɛ̄ yà¯ (II, 26)
/raison/la/rel./jour/tous/puis/léopard/cont./inach.3-saisir/.../chèvre/pl./être/
c'est la raison pour laquelle le léopard attrape toujours [...] les chèvres

kàndá` nàbɔ̄ lɔ̀ gà nzì¯ àm-tā sɛ̀ mā` bá (III, 23)
/donc/agissement/ce-ci/rel./cont./inach.2-faire/avec/moi + être/donc!/
voilà donc le tour que tu as l'habitude de me jouer!

Le *successif* **ɗè¯** (cp. **ɗè¯**/pl. **ɗè-kí** "venir") - toujours combiné avec une forme de l'aoriste ? - traduit l'ordre chronologique d'un procès qui succède à un autre procès précédemment exprimé. Les illustrations en sont très limitées (trois occurrences textuelles sûres) :

àpuí ɗè¯ g-ìsué ngɔ́ɓɛ́↓ gɛ̀gɛ̄ sɛ̀ ngbúgù gɛ́... (I, 35)
/et puis/succ./aor.D-tomber + pl./guerre/nous(I)/avec/Ngb./ces/...
et alors [après avoir quitté la rive gauche et traversé le fleuve] nous avons fait la guerre aux Ngbugu...

mbùnzú↓ gɛ̄ ɗè¯ tūgyué ʔm mbàyɛ̄ tàlā (I, 149)
/Blanc/pl./succ./aor.3 + raser + pl./hm/barbe/bouche + sa/
et alors [après l'avoir fait prisonnier] les Blancs lui rasèrent hm, la barbe

sɛ̀ gìdì ná nɛ̄ ɗè¯ w-òɗɛ̄ dɛ́↓nyɛ̄ álà àdí bīnyā nɛ̄... (II, 22)
/avec/dos/le/alors/succ./aor.3-extraire + pl./femme/cette/aor.3 + donner + pl./chèvre/alors/...
à la suite de cela, on attribue la femme à la chèvre,...

L'identification du successif est parfois problématique, certaines occurrences de **ɗè¯** pouvant en fait représenter, au sein d'une succession verbale, la forme aor.3 d'un verbe de plein droit, lequel traduirait alors non une valeur de succession mais bien une valeur d'orientation : "venir (faire)"[10].

Enfin l'*itératif* **tɛ́↓ ~ té↓ ~ tí↓**, dont l'identité vocalique est librement variable[11], représente une forme altérée du verbe **tɛ́lɛ́↓/té↓lé** "(se) tourner, retourner". Bien qu'il soit constitutif du syntagme verbal, il n'exerce pas d'attraction tonale sur le terme - indice personnel-aspectuel ou verbe - qui lui

---

10 Des illustrations non équivoques d'une telle construction sont du moins attestées pour les verbes **à¯/à-yí** et **àɓɛ̄/àɓí** "aller, partir" (cf. 18.2.).

11 Cette variation vocalique est notamment indépendante de tout phénomène d'accord avec le nombre (sg./pl.) du verbe qui succède. On notera par ailleurs l'existence d'un itératif **tí** en ngbandi.

succède, situation qui s'explique sans doute par le caractère récent de sa grammaticalisation. Rarement attesté dans le corpus textuel dont on dispose (quatre occurrences), il apparaît toujours combiné avec le paradigme de l'aoriste. Il traduit une répétition et peut-être aussi une inversion du procès (voir notamment le premier des exemples suivants) :

tí↓ ɓè´ kú↓tī kɔ̄ (I, 216)
/itér./aor.3 + fuir + pl./ailleurs/acc./
ils se sont (de nouveau ou en retour ?) enfuis en brousse

tí↓ m-úɓɛ́↓ kú↓tī *je m'enfuis de nouveau en brousse*
/itér./aor.1-fuir/ailleurs/

puí sɛ̀ wàngyā té↓ sē´ kɔ́↓tɔ́ gīyā ná tàkí sɛ́↓ ná (II, 12)
/puis/avec/matin/itér./aor.3 + prendre + pl./un certain/nouveau/le/aor.3 + sortir + pl./ avec/cela/
puis au matin, on en prend encore de nouvelle [nourriture]
(et) on l'apporte

ɓā zó↓ ná ndá↓ à¯ yíkà tɛ́↓ ɗē-kí ndá↓ kɔ̄... (III, 21)
/celui de/deuxième/le/désormais/être/ensuite/itér./aor.3 + venir-pl./désormais/acc./...
*c'est la seconde fois maintenant qu'ils reviennent [*litt. ... *ils sont encore venus]*

L'ENONCE

14. L'ENONCE A PREDICAT VERBAL

Le verbe n'est apte à fonder un énoncé valide qu'en tant qu'il est déterminé par les marques de personne et d'aspect (indices personnels-aspectuels) qui entrent dans la constitution du syntagme verbal minimal tel qu'il a été défini au précédent chapitre. Cette condition est *nécessaire*, ce qui signifie notamment que le sujet, lorsqu'il est exprimé, ne commute pas avec les marques de personne mais se combine avec certaines d'entre elles : en énoncé, le syntagme verbal minimal est toujours irréductible. Elle est également *suffisante*, ce qui signifie que le syntagme verbal peut à lui seul former énoncé, exemples :

ànyā	/aor.3 + courir/	*il court*
mám↓ɗɔ̄	/inach.1-partir/	*je partirai*
sì-ɗɛ̂-kí	/aor.3!-venir-pl./	*qu'ils viennent!*

et que, corrélativement, tous les autres constituants de l'énoncé sont de nature expansive[1].

La place qu'ils occupent relativement au groupe prédicatif, l'absence ou la présence de marques fonctionnelles spécifiques et enfin les catégories qui les illustrent conduisent à classer ces constituants expansifs de l'énoncé verbal simple en cinq ensembles plus ou moins homogènes qui guideront commodément l'exposé :

- le sujet
- le complément direct ou objet
- le complément indirect
- le complément adverbial
- les modalités de proposition.

14.1. Le sujet

Le sujet, qui est toujours de nature nominale, précède directement le

---

1 Cette formulation très générale n'exclurait pas de reconnaître des expansions nécessaires dans les objets de verbes strictement transitifs, si tant est qu'il en existe en bagiro.

syntagme verbal. Ce dernier est alors nécessairement marqué par l'un des deux indices personnels, 3 ou 3!, qui réfèrent par ailleurs au(x) tiers et fonctionnent ici comme des éléments d'accord :

bīnyā ànyā *la chèvre court*
/chèvre/aor.3 + courir/

kàgbà nzì¯ àm-tūkuā [...] bīnyā gɛ̄ (II, 26)
/léopard/cont./inach.3-saisir/.../chèvre/pl./
le léopard a l'habitude d'attraper les chèvres

nzàpā sì-bátà kí *que Dieu te garde!*
/Dieu/aor.3!-garder/toi/

Cette notion d'accord touche également l'expression du nombre : le pluriel verbal, qui ne peut apparaître avec un sujet singulier, est en revanche généralement commandé par un sujet explicitement pluriel (qu'il s'agisse d'un nom pluralisé par **gɛ̄** ou, plus rarement, d'un pronom indépendant pluriel), comparer :

dɛ̀¯ nígɛ̄ w-ɔ̄yɛ̀ kɔ̄ (I, 212)
/personne/leur(L)/aor.3-mourir/acc./
[ils disent que...] l'un des leurs est mort

gbāyā gɛ̄ àyí gɔ́ (I, 54)
/Gb./pl./aor.3 + être bon + pl./nég./
*les Gbaya [Bagiro] sont dangereux [*litt. *ne sont pas bons]*

On rencontre néanmoins des cas où un sujet formellement pluriel est suivi d'un verbe au singulier (lequel serait même seul acceptable dans le dernier des exemples ci-dessous) :

bī ná gɛ̄ ndā tà´ búlā (I, 80)
/chose/la/pl./aor.3 + être couché/autrefois/ainsi/
les choses étaient ainsi autrefois

bɛ̀lɛ̄ lɔ̄ gɛ̄ lù bɛ̀ *ses poils sont noirs*
/poil/corps + son/pl./aor.3 + être noir/stat./

kɔ̄sɔ̄ ná gɛ̄ sāmī sɛ̀ kùmā ná
/pierre/la/pl./aor.3 + être encore/avec/chaleur/la/
les pierres sont encore chaudes

kīfɔ̄ ná gɛ̄ nzùmù kɔ̄ *les semences sont pourries*
/semence/la/pl./aor.3 + être pourri/acc./

Le caractère non quantifiable de ces pluriels explique sans doute que l'on déroge ici à un principe d'accord dont la logique serait en fait plus notionnelle que strictement grammaticale.

L'attraction tonale en revanche est toujours inopérante du groupe sujet au groupe prédicatif qui lui succède[2] :

tùlɛ̀ ná kuà kílā (III, 25) *Turè saisit sa queue*
/T./le/aor.3 + saisir/queue + sa/

bīnyā sɛ́ kágbá↓ ìzué ɓɛ̄ (II, 3)
/chèvre/et/léopard/aor.3 + lier + pl./village/
la chèvre et le léopard établissent (leur) village

kàmuí sì-ndā lɔ̄ dɛ̀¯ ná gē` (I, 94)
/oeil + ton/aor.3!-reposer/corps/personne/la/pl. + à/
*tu dois veiller [*litt. *ton oeil doit reposer] sur les gens*

Cette situation mérite d'être soulignée, non seulement parce qu'elle constitue l'un des contextes les plus évidents où le principe d'attraction est mis en défaut, mais parce qu'elle tend à prouver que la relation sujet-prédicat n'est pas - ou n'a pas toujours été - de nature hiérarchique. Le comportement du sujet, tel qu'il a été défini (cf. 13.), tranche notamment avec celui des indices personnels-aspectuels, lesquels exercent bien une attraction tonale sur le verbe (même si l'effet de cette attraction est pratiquement limité à quelques formes des verbes de classe 5, cf. 12.1.). En d'autres termes ce que l'on identifie aujourd'hui comme le sujet présente toutes les caractéristiques d'une apposition au seul vrai sujet originel qui aurait été exprimé par la "personne". L'effet de thématisation qui pouvait résulter de cette construction particulière n'est plus perceptible dans la mesure où la structure s'est banalisée et constitue désormais le moyen courant et unique d'exprimer un sujet nominal[3]. Il n'en demeure pas moins 1) que ce sujet nominal n'est pas nécessaire pour fonder un énoncé valide et 2) qu'il est toujours en rupture d'attraction tonale avec le groupe prédicatif qui lui succède.

La fonction de sujet est assumée par un nom à proprement parler (ce qu'illustre la plupart des exemples qui précèdent) ou par différents quasi-nominaux, dont notamment
- le partitif :

kɔ̀tɔ́ gē zó ngbé↓´ *il en reste deux*
/certain/pl./deux/aor.3 + rester + pl./

---

2 Bien que la chose n'ait pas été vérifiée, on présume qu'il en va de même lorsque le syntagme verbal débute par l'un des deux aspectifs **nzì¯** *continu* et **ɗè¯** *successif* qui sont eux-mêmes d'origine verbale.

3 Sur la notion de "démotivation du thème" et les affinités cycliques entre thème et sujet, cf. Hagège (1978).

- un personnel indépendant déterminé[4] :

zɛ́ gɛ̄.lɔ̀ kínì´ (I, 213) *ceux-ci se précipitent*
/eux/ces-ci/aor.3 + se précipiter + pl./

- un pronom démonstratif :

àlà māɗā kɔ̄ (I, 83) *cela est fini*
/cela/aor.3 + être fini/acc./

- un pronom interrogatif :

yɛ́↓¯ ɗê¯ ánɛ̄ *qui est venu ?*
/qui?/aor.3 + venir/anaph./

- le pronom associatif :

ɓā tùlɛ̀ ná gɛ̄ ànzé gɔ́ (III, 9)
/celui de/T./le/pl./aor.3 + sortir + pl./nég./
ceux [les termites] de Turè ne sortent pas

On présume qu'il en va de même des autres quasi-nominaux - quantificateurs définis et infinitif - bien qu'on ne dispose d'aucune illustration pour ces derniers.

14.2. Le complément direct ou objet

L'objet est défini comme un complément de nature nominale dont la fonction n'est pas marquée par un morphème spécifique (relateur) mais par le simple fait qu'il succède au groupe verbal prédicatif. Cette succession n'est pas nécessairement immédiate puisque l'objet peut lui-même être précédé soit d'un adverbe (pour ceux des adverbes qui autorisent cette position) soit d'un autre objet (pour ceux des verbes qui admettent deux objets). Dans tous les cas l'objet subit l'attraction tonale éventuellement exercée par le terme précédent, que celui-ci représente le groupe verbal :

... m-úluá tálá↓ ná zá` (Dev. 4)
.../aor.1-chercher/ouverture/la/en vain/
... j'(en) cherche l'ouverture en vain

ou l' adverbe :

w-ò-kí tá↓´ má↓nɛ̄ *ils buvaient de l'eau autrefois*
/aor.3-boire-pl./autrefois/eau/

ou le premier objet :

---

[4] L'expression du personnel indépendant, qui fait double emploi avec l'indice personnel, est ici rendue obligatoire par la présence d'un déterminant démonstratif. D'autres occurrences d'un personnel indépendant en position apparente de sujet correspondent plus clairement à un phénomène de thématisation (cf. 16.1.).

ādā zɛ́ má↓nɛ̄ *donne-leur de l'eau!*
/aor.2 + donner/eux/eau/

Précisons à ce propos - et ceci vaut pour l'ensemble des différentes expansions, noms, adverbes ou modalités de proposition, concernées - que c'est bien le prédicat verbal qui ouvre, en tant que tel, un champ potentiel d'exercice de l'attraction tonale, laquelle intervient dès lors que sont présentes les conditions de sa manifestation. L'*effet* de l'attraction peut donc, comme c'est le cas dans le dernier exemple (**àdā, zɛ́, mànɛ̄ > ādā zɛ́ má↓nɛ̄**) s'observer d'un complément à l'autre alors même qu'il est nul du prédicat au premier de ces compléments. C'est bien le paradoxe de cette fonction syntaxique que de voir son expression subordonnée à des circonstances phonologiques très particulières.

L'objet peut être un nom à proprement parler, comme dans les exemples qui précèdent, ou encore un quasi-nominal, à savoir
- un personnel indépendant :

ìgyué ná ṳ́ṳ́ (I, 199) *ils tressent cela longtemps*
/aor.3 + tresser + pl./cela/longtemps/

mú-bálà kí kɔ̄ *salut à toi [*litt. *je t'ai salué]*
/aor.1-saluer/toi/acc./

- le partitif :

àm-tūkué kɔ́↓tɔ́ gɛ̄ sɛ̀ ngɔ̄nɔ̄ ɓàlē (I, 217)
/inach.3-attraper + pl./certain/pl./comme/jeune/esclave/
on en attrape certains comme jeunes esclaves

- un pronom démonstratif :

m-ɔ́¯ álà kɔ̄ (I, 40) *j'ai compris cela*
/aor.1-entendre/cela/acc./

á-sūlī ánɛ̄ gɛ́.là gà... (I, 105) *tu choisis ceux-là qui...*
/aor.2-choisir/cela/ces-là/pl./ce-là/rel./...

- un pronom interrogatif :

ákɔ́↓ yɛ́↓¯ *qui as-tu vu ?*
/aor.2 + voir/qui?/

ám-suá↓ dī *que manges-tu ?*
/inach.2-manger/quoi?/

- le pronom associatif :

ngùrù nyá dālī ɓā ɓàkúlá↓ gɛ̄ (I, 161)
/force/sa/aor.3 + dépasser/celle de/compagnon/pl./
sa force dépasse celle des autres

bísí↓ suà ɓā nyá tú` (II, 14)
/chien/aor.3 + manger/celui de/son/tout/
le chien mange toute la sienne [sa part]

- un quantificateur défini :

sā (sɛ̀) mùtuá↓¯ ná *il prend les trois*
/aor.3 + prendre/(avec/)trois/le/

- un infinitif :

mú-ndígí kí↓zéngbà kí *je veux te saluer*
/aor.1-vouloir/inf.-saluer/toi/

àgɛ̄ kì-dɛ̄ ná ngūlā mí *il refuse de venir chez moi*
/aor.3 + refuser/inf.-venir/chez-soi/mon + à/

mú-ndɔ́lɔ́ k-í↓zuā kūbū má
/aor.1-essayer/inf.-lier/vêtement/mon/
j'essaie d'enfiler mon vêtement

L'emploi de certains noms en fonction d'objet mérite une mention particulière. Tel est notamment le cas de **lɔ̀** "endroit, lieu, place", qui prend un sens général et neutre, constituant en quelque sorte l'objet "par défaut" de certains verbes en l'absence d'un patient précisément identifié[5]; exemples :

k-àkɔ̀ lɔ̀ *regarder, chercher*
/inf.-regarder/lieu/

kì-tīsā lɔ̀ *balayer*
/inf.-balayer/lieu/

kì-nzúgyɔ́ lɔ́ *interroger, poser des questions*
/inf.-interroger/lieu/

Comme dans beaucoup de langues voisines, c'est le nom du corps, **lɔ̄**, qui assure, en fonction d'objet, l'expression du *réfléchi*; exemples :

mú-tūgū lɔ̄ má *je me gratte*
/aor.1-gratter/corps/mon/

īyuā lūé *tu te caches*
/aor.2 + cacher/corps + ton/

nzìgbɔ̄ lɔ̄ kɔ̄ *il s'est lavé*
/aor.3 + laver/corps + son/acc./

Enfin c'est encore un nom, **nàfā** "l'un l'autre", qui assure l'expression du *réciproque*; exemples :

tàké ná↓fā ndó *ils se ressemblent beaucoup*
/aor.3 + ressembler à + pl./l'un l'autre/beaucoup/

kùé ná↓fā kɔ̄ *ils se sont attrapés (l'un l'autre)*
/oar.3 + saisir + pl./l'un l'autre/acc./

---

5 Le même trait sémantique s'observe au moins dans deux langues oubanguiennes proches, le ngbandi et le ngbugu.

ɓùé ná↓fā *ils se rencontrent*
/aor.3 + rencontrer + pl./l'un l'autre/

S'il est douteux que **nàfā** puisse fonctionner comme sujet, il n'est pourtant pas limité à la seule fonction d'objet mais peut également constituer soit un déterminant du nom soit un complément indirect du prédicat verbal; exemples :

kì-ɓū tàlà nàfā
/inf.-sucer/bouche/l'un l'autre/
*s'embrasser sur la bouche [*litt. *embrasser la bouche l'un de l'autre]*

k-àfā zɔ̀ nàfē` *se rencontrer*
/inf.-arriver/tête/l'un l'autre + à/

kì-zángbì nàfē` *s'affronter*
/inf.-s'affronter/l'un l'autre + à/

Les données dont on dispose sur le bagiro sont trop limitées pour qu'on puisse même esquisser une classification des verbes relativement à leurs propriétés combinatoires, tant syntaxiques (sujet/objet(s)/complément indirect) que sémantiques ("agent/patient/bénéficiaire/circonstants"). On peut néanmoins faire, à propos de l'objet, un certain nombre de remarques.

1) Si certains verbes, essentiellement transitifs, appellent naturellement un complément direct, l'expression de l'objet "inanimé" est pourtant facilement - systématiquement ? - omise lorsque le contexte permet d'y suppléer de façon implicite, situation qui s'illustre notamment dans le cas des propositions relatives (cf. 8.12.) et dans celui des propositions juxtaposées (cf. 14.2.). En ce sens la langue ne semble pas connaître de verbes qui soient contraints par une construction transitive.

C'est du moins l'*expression* de cet objet qui n'est pas obligatoire. On a en effet développé plus haut, à propos d'un hypothétique pronom circonstanciel **sɛ̀** (cf. 11.9.), l'idée selon laquelle la fonction d'objet d'un verbe transitif pouvait se trouver saturée, fût-ce de façon implicite.

Exemples :

kɔ́ lī bāgīlɔ̀ ná kuà zɔ̀ gégē ngbúgù gē ìndué zó↓ gégē` (I, 5)
/puis/nom/B./le/aor.3 + saisir/tête/notre (I)/Ngb./pl./aor.3 + placer + pl./tête/notre + à/
*alors ce nom de Bagiro nous est resté attaché [*litt. *a pris notre tête], les Ngbugu nous (l') ont attribué [*litt. *(l') ont placé sur notre tête]*

... kuà kútá↓ ná dàlī bàbūlàbà (I, 201)
.../aor.3 + saisir/bouclier/le/aor.3 + tendre/ainsi/
... il saisit le bouclier (et) il (le) tend de cette façon

í↓nú lɔ̄ īdí kɔ́↓tɔ́ fàmɛ̄` sɛ́ (I, 221)
/aor.2 + prendre + pl./elle/aor.2 + donner + pl./un certain/parent/votre/
vous la prenez [la captive] (et) vous (la) donnez à un parent

2) La langue connaît par ailleurs un certain nombre de verbes qui sont sémantiquement orientés par le fait qu'ils sont ou non suivis d'un objet. Les deux constructions transitives/intransitives peuvent alors révéler des oppositions du type "actif transitif/passif" comme pour **túgyú↓** "dévaster, être dévasté" :

tú↓gyú mágɛ́↓ má *ils ont dévasté mon champ*
/aor.3 + dévaster + pl./champ/mon/

màgɛ̀ má túgyú *mon champ est dévasté*
/champ/mon/aor.3 + être dévasté/

ou du type "actif/moyen" comme pour **gbì** "perdre, oublier, se perdre" :

á-gbí↓ lī´ kɔ̄ *tu as oublié ton nom*
/aor.2-oublier/nom + ton/acc./

á-gbí↓ kɔ̄ *tu t'es perdu*
/aor.2-se perdre/acc./

ou encore du type "factitif/actif intransitif" comme pour **ànzà** "faire sortir, sortir (pour les termites)" :

ànzé ngālā gɛ̄ *ils font sortir les termites*
/aor.3 + faire sortir/termite/pl./

ngālā gɛ̄ ànzé *les termites sortent*
/termite/pl./aor.3 + sortir + pl./

3) D'une façon comparable on remarquera les constructions transitives de **ɗè¯** "venir" avec le sens de "devenir" :

ɗè¯ ngàlɛ̀ kɔ̄ *il est devenu chef*
/aor.3 + devenir/chef/acc./

ou de **àyì** "être beau, bon" avec le sens de "être bon envers" :

àyì dɛ̀¯ ndó *il est très bon (envers les gens)*
/aor.3 + être bon/personne/beaucoup/

4) Certains compléments directs présentent de fortes affinités sémantiques avec les valeurs "circonstancielles" qui sont généralement exprimées au moyen d'un relateur, et peuvent apparaître avec des verbes qui sont, au moins sémantiquement, intransitifs. Tel est notamment le cas des noms propres de lieu, lesquels sont toutefois plus volontiers suivis d'un pseudo-relateur adverbial (cf. 11.8.), ex. :

àɓɛ̄ àlíndàwò (ɗà) *il va à Alindao*
/aor.3 + aller/A./(là/)

Un infinitif (présumé) peut lui-même constituer le complément direct d'un verbe "de mouvement" :

àɓí k-á↓¯ k-ànzà [...] ngālā gɛ̄ (III, 4)
/aor.3 + aller + pl./inf.-aller/inf.-faire sortir/.../termite/pl./
ils vont chasser les termites

De même le nom **kàzà** "soleil, jour" peut apparaître sans relateur, du moins lorsqu'il est lui-même déterminé par un quantificateur :

àm-ɓī kàzà zó *il dort (pendant) deux jours*
/inach.3-dormir/jour/deux/

zɛ́ gá↓ nzì¯ àm-té sátí↓nɛ́lɛ̀ ɓé kàzà vɔ́ à[6] **(I, 100)**
/eux/rel./cont./inach.3-faire + pl./sentinelle/ta/jour/tout/être/
ce sont eux qui sont tes sentinelles tous les jours

Une telle construction, qui peut constituer une alternative à celle d'un complément indirect marqué par **sɛ̀** "avec, au moyen de", s'observe en particulier pour des noms déverbatifs suivis du défini, qui tendent alors à fonctionner comme des adverbes :

á↓ɗō kàyì ná *bonne route! [*litt. *pars bien!]*
/aor.2-partir/bien/le/

àtù kàyì ná *ça sent bon*
/aor.3 + sentir/bien/le/

kàmù fɔ̄kɔ̄ ná sāmī (sɛ̀) sɔ̀ɗɔ̀ ná
/grain/maïs/le/aor.3 + être encore/(avec/)tendreté/la/
les grains de maïs sont encore tendres

sāmī (sɛ̀) kùmā ná *c'est encore chaud*
/aor.3 + être encore/(avec/)chaleur/la/

5) Il existe enfin des verbes comme **àdā** "donner", **ndɛ̀¯** "demander, réclamer, emprunter", **ndɔ̄gyɔ̄** "montrer, enseigner" et **ɓālā** "appeler, donner un nom" qui acceptent deux objets, lesquels réfèrent respectivement à un patient inanimé (objet, savoir, nom) et à un destinataire-bénéficiaire animé (personne). Les deux compléments sont alors directs (non marqués) et, au moins dans une certaine mesure, interchangeables[7] :

---

6 L'interprétation syntaxique du groupe **kàzà vɔ́** "tous les jours" est d'autant plus problématique qu'il ne subit pas l'attraction tonale du terme **ɓé** qui précède.

7 Ceci vaut au moins pour les deux verbes **àdā** et **ndɔ̄gyɔ̄**, avec sans doute une tendance à placer en première position celui des deux compléments qui est le moins long. En revanche **ndɛ̀¯** n'accepterait comme premier objet que celui qui réfère au patient : **kì-ndɛ̄ bɛ̄ dɛ̀¯** "demander/emprunter quelque chose à quelqu'un".

àdā bɛ̄ dɛ̀¯ ou **àdā dɛ̀¯ bɛ̄**
/aor.3 + donner/chose/personne/ /aor.3 + donner/personne/chose/
il donne quelque chose à quelqu'un

ādā mā ná *donne-le moi!*
/aor.2 + donner/moi/cela/

s-ìdí lɔ̄ ɓɛ̄ ná (I, 116) *qu'on lui donne le village!*
/aor.3!-donner + pl./lui/village/le/

á-ndɔ̄gyɔ̄ mā kúgí↓ ɓé *montre-moi ta maison!*
/aor.2-montrer/moi/maison/ta/

ɓālé gɛ́gɛ̄ kɔ̀tɔ́ lī ndɛ́ *ils nous ont donné un autre nom*
/aor.3-nommer/nous(I)/un certain/nom/autrement/

mú-ɓālā ngɔ̄nɔ̄ má zítà *j'ai nommé ma fille Zita*
/aor.1-nommer/enfant/mon/Z./

14.3. Le complément indirect

La fonction du complément indirect, lequel est de nature nominale, est toujours explicitement marquée par l'un des relateurs qui ont été identifiés plus haut à propos du nom (cf. 11.; on rappellera que les deux relateurs essentiels sont respectivement antéposés (**sɛ̀**) et postposés (**KI**) au groupe nominal qu'ils gouvernent). La place du complément indirect n'est pas libre pour autant puisque celui-ci succède normalement au groupe verbal prédicatif dont il peut toutefois être séparé par un complément adverbial, ou par un autre complément indirect, ou surtout par l'objet, qui le précède nécessairement (les occurrences d'un complément indirect antéposé au prédicat sont à mettre au compte des procédés de thématisation qui seront exposés en 16.1.). Il subit alors dans tous les cas l'attraction tonale éventuellement exercée par le terme qui le précède[8].

On n'illustrera pas ici de façon systématique les différents relateurs non plus que les différents termes - noms ou quasi-nominaux - qui sont régis par ces derniers, ces deux aspects ayant déjà fait l'objet d'un exposé détaillé (cf. 11.). On donnera en revanche quelques exemples des principales combinaisons de compléments qui peuvent succéder au prédicat verbal.

1) Le complément indirect succède directement au groupe prédicatif :

---

8 Du moins lorsque l'identité de ce terme n'annule pas par elle-même - comme c'est le cas du personnel indépendant **kí** "toi" - l'application de ce principe, ex. : **... n-ìsɔ̄ kí sɛ̀ ngɔ́ɓɛ́ (I, 72)** .../aor.L-tomber/toi/avec/guerre/ "[il dit que...] il va te faire la guerre [*litt.* te tomber avec la guerre]"

ɗò-kí sɛ́↓ ná (I, 219) *ils l'emmènent*
/aor.3 + partir-pl./avec/cela/

á-zángbì´ ná↓fē` kɔ́ (I, 73) *vous vous affrontez...*
/aor.2-s'affronter + pl./l'un l'autre + à/puis/

2) Le complément indirect est précédé d'un complément adverbial :

à-yí kálá sɛ́↓ zɛ́... (I, 215)
/aor.3 + aller-pl./seulement/contre/eux/...
ils marchent simplement contre eux...

lī gbāyā ná ɗò¯ ndà ngá↓lī ánɛ̄ (I, 39)
/nom/Gb./le/aor.3 + partir/désormais/terre + à/anaph./
le nom de Gbaya a maintenant disparu

3) Le complément indirect est précédé d'un complément direct (objet) :

ìzué lɔ̄ sɛ̀ ... kùlā (I, 113-115)
/aor.3 + lier + pl./lui/avec/.../corde/
ils l'attachent avec... une corde

á-sā zɛ́ mó↓té kī (I, 96)
/aor.2-prendre/eux/dessous + ton/à/
tu les as placés sous ta responsabilité

ìnduā mángà ná tá↓lē` (I, 143)
/aor.3 + poser/tabac/le/bouche + sa + à/
il porte le tabac à sa bouche

m-ɔ́¯ sèkí k-í↓gbɔ̄ kì[9] *je vous entends rire*
/aor.1-entendre/vous/inf.-rire/à/

nù kāɗɔ̄ ìnā bī ná tú
/aor.3 + prendre/calebasse/aor.3 + mettre/chose/la/y/
il prend une calebasse (et) y met la chose

4) Le complément indirect est précédé d'un complément direct (objet) et d'un adverbe :

kɔ́ gì-gīlí má↓nɛ̄ bɛ̀ sùngūlā ngɔ́ɓɛ́ (I, 33)
/puis/aor.D-traverser + pl./eau/seulement/à cause de/guerre
puis nous avons traversé l'eau à cause des guerres

[9] Une autre interprétation de cet exemple consisterait à faire de l'ensemble **sèkí kí↓gbɔ̄ kì** une proposition complétive représentant globalement l'objet du verbe **m-ɔ́¯**. Il faut toutefois remarquer que les infinitifs prédicats d'un énoncé circonstanciel semblent réfractaires à l'effet d'attraction tonale (cf. 15.5.), ce qui n'est pas le cas ici. On manque d'information pour trancher.

5) Deux compléments indirects succèdent au verbe; la langue semble alors avoir une préférence pour l'ordre selon lequel le complément régi par **sɛ̀** précède le complément régi par **KI** :

á↓dɔ̄-kí sɛ́↓ lɔ̄ ɓē ɗà (I, 220) *vous l'emmenez au village*
/aor.2-partir-pl./avec/elle/village + à/là/

àɓɛ̄ sɛ̀ mbānā má↓gē ɗà
/aor.3 + aller/avec/vide/champ + à/là/
il va au champ sans but/sans raison

lù má w-ɔ̀yɛ̀ sɛ̀ kɔ̀kɛ̀ má kú↓gī ɗà
/foie/mon/aor.3 + mourir/avec/houe/ma/maison + à/là/
*j'ai oublié ma houe à la maison [*litt. *mon foie est mort avec ma houe à la maison]*

Cette hiérarchie des compléments indirects dans la chaîne traduit formellement une réalité sémantique dans la mesure où le relateur **sɛ̀** marque un "actant complémentaire" (participant, instrument) dont le degré d'implication dans le "procès" est plus élevé que celui du "circonstant" (essentiellement espace/temps) marqué par **KI**[10].

14.4. Le complément adverbial

A défaut d'une analyse plus fine on rassemble commodément, sous la même étiquette d'"adverbes", différents termes non nominaux qui ont la propriété commune de fonctionner comme des expansions non marquées du prédicat verbal. Il s'agit toutefois d'un ensemble hétérogène : non seulement certains d'entre eux peuvent apparaître dans des énoncés non-verbaux (cf. infra) mais encore tous n'ont pas, au sein même de l'énoncé verbal, les mêmes latitudes combinatoires. D'un autre point de vue, certains adverbes se distinguent encore soit par un comportement tonal qui leur est propre soit par une vraisemblable origine nominale ou verbale.

Sémantiquement les adverbes traduisent des valeurs très diverses, au sein desquelles ressortent plus nettement celles qui réfèrent au repérage - spatial ou temporel - et à la quantification.

Le repérage spatial

La langue distingue trois degrés de proximité/éloignement qui sont exprimés soit par des formes simples soit par des variantes complexes

---

10 Sur un autre indice de cette distinction, cf. 11., n. 12.

(composées), de valeur sensiblement équivalente : **yɔ́, yɔ́mà, nɛ̀yɔ́** ou **nìyɔ́**[11] "ici"/ **ɗà, ɗà´mà** "là"/ **nú, nɛ̀nú** ou **nùnú** "là-bas". Il existe encore d'autres formes, simples ou complexes, de sens proche, **nílè** (**ní↓lē`** ?) "à cet endroit, (à proximité ?)", **nīlɔ̀** ou **nì¯lɔ̀** "ici-même", **sílē` nú** /?/là-bas/ "là-bas, (de l'autre côté ?)", **zā sìnímà**[12] /hors de/?/ "(en provenant de) ce côté-ci/là", qui se distinguent peut-être des précédentes en ce qu'elles sont plus relatives à la situation du récit qu'à celle du discours. Des valeurs d'orientation sont par ailleurs exprimées par **kágā** (**ɗà**) /extérieur(?)/là/, **kɔ̀gɔ̄ ɗà**[13] /extérieur(?)/là/ "à l'extérieur", **kú↓tī** "(vers ?) l'extérieur", **kpó↓yī**[14] "vers le bas" et **tàlɔ̄** "vers le haut (ou debout ?)". De façon générale ces adverbes sont postposés au prédicat verbal ainsi qu'aux éventuels compléments de ce dernier et subissent, le cas échéant, l'attraction tonale exercée par le terme précédent. Exemples :

kɔ́ sùngūlā ngɔ́ɓɛ́ gá↓ ɗē¯ ìsɔ̄ yɔ́... (I, 9)
/puis/à cause de/guerre/rel./aor.3 + venir/aor.3 + tomber/ici/...
et, parce que la guerre est arrivée ici, ...

nzì-kí ɗá↓´mà *ils sont assis là*
/aor.3 + être assis + pl./là/

tā `tɔ́ lībɔ̄ nyá gɛ̄ nɛ̀nú ɗē¯ (III, 12)
/aor.3 + faire/une certaine/ruse/sa/pl./là-bas/aor.3 + venir/
[Turè...] fait certaines de ses ruses là-bas (et) vient

gì-tōlué zɛ́ ɗá↓ sílē` nú kɔ́mbélétènɛ̄[15] **(I, 77)**
/aor.D-tuer + pl./eux/là/de ce côté/là-bas/complètement/
nous tuons ceux-là vers là-bas complètement

kílā tàkī kágā (Dev. 11) *sa queue sort dehors*
/queue + sa/aor.3 + sortir/dehors/

Un autre adverbe, **ndù** "proche (de)", connaît une combinatoire particulière : nécessairement suivi d'un groupe circonstanciel (marqué par **sɛ̀** ou par **KI**), il traduit une notion de proximité qui se définit alors relativement au référent de ce complément indirect. L'analyse syntaxique des occurrences de ce terme est en fait problématique puisqu'on ne sait trop s'il est

---

11 Voir aussi **lɔ̀**, autre forme variable ou complémentaire de **yɔ́** (cf. 11., n. 8) ?

12 **sìnímà** est vraisemblablement composé de l'adverbe **ámà** "ainsi", comme le sont les formes précédentes **yɔ́mà** et **ɗà´mà**.

13 La postposition, fréquente ou systématique, de **ɗà** à ces deux termes suggère une origine nominale (cf. 11.8.).

14 **kú↓tī** et **kpó↓yī**, comme peut-être aussi **nílè** et **sílē`** (**nú**), sont selon toute vraisemblance des formes circonstancielles figées, représentant l'amalgame d'un nom, non attesté par ailleurs, avec le relateur **KI** (cf. 11.3.).

15 Sur l'ambiguïté syntaxique de **ɗá** dans cet exemple, cf. 8.10.

directement subordonné au prédicat verbal qui le précède ou au groupe à relateur qui lui succède. Dans le dernier cas il entrerait virtuellement en composition avec **sɛ̀** ou **KI**. Exemples :

ànyā ndù sɛ̀ tàlà mànɛ̄
/aor.3 + courir/proche/avec/bord/eau/

ou **ànyā ndù tàlà mànē`**
/aor.3 + courir/proche/bord/eau + à/
il court à proximité du bord de l'eau

De plus, mais les deux phénomènes sont indépendants, **ndù** partage avec quelques autres adverbes la particularité de ne subir qu'une attraction tonale partielle, laquelle modifie son schème BB en HB (ou peut-être H↓B comme on l'a vu en 5.2. ?) :

ànyí ndú` sɛ̀ tàlà mànɛ̄
/aor.3 + courir + pl./proche/avec/bord/eau/

ou **ànyí ndú` tàlà mànē`**
/aor.3 + courir + pl./proche/bord/eau + à/
ils courent à proximité du bord de l'eau

Le repérage temporel

Un premier ensemble d'adverbes traduit le découpage de l'axe temporel relativement à la situation du discours. Ainsi oppose-t-on, de part et d'autre de **yālɔ̀** "aujourd'hui", le passé : **tà´** "autrefois, jadis", **túlɔ́↓** "autrefois, (ce jour-là ?)", **tà´nzònī**[16] "avant-hier", **tàgá** "hier", **gà** "aujourd'hui (passé)" au futur : **yānɛ̀ ~ ānɛ̀** "aujourd'hui (à venir)", **tìbì** "demain", **bākàlɛ̄** "après-demain", **ɓālà** "plus tard, à l'avenir" (ces derniers termes étant essentiellement sinon exclusivement liés à une forme verbale de l'inachevé). L'adverbe **á↓gyɔ́lɔ́** (**á↓gyɔ́lɔ́↓**[17] ?) "à l'instant, dans un instant" est ambivalent (passé/futur proches) et au moins combinable avec **gà** "aujourd'hui (passé)".

D'autres adverbes traduisent un repérage qui est plus proprement relatif à la situation du récit : **sílí.kɔ́**[18] "d'abord", **ndà** "désormais, ensuite", **sìnā** "définitivement, pour toujours", **ɓɔ́ɔ̄** "tôt, depuis longtemps", **ṵ́ṵ́** "longtemps" et enfin **tálá...gɔ̀** (**tálá↓...gɔ̀** ?) "(pas) encore", lequel est nécessairement lié à l'expression de la négation.

La plupart sinon la totalité de ces adverbes jouissent d'une plus grande liberté de position puisqu'ils peuvent indifféremment succéder au complément

---

16 Composé de **tà´**, précédemment cité.

17 Vraisemblablement composé, comme les précédents **yālɔ̀** et **túlɔ́↓**, du déterminant démonstratif (´)**lɔ̀** "ce-ci".

18 Composé du conjonctif **kɔ́** "d'abord, puis" et, en tant que tel, sans effet d'attraction tonale sur le terme qui succède.

éventuel du prédicat verbal ou le précéder, la langue ayant même peut-être une préférence pour cette dernière construction (les occurrences d'un adverbe "temporel" antéposé au prédicat verbal sont également attestées mais relèvent plutôt d'un procédé de thématisation). Dans tous les cas ils subissent l'éventuelle attraction tonale. Exemples :

w-ò-kí má↓nɛ̄ tà´
/aor.3-boire-pl./eau/autrefois/
ou **w-ò-kí tá↓´ má↓nɛ̄**
/aor.3-boire-pl./autrefois/eau/
ils ont bu de l'eau autrefois

àm-ò-kí má↓nɛ̄ tà´
/inach.3-boire-pl./eau/autrefois/
ou **àm-ò-kí tá↓´ má↓nɛ̄**
/inach.3-boire-pl./autrefois/eau/
ils buvaient de l'eau autrefois

àm-ō mànɛ̄ ānɛ̀
/inach.3-boire/eau/aujourd'hui (fut.)/
ou **àm-ō ānɛ̀ mànɛ̄**
/inach.3-boire/aujourd'hui (fut.)/eau/
il boira de l'eau aujourd'hui

mādɪ̄ā nàbɔ̄ nyá tálá gɔ́
/aor.3 + finir/travail/son/(pas) encore/nég./
ou **mādɪ̄ā tálá ná↓bɔ̄ nyá gɔ́**
/aor.3 + finir/(pas) encore/travail/son/nég./
il n'a pas encore terminé son travail

w-ò¯ gà á↓gyɔ̀lɔ́ má↓nɛ̄ *il a bu de l'eau à l'instant*
/aor.3-boire/aujourd'hui (passé)/à l'instant/eau/

àm-ō á↓gyɔ̀lɔ́ má↓nɛ̄ *il boira de l'eau dans un instant*
/inach.3-boire/à l'instant/eau/

Il arrive même qu'un adverbe soit répété, de part et d'autre d'un même complément, avec un simple effet de redondance. Les illustrations textuelles en sont notamment nombreuses pour **ndà** "désormais, maintenant, ensuite" :

... kɔ́ ngbé↓´ ndá↓ nílè ndà kɔ́ té`-kí nɛ̄... (I, 24)
.../puis/aor.3 + rester + pl./désormais/à cet endroit/désormais/puis/3 + dire-pl./que/...
... ils ont désormais l'habitude de dire que...

gy-àlué ndá má↓nɛ̄ ndà yɔ́mà ánɛ̄ (I, 45)
/aor.D-traverser + pl./désormais/eau/désormais/ici/anaph./
nous avons maintenant traversé l'eau (jusqu')ici

gyɔ̀ ndà ngɔ̄nɔ̄ ndà ɓē ɗà kɔ́ (I, 222)
/aor.3 + engendrer/désormais/enfant/désormais/village + à/là/puis/
il engendre ensuite un enfant au village

Autre exemple avec **ānɛ̀** "aujourd'hui (à venir)" :

... àm-āɓɛ̄ àm-tā nɛ̀ bɛ̄ dɛ̀¯ ngàɓà ānɛ̀ (I, 97)
.../inach.3-aller/inach.3-faire/aujourd'hui (fut.)/chose/personne/homme/aujourd'hui (fut.)/
... il agira en brave

La quantification

L'expression de la quantité est traduite par **ndó** "beaucoup, extrêmement, en nombre" ainsi que par des formes d'emprunt, plus expressives : **míngì** (du sango) et **trò´`** (du français) "beaucoup". Ces adverbes succèdent généralement aux éventuels compléments du prédicat verbal, encore que **ndó** puisse s'insérer entre l'objet et un complément indirect. Exemples :

... ngālā ní↓ ná gɛ̄ ànzé ndó ɗī.bá (III, 15)
.../termite/son(L)/le/pl./aor.3 + sortir + pl./beaucoup/excl./
[il dit que...] ses termites sortent en grand nombre!

... kɔ́ dɛ̀¯ gɛ̄ bògyué bɔ́↓gyɔ̄ nyá ndó ánɛ̄ (I, 168)
.../puis/personne/pl./aor.3 + parler + pl./parole/sa/beaucoup/anaph./
*... et les gens parlent beaucoup de lui [*litt. *racontent beaucoup son histoire]*

tā nàbɔ̄ ndó zɔ́↓ kɔ́ngɔ̄ ní
/aor.3 + faire/travail/beaucoup/sommet/colline/la + à/
il a beaucoup travaillé en haut de la colline

... àzūsìmà gà àm-tɔ̄lɔ̄ dɛ̀¯ gɛ̄ sɛ̀ mbālā míngì (I, 136)
.../A./rel./inach.3-tuer/personne/pl./avec/excès/beaucoup/
... Azusima qui tuait les gens plus que de raison

La forme verbale **àsū** "c'est mauvais" fonctionne également, sous une forme plus ou moins figée, comme un adverbe exprimant la quantité ou l'excès, lequel est toutefois réfractaire à l'attraction tonale[19] :

lɔ̄lɔ̀ nɛ̄ ngánzá↓ àsū (I, 96)
/celui-ci/alors/aor.3 + être fort/beaucoup/
celui-ci est très vaillant

gì-tōlué zɛ́ àsū (I, 36)
/aor.D-tuer + pl./eux/beaucoup/
nous les avons tués en grand nombre

[19] Formellement rien n'interdit de traiter les occurrences de **àsū** en termes de séquence de propositions (cf. 18.1.). L'interprétation adverbiale repose essentiellement sur un emploi récurrent avec ce sémantisme particulier.

Le restrictif **kàlà** "seulement, exclusivement", qui subit l'attraction tonale, présente la particularité combinatoire d'être nécessairement suivi d'un complément nominal, direct ou indirect, ou encore d'un autre complément adverbial, lui-même caractérisé par une dimension restrictive-sélective (**bɛ̀** ou **bà**, cf. infra). Exemples :

àkɔ̀ kàlà kí *cela ne regarde que toi*
/aor.3 + regarder/seulement/toi/

à-yí kálá sɛ́↓ zɛ́... (I, 215)
/aor.3 + aller-pl/seulement/contre/eux/...
ils marchent simplement contre eux...

gy-àlué kálá↓ zā ɓɛ̄ nì¯ (I, 30)
/aor.D-se lever + pl./seulement/hors de/village/ce + à/
nous ne venons (pas d'ailleurs) que de ce pays

kílā lùtì kàlà bɛ̀ sìnā (III, 27)
/queue + sa/aor.3 + être écorché/seulement/seulement/définitivement/
sa queue est simplement écorchée pour toujours

mú-sā kàlà mí bá
/aor.1-prendre/seulement/cinq/seulement/
j'(en) ai pris seulement cinq

Selon toute vraisemblance il convient encore de traiter comme des adverbes les différents quantificateurs - généraux ou cardinaux - qui ont été identifiés plus haut lors de l'étude du syntagme nominal (cf. 8.9.). Ceux-ci peuvent en effet constituer la seule expansion non marquée du prédicat verbal (ils sont alors eux-mêmes plus volontiers suivis d'un autre élément, adverbe restrictif **bà** ou modalité de proposition) :

àɗɛ̂ fínyá bá *il a plu (seulement) un peu*
/aor.3 + pleuvoir/un peu/seulement/

sā vɔ́ kɔ̄ *il a tout pris*
/aor.3 + prendre/tout/acc./

sā ngbèɗɛ̄ bà *il (en) a pris (seulement) huit*
/aor.3 + prendre/huit/seulement/

bísí↓ ɓā àbà gɛ̄ mùtuá w-òyé kɔ̄
/chien/celui de/mon père/pl./trois/aor.3-mourir + pl./acc./

ou **bísí↓ ɓā àbà gɛ̄ w-òyé mùtuá kɔ̄**
/chien/celui de/mon père/pl./aor.3-mourir + pl./trois/acc./
(les) trois chiens de mon père sont morts

Pourtant de telles constructions sont relativement rares, les quantificateurs succédant plus fréquemment à un complément direct :

ādā mā ná fínyá *donne-m'en un peu*
/aor.2 + donner/moi/cela/un peu/

gyɔ̀ ngɔ̄nɔ̄ nyá kálàgɛ̄ bà (Dev. 9) *il engendre son unique enfant*
/aor.3 + engendrer/enfant/son/unique/seulement/

dālī ɓàkúlá↓ gɛ̄ vɔ́ (I, 167) *il dépasse tous ses compagnons*
/aor.3 + dépasser/compagnon/pl./tout/

tā kúgí↓ zó *il construit deux maisons*
/aor.3 + faire/maison/deux/

L'analyse fonctionnelle du quantificateur est alors, dans ce type prépondérant de contexte, problématique puisqu'on ne sait s'il faut en faire, comme dans les exemples précédents, une expansion directe (primaire) du prédicat verbal ou s'il faut au contraire y voir une expansion du syntagme nominal en fonction d'objet, solution qui s'impose lorsque le même syntagme nominal fonctionne par exemple comme sujet. Si les quantificateurs sont bien des adverbes, du moins faut-il souligner la relative rareté des situations dans lesquelles ils fonctionnent sans équivoque comme des expansions non marquées du prédicat verbal.

Par ailleurs on rappellera le comportement tonal non homogène des quantificateurs qui, selon leur identité, subissent, ne subissent pas ou encore ne subissent qu'optionnellement l'effet de l'attraction tonale (cf. 8.9.). Rappelons également que le cardinal **kàlà** "un" ne subit qu'une attraction partielle (> **kálà**), en sorte qu'il doit bien être distingué du restrictif **kàlà** "seulement", illustré plus haut, lequel subit une attraction tonale régulière et totale (> **kálá↓**). Les deux termes ne sont d'ailleurs pas exclusifs mais peuvent apparaître, chacun à sa place propre, après un même prédicat verbal; exemples :

tɔ̄lɔ̄ kàlà dɔ̀gɔ̀ kàlà *il n'a tué qu'un (seul) buffle*
/aor.3 + tuer/seulement/buffle/un/

tōlué kálá dɔ́gɔ́ kálà *ils n'ont tué qu'un (seul) buffle*
/aor.3 + tuer + pl./seulement/buffle/un/

Autres valeurs

Certains adverbes traduisent des valeurs qui sont de nature plus aspectuelle (au sens d'un point de vue adopté relativement au procès) comme **zà** "en vain, sans résultat", **kpòló** "en ratant, en manquant son but", **kɔ́mbélétènɛ̄** (du français) "complètement", ou modale (au sens d'une appréciation portée sur le procès) comme **zā** ~ **zā`** "peut-être", **bíyà** (< ngbandi ou sango) "assurément, en vérité", **mbílímbílí** (du sango) "exactement, précisément". D'autres encore réfèrent plus à l'attitude ou au comportement, tels **ámà** "ainsi", **búlā** et le composé **bàbūlàbà** "ainsi", **gyɔ̀**[20] "tranquillement", **ndɛ́** "différemment, autrement". D'autres enfin, fortement expressifs, sont essentiellement réservés à des verbes spécifiques : ainsi **mbɛ́nɛ́mbɛ́nɛ́** "très sucré", qui n'est combinable qu'avec **nyɛ̀lɛ̄** "être bon au goût". Ces différents adverbes succèdent généralement aux autres compléments éventuels du prédicat verbal.

La forme composée **ámà.lɔ̀** (/ainsi.ce-ci/ ?) est peut-être nécessairement postposée à des compléments nominaux dont le centre est représenté par **màlā** "sorte, genre, espèce", avec le sens global de "ce genre de -, de telles sortes de -" :

s-àkué má↓lā bɛ̄ ámà.lɔ̀ *qu'ils voient ces sortes de choses!*
/aor.3! + voir + pl./sorte/chose/ainsi/

kɔ́ tā màlā nàbɔ̄ lɔ̀ ámà.lɔ̀ ánɛ̄ bá (II, 18)
/puis/aor.3 + faire/sorte/action/ce-ci/ainsi/?/interr./
et aura-t-il ce genre de comportement ?

La place de l'adverbe **ínzā** "aussi, également" est plus libre comme le prouve son emploi alternatif dans les deux énoncés suivants :

tùlɛ̀ ná nzì¯ ɓā nyá ínzā ndɛ́ (III, 6)
/T./le/aor.3 + s'asseoir/celui de/son/aussi/autrement/
mùmù ná nzì¯ ínzā ɓā nyá ndɛ́ (III, 7)
/rat de G./le/aor.3 + s'asseoir/aussi/celui de/son/autrement/
Turè s'assoit quant à lui à un endroit,
le rat de Gambie s'assoit quant à lui à un autre endroit

ou même son occurrence redondante dans cet autre exemple :

... tē´ ínzā èkɔ́`l ínzā tà´ gɔ́ɔ̀ (I, 105)
.../aor.3 + faire + pl./aussi/école/aussi/autrefois/nég. + expect./
... ils n'avaient pas non plus fréquenté l'école autrefois ?

On traite également comme un adverbe le terme **bɛ̀** qui peut précéder certains compléments indirects ou adverbiaux. Sa valeur est double. Il exprime d'abord, avec des verbes essentiellement "dynamiques", une restriction, une sélection ou une focalisation qui porte non pas, comme dans le cas de **kàlà** "seulement", sur un complément, mais sur le prédicat verbal lui-même (que celui-ci reçoive ou non un complément). En ce sens on le traduit au mieux par "seulement, simplement, ne faire que -". Exemples :

gì-gīlí má↓nɛ̄ bɛ̀ sùngūlā ngɔ́ɓɛ́ (I, 33)
/aor.D-traverser + pl./eau/seulement/à cause de/guerre/
nous avons simplement traversé l'eau à cause d'un conflit

---

20 Comme **ndù** "proche (de)" et **kàlà** "un", **zà** "en vain" et **gyɔ̀** "tranquillement" ont la particularité de ne subir qu'une attraction tonale *partielle* (BB > HB ou peut-être H↓B ?).

kyōlué gɔ́↓ àm-mbūmé bɛ́
/aor.3 + lutter + pl./nég./inach.3-jouer + pl./seulement/
ils ne luttent pas, ils ne font que jouer

Mais il est aussi, voire surtout, d'un usage fréquent avec des verbes qui, tels **nzàfà** "devenir/être blanc" ou **àlɔ̀** (**tàlɔ̄**) "se lever/être debout", ont fondamentalement une double valeur dynamique (accession à un état) et statique (continuité dans un état), la présence de **bɛ̀** ayant alors pour effet de sélectionner - d'orienter - la seule dimension statique de ces verbes[21]. Exemples :

nzàfà bɛ̀ *c'est blanc*
/aor.3 + devenir = être blanc/stat./

kɔ̄sɔ̄ lɔ̄ w-ɔ̄yɛ̄ bɛ̀ *cette pierre est lourde*
/pierre/cette-ci/aor.3 + devenir = être lourd/stat./

gɛ́lɛ̄ gɛ̄ bàké bɛ́ kám.kázá ní ɗà
/étoile/pl./aor.3 + devenir = être nombreux/stat./ciel/le + à/là/
les étoiles sont nombreuses dans le ciel

kɔ̀tɔ́ gɛ̄ àlué bɛ́ tá↓lɔ̄ *certains sont debout*
/un certain/pl./aor.3 + se lever = être debout/stat./en haut/

Sous cet aspect **bɛ̀** s'oppose notamment à la modalité de proposition **kɔ̄** (cf. infra) qui traduit de façon générale l'achèvement et ici, plus particulièrement, l'accession accomplie à un état[22] :

nzàfà kɔ̄
/aor.3 + devenir = être blanc/acc./
c'est devenu blanc, ça a blanchi, c'est (déjà) blanc

Mentionnons pour finir l'existence d'un autre adverbe (?) à valeur restrictive faible, **bà**, lequel est exclusivement postposé à certains quantificateurs[23] :

àɗɛ̄ fínyá bá
/aor.3 + pleuvoir/un peu/seulement/
il a plu un peu (seulement)

---

21 Je dois à P. Nougayrol, qui a observé des faits comparables en gula et en ndoka, d'avoir attiré mon attention sur les propriétés sémantiques de ce terme.

22 A l'instar de **kɔ̄** *accompli* avec lequel il entre en opposition, **bɛ̀** est vraisemblablement exclusif et de l'adverbe **ndó** "beaucoup" et de la *négation* **gɔ̀**.

23 Y compris dans des situations où le quantificateur lui-même ne constitue pas une expansion du prédicat verbal mais par exemple le déterminant d'un sujet : **lɔ̄ kàlàgɛ̄ bà ɗɔ̀¯** /lui/unique/seulement/aor.3 + partir/ "lui seul part" ou encore le prédicat d'un énoncé circonstanciel (cf. 15.6.) : **lɔ̄ kàlàgɛ̄ bà** /lui/unique/seulement/ "il est (le) seul, (l')unique".

mú-sā ngbèdē bà
/aor.1-prendre/huit/seulement/
j'(en) ai pris (seulement) huit

Outre leur ressemblance formelle, **bɛ̀** et **bà** ont la propriété commune de "valider" le restrictif **kàlà**, ce que seul un complément nominal peut faire par ailleurs (cf. supra) :

kílā lùtì kàlà bɛ̀ sìnā (III, 27)
/queue + sa/aor.3 + être écorché/seulement/stat./définitivement/
sa queue est simplement écorchée pour toujours

mú-sā kàlà ngbèdē bà
/aor.1-prendre/seulement/huit/seulement/
j'(en) ai pris seulement huit

14.5. Les modalités de proposition

On regroupe sous la même dénomination de modalités de proposition différents termes qui apparaissent essentiellement en finale d'énoncé ou de proposition. Cet ensemble n'est pas strictement homogène puisque certaines modalités sont combinables entre elles. D'un autre côté les rapports d'exclusion qui existent entre certaines modalités et certains adverbes tendent à prouver que la délimitation de ces deux "catégories" est plus complexe que ne le laisse entrevoir le découpage du présent chapitre.

La plupart des modalités de proposition ne sont pas spécifiques de l'énoncé verbal mais c'est dans ce cadre qu'elles sont le plus aisément identifiées et illustrées. On en propose donc dès maintenant la présentation, quitte à rappeler leur existence à propos des autres types d'énoncé.

L'accompli kɔ̄

La présence de l'accompli **kɔ̄** traduit le caractère achevé, acquis et en quelque sorte "distancié" du procès verbal, valeur qui peut être rendue en français par le choix d'une forme composée du verbe (passé composé, plus-que-parfait ou futur antérieur, bien que le français ne s'exprime pas nécesairement en termes d'"accompli" dans les mêmes situations) voire par l'emploi de l'adverbe "déjà". Exemples :

m-ɔ́¯ àlà ínzā kɔ̄ (I, 104)
/aor.1-comprendre/cela/aussi/acc./
j'ai compris cela aussi

ákɔ̄↓ṵ [...] ɓā nyá yìngà nyá māɗā ndà zā gī kì kɔ̄ nɛ̄... (I, 207)
/quand/.../celui de/son/lance/sa/aor.3 + être fini/désormais/hors de/main + sa/à/acc./
alors/...
*quand celui-ci n'a plus de lance en mains,... [*litt. *quand sa part de lance à lui est épuisée de sa main...]*

ìgé bísí [...] sɛ̀ dɛ̀nyɛ̄ álà kɔ̄ (II, 21)
/aor.3 + refuser + pl./chien/.../avec/femme/cette-là/acc./
*on refuse [*litt. *on a refusé] la femme au chien*

mùmù ànyā kɔ̄ (III, 17)
/rat de G./aor.3 + courir/acc./
*le rat de Gambie s'enfuit [*litt. *s'est enfui]*

mú-bálà kí kɔ̄ *je te salue [*litt. *je t'ai salué]*
/aor.1-saluer/toi/acc./

Les occurrences exceptionnelles de **kɔ̄** dans une proposition non verbale s'apparentent au fonctionnement d'un conjonctif (cf. 18.4.); exemple :

yìngà nyá gī kì mùtuá kɔ̄ álè ɗê¯ [...] kuà kútá↓ ná... (I, 200)
/lance/sa/main + sa/à/trois/acc.(?)/allez!/aor.3 + venir/aor.3 + saisir/bouclier/le/
quand il a trois lances dans sa main, allez!, il saisit le bouclier...

L'accompli **kɔ̄** entretient, avec différents adverbes ou modalités, des rapports d'exclusion mutuelle qui sont remarquables. Comme on l'a vu précédemment celui-ci n'est pas combinable avec l'adverbe à valeur restrictive-statique **bɛ̀**, auquel l'oppose une dimension essentiellement aspectuelle. Il n'est pas non plus combinable avec l'adverbe **ndó** "beaucoup" : quantité et achèvement sont, sous cet aspect, deux notions qui s'opposent et s'excluent. Il n'est enfin pas combinable avec une négation (cf. infra) : en ce sens l'achèvement ne peut s'exprimer qu'en termes positifs.

Les marques de négation gɔ̀ et ànɛ̄

Ces deux modalités sont en distribution complémentaire, la forme **gɔ̀** étant réservée aux valeurs verbales de l'aoriste et de l'inachevé, et la forme **ànɛ̄** - que l'on pourrait spécifiquement gloser comme un *prohibitif* - à celles de l'injonctif[24]. Corrélativement le prohibitif **ànɛ̄** se rencontre dans les seuls énoncés verbaux, tandis que la négation **gɔ̀** s'observe également dans des

24 Pour exprimer les choses d'une façon plus exacte, rappelons ici que c'est précisément le choix du prohibitif **ànɛ̄** qui confère, à des formes verbales morphologiquement définies par des indices personnels-aspectuels de l'inachevé, leur valeur injonctive (cf. 13.2.).

énoncés à prédicat non verbal. Enfin **gɔ̀** subit l'attraction tonale[25] tandis que **ànɛ̄** est toujours réfractaire à l'effet d'attraction. Exemples :

► **gɔ̀** *négation*

tā nàbɔ̄ ndó gɔ́ *il n'a pas beaucoup travaillé*
/aor.3 + faire/travail/beaucoup/nég./

tā nàbɔ̄ kɛ̀mɛ̀ màgɛ̀ mí gɔ̀
/aor.3 + faire/travaillé/intérieur/champ/mon + à/nég./
il n'a pas travaillé dans mon champ

àm-ō mànɛ̄ á↓gyɔ́lɔ́ gɔ́
/inach.3-boire/eau/à l'instant/nég./
il ne va pas boire de l'eau tout de suite

► **ànɛ̄** *prohibitif*

sám!ɓué māngā ànɛ̄ *ne dansez pas!*
/inach.2!-danser + pl./danse/prohib./

bùlà má àgɛ̄ kɔ̄ mám-ɔ̄ɗɛ̄ dɛ̀nyɛ̄ lɔ̀ ànɛ̄
/père/mon/aor.3 + refuser/acc./inach.1-épouser/femme/cette-ci/prohib./
*mon père a refusé que j'épouse cette femme [*litt. *a refusé je ne dois pas épouser...]*

sásì-ɗò-kí ànɛ̄ *qu'ils ne partent pas!*
/inach.3!-partir/pl./prohib./

Quelle que soit sa forme, la marque de négation porte toujours sémantiquement sur l'ensemble de l'énoncé ou de la proposition, sans préjuger d'une incidence plus spécifique sur l'un des constituants (prédicat, sujet, complément) de cet ensemble, interprétation qui peut néanmoins s'imposer, *hic et nunc*, pour des raisons contextuelles[26].

On remarquera enfin, pour **gɔ̀** du moins, l'effet combiné de la négation avec les adverbes **ndà** "désormais" (**ndà... gɔ̀** "ne plus"), **ínzā** "aussi" (**ínzā... gɔ̀** "ne pas... non plus") ou encore **tálá** (**tálá↓** ?), nécessairement nié en **tálá... gɔ̀** (**tálá↓... gɔ̀** ?) "ne pas... encore". Illustrations :

... n-àkɔ̀ ndà bīnyā sɛ̀ kàmù ní gɔ́ (II, 25)
.../aor.L-regarder/désormais/chèvre/avec/oeil/son(L)/nég./
*[le léopard dit que] ... il ne pourra plus souffrir la chèvre [*litt. *la regarder de ses propres yeux]*

---

[25] A moins bien sûr qu'il ne succède lui-même à un terme qui est sans effet d'attraction, comme c'est le cas de la forme circonstancielle de l'associatif personnel **mí** /mon + à/ dans l'un des exemples ci-dessous.

[26] La négation explicite d'un sous-ensemble de l'énoncé ou de la proposition doit passer par une mise en emphase (cf. 16.2.).

mú-ndígí↓ ínzā gɔ̀ (I, 74) *je n'accepte pas non plus*
/aor.1-vouloir/aussi/nég./

mādɗā tálá gɔ́ *ce n'est pas encore fini*
/aor.3 + être fini/(pas) encore/nég./

L'anaphorique ánɛ̄

Le même terme **ánɛ̄** qui fonctionne par ailleurs comme un pronom démonstratif (cf. 9.3.) et comme un prédicatif dans certains énoncés non verbaux (cf. 15.4.) apparaît également à la finale de certains énoncés ou propositions à prédicat verbal (où il n'est vraisemblablement pas combinable avec la négation). Il a dans ce cas pour fonction de souligner la relation logique que le locuteur établit entre l'énoncé (ou la proposition) marqué et le contexte du récit voire, plus précisément, l'énoncé (ou la proposition) qui précède. En ce sens l'anaphorique, que l'on peut difficilement traduire autrement que par un commentaire comme "dans ces conditions, les choses étant ainsi", présente certaines affinités avec les conjonctifs auxquels il ne se substitue pourtant pas[27]. Exemples :

... kɔ́ lī bāgīlɔ̀ ná kuà ndà zɔ̀ gɛ́gɛ̄ kɔ́ (I, 38)
.../puis/nom/B./le/aor.3 + saisir/désormais/tête/notre(I)/puis/
lī gbāyā ná ɗò¯ ndà ngá↓lī ánɛ̄ (I, 39)
/nom/Gb./le/aor.3 + partir/désormais/terre + à/anaph./
*alors le nom de Bagiro nous est désormais attaché [*litt. *a pris nos têtes]*
et le nom de Gbaya a disparu

gì-tōlué zɛ́ ɗá↓ sílē` nú kɔ́mbélétènɛ̄ (I, 77)
/aor.D-tuer + pl./eux/là/de ce côté/là-bas/complètement/
nàngé ɗɔ́bɔ́↓ ánɛ̄ (I, 78)
/aor.3 + laisser + pl./chemin/anaph./
nous tuons ceux-là là-bas complètement,
ils laissent la voie (libre)

yɛ́↓¯ sɛ̀ ngùlù míngì kɔ́ dālī ɓàkúlá↓ gɛ̄ vɔ́ kɔ́ lī ànì ʒṹskà yālɔ̀ ánɛ̄ (I, 167)
/qui?/avec/force/beaucoup/puis/aor.3 + dépasser/compagnon/pl./tous/puis/nom + son/aor.3 + résonner/jusqu'à/aujourd'hui/anaph./
qui a été si puissant qu'il ait dépassé les autres et que son nom soit réputé jusqu'aujourd'hui ?

---

27 Sur sa liaison assez systématique avec le conjonctif **álà.gà**, cf. 18.4.

L'exclamatif bá

Ce terme occupe la place ultime dans l'énoncé ou la proposition (compte non tenu des éventuels conjonctifs) puisqu'il peut lui-même succéder à la négation **gɔ̀** ou à l'anaphorique **ánɛ̄**. Il traduit une surprise ou une exclamation qui sont, le plus souvent, fortement teintées d'interrogation, quand bien même un pronom interrogatif n'est pas lui-même exprimé. Exemples :

... kɔ́ tā màlā nàbɔ̄ lɔ̀ ámà.lɔ̀ ánɛ̄ bá (II, 18)
.../puis/aor.3 + faire/sorte/travail/ce-ci/ainsi/anaph./exclam./
... et aura-t-il donc de tels comportements !?

mùmù nɛ̀ nɛ̄ n-ànzà gɔ̀tɔ̀ gɔ̀ bá nɛ̄... (III, 24)
/rat de G./3 + dire/que/aor.L-pénétrer/trou/nég./exclam./alors/...
le rat de Gambie ne veut-il pas rentrer dans le trou que...

ám-ā sīsòɗī bá *où vas-tu donc !?*
/inach.2-aller/où?/exclam./

L'exclamatif apparaît encore sous la forme complexe **ɗī.bá**, forme figée puisqu'on ne peut par ailleurs assigner aucune fonction précise au pronom interrogatif **ɗī** "quoi?" qui entre dans sa composition :

nɛ̀ nɛ̄ nànà kɔ̀tɔ́ bɛ̄ ìsɔ̄ ɗà´mà nɛ̄ àyì gɔ̀ ɗī.bá (III, 13)
/3 + dire/que/cousin/un certain/chose/aor.3 + tomber/là-bas/alors/aor.3 + être bon/ nég./exclam./
il dit que, cousin!, quelque-chose est tombé là-bas, ce n'est pas bon!

mùmù nɛ̀ nɛ̄ ʔɛ̰́ʔɛ̰̀ ngālā ní↓ ná gɛ̄ ànzé ndó ɗī.bá (III, 15)
/rat de G./3 + dire/que/non!/termite/son(L)/le/pl./aor.3 + sortir + pl./beaucoup/exclam./
le rat de Gambie dit que, non! ses termites sortent en grand nombre!

15. LES ENONCES A PREDICAT NON VERBAL

L'énoncé à prédicat verbal, dont on vient d'exposer les propriétés, est caractérisé par le fait que son élément fondateur et nucléaire - le verbe - est, par essence, éminemment prédisposé à assumer cette fonction. A ce type d'organisation syntaxique on peut globalement opposer les énoncés qui ont la propriété commune de se constituer autour d'un terme - le plus souvent un nom mais parfois aussi un adverbe - qui n'est pas verbal et dont la capacité prédicative n'est pas première ou du moins pas exclusive.

Au delà de ce trait commun les énoncés à prédicat non-verbal présentent toutefois des caractéristiques variées qui tiennent à l'identité catégorielle du prédicat (nom, adverbe) comme aux procédés de marquage (prédicatifs spécifiques ou non, ordre des termes) ainsi qu'au nombre des fonctions primaires nécessairement associées à ce dernier. On distingue ainsi cinq types essentiels d'énoncé qui sont commodément regroupés sous quatre étiquettes d'inspiration sémantique, les modèles formels étant assez étroitement associés à des valeurs spécifiques. L'énumération de ces modèles servira de guide à l'exposé du présent chapitre :

- l'énoncé identificateur
- l'énoncé équatif
- l'énoncé présentatif
- l'énoncé circonstanciel à prédicat nominal
- l'énoncé circonstanciel à prédicat adverbial

15.1. La fonction prédicative non verbale

Avant même d'aborder le détail de ces différents types d'énoncé il convient de préciser que la notion de prédicat se conçoit ici dans des termes fort différents - et surtout beaucoup plus incertains - qu'en ceux qui ont pu être évoqués au précédent chapitre.

En effet si l'on s'accorde à définir fonctionnellement le prédicat à la fois comme l'élément qui fonde la validité de l'énoncé et comme celui qui constitue le point d'incidence des différentes fonctions primaires[1], il est peu douteux qu'il convienne de reconnaître dans le verbe, lorsqu'il est présent, cet

---

1 C'est à-peu-près en ces termes que Hagège (1982:33) définit la fonction de prédicat, fonction qu'il conçoit comme essentiellement relationnelle ("prédicat de").

élément capital de l'énoncé ou de la proposition. Du moins a-t-on cru pouvoir se dispenser d'argumenter, plus haut, une interprétation qui est largement consensuelle. D'une certaine façon l'analyse des énoncés identificateur et présentatif, lesquels sont constitués d'un groupe nominal unique marqué par un morphème - prédicatif - spécifique, est nécessairement univoque si tant est que l'on puisse parler d'un prédicat sans sujet. L'identification du prédicat devient en revanche beaucoup plus problématique dans le cas des énoncés équatif et circonstanciels dont la structure est fondamentalement binaire et qui associent, soit au moyen d'un prédicatif soit par simple juxtaposition, un premier groupe, nominal, à un second groupe, nominal - simple ou à relateur - ou adverbial. Dans une telle situation il est non seulement délicat de reconnaître l'élément qui fonde la validité de l'énoncé - opération qui peut également prêter à discussion au sein de l'énoncé verbal - mais il devient surtout très difficile, en l'absence d'un tiers, d'établir une hiérarchie fonctionnelle entre deux termes qui apparaissent comme essentiellement interdépendants.

Ce problème théorique, qui déborde largement le cadre imparti au présent exposé, a été soulevé par d'autres auteurs et c'est finalement à l'un des critères mis en avant par ces derniers[2], à savoir le critère analogique, que l'on fera appel pour proposer une analyse provisoire des énoncés non-verbaux du bagiro : dans les énoncés de structure binaire c'est toujours le second groupe qui sera identifié comme le prédicat, le premier groupe présentant avec le sujet d'un énoncé à prédicat verbal des analogies qui sont à la fois positionnelles (1ère place) et catégorielles (nom ou quasi nominal).

15.2. L'énoncé identificateur

L'énoncé identificateur - comme l'énoncé équatif - met en jeu deux prédicatifs spécifiques, **yà¯** (et ses variantes **yà ~ yā ~ à¯ ~ à ~ ā**)[3] "être" et **dɔ̀** "ne pas être". Ces termes invariables, qui ne sont pas des verbes, sont complémentaires du point de vue de leurs valeurs positive/négative (**dɔ̀** "ne pas être" appelant nécessairement la négation **gɔ̀**, laquelle ne peut jamais apparaître avec **yà¯**) mais révèlent pour chacun d'entre eux des propriétés combinatoires et morphologiques qui leur sont spécifiques de sorte qu'ils fondent à eux seuls deux catégories grammaticales originales.

---

2 Voir en particulier l'argumentation de Cloarec-Heiss (1986:383-386) à propos du banda.

3 Les variations segmentales **ya ~ a** sont relativement libres et liées à la qualité d'élocution tandis que les variations tonales dépendent essentiellement des registres voisins dans la chaîne avec lesquels elles tendent à contraster (les schèmes du prédicatif sont préférentiellement M succédant à B, B ou BM succédant à M ou H).

Dans l'énoncé identificateur **yà¯** est postposé - voire suffixé[4] - à un groupe nominal (nom, quasi-nominal ou syntagme nominal) unique auquel il confère fonction de prédicat et qu'il a précisément pour effet sémantique d'identifier (couramment traduit par "c'est -" il pourrait encore, dans plusieurs cas, être rendu par "tel est -"). Exemples :

ndá↓ ná` ¯ (II, 31) *c'est (telle est) la raison*
/raison/la + être/

págì gɛ́.lɔ̀ ā (I, 117) *ce sont les Pagi*
/P./ces/être/

ndá gɛ́ɗɛ́↓ lī bāgīlɔ̀ ná` ¯ (I, 14)
/raison/fondement/nom/B./le + être/
c'est (telle est) l'origine du nom de Bagiro

ɓā gɛ́gɛ̄ gbāyā ná` ¯ (I, 132)
/celui de/nous(I)/Gb./le + être/
c'est le nôtre à nous, Gbaya

kàwù ná` ¯ (I, 171; II, 20) *c'est tout*
/restriction/la + être/

On remarquera à partir de ces exemples que, pour pouvoir fonder un énoncé identificateur, le syntagme nominal doit toujours être, au sens large, défini et assignable à un référent précis. La même observation vaut pour les cas où le prédicat comporte une expansion relative, construction qui fait alors clairement ressortir la dimension virtuellement emphatique (focalisante) de ce type d'énoncé, en vertu d'un effet très comparable à celui du français "c'est... qui/que" :

zɛ́ gá↓ gàlí líbɔ́↓ ná` ¯ (I, 197)
/eux/rel./aor.3 + connaître + pl./technique/la + être/
ce sont eux qui connaissaient cette technique

zɛ́ gá↓ nzì¯ àm-té sátí↓nɛ́lɛ̀ ɓé kàzà vɔ́ à (I, 100)
/eux/rel./cont./inach.3-faire + pl./garde/ton/jour/tous/être/
ce sont eux qui sont tes gardes tous les jours

ndá↓ ná gá↓ kàzà vɔ́ kɔ́ kàgbà nzì¯ àm-tūkuā [...] bīnyā gɛ̄ yà¯ (II, 26)
/raison/la/rel./jour/tous/puis/léopard/cont./inach.3 + saisir/.../chèvre/pl./être/
c'est (telle est) la raison pour laquelle le léopard attrape toujours les chèvres

---

[4] Notamment lorsqu'il succède à une voyelle finale **a** à laquelle il s'assimile en préservant toutefois son identité tonale; ex. avec le pronom indépendant **ná** "cela" : **ná` ¯** /cela + être/ "c'est cela".

Deux autres illustrations montreront que l'énoncé identificateur peut comporter des modalités de proposition comme l'anaphorique **ánɛ̄** ou l'exclamatif **bá** qui sont alors postposées au prédicatif **yà¯** :

zɛ́ yà ´nɛ̄ (I, 191) *ce sont donc eux*
/eux/être/anaph./

kàndá` nàbɔ̄ lɔ̀ gà nzì¯ àm-tā sɛ̀ mā` bá (III, 23)
/donc/agissement/ce-ci/rel./cont./inach.2-faire/avec/moi + être/excl./
c'est (tel est) donc le tour que tu as l'habitude de me jouer !?

Le prédicatif **dɔ̀** "(ne pas) être" est, quant à lui, préposé au groupe prédicatif auquel succède nécessairement la négation **gɔ̀**. On n'en dispose que de rares exemples, dont

dɔ̀ sàkɔ́ gɔ́ *ce n'est pas un mensonge*
/ne pas être/mensonge/nég./

ou encore cette formulation d'une devinette qui, selon toute vraisemblance, n'est pas un énoncé équatif mais bien un énoncé identificateur précédé d'un syntagme nominal thématisé lequel est, comme tel, sans effet d'attraction tonale sur le prédicatif **dɔ̀** (cf. infra) :

ngɛ̄tɛ̄ dūkū kpɛ́ngbɛ́lɛ́ngbɛ́ dɔ̀ bɛ̄.tɛ̀¯ gɔ̀ (Dev. 3)
/petite/meule/bien plate/ne pas être/chose.s'enlever/nég./
petite meule bien plate, ce n'est pas une chose qui s'enlève

15.3. L'énoncé équatif

Contrairement à ce que l'on observe dans l'énoncé identificateur, les prédicatifs **yà¯** et **dɔ̀** occupent tous deux la même place dans l'énoncé équatif où l'un comme l'autre s'insèrent entre deux groupes nominaux (nom, syntagme nominal ou quasi-nominal) entre lesquels ils établissent - fût-ce pour la nier - une relation d'équivalence. Mais ils s'opposent en ceci que **dɔ̀** subit l'attraction tonale éventuellement exercée par le terme qui le précède alors que **yà¯** est réfractaire à tout effet d'attraction; exemples :

zɛ́ à dɛ̀¯ gɛ̄ *ils sont des êtres humains*
/eux/être/personne/pl./

zɛ́ dɔ́ dɛ́↓¯ gɛ̄ gɔ̀ *ils ne sont pas des êtres humains*
/eux/ne pas être/personne/pl./nég./

lī gɛ́gɛ̄ tà´` gbāyā gɛ̄ (I, 23)
/nom/notre(I)/autrefois + être/Gb./pl./
notre nom autrefois était (les) Gbaya

lī gégē tà´ dɔ́ [...] bāgīlɔ̀ gɔ̀ (I, 21)
/nom/notre(I)/autrefois/ne pas être/.../B./nég./
notre nom autrefois n'était pas Bagiro

kūbū ná¯ ɓā má *le vêtement est à moi [*litt. *est le mien]*
/vêtement/le + être/celui de/moi/

kàwù ná` yìngà nɛ̀ é (I, 194)
/restriction/la + être/lance/cette/eh!/
c'est seulement (au moyen de) la lance

L'énoncé équatif a pour effet sémantique d'identifier le référent d'un premier terme (sujet ou complément unique) éminemment défini et spécifique - on remarquera la forte fréquence des personnels indépendants dans cette position - au référent d'un second terme (prédicat) qui peut lui-même avoir une valeur spécifique ("notre nom est Gbaya") ou générique ("ils sont des êtres humains").

On notera que, comme dans les deux derniers exemples, le prédicatif peut être précédé d'un adverbe :

lī´ ndá` yāmbàlì
/nom + ton/désormais + être/Y./
ton nom désormais est Yambali/ton nom est désormais Yambali

ou encore d'un groupe circonstanciel (en l'occurrence le pronom **tú** "y") :

èkɔ́`l tú à kālɛ̄ (I, 89)
/école/y/être/absent/
l'école à cette époque n'existait pas/l'école n'existait pas à cette époque

dont l'analyse fonctionnelle est, une fois encore, incertaine dans la mesure où, indépendamment de la traduction que l'on peut en proposer, ceux-ci peuvent a priori constituer soit une expansion du prédicat (alors antéposée au prédicatif) soit une expansion du sujet ou complément unique (alors postposée à ce dernier). La dernière solution est certes peu compatible avec ce qui a été dit précédemment du syntagme nominal mais le raisonnement est ici circulaire. Ne convient-il pas néanmoins de considérer que ces éléments se rapportent directement au prédicat dont ils pourraient constituer ce second complément dont on a plus haut déploré l'absence ?

On remarquera par ailleurs

- que le sujet d'un énoncé équatif peut comporter une détermination relative :

dɛ̀¯ gà tàkī sɛ̀ gɛ̀ɗɛ̀ ɓɛ̄ ná`¯ màkɛ̀sɛ̀ (I, 171)
/personne/rel./aor.3 + sortir/avec/fond/pays/le + être/M./
*la personne qui s'est imposée [*litt. *qui est sortie du fond du pays] (c')est Makese*

- que l'énoncé équatif peut lui-même constituer une proposition relative déterminant un centre nominal :

  kɔ̀tɔ́ tùlúgù ná gá↓ lī à sàgbókɔ́ndɔ̀ ìmā àsū (I, 137)
  /un certain/garde/le/rel./nom + son/être/S./aor.3 + être chaud/c'est mauvais/
  un certain garde, dont le nom est Sagbokondo, était très méchant

- que l'énoncé équatif peut être marqué de la modalité de proposition anaphorique **ánɛ̄** :

  dɔ̰́kə̀ mbílímbílí gɛ̀gɛ̄ à lákā fùlū gɛ̄ ánɛ̄ (I, 43)
  /donc/précisément/nous(I)/être/chose/F./pl./anaph./
  donc, pour être exact, nous sommes des choses, des Furu

Soulignons également que c'est au moyen d'un énoncé équatif positif (prédicatif **yà¯**) que la langue exprime l'absence ou la non-existence d'une entité, le prédicat étant alors représenté par le terme **kālɛ̄** "absent, inexistant", terme qu'il faut vraisemblablement analyser comme un nom qui ne peut toutefois recevoir aucun déterminant et dont l'usage est limité à ce type d'énoncé. Exemples :

lɔ̄ à kālɛ̄ *il est absent, il n'existe pas*
/lui/être/absent = inexistant/

kɔ̀tɔ́ kálàgɛ̄ bà à kālɛ̄ (II, 15)
/un certain/unique/seulement/être/absent = inexistant/
il n'y en a (il n'en reste) pas un seul

Ces énoncés sont notionnellement complémentaires des énoncés à prédicat circonstanciel nominal qui traduisent la présence ou l'existence au moyen du pronom **tú** "y" (cf. infra).

Sans doute faut-il enfin compter au nombre des énoncés équatifs ces deux exemples qui s'articulent non autour des prédicatifs **yà¯** ou **dɔ̀** mais autour de l'adverbe à valeur restrictive **kàlà** "seulement", lequel assumerait ici une fonction comparable :

... zɛ́... gá↓ zɛ́ kálá↓ brá`və̀ ná gɛ̄... (I, 214)
.../eux/.../rel./eux/seulement/courageux/le/pl./...
... eux... qui sont les courageux...

lɔ̄ ndà kàlà ngɔ̄nɔ̄ ɓɛ̄ ná (I, 223)
/lui/désormais/seulement/enfant = membre/village = clan/le/
il est désormais un membre du clan

15.4. L'énoncé présentatif

On analyse en termes d'énoncé présentatif quelques rares exemples dans lesquels la combinaison du pronom démonstratif **álɔ̀** (ou **lɔ̀** !?) "ceci" avec l'anaphorique **ánɛ̄** semble jouer le rôle d'un prédicatif postposé au groupe nominal qu'il a pour effet sémantique d'introduire ou de présenter :

ngāngā bísí↓ gɛ̄ álɔ̀ ánɛ̄ *ce sont/voici des dents de chien*
/dent/chien/pl./ceci/anaph./

nà´ lɔ̄ álɔ̀ ánɛ̄ (I, 145) *mais c'est lui!/mais le voici!*
/mais!/lui/ceci/anaph./

yɛ́↓¯ lɔ̀ ánɛ̄ *qui est-ce ?*
/qui?/ceci(?)/anaph./

Un dernier exemple révèle également la présence du prédicatif **yà¯** "être" :

kɔ̄māndēmā sɛ́ à lɔ̀ ánɛ̄ (I, 124) *voici votre chef*
/chef/votre/être/ceci(?)/anaph./

15.5. L'énoncé circonstanciel à prédicat nominal

L'énoncé circonstanciel à prédicat nominal est caractérisé par la juxtaposition d'un sujet nominal et d'un prédicat constitué d'un groupe nominal marqué par un relateur. Cette juxtaposition peut être simple, ex. :

kùtù gɛ̄ zɔ̀ ɗɔ̄bɔ́↓ ní *il y a des herbes sur le chemin*
/herbe/pl./sommet/chemin/le + à/

ná sɛ́↓ ɗɔ̄bɔ́↓ ná
/cela/avec/chemin = manière juste/le/
*c'est juste, correct [*litt. *c'est avec la manière juste]*

ou marquée par le prédicatif **yà¯** "être" qui s'insère entre l'un et l'autre groupe, ex. :

zɛ́ à k-ànzà kī (III, 9)
/eux/être/inf.-sortir/à/
*ils sont en train de sortir [*litt. *ils sont à sortir]*

ná à sī tɛ̄mbɛ̄ kī *c'est à droite*
/cela/être/côté/droit/à/

Lorsqu'elles peuvent s'opposer, le choix de l'une ou l'autre construction ne serait sémantiquement pas indifférent. Il semble en effet qu'une différence de sens, qui n'a pu être clairement dégagée, doive être reconnue dans les exemples suivants (le prédicatif **yà¯** traduirait une circonstance plus précise ou définie voire une "présence" par opposition à une "existence" ?) :

kāngɛ̄ gɛ̄ tú /poisson/pl./y/
il y a des poissons [par ex. dans la rivière]

kāngɛ̄ gɛ̄ à tú /poisson/pl./être/y/
il y a des poissons [par ex. au marché]

kìmbɛ̀ tú /argent/y/
il y a de l'argent [chez lui, chez eux, à cet endroit...]

kìmbɛ̀ à tú /argent/être/y/
il y a du bénéfice, du gain [dans cette affaire, dans cette transaction...]

Mais ces deux constructions ne sont sans doute pas également possibles avec tous les relateurs : on observe en particulier que si le prédicatif peut apparaître ou ne pas apparaître en présence du relateur **KI** "à" ou du pronom circonstanciel **tú** "y", il ne se rencontre jamais, dans les exemples dont on dispose, en présence du relateur **sɛ̀** "avec, au moyen de".

La dénomination commode d'énoncé "circonstanciel" recouvre en fait ici des valeurs sémantiques qui sont très diverses[5]. Ce type d'énoncé peut notamment traduire

- une localisation (avec **KI** et **sɛ̀**) :

tùʒū`r kí kàlà kɛ̀mɛ̀ ní (I, 102)
/toujours/toi/seulement/intérieur/le + à/
tu es toujours simplement dedans [dans ta position de chef]

lɔ̄ ndù sɛ̀ fàɗù *il est près du feu*
/lui/proche/avec/feu/

yìngà nyá gī kì mùtuá (I, 199)
/lance/sa/main + sa/à/trois/
*il a trois lances dans sa main [*litt. *sa lance est dans sa main au nombre de trois]*

- une "possession" (au sens le plus large du terme) ou, plus proprement, une association (avec **sɛ̀**) :

kí sɛ̀ bīnyā ɓé gɛ̄... (I, 65) *tu as tes chèvres...*
/toi/avec/chèvre/ta/pl./

sɛ̀kí sɛ́ꜜ kāngɛ̄ gɛ̄ kɛ̀mɛ̀ ndìmɔ̀ sé`
/vous/avec/poisson/pl./intérieur/nasse/votre + à/
vous avez des poissons dans votre nasse

yāmbàlì sɛ̀ ngɔ̄nɔ̄ gɛ̄ *Yambali est avec ses enfants*
/Y./avec/enfant + son/pl./

- une attribution (avec **sɛ̀** gouvernant un nom à valeur attributive) :

---

[5] Faut-il préciser que ces valeurs ne sont évidemment pas discrètes mais qu'elles sont, comme dans une chaîne, reliées par des affinités successives ? Voir notamment ci-dessous l'exemple d'une localisation qui pourrait être comprise comme une association ("possession").

ná sɛ́ kúɗá↓ ná *c'est loin*
/cela/avec/éloignement/le/

- un aspect progressif (avec **KI** gouvernant une forme d'infinitif; on remarquera à ce propos que l'infinitif est ici réfractaire à l'effet d'attraction tonale) :

zɛ́ k-ìsuà tùtù kī *ils sont en train de manger la "boule"*
/eux/inf.-manger/boule/à/

Les énoncés circonstanciel à prédicat infinitif autorisent apparemment des variations importantes : le prédicatif **yà¯** peut ici s'insérer entre les deux groupes (**zɛ́ à k-ìsuà tùtù kī**) ou succéder au second groupe (**zɛ́ k-ìsuà tùtù kī à**) ou occuper simultanément les deux positions (**zɛ́ à k-ìsuà tùtù kī à**), enfin le relateur peut être omis (**zɛ́ k-ìsuà tùtù**) sans qu'il en résulte, apparemment, de différence sémantique sensible.

- enfin, avec le pronom circonstanciel **tú** "y", une présence ou une existence (l'une et l'autre peut-être distinguées par la présence/absence du prédicatif **yà¯**, cf. exemples plus haut); ces énoncés sont notionnellement complémentaires des énoncés équatifs positifs construits avec **kālɛ̄**, qui traduisent l'absence ou la non-existence (cf. supra).

15.6. L'énoncé circonstanciel à prédicat adverbial

Les illustrations d'un tel type d'énoncé, qui présente des affinités syntaxiques et sémantiques évidentes avec l'énoncé circonstanciel à prédicat nominal, sont très limitées. L'adverbe - ou le quantificateur - succède directement au groupe nominal, sans interposition d'un prédicatif :

ngālā kāgā ɗà´mà *il y a un grand arbre là-bas*
/grand/arbre/là-bas/

lɔ̄ kàlàgɛ̄ bà *il est (le) seul, (l')unique*
/lui/unique/seulement/

zɔ̀ gɛ̄ zó (Dev. 12) *ils sont deux*
/tête = unité/leur/deux/

On remarquera que si ces suites isolées constituent incontestablement des énoncés, elles correspondent également à des combinaisons syntagmatiques avérées qui pourraient, en tant que telles, remplir une fonction primaire au sein d'un énoncé à prédicat verbal :

ngālā kāgā ɗà´mà w-ɔ̀yɛ̀ kɔ̄ *le grand arbre là-bas est mort*
/grand/arbre/là-bas/aor.3 + mourir/acc./

lɔ̄ kàlàgɛ̄ bà ɗò¯ *lui seul part*
/lui/unique/seulement/aor.3 + partir/

zɔ̀ gɛ̄ zó nzàfà bɛ̀ *leurs deux têtes sont blanches*
/tête/leur/deux/aor.3 + être blanc/stat./

16. LES PROCEDES DE MISE EN VALEUR : THEMATISATION ET EMPHASE

On se propose dans le présent chapitre d'exposer et de commenter certains faits de langue qui, sans être étrangers aux deux perspectives syntaxique (des fonctions) et sémantique (du sens) complémentairement adoptées dans les pages qui précèdent, relèvent pourtant plus spécifiquement des choix faits par le locuteur concernant l'organisation et la mise en valeur du sens qu'il transmet - d'aucuns parlent de "stratégies énonciatives" - et méritent à ce titre un traitement particulier[1].

Tout énoncé oral prenant place dans un contexte (linguistique) et dans une situation (extralinguistique) qui sont par eux-mêmes significatifs, les différents éléments de sens que comporte cet énoncé n'ont pas tous le même poids informatif. Cette situation conduit d'abord à établir, au sein de l'énoncé, une distinction binaire entre le "moins nouveau" (le thème ou topique) et le "plus nouveau" (le rhème ou commentaire), le premier servant en quelque sorte de base ou de point d'appui au développement du second. Elle amène ensuite à reconnaître un caractère essentiellement sélectif à certaines informations qui sont choisies par opposition à d'autres informations également disponibles dans le contexte ou la situation, et précisément écartées (effet d'emphase)[2].

Tout énoncé sémantiquement complexe - non réduit à un terme unique - comporte donc un élément thématique (de moindre charge informatique) et peut comporter un élément emphatique (à dimension sélective), l'un et l'autre s'exprimant à travers les structures syntaxiques courantes (banales) de la langue.

Ainsi observe-t-on qu'en bagiro, comme dans beaucoup de langues, c'est souvent le sujet (de nature nominale) qui doit être reconnu comme le thème d'un énoncé, verbal ou non-verbal.

L'interprétation des énoncés verbaux sans sujet (cf. 14.) fait problème. Soit un exemple comme **á↓ɗō-kí sɛ́↓ lɔ̄ ɓē ɗà (I, 220)** /aor.2-partir-pl./avec/elle/village + à/là/ "vous l'emmenez au village", faut-il considérer que le thème est représenté par l'indice personnel

---

1 On adopte assez précisément la position de Hagège (1982:27-31, *passim*), qui distingue trois points de vue sur l'organisation de l'énoncé : le point de vue *morphosyntaxique*, le point de vue *sémantico-référentiel* et enfin le point de vue *énonciatif-hiérarchique*, lequel nous intéresse plus particulièrement ici. On reprend au même auteur (1982:52-54) les concepts de *thème/rhème*, de *thématisation* et d'*emphase*.

2 Hagège (1982:53) fait une distinction entre *emphase* (sélection paradigmatique) et *focalisation* (sélection syntagmatique). C'est essentiellement la première de ces notions que l'on retient ici.

("toi(-pluriel)", en l'occurrence un "agent") ou par l'ensemble du groupe prédicatif (**á↓ɗɔ̄-kí** "vous partez") ? Ou ne convient-il pas en fait de considérer que le thème est une notion graduelle, susceptible d'extensions variables ?

Exemples :

sàgbókɔ́ndɔ̀ gɛ̄ tótùé gɔ̄ (I, 144)
/S./pl./aor.3 + suivre + pl./dos + son/
les gens de Sagbokondo le poursuivent
["Sagbokondo" est relativement connu pour avoir été précédemment mentionné dans le récit et le poids de l'information porte sur ce qu'il fait]

zɛ́ dɔ́ dɛ́↓¯ gɛ̄ gɔ̀
/eux/ne pas être/personne/pl./
ils ne sont pas des personnes
["eux" sont nécessairement connus des interlocuteurs (sous peine de voir échouer la communication) et l'information nouvelle tient à ce qu'ils (ne) sont (pas)]

On a vu par ailleurs que les énoncés identificateurs comportent virtuellement une dimension emphatique qui est d'autant plus manifeste que le groupe nominal prédicatif reçoit la détermination d'une proposition relative (cf. 8.12.). Exemples :

ndá↓ ná`¯ (III, 31)
/raison/la + être/
c'est (telle est) la raison
[l'énoncé sous-entend dans une certaine mesure que "ce n'est pas autre chose que la raison"]

zɛ́ gá↓ gàlí líbɔ́ ná`¯ (I, 197)
/eux/rel./aor.3 + connaître + pl./technique/la + être/
ce sont eux [les aïeux] qui connaissaient cette technique
[l'énoncé sous-entend très clairement que les gens d'aujourd'hui ne maîtrisent plus la technique en question]

Ces brèves illustrations n'ont d'autre objet que de montrer que les phénomènes de thématisation et d'emphase sont, à des degrés divers, inhérents à certaines des structures syntaxiques de la langue et que, comme tels, ils échappent au choix du locuteur. Or la langue offre également à ce dernier la possibilité de marquer délibérément la thématisation ou l'emphatisation de certains éléments de l'énoncé par le choix de structures spécifiques qui tranchent avec ce que l'on a appelé plus haut les structures "banales". Ces procédés ne modifient pas fondamentalement les fonctions non plus que le sens - ou du moins la dénotation - des éléments qu'ils affectent, mais, par le fait même qu'ils sont en rupture avec les moyens d'expression les plus courants, ils traduisent la volonté du locuteur de mettre en valeur, soit en le posant (thème) soit en l'opposant (emphase), un élément constitutif du sens. C'est l'exposé de ces procédés qui constitue la matière du présent chapitre (on notera que tous les exemples envisagés concernent essentiellement, bien que non exclusivement, des mises en valeur au sein d'un énoncé à prédicat verbal).

16.1. La thématisation

La thématisation s'exprime à travers quatre moyens essentiels qui sont partiellement cumulables :

- la reprise ou le doublage, sous deux formes distinctes, de la mention d'un même référent;
- le marquage par un morphème thématiseur spécifique;
- la modification de l'ordre syntaxique banal;
- l'intonation montante.

Dans tous les cas elle est caractérisée par un défaut d'attraction tonale à la frontière du groupe thématisé avec le reste de l'énoncé.

Le défaut d'attraction tonale pourrait même à lui seul constituer un indice de thématisation dans un énoncé équatif. C'est du moins dans ce sens que l'on interprète **ngētɛ̄ dūkū kpɛ́ngbɛ̀lɛ́ngbɛ́ dɔ̀ bɛ̀ tɛ̀¯ gɔ̀** (Dev. 3) /petite/meule/bien plate/ne pas être/chose.s'enlever/nég./ "petite meule bien plate, ce n'est pas une chose qui s'enlève", l'attraction ne s'exerçant pas de **kpɛ́ngbɛ̀lɛ́ngbɛ́** à **dɔ̀**.

Le procédé du doublage est notamment employé pour thématiser un sujet en couplant un personnel indépendant et l'indice personnel correspondant :

... nɛ̀¯ nán-ɔ̀ɗɛ̄ dɛ̀nyɛ̄ ná... (II, 24)
.../lui(L)/inach.L-épouser/femme/la/...
[il dit que...] lui, il allait épouser la femme...

ou un personnel indépendant et un nom, le syntagme appositif qui en résulte constituant alors, en l'absence d'une marque spécifique (cf. infra), le seul moyen de rompre avec la construction banale du sujet qui s'accorde régulièrement avec l'indice personnel :

àpuí lɔ̄ bísí↓ ìgɛ̄ nɛ̀ nɛ̄... (II, 6)
/et puis/lui/chien/aor.3 + refuser/3 + dire/que/...
et puis lui, le chien, refuse en disant que...

kí bísí↓ āɓɛ̄ nɛ̄... (II, 10) *toi, le chien, tu pars et...*
/toi/chien/aor.2 + partir/alors/...

Dans ces trois exemples c'est le premier terme du couple qui se trouve thématisé. A l'inverse un indice personnel peut être repris par un personnel indépendant qui se trouve rejeté en fin de proposition :

àpuí ɗē‾ g-ìsué ngɔ́ɓɛ́↓ gɛ̀gɛ̄ sɛ̀ ngbúgù gɛ̄ (I, 35)
/et puis/succ./aor.D + tomber + pl./guerre/nous(I)/avec/Ngb./ces/
[l'attraction tonale ne s'exerce pas de **ngɔ́ɓɛ́↓** à **gɛ̀gɛ̄**]
et ensuite nous avons fait la guerre, nous et les Ngbugu

Le même procédé s'observe lors de la thématisation d'un nom déterminant du nom, qui se trouve doublé par un associatif personnel. Bien que, ou peut-être précisément parce que ces exemples ont été produits à partir du français, il semble que la langue ait, dans certaines situations, une préférence pour l'expression "Y, son X" sur l'expression "l'X de Y"[3] :

táɗɔ̄ lɔ́↓ kàgyɔ̄ kàlàgɛ̄ bà
/animal/ce-ci/corne + sa/unique/seulement/
[l'attraction tonale ne s'exerce pas de **lɔ́↓** à **kàgyɔ̄**]
cet animal, sa corne est unique
[en traduction de "cet animal n'a qu'une corne"]

ngɔ̄nɔ̄.ngɛ̄tɛ̄ gɛ́.lɔ̀ ngísā gɛ̄ zò gē`
/enfant/ces-ci/pou/pl./tête/leur + à/
ces enfants, il y a des poux dans leur tête
[en traduction de "ces enfants ont des poux dans la tête"]

Le doublage accompagné d'un déplacement en tête d'énoncé s'observe enfin comme procédé de thématisation de l'objet[4] :

lɔ̄ gà àm-áwú↓ ákɔ́↓ lɔ̄ sɛ̀ kàmí gɔ́ (Dev. 8)
/lui/rel./inach.3 + gronder/aor.2 + voir/lui/avec/oeil + ton/nég./
lui qui gronde, tu ne le vois pas de tes propres yeux

zɛ́ ngyá↓ ná gɛ̄ ínzā àm-sé ínzā zɛ́ sɛ́ tó↓póyì nɛ̀ (I, 61)
/eux/même/le/pl./aussi/inach.3 + prendre + pl./aussi/eux/avec/tipoye/ce/
eux mêmes, on les portait en tipoye

La langue connaît par ailleurs deux morphèmes thématiseurs, **nɛ̄** "alors" et **kɔ́** (ou sa variante composée **sílí.kɔ́**) "d'abord, puis", ce dernier traduisant plus nettement une valeur de hiérarchie logique[5] (on verra plus loin que l'un et l'autre fonctionnent également comme des conjonctifs, ou marqueurs de propositions dépendantes). Le morphème **nɛ̄** s'emploie notamment pour marquer un sujet (également doublé par l'indice personnel) :

3 Notamment lorsque l'association comporte un déterminant "lourd" ou encore pour lever l'ambiguïté touchant l'incidence du démonstratif (postposé aux deux déterminé-déterminant dans un syntagme de détermination).

4 Là encore le choix d'une thématisation s'explique vraisemblablement par la charge, à la fois syntaxique et phonique, du syntagme nominal en fonction d'objet.

5 **kɔ́** "puis, d'abord" comporte une dimension d'"acquis" qui doit le faire rapprocher de la modalité de proposition **kɔ̄** "accompli".

lɔ̄lɔ̀ nɛ̄ ngánzá↓ àsū (I, 96)
/celui-ci/alors/aor.3 + être résistant/c'est mauvais/
celui-ci, il est très résistant

tùlɛ̀ ná nɛ̄ àɓɛ̄ tā `tɔ́ lìbɔ̀ ṳ́ṳ́ (III, 16)
/T./le/alors/aor.3 + aller/aor.3 + faire/un certain/tour/longtemps/
(le) Turè, il s'en va faire une ruse longtemps

ou le nom déterminant d'un nom (également doublé) :

kāgā gɛ́.lɔ̀ ɗà´mà nɛ̄ yàlɛ̀ ná ngālā ndó
/arbre/ces-ci/là-bas/alors/racine/la/aor.3 + être long/beaucoup/
ces arbres là-bas, leurs racines sont très longues
[en traduction de "les racines de ces arbres là-bas sont très longues"]

táɗɔ̄ lɔ́↓ nɛ̄ kàmbì lùē` ndó
/animal/ce-ci/alors/graisse/corps + son + à/beaucoup/
cet animal, son corps est très graisseux
[en traduction de "cet animal a beaucoup de graisse"]

ou encore un complément indirect ou adverbial (déplacé en tête de proposition) :

kɛ̀mɛ̀ mànɛ̄.nzī ní lɔ̀ nɛ̄ nzī ná àɗɛ̄ ndó
/intérieur/saison pluvieuse/la + à/cette-ci/alors/pluie/aor.3 + pleuvoir/beaucoup/
pendant cette saison des pluies, il pleut beaucoup
[en traduction de "il pleut beaucoup pendant cette saison des pluies"]

sɛ̀ gìdì ná nɛ̄ ɗɛ̀¯ w-òɗɛ́ dɛ́↓nyɛ̄ álà... (II, 22)
/avec/suite/la/alors/succ./aor.3 + prélever + pl./femme/cette/...
après cela, on prend la femme...

gyálɔ̄lɔ̀ ndà nɛ̄ w-ò¯ mànɛ̄ gɔ̀
/à l'instant/désormais/alors/aor.3 + boire/eau/nég./
désormais, il ne boit plus d'eau

ou enfin un complément de valeur évidemment "circonstancielle" et pourtant direct (déplacé en tête de proposition)[6] :

kɔ̀tɔ́ gɛ̄ nɛ̄ àm-tūkué kɔ́↓tɔ́ gɛ̄ sɛ̀ ngɔ̄nɔ̄ ɓàlē (I, 217)
/un certain/pl./alors/inach.3-attraper + pl./un certain/pl./comme/jeune/esclave/
certaines fois, on en attrape certains comme jeunes esclaves

ɓā gìdì ná ndá↓ nɛ̄ lákā... (III, 20)
/celui de/suite/la/désormais/alors/chose/...
la fois suivante maintenant, chose...

---

6 Le caractère direct (absence de relateur) d'un complément à valeur "circonstancielle", exceptionnel en structure banale (complément succédant au prédicat verbal), semble être favorisé par la situation de thématisation.

On notera que le pronom associatif **ɓā** "celui/celle de" tend à fonctionner dans ce contexte, avec le sens de "pour, quant à, en ce qui concerne", comme un relateur spécifique de groupes thématisés qui ne sont pas nécessairement marqués par **nɛ̄**; exemples :

ɓā má àlɛ̄ sɛ̀ nàbɔ̄ ná kɔ̄
/celui de/mon/aor.3 + finir/avec/travail/le/acc./
*pour moi, j'en ai fini avec le travail en question [*litt. *le mien est fini avec le travail en question]*

... wàlà ɓā kàngbà ná gɛ̄ gy-àlué tá↓´ zā sīsòɗī kɔ́ gì-ɗê-kí ɗī (I, 5)
.../ou bien/celui de/ancêtre/le/pl./aor.D-se lever + pl./hors de/où?/puis/ aor.D-venir-pl./quoi?/
*... ou bien, en ce qui concerne les ancêtres, d'où venons-nous ? [*litt. *celui des ancêtres, nous sommes partis d'où puis nous somme venus ?]*

ɓā kɔ̄māndēmā ná gɛ̄.là zā kì-yɛ̄ gī´... (I, 83)
/celui de/chef/le/ces/hors de/inf.-tendre/main + ta/...
*pour ce qui concerne les [le choix des] chefs, à partir du moment où tu es généreux... [*litt. *du fait de tendre ta main...]*

Quant au morphème **kɔ́** (~ **sílí.kɔ́**), qui n'exerce jamais d'attraction tonale, il semble essentiellement réservé au marquage des compléments indirects, adverbiaux ou "circonstanciels" directs, qui sont de surcroît régulièrement déplacés en tête de proposition:

sùngūlā bùlā kɔ́ àgɛ̄ kì-ɗō ná
/à cause de/père + son/puis/aor.3 + refuser/inf.-partir/le/
à cause de son père, il a refusé de partir

tà´nzònī kɔ́ àm-ō mànɛ̄ *avant-hier, il buvait de l'eau*
/avant-hier/puis/inach.3-boire/eau/

tìbì sílí.kɔ́ mám↓ɗē *demain, je viendrai*
/demain/puis/inach.1-venir/

yɛ́↓¯ míngì kɔ́ ngùlù nyá dālī ɓā ɓàkúlá↓ gɛ̄... (I, 161)
/qui?/beaucoup/puis/force/sa/aor.3 + dépasser/celle de/compagnon/pl./...
*qui est suffisamment fort qu'il dépasse les autres ? [*litt. *qui?, beaucoup, sa force dépasse celle des autres]*
[la thématisation est ici double, portant et sur **yɛ́↓¯** "qui?", repris par **nyá** "sa", et sur **míngì** "beaucoup", déplacé en tête de proposition et marqué par **kɔ́**]

kàzà vɔ́ kɔ́ kàgbà nzì¯ àm-tūkuā [...] bīnyā gɛ̄ (II, 26)
/jour/tous/puis/léopard/cont./inach.3-attraper/.../chèvre/pl./
tous les jours, le léopard attrape les chèvres

tàlà ngbúgù kɔ́ ngbúgù nɛ̀ nɛ̄... (I, 13)
/langue/ngbugu/puis/ngbugu/3 + dire/que/...
(en) langue ngbugu, le ngbugu dit que...

Cette forme de thématisation est encore volontiers employée pour marquer les pronoms circonstanciels interrogatifs composés de **ɗī** "quoi?" - voire **ɗī** lui-même[7] - qui sont alors repris par **ɗī** en fin de proposition :

ndōkúɗī kɔ́ ám-gbɔ́ꜜ kūbū ɓé ɗī
/comment?/puis/inach.2-laver/vêtement/ton/quoi?/
comment laves-tu ton vêtement ?

kàzà.´ngānídī kɔ́ ámꜜɗō-kí ɗī
/quel jour?/puis/inach.2-partir-pl./quoi?/
quel jour partirez-vous ?

ɗī kɔ́ ám-gbɔ̄ mā búlā ɗī
/quoi?/puis/inach.2-rire/moi/ainsi/quoi?/
pourquoi te moques-tu de moi ainsi ?

ɗī kɔ́ ám-átí ɓálā ɗī
/quoi?/puis/inach.2-éternuer/?/quoi?/
pourquoi éternues-tu (ainsi ?) ?

L'effet de thématisation peut également résulter du seul déplacement d'un complément indirect ou adverbial en tête de proposition[8] :

bɔ̰̄ ndèlī ánɛ̄ gé.lùē álà māɗā kɔ̄
/bon!/parmi/cela/ces + à/cela/aor.3 + être fini/acc./
bon!, parmi ces faits, c'est fini

puí sɛ̀ wàngyā téꜜ sē´ kɔ́ꜜtɔ́ gīyā ná... (II, 12)
/puis/avec/matin/itér./aor.3 + prendre + pl./un certain/nouveau/le/...
puis, au matin, on en prend encore de nouvelle [nourriture]...

tà´nzònī àm-ō mànɛ̄ *avant-hier, il buvait de l'eau*
/avant-hier/inach.3-boire/eau/

voire d'un complément direct à valeur "circonstancielle" :

kì-ɗē ná ālè á-zángbì´ náꜜfē` kɔ́ (I, 73)
/inf.-venir/le/allez!/aor.2-s'affronter + pl./l'un l'autre + à/puis/
*dès qu'ils arrivent [*litt. *(à) l'arriver], allez! vous vous affrontez*

7 La valeur circonstancielle que **ɗī** "quoi?" acquiert dans ce contexte doit être rapprochée de celle de certains compléments directs volontiers thématisés (cf. supra, n. 6).

8 De façon générale le bagiro semble avoir une certaine prédilection pour la thématisation (avec ou sans marqueur) des adverbes à valeur temporelle.

Le groupe déplacé est enfin parfois marqué par une intonation finale montante (*suspensive*), laquelle ne fonctionne jamais comme marqueur exclusif de thématisation mais joue un rôle d'appoint :

... ɓā nyá lɔ́ gá↓ ɗē¯ lɔ̀ɔ́ ɓā nyá gá↓ ɗē¯ àm-nzúgyɔ́ lɔ́... (I, 58)
/celui de/son/ce-ci/rel./aor.3 + venir/ici(?) + susp./celui de/son/rel./aor.3 + venir/ inach.3-interroger/ici(?)/...
... pour lui qui est venu ici, pour lui qui est venu poser des questions...

bɔ̰ gìdì músàbā kìí zɛ́ sīsī nì.yɔ́... (I, 135)
/bon!/suite/M./à + susp./eux/de/ici/...
bon! après Musaba, ceux d'ici...

On ne saurait conclure cet exposé sans rappeler que c'est une forme particulière de thématisation qui fonde l'identité des syntagmes nominaux appositifs (cf. 8.13.), laquelle apposition joue - ou a pu jouer - un rôle dans la constitution d'autres syntagmes nominaux (détermination d'un nom par le partitif **kɔ̀tɔ́** (cf. 8.2.), par le pronom associatif **ɓā** (cf. 8.7.), par le groupe (**zɛ́**) **sɛ́↓** (cf. 8.7.) ou encore syntagme de détermination "sélective" (cf. 9.5.)). On rappellera également que le comportement tonal spécifique du sujet nominal dans les énoncés à prédicat verbal (absence d'attraction tonale) s'explique sans doute historiquement comme l'héritage formel d'un procédé de thématisation aujourd'hui banalisé (cf. 14.). Comme pour tout moyen d'expressivité, l'impact de la thématisation perd nécessairement de sa puissance dans le temps et la langue doit compenser cette défaillance par le développement de procédés nouveaux. L'emploi des marqueurs **nɛ̄** et **kɔ́** représente peut-être, en bagiro, une illustration de ce processus.

16.2. L'emphase

Les exemples dont on dispose pour illustrer la mise en emphase sont relativement moins nombreux. Celle-ci résulte toujours du doublage de la mention d'un même référent et s'accompagne, avec un déplacement, d'une marque spécifique, dont l'identité varie selon la nature fonctionnelle de l'élément emphatisé.

L'emphase du sujet est marquée par le prédicatif **yà¯** "être" selon une construction qui s'apparente à celle de l'énoncé identificateur :

kí à á↓ɗē kɔ̄ *c'est toi qui es venu*
/toi/être/aor.2 + venir/acc./

gɛ̀gɛ̄ à gì-tōlué á↓zūsìmà (I, 157)
/nous(I)/être/aor.D-tuer + pl./A./
c'est nous qui avons tué Azusima

bīnyā nὲ nε̄ nὲ¯ yà¯ nán-ɔ̀ɗε̄ dὲnyε̄ ná (II, 5)
/chèvre/3 + dire/que/elle(L)/être/inach.L-épouser/femme/la/
la chèvre dit que c'est elle-même qui épousera la femme

L'emphase négative - seul moyen de faire porter explicitement la négation sur l'identité du sujet - est marquée par le prédicatif **dɔ̀** "(ne pas) être" qui, antéposé au terme emphatisé, ne se substitue pas (comme dans l'énoncé identificateur) mais s'ajoute au prédicatif **yà¯** :

dɔ̀ kí à á↓ɗε̄ gɔ̀ *ce n'est pas toi qui es venu*
/ne pas être/toi/être/aor.2-venir/nég./

nὲ nε̄ ʔɔ́` nì-ndígí↓ dɔ̀ kí à´m-nú↓ kɔ̄māndēmā ná gɔ́ (I, 71)
/3 + dire/que/non!/aor.L-vouloir/ne pas être/toi/être + inach.2-prendre/chefferie/la/nég./
*il dit que, non! il ne veut pas que ce soit toi qui prennes la chefferie [*litt. ... *il veut que ce ne soit pas toi qui...]*

L'emphase de l'objet serait marquée par un procédé identique (avec déplacement de l'objet en tête de proposition). Du moins est-ce ainsi que l'on comprend cet unique exemple, illustré pour un pronom interrogatif :

... ɗī à tā tà´ ɗī (I, 3)
... /quoi?/être/aor.3 + faire/autrefois/quoi?/
*... comment cela se passait-il autrefois ? [*litt. *qu'est-ce que cela faisait autrefois ?]*

L'emphase d'un complément indirect ou "circonstanciel" direct est assurée au moyen d'un morphème complexe, **kɔ́.ná.là.gà** (~ **kɔ́.ná`.gà**) ou (`)**ná.là.gà** (~ (`)**ná`.gà**) ou encore **álà.gà** "c'est... que", lequel résulte selon toute vraisemblance de divers modèles de composition du thématiseur **kɔ́** "d'abord, puis", du défini (`)**ná** "le/la", du déterminant démonstratif **(á)là** "ce(-là)" et du relatif **gà** (on verra plus loin que ce morphème composé fonctionne lui-même comme un conjonctif) : la mise en emphase de ces compléments s'apparenterait donc à une structure relative. Le relateur du complément indirect peut être exprimé dans le groupe emphatisé lui-même (1er exemple : **kέtε̄ ní**) ou apparaître dans sa position banale où il gouverne un pronom de "doublage" (2ème exemple : **sέ↓ lɔ̄**). Dans tous les cas la proposition ou l'énoncé sont clos par l'anaphorique **ánε̄** qui, s'il ne renvoie pas explicitement au référent du groupe emphatisé, contribue du moins clairement à "rappeler" ce dernier au delà du prédicat verbal[9] :

---

9 Le mode d'emphatisation du complément indirect ou "circonstanciel" direct peut donc être rapproché de la structure des énoncés présentatifs (**(á)lɔ̀ ánε̄** "c'est, voici"), trop brièvement illustrés au chapitre précédent.

kέtε̄ ní álà.gà á↓tā lɔ̀ ánε̄ kɔ̀tɔ́ zó↓ bε̄ mám-kángà kí
/premier/le + à/c'est...que/aor.2-faire/ce-ci(?)/anaph./une certaine/deuxième/fois/inach.1-enfermer/toi/
c'est la première fois que tu fais cela, la seconde fois je t'enfermerai

gá↓yε̄ má↓ ná`.gà dὲ¯ ngàɓà lɔ̀ àm-kuá sá↓kɔ́ sέ↓ lɔ̄ ɗà´mà ánε̄
/épouse/ma/c'est...que/personne/homme/ce-ci/inach.3-prendre/baratin/avec/elle/là-bas/anaph./
c'est à mon épouse que cet homme est en train de faire du baratin là-bas

bε̄ gɔ̄ má kɔ́.ná`.gà á↓ɗε̄ kɔ̄ á-tā bū lɔ̀ ánε̄
/chose/dos/mon/c'est...que/aor.2-venir/acc./aor.2-faire/chose/cette-ci/anaph./
c'est en mon absence que tu es venu faire cette chose

17. LE DISCOURS RAPPORTE

La notion de "discours rapporté" s'applique à la situation particulière dans laquelle le locuteur reproduit des paroles qui, réelles ou imaginaires, dites ou pensées, sont explicitement attribuées à un tiers. Cette manière de citation, relativement fréquente dans les textes de quelque nature qu'ils soient, requiert des formes linguistiques spécifiques qui touchent d'une part le balisage (l'introduction) de la parole rapportée et d'autre part l'identité des "personnes" (et substituts y réfèrant) mises en jeu au sein de ce type de discours.

17.1. L'introduction du discours rapporté

En règle générale le segment de discours rapporté est précédé de l'une ou l'autre des formes verbales défectives **zā̆/zā̆-kí** ou **nɛ̀/nè-kí** "dire", elle-même suivie du morphème **nɛ̄**, commodément mais improprement glosé comme "que" et qu'il convient en fait d'identifier au même morphème qui fonctionne par ailleurs comme thématiseur (cf. 16.1.) ou comme conjonctif (cf. 18.4.).

Les termes **zā̆** et **nɛ̀** révèlent des affinités morphologiques évidentes avec les verbes en ce sens qu'ils se combinent avec certaines des formes d'indices personnels-aspectuels de l'aoriste ainsi qu'avec le pluriel verbal sous sa forme segmentale **-kí**. N'étant en revanche combinables ni avec les indices personnels-aspectuels de l'inachevé ni avec ceux qui sont propres à l'injonctif (2!, 3!), non plus qu'avec les aspectifs verbaux[1], ils sont en fait, sous une forme figée d'aoriste, privés de toutes les valeurs modales ou aspectuelles qui caractérisent le syntagme verbal. Cette limitation explique que l'on éprouve quelque réticence à y reconnaître des éléments fondant une proposition "principale", laquelle commanderait une "subordonnée" lui succédant. Si le discours rapporté peut être traité comme une forme particulière d'énoncé complexe, du moins faut-il souligner que les formules qui l'introduisent fonctionnent plus à la manière d'une incise (cp. français *dit-il*, latin *dixit*, anglais *he said*) que d'une proposition de plein droit[2].

---

1 Ils n'ont pas non plus de partenaire infinitif.

2 Un autre argument tient au fait que le segment de discours rapporté peut lui-même ne pas constituer un énoncé complet (cf. infra).

Par ailleurs **zā** et **nɛ̀** constituent deux variantes qui se répartissent de façon complémentaire relativement à l'indice personnel qui leur est associé : la forme **nɛ̀/nè-kí** est commandée par l'indice 3 et la forme **zā/zā-kí** par tous les autres indices, soit 1, 2, L, E et D (on remarquera notamment que le "logophorique" (L) fonctionne ici non comme le(s) tiers (3) mais comme les participants du discours, "je/nous" (1, E, D) et "tu/vous" (2)).

En faisant varier l'identité de la personne, les formules introductives au discours indirect constituent donc le paradigme suivant :

sg.	1	**mú-zā nɛ̄**	*je dis que*
	2	**á-zā nɛ̄**	*tu dis que*
	3	**nɛ̀ nɛ̄**	*il/elle dit que*
	L	**nì-zā nɛ̄**	*[il/elle dit qu']il/elle (-même) dit que*
	E	**gí-zā nɛ̄**	*nous (exclusif) disons que*
	D	**gì-zā nɛ̄**	*nous (duel) disons que*
pl.	D	**gì-zā-kí nɛ̄**	*nous (inclusif) disons que*
	2	**á-zā-kí nɛ̄**	*vous dites que*
	3	**nè-kí nɛ̄**	*ils/elles/on disent/dit que*
	L	**nì-zā-kí nɛ̄**	*[ils/elles disent qu']ils/elles (-mêmes) disent que*

Exemples :

á-zā nɛ̄ gì-māɗɛ́ ngbúgù gɛ̄ bɛ̀ (I, 192)
/2-dire/que/aor.D-exterminer + pl./Ngb./pl./seulement/
tu as dit que nous avions exterminé les Ngbugu

bīnyā nɛ̀ nɛ̄ nɛ̀¯ yà¯ nán-ɔ̀ɗɛ̄ dɛ̀nyɛ̄ ná (II, 5)
/chèvre/3 + dire/que/elle(L)/être/inach.L-épouser/femme/la/
la chèvre dit que c'est elle(-même) qui épousera la femme

nè-kí nɛ̄ kí à bɔ̀¯ ngɔ̄nɔ̄ ɓɛ̄ (I, 66)
/3 + dire-pl./que/toi/être/grand/membre/village/
on dit que tu es le chef du village

Si ces formules introductives ne sont qu'exceptionnellement réduites au seul morphème **nɛ̄** (cf. Textes I, 75 et III, 23), elles sont en revanche parfois renforcées par la présence du verbe **tɛ̄ɗɛ̄/tēɗɛ́**[3] "dire" qui leur est alors antéposé, ex. :

kí bísí↓ á-tɛ̄ɗɛ̄ á-zā nɛ̄ gà búlā kɔ̄ nɛ̄... (II, 23)
/toi/chien/aor.2-dire/2-dire/que/aujourd'hui(passé)/ainsi/acc./alors/...
toi, le chien, tu dis que puisque cela s'est passé ainsi,...

3 Ce verbe de plein droit n'est pas réservé à ce seul contexte. Il se rencontre par ailleurs librement, notamment avec un complément direct : **kì-tɛ̄ɗɛ̄ bɔ̀gyɔ̄** "dire une parole", **kì-tɛ̄ɗɛ̄ ndá bɔ́↓gyɔ̄** "donner une explication", **kì-tɛ̄ɗɛ̄ nyīɓā** "porter une commission, transmettre un message".

Cette forme de redondance est particulièrement fréquente en présence des formules d'indice 3 (**nè nē/nè-kí nē**), avec lesquelles le verbe **tēɗē/tēɗē** tend à s'amalgamer sous une forme contractée (**tē` nē/té`-kí nē**). Exemples :

tē` nē nú↓ lī´ ādā `nē sílí.kɔ́ (I, 1)
/aor.3 + dire/que/aor.2 + prendre/nom + ton/aor.2 + donner/lui(L)/d'abord/
il dit que tu lui donnes (dois lui donner) d'abord ton nom

... té`-kí nē zέ à tùlúgù gē... (I, 91)
.../aor.3 + dire-pl./que/eux/être/garde/pl./...
...on dit qu'ils sont les gardes

L'introduction du discours rapporté peut encore être soulignée par un élément expressif et phatique, **bá`ó**, que l'on pourrait gloser comme "n'est-ce pas, vois-tu, tu m'entends bien, etc..." : **mú-zā nē bá`ó..., tē` nē bá`ó....** Cette forme n'est pas illustrée dans les textes.

Si les formules **nè nē** et **zā nē** sont commodément glosées comme "dire que", elles prennent toutefois une nuance d'injonction lorsqu'elles introduisent précisément une forme injonctive dans le discours rapporté. Exemple (cf. aussi supra, I, 1) :

ɓālā kɔ̀tɔ́ nyēngētē bàbūlàbà nè nē s-à¯ s-ìnù fàɗù s-ìdā `nē kɔ̄ ɗē¯ n-ò¯ sè mángà (I, 142)
/aor.3 + appeler/un certain/enfant/ainsi/3 + dire/que/aor.3!-aller/aor.3!-prendre/feu/ aor.3!-donner/lui(L)/acc./succ./aor.L-fumer/avec/tabac/
il appelle un enfant (et) lui dit/demande/ordonne qu'il aille lui chercher du feu pour qu'il fume (son) tabac

Comme on l'a dit plus haut la parole rapportée n'est pas nécessairement réelle en ce sens que le locuteur peut citer une pensée qu'il prête à un tiers. Les formules **nè nē** et **zā nē** se traduisent alors mieux par "se dire que, penser que"; exemple :

bàséngèlè gé.là gà á-sā zé mó↓té kī á-zā nē lɔ̄lɔ̀ nē ngánzá↓ àsū lɔ̄lɔ̀ nē ngánzá↓ àsū (I, 96)
/garde/ces-ci/rel./aor.2-prendre/eux/dessous + ton/à/2-dire/que/celui-ci/alors/ aor.3 + être dur/beaucoup/celui-ci/alors/aor.3 + être dur/beaucoup/
ces gardes que tu as pris sous ton autorité, tu te dis/penses que celui-ci est vaillant, celui-ci est vaillant

Dans certains cas même elles traduisent plus précisément une intention ou un projet ("avoir l'intention de, s'apprêter à, vouloir"), le discours rapporté pouvant alors se charger d'une valeur d'"imminence" relativement à une proposition qui lui succède[4]; exemple :

---

[4] Le même effet peut résulter du simple choix du logophorique dans certains énoncés complexes (cf. 18.3.).

mùmù nɛ̀ nɛ̄ n-ànzā gɔ̀tɔ̀ gɔ̀ bá nɛ̄... (III, 24)
/rat de G./3 + dire/que/aor.L-pénétrer/trou/nég./excl./alors/...
tùlɛ̀ ná kuà kílā (III, 25)
/T./le/aor.3 + saisir/queue + sa/
Le rat de Gambie ne veut-il pas rentrer dans son trou que...
Turè saisit sa queue

17.2. Les "personnes" du discours rapporté

La situation de discours rapporté est caractérisée par l'introduction d'une "personne" supplémentaire, à laquelle réfèrent des formes spécifiques de substituts personnels. Ce pronom "logophorique"[5] désigne précisément celui/celle dont on rapporte les paroles et correspond à cette "personne" qui est, en français, complémentairement traduite par un "je" du discours direct et par un "il/elle" du discours indirect :

nɛ̀ nɛ̄ nì-tā
/3 + dire/que/aor.L-faire/
il/elle dit : "je fais"
ou *il/elle dit qu'il/elle (lui-même/elle-même) fait*

Comme on l'a vu, des formes spécifiques de logophorique sont attestées dans les trois catégories de substituts personnels précédemment identifiées :
- indices personnels-aspectuels

aor.	:	**nì/n-̀**	*je/il/elle*
inach.	:	**nánì/nán-̀**	*je/il/elle*

- associatifs personnels

sg.	:	**ní**	*mon/son*
pl.	:	**nígɛ̄**	*notre/leur*

- personnels indépendants :

sg.	:	**nɛ̀¯**	*moi/lui/elle*
pl.	:	**nɛ̀gɛ̄**	*nous/eux/elles*

Illustrations :

bīnyā nɛ̀ nɛ̄ nɛ̀¯ yà¯ nán-ɔ̀dɛ̄ dɛ̀nyɛ̄ ná (II, 5)
/chèvre/3 + dire/que/elle(L)/être/inach.L-épouser/femme/la/
la chèvre dit que c'est elle(-même) qui épousera la femme

---

5 Le terme est repris de Hagège (1982:105, qui renvoie à une référence antérieure)

zɛ́ lɔ́ꜜ nè-kí nɛ̄ ʔóò dɛ̀ˉ nígɛ̄ w-ɔ̀yɛ̀ kɔ̄ nì-ndíꜜgí ínzā yālɔ̀ gɔ̀ (I, 212)
/eux/ce-ci/3 + dire-pl./que/non!/personne/leur(L)/aor.3 + mourir/acc./
aor.L-vouloir + pl./aussi/aujourd'hui/nég./
ceux-ci disent que non! l'un des leurs (à eux-mêmes) est mort, ils (eux-mêmes) ne vont pas accepter (cette situation)

tɛ̄ˋ nɛ̄ núꜜ lī´ ādā ˋnɛ̄ sílí.kɔ́ (I, 1)
/aor.3 + dire/que/aor.2 + prendre/nom + ton/aor.2 + donner/lui(L)/d'abord/
il dit que tu lui donnes (à lui-même) d'abord ton nom

Plus qu'un "tiers spécifique" le logophorique représente en fait un "second je" propre à cette situation particulière de "discours dans le discours"[6] dans laquelle le locuteur assume, de façon explicite, la double identité de deux "premières personnes", lesquelles ne sont jamais confondues, ni entre elles, ni avec l'"autre" :

nɛ̀ nɛ̄ mú-tā kúgíꜜ má
/3 + dire/que/aor.1-faire/maison/ma/
il dit que j'ai construit ma maison

nɛ̀ nɛ̄ nì-tā kúgíꜜ ní
/3 + dire/que/aor.L-faire/maison/sa(L)/
il dit qu'il (lui-même) a construit sa maison (à lui-même)

nɛ̀ nɛ̄ tā kúgíꜜ nyá
/3 + dire/que/aor.3 + faire/maison/sa/
il dit qu'il (un autre) a construit sa maison (à lui autre)

Du moins en va-t-il ainsi dans la grande majorité des cas, le discours rapporté constituant alors un modèle spécifique et original en regard des deux modes de discours direct et indirect du français. Comme seul le permet le discours indirect il garantit en effet la distinction de deux "je", mais il autorise également la manifestation d'une dimension affective ou expressive (interjections, exclamation, intonation ou encore énoncés incomplets), ce que seul permet - normalement - le mode direct.

Pratiquement il est en règle générale plus commode de traduire le discours rapporté du bagiro par une forme de discours indirect du français, quitte à y introduire ces formes expressives certes peu conformes à la norme mais pourtant tout à fait courantes, et l'on comprend pourquoi, dans les variétés locales du français.

Exemples :

... nè-kí nɛ̄ ʒàmɛ́ˋ nánì-té yālɔ̄ sìnā dī bá (I, 213)
.../3 + dire-pl./que/jamais!/aor.L-faire + pl./aujourd'hui/définitivement/exclam./
ils disent que jamais! ils ne vont pas abandonner!
ou *ils disent : "jamais! nous n'allons pas abandonner!"*

---

6 Hagège, *ibidem*

mùmù nɛ̀ nɛ̄ ʔɛ̰́ʔɛ̰̀ ngālā ní↓ ná gɛ̄ ànzé ndó ɗī.bá (III, 15)
/rat de G./3 + dire/que/non!/termite/son(L)/le/pl./aor.3 + sortir + pl./beaucoup/exclam./
le rat de Gambie dit que, non! ses termites sortent en grand nombre!
ou *le rat de Gambie dit : "non! mes termites sortent en grand nombre!"*

yākpà gɛ̄ ìndué lī ná nè-kí nɛ̄ sùpákɔ̄ná... sùpákɔ̄ná (I, 187)
/Y./pl./aor.3 + poser + pl./nom + son/le/3 + dire-pl./que/S./
*Les Yakpa lui ont donné ce nom de Supakona... Supakona [*litt. ... *ils disent que Supakona... Supakona]*

... té`-kí nɛ̄ à´ nánzɔ́↓ gɛ̄ (I, 229)
.../aor.3 + dire + pl./que/ah!/frère/pl./
... ils disent (que) ah! frères!

Le Texte III offre pourtant deux exemples d'un associatif personnel de 1ère personne là même où, conformément à ce qui vient d'être dit, l'on attendrait un logophorique. Le discours fonctionne alors comme une citation pure et simple, à l'instar du discours direct français :

...ɗè¯ ndà nɛ̄ nànà kàndá` nàbɔ̄ lɔ̀ gà nzì¯ ám-tā sɛ̀ mā` bá (III, 23)
.../aor.3 + venir/désormais/alors = que/oncle = neveu/donc/agissement/ce-ci/rel./cont./inach.2-faire/avec/moi + être/exclam./
il vient (dire) que cousin! voilà donc le tour que tu as l'habitude de me jouer!

mùmù nɛ̀ nɛ̄ nànà kílā má nànà kílā má (III, 26)
/rat de G./3 + dire/que/cousin/queue/ma/cousin/queue/ma/
le rat de Gambie dit : "cousin! ma queue! cousin! ma queue!"

18. L'ENONCE COMPLEXE

S'il est relativement facile d'identifier ce qui peut constituer un énoncé simple, verbal ou non-verbal, il est en revanche beaucoup plus malaisé de fixer les limites de l'énoncé complexe, ce dernier étant compris comme un agencement cohérent de séquences (propositions) dont la structure peut - et doit -, pour chacune d'entre elles, être rapportée à celle d'un énoncé simple.

Ces difficultés tiennent principalement à deux ordres de faits. D'une part il paraît raisonnable de penser que certains enchaînements constituant apparemment des suites d'énoncés indépendants, non spécifiquement marqués, représentent en fait des propositions juxtaposées, constitutives d'un seul énoncé complexe dont l'unité est manifestée à la fois par une certaine cohérence sémantique (ou logique) et par une production continue de la parole, sans pause ni reprise de souffle (on voit toutefois combien est délicat le maniement de ces critères qui n'ont rien d'absolu). D'autre part, s'il existe bien différentes marques ayant pour fonction de signaler l'articulation des principaux segments du discours, il n'est pas toujours facile de distinguer clairement celles qui jouent un rôle véritable de conjonctif, manifestant l'interdépendance de propositions constitutives d'un même énoncé, et celles qui fonctionnent plus comme des "embrayeurs" ou articulateurs "phatiques", renforçant l'attention de l'interlocuteur en soulignant l'enchaînement des énoncés successifs au sein d'un discours suivi. Il est remarquable à cet égard que les marques explicites de "subordination" - hiérarchisation fonctionnelle de deux propositions voisines - soient discursivement peu fréquentes alors qu'abondent les marques d'enchaînement ou de "coordination" (au sens large) qui, sans établir de hiérarchie proprement syntaxique, manifestent tout au plus une cohérence (chrono)logique dans la succession de différentes séquences du discours, propositions ou énoncés.

En d'autres termes l'énoncé complexe peut résulter d'une simple succession de propositions non marquées tandis que des marques spécifiques peuvent fonctionner tant au sein de l'énoncé complexe ("conjonctifs de propositions") qu'au sein du texte dans son ensemble ("conjonctifs d'énoncés").

Ces remarques préliminaires permettent de tracer le plan du présent chapitre qui envisagera successivement les suites non marquées (et, parmi celles-ci, le problème particulier des séries verbales) puis les suites marquées, au sein desquelles on distinguera deux types de conjonction, *forte* et *faible*[1], cette dernière pouvant s'étendre à l'articulation de différents énoncés entre eux.

18.1. Propositions juxtaposées

Certains énoncés complexes résultent de la simple succession de propositions dont l'interdépendance n'est manifestée par aucune marque segmentale spécifique. Ces différentes propositions s'identifieraient, hors contexte, à autant d'énoncés simples indépendants. La reconnaissance d'une structure d'énoncé complexe, plus sémantique que syntaxique, se fonde alors exclusivement sur le caractère continu du débit de la parole et l'absence de pause ou d'intonation spécifique propre à en isoler les différentes séquences. Exemples[2] :

kuà kútá↓ ná dàlī bàbūlàbà (I, 201)
/aor.3 + saisir/bouclier/le#aor.3 + tendre/ainsi/
il saisit le bouclier (et) le tend ainsi

... kùé lɔ̄ ɗò-kí sɛ́↓ ná (I, 219)
.../aor.3 + saisir + pl./elle#aor.3 + partir-pl./avec/elle/
... on la prend (et) on l'emmène

kɔ́ ìnduā mángà ná tá↓lē` ìzū ú̳ú̳ ɓɛ̀ sà ná túù... (I, 143)
/puis/aor.3 + placer/tabac/le/bouche + sa + à#aor.3 + tirer/longtemps#aor.3 + exhaler/ fumée/la/tout/...
alors il porte le tabac à sa bouche, il aspire longtemps (et) exhale la fumée complètement...

Selon le même principe une proposition seconde comportant la négation **gɔ̀** peut notamment traduire une restriction qui porte sur les conditions d'exercice du procès exprimé dans la proposition précédente :

nzī ná àɗɛ̂ lāwū gɔ̀
/pluie/la/aor.3 + pleuvoir#aor.3 + durer/nég./
*il n'a pas plu longtemps [*litt. *la pluie est tombée (et) n'a pas duré]*

tàkī nàngà ná↓nzɔ̄ gɔ̀ (Dev. 7)
/aor.3 + sortir#aor.3 + laisser/frère + son/nég./
*il ne sort pas sans son frère [*litt. *il sort (et) ne laisse pas son frère]*

---

1 On préfère cette formulation, volontairement approximative, à l'emploi des termes subordination/coordination, fortement connotés et non strictement appropriés. En fait si la conjonction forte est bien assimilable à une subordination, la conjonction faible manifeste, selon les cas, des affinités avec l'une ou l'autre notion.

2 Pour plus de clarté les limites de proposition seront, au cours du présent chapitre, explicitement marquées par le signe # dans le mot-à-mot.

Contrairement à ce que l'on observe dans tous ces exemples, les différents indices personnels qui marquent les verbes successifs peuvent ne pas renvoyer au même référent, ex. :

suá↓ ɓé vɔ́ mādɗā āɓɛ̄ á↓nzī zɔ̀ ɓā bīnyā kì (II, 10)
/aor.2 + manger/celui de + toi/tout#aor.3 + être fini#aor.2 + aller#aor.2 + s'asseoir/ sommet/celui de/chèvre/à/
tu manges toute ta part, c'est fini, tu vas t'asseoir devant celle [la part] de la chèvre

Le même type d'énoncé complexe peut enfin comporter des propositions qui sont construites autour d'un prédicat non verbal, ex. :

ɗê¯ ndà ṵ́ṵ́ lɔ̄ k-ànzà zɛ́ ndá↓ nɛ̄... (III, 23)
/aor.3 + venir/désormais/longtemps#lui/inf.-faire sortir/eux/désormais/alors/...
il vient longtemps (et) il est en train de les faire sortir...

kɔ́ ànyā lɔ̄ à kāyē` mbùnzú↓ gɛ̄ lùé lɔ̄ zà.zà.zà.zà... (I, 140)
/puis/aor.3 + fuir#lui/être/brousse + à#Blanc/pl./aor.3 + chercher + pl./lui/en vain/...
il fuit, il est dans la brousse (et) les Blancs le cherchent en vain...

On ne saurait trop insister sur le caractère relatif et précaire de l'unité de voix comme critère d'unicité de ce type d'énoncé complexe. Un contre-exemple peut en être fourni par la séquence suivante, articulée dans un même souffle et sans pause, bien qu'elle constitue de toute évidence deux énoncés (complexes) distincts, le second reprenant, sous une forme légèrement différente, le contenu sémantique du premier :

ɓā bīnyā sāmī nɛ̄ kí bísí↓ āɓɛ̄ nɛ̄ á↓nzī zɔ̀ ɓā bīnyā kì
suá↓ ɓé vɔ́ mādɗā āɓɛ̄ á↓nzī zɔ̀ ɓā bīnyā kì (II, 10)
/celui de/chèvre/aor.3 + être encore/alors#toi/chien/aor.2 + aller#aor.2 + s'asseoir/ sommet/celui de/chèvre/à/
/aor.2 + manger/celui de + toi/tout#aor.3 + être fini#aor.2 + aller#aor.2 + s'asseoir/ sommet/celui de/chèvre/à/
celle [la part] de la chèvre n'est pas encore finie que toi, le chien, tu vas t'asseoir devant celle de la chèvre
tu manges toute ta part, c'est fini, tu vas t'asseoir devant celle de la chèvre

Si la reconnaissance d'énoncés complexes résultant d'une simple juxtaposition de propositions non marquées paraît donc fondée dans son principe, on voit néanmoins que l'identification de ces énoncés peut, cas par cas, prêter à discussion.

18.2. Séries verbales

Certaines suites répondant à ce premier modèle d'énoncé complexe méritent une attention particulière dans la mesure où quelques verbes, qui peuvent tous par ailleurs fonder des énoncés simples, y apparaissent avec une fréquence discursive sensiblement élevée. Contrairement à ce qui a été dit plus haut des aspectifs d'origine verbale (cf. 13.3.), lesquels se présentent toujours sous une forme unique et figée voire altérée, les verbes dont il est ici question sont conjugués, c'est-à-dire régulièrement associés aux différents indices personnels-aspectuels voire au pluriel verbal, à l'instar des verbes de plein droit. Mais leur forte récurrence conduit à y reconnaître des formes en puissance de grammaticalisation, qui tendent à fonctionner non plus comme des noyaux de proposition mais plutôt comme des morphèmes subordonnés à une autre forme verbale qui leur succède ou les précède.

Tel est notamment le cas des verbes "de mouvement", **à¯/à-yí** et **àɓɛ̄/àɓí** "aller, partir" et peut-être aussi **ɗè¯/ɗè-kí** "venir", qui prennent, relativement au verbe qui suit, des valeurs aspectuelles "centripète" et "centrifuge" (l'indice personnel de chacun des deux verbes renvoyant au même référent). Exemples :

à-yí kùé bī ná sɛ́ ngá↓ngū (I, 101)
/aor.3 + aller-pl.#aor.3 + saisir + pl./chose/la/avec/force/
*ils vont prendre [*litt. *ils vont (et) prennent] la chose avec vigueur*

nɛ̀ nɛ̄ s-à¯ s-ìnù fàɗù s-ìdā `nɛ̄... (I, 142)
/3 + dire/que/aor.3!-aller#aor.3!-prendre/feu#aor.3!-donner/lui(L)/...
*il dit qu'il aille prendre [*litt. *qu'il aille (et) prenne] du feu et lui donne...*

nduà kútá↓ ná gbá dālī àɓɛ̄ ɗù ngálā (I, 203)
/aor.3 + frapper/bouclier/le/paf!#aor.3 + passer#aor.3 + aller#aor.3 + percer/terre/
*elle [la lance] frappe le bouclier, paf!, passe (et) va se planter [*litt. *va (et) se plante] en terre*

tā ndà búlā ṳ́ṳ́ àɓɛ̄ ìyuā ndà lɔ̄ (III, 22)
/aor.3 + faire/ainsi/longtemps#aor.3 + aller#aor.3 + cacher/désormais/corps + son/
*il agit ainsi longtemps (et) va maintenant se cacher [*litt. *va (et) se cache]*

Sans doute la même analyse vaut-elle pour certaines occurrences du verbe **ɗè¯** "venir". Pourtant celui-ci n'apparaît jamais, dans les exemples dont on dispose, qu'à la forme de l'aor.3 **ɗè¯**, laquelle ne peut alors être distinguée de l'aspectif **ɗè¯** *successif*, issu d'un figement du même verbe (cf. 13.3.) :

kɔ́ sùngūlā ngɔ́ɓɛ́ gá↓ ɗè¯ ìsɔ̄ yɔ́ (I, 9)
/puis/à cause de/guerre/rel./aor.3 + venir#aor.3 + tomber/ici/
[ou .../rel./succ./aor.3 + tomber/ici/ ?]
puis à cause de la guerre qui est venue survenir ici
*[*ou *qui est ensuite survenue ici ?]*

nà prímyɛ́rɛ̀ kɛ́tɛ̄ ɓɛ̄ nɛ̀... gà... ɗɛ̄ˉ gīlī tàlà mòngúmbà nɛ̄... (1,108)
/mais/premier/premier/village/ce/rel./aor.3 + venir#aor.3 + couper/bord/vêtement d'écorce/alors/...
[ou .../rel./succ./aor.3 + couper/... ?]
mais le premier village qui est venu abandonner le vêtement d'écorce...
*[*ou *qui a ensuite abandonné ?]*

Moins clairement attesté, le verbe **sāmī/sāmí** "être encore, ne pas être/avoir fini" pourrait lui-même manifester des tendances comparables avec la valeur d'un aspect rémansif ("être encore en train de"). Il est, en l'occurrence, suivi d'un verbe à l'inachevé :

mú-sāmī mám-tā nàbɔ̄ ná
/aor.1-être encore#inach.1-faire/travail/
*je suis encore en train de faire le travail [*litt. *je n'ai pas fini, je suis en train de faire]*

Abstraction faite des incertitudes qui touchent certains d'entre eux, ces verbes ont la propriété commune de fonctionner en puissance comme des modalités verbales de valeur aspective affectant la forme verbale qui leur succède directement dans l'énoncé.

Une analyse différente s'impose pour le verbe **àdā/àdí** "donner", qui fonctionne par ailleurs librement comme un verbe doublement transitif (cf. 14.2.), mais tend ici à se comporter comme un relateur ayant pour fonction de rattacher un groupe nominal (son propre complément direct) au verbe qui le précède, avec la valeur explicite d'un datif ou d'un bénéfactif[3] (là encore on notera que les indices personnels des deux verbes successifs renvoient au même référent). Ces constructions ne sont pas limitées aux seuls premiers verbes qui signifient "prendre" ou "prélever"; exemples :

tɛ̄ˋ nɛ̄ nú↓ līˊ ādā ˋnɛ̄ sílí.kɔ́ (I, 1)
/aor.3 + dire/que/aor.2 + prendre/nom + ton#aor.2 + donner/lui(L)/d'abord/
*il demande que tu lui donnes d'abord ton nom [*litt. *que tu prennes ton nom (et le) lui donnes d'abord]*

àwù àdā mā
/aor.3 + gronder#aor.3 + donner/moi/
*il se fâche contre moi, il me gronde [*litt. *il gronde (et) me donne]*

āɓɛ̄ w-ōngī fàɗù á↓ɗɛ̄ˋ ná ādā mā
/aor.2 + aller#aor.2 + prendre/feu#aor.2 + venir + avec/cela#aor.2 + donner/moi/
*va me chercher du feu [*litt. *va, prends du feu, viens avec cela (et) donne(-le) moi]*

---

3 On rappellera à ce propos que la langue ne connaît pas de relateur exprimant proprement cette valeur et qu'en particulier sɛ̀ "avec, au moyen de" introduit un "participant supplémentaire" qui n'est précisément jamais un bénéficiaire (cf. 11.1.).

dènyɛ̄ ná àɓɛ̄ bɔ̀gyɔ̄ àdā kɔ́↓nyɔ̄ nɛ̀ nɛ̄... (II, 16)
/femme/la/aor.3 + aller#aor.3 + parler#aor.3 + donner/mère + sa#3 + dire/que/...
la femme va dire à sa mère que... [litt. *la femme va, parle, donne à sa mère, dit que...*]

luà nyīɓā àdā ngàlɛ̀ tɛ̄` nɛ̄ ɗê¯ kɔ̄
/aor.3 + envoyer/message#aor.3 + donner/chef#aor.3 + dire/que/aor.3 + venir/acc./
il envoie dire au chef qu'il est arrivé [litt. *il envoie un message, donne au chef (et) dit que...*]

nzàpā sì-tā s-ìdā kí
/Dieu/aor.3!-faire#aor.3!-donner/toi/
Dieu te récompense!, Dieu te le rende! [litt. *Dieu fasse (et) te donne!*]

Abondamment illustrée pour **àdā/àdí** "donner", cette tendance à fonctionner comme un relateur pourrait s'observer pour d'autres verbes à travers des exemples qui demeurent toutefois exceptionnels. Tel est notamment le cas de **àlɔ̄/àlué** "traverser, dépasser" (avec le sens de "au delà de, plus que") ou de **tā/tē´** "faire" (avec le sens de "depuis"). On remarquera qu'ici les indices personnels de chacun des verbes successifs ne renvoient pas au même référent et que le second verbe (potentiellement grammaticalisé) apparaît sous une forme d'aor.3, vraisemblablement seule possible dans ce contexte. Exemples :

mú-ndígí ká↓fē` àlɔ̄ pèkē
/aor.1-aimer/café#aor.3 + dépasser/vin de raphia/
j'aime le café plus que le vin de raphia [litt. *j'aime le café, cela dépasse le vin de raphia*]

kɔ́nyɔ̄ zɛ́ w-ɔ̀yɛ̀ tā mànɛ̄ sɔ́
/mère/leur/aor.3-mourir#aor.3 + faire/an/quatre/
leur mère est morte depuis quatre ans [litt. *leur mère est morte, cela fait quatre ans*]

Un troisième et dernier cas de figure est représenté par le figement, assurément plus accompli au stade actuel de la langue, de la forme verbale **àsū** /*aor.3* + être mauvais/ "c'est mauvais", qui fonctionne ici non pas comme un morphème mais comme un adverbe au sens de "beaucoup, extrêmement" (cf. 14.4.). Ce terme ne subit évidemment pas d'attraction tonale. Exemples :

gì-tōlué ngbúgù gɛ̄ àsū (I, 19)
/aor.D-tuer + pl./Ngb./pl./c'est mauvais = beaucoup/
nous avons tué des Ngbugu en grand nombre

lɔ̄lɔ̀ nɛ̄ ngánzá↓ àsū (I, 96) *celui-ci, il est très vaillant*
/celui-ci/alors/aor.3 + être fort/c'est mauvais = beaucoup/

bɔ̀gyɔ̄ ná àyì àsū (I, 57) *l'histoire est très belle*
/histoire/la/aor.3 + être beau/c'est mauvais = beaucoup/

18.3. Conjonction forte

Certains morphèmes conjonctifs traduisent une relation de *conjonction forte* en ce qu'ils marquent explicitement la dépendance d'une proposition ("subordonnée") relativement à une proposition voisine ("principale") qui en constitue à la fois le point d'incidence et le fondement. Cette dépendance se manifeste au double plan syntaxique et sémantique. D'une part l'expression de la seule proposition marquée constituerait très clairement un énoncé tronqué et incomplet, plus inachevé qu'elliptique. D'autre part cette proposition marquée a, au sens fort, valeur de circonstance présidant à la réalisation du procés exprimé dans la proposition conjointe.

Les conjonctifs forts ont également la propriété d'être peu fréquents dans le discours, ce qui corrélativement garantit leur charge informative. Sous ce double aspect ils s'opposent clairement aux conjonctifs faibles, discursivement fréquents et de faible charge sémantique. Certains des conjonctifs forts sont d'ailleurs régulièrement doublés d'un conjonctif faible, ce qui tend à prouver que les deux procédés répondent à des logiques relationnelles distinctes.

Le conditionnel tákɔ́↓ṵ́ ~ ákɔ́↓ṵ́

Ce conjonctif est placé en tête d'une proposition qui est par ailleurs toujours close par le conjonctif faible **nɛ̄** "alors" (cf. infra) et nécessairement suivie de la proposition régissante. Vraisemblablement composé à partir de la forme verbale **ákɔ́↓** /aor.2 + voir/ "tu vois", il apparaît sous des formes variables (**tákɔ́↓ṵ́ ~ tá↓ṵ́ ~ ákɔ́↓ṵ́ ~ ákɔ́↓´ ~ ákɔ́↓**)[4], attestant divers degrés d'amuïssement. Il exprime une valeur conditionnelle et se traduit par "quand, si" (au sens de l'allemand *wenn*). Exemples :

tákɔ́↓ṵ́ kàm.kàzà ná àyì gɔ̀ nɛ̄ gy-àkué nāfɛ̄ gɔ̀
/quand = si/ciel/le/aor.3 + être beau/nég./alors#aor.D-voir + pl./lune/nég./
quand/si le ciel n'est pas clair, nous ne voyons pas la lune

tá↓ṵ́ tàlà.bītī ná w-òtī nɛ̄ mám-tɛ́lɛ́↓ ngūlā mí
/quand = si/porte/aor.3 + être fermé/alors#inach.1-retourner/chez-soi/mon + à/
si la porte est fermée je retournerai chez moi

---

4 Le préfixe **t-** pourrait représenter le vestige d'une marque verbale de dépendance, encore attestée comme telle dans certaines langues apparentées comme le yulu (Boyeldieu, 1987:189) ou le modo (Andersen, 1981:45; Persson et Persson, 1991:10). Faut-il voir dans le **ṵ́** une forme écourtée de l'adverbe **ṵ́ṵ́** "longtemps" ?

ákɔ́↓ú̱ [...] ɓā nyá yìngà nyá mādā̰ ndà zā gī kì kɔ̄ nɛ̄ álè... (I, 207)
/quand = si/.../celui de/son/lance/sa/aor.3 + être fini/désormais/hors de/main + sa/à/acc./ alors#allez!/...
quand sa réserve de lance est épuisée dans sa main, allez!...

... ákɔ́↓ ngɔ̄nɔ̄ dɛ̀nyɛ̄ ná àyì ndó nɛ̄ kùé lɔ̄ ɗò-kí sɛ́↓ ná (I, 219)
.../quand = si/jeune/femme/la/aor.3 + être belle/beaucoup/alors#aor.3 + saisir + pl./ elle#aor.3 + partir-pl./avec/elle/
quand/si la jeune fille est belle, on la prend et on l'emmène

Le causatif sùngūlā

Ce conjonctif à valeur causative ("parce que, puisque, comme") est avant tout un relateur (composé de **sɛ̀**, cf. 11.2.) qui peut être suivi soit d'un nom soit du pronom démonstratif **ánɛ̄** "cela", eux-mêmes déterminés par une relative introduite par **gà** (cf. 8.12.) :

lùkɔ̀lɛ̀ kuà lɔ̄ sùngūlā ngɔ̄nɔ̄ gà w-ɔ̀yɛ̀
/tristesse/aor.3 + saisir/lui/à cause de/enfant + son/rel./aor.3-mourir/
il est triste parce que son enfant est mort [litt. à cause de son enfant qui est mort]

kɔ́ sùngūlā ngɔ́ɓɛ́ gá↓ ɗɛ̀¯ ìsɔ̄ yɔ́... (I, 9)
/puis/à cause de/guerre/rel./aor.3 + venir/aor.3 + tomber/ici/...
puis, comme la guerre est venue survenir ici... [litt. à cause de la guerre qui...]

sùngūlā pɛ̄rɛ̄mɛ̀ kásə̀kə̀ ɓā mbùnzú↓ gɛ̄ gà nzàfà bɛ̀ɛ́... (I, 173)
/à cause de/premier/casque/celui de/Blanc/pl./rel./aor.3 + être blanc/stat. + susp./...
parce que les premiers casques des Blancs étaient blancs,... [litt. à cause des premiers casques des Blancs qui étaient blancs]

sùngūlā ´nɛ̄ gà suà bɛ̄ gɔ̀ bīnyā àm-ɔ́yɛ́
/à cause de/cela/rel./aor.3 + manger/chose/nég./chèvre/inach.3-mourir/
parce qu'elle ne mange pas, la chèvre va mourir [litt. à cause de cela qu'elle ne mange pas...]

En fait si ces constructions peuvent bien, comme on vient de le proposer, être interprétées dans les termes d'un énoncé simple comportant un complément indirect complexe, elles autorisent également une autre analyse, laquelle fait de **sùngūlā** un conjonctif marquant une proposition dépendante au sein d'un énoncé complexe. Cette dernière interprétation devient même la seule qui soit fondée en cas de suppression du relatif **gà**, suppression facultative qui ne semble toutefois possible que si **sùngūlā** est suivi d'un nom (et non du pronom **ánɛ̄**) :

àɓɛ̄ gà fóō sùngūlā màgɛ̀ nyá gá↓ ɗuà ndó
/aor.3 + partir/aujourd'hui(passé)/tôt/à cause de/champ/son/rel./aor.3 + être éloigné/ beaucoup/

ou **àɓɛ̄ gà fóō sùngūlā màgɛ̀ nyá ɗuà ndó**
/aor.3 + partir/aujourd'hui(passé)/tôt#parce que/champ/son/aor.3 + être éloigné/ beaucoup/
*il est parti tôt parce que son champ est très éloigné [*dans le premier cas, litt. *à cause de son champ qui est très éloigné]*

De toute évidence la langue tend donc à faire du relateur **sùngūlā** un conjonctif (ou élément de conjonctif composé), lequel se présente sous deux formes complémentaires selon que le prédicat verbal de la proposition dépendante reçoit ou non l'expansion d'un sujet nominal :

(1) **sùngūlā** Nom/sujet (**gà**) Verbe/prédicat
(2) **sùngūlā.ánɛ̄.gà** Verbe/prédicat

En présence d'un sujet nominal (1) le conjonctif a la forme discontinue **sùngūlā**... (**gà**) dont le second élément est facultatif et supprimable tandis qu'en l'absence de sujet nominal (2) c'est le groupe **sùngūlā.ánɛ̄.gà** (cp. français *par ce que*) qui tend à fonctionner dans son ensemble comme un conjonctif composé.

L'hypothétique bà...bà

Ce conjonctif[5] discontinu est composé de deux éléments identiques qui enchassent la proposition dépendante, laquelle est de surcroît marquée par le conjonctif faible **nɛ̄** "alors" (cf. infra) et doit être suivie de sa proposition régissante. La proposition dépendante acquiert ici une valeur d'hypothèse. Il est remarquable que son verbe prenne la forme d'un injonctif, choix qui peut être compris dans le sens où il pose une condition nécessaire et non (encore) réalisée ("il faudrait/aurait fallu que... pour que..."). Les rares illustrations sont prises en dehors du corpus textuel qui n'en offre aucune (on remarquera que les éléments constitutifs de la proposition régissante (mode verbal, modalité de proposition **kɔ̄** *accompli*) contribuent à orienter le caractère révolu ou non de l'hypothèse conditionnelle selon des modalités qui ne sont toutefois pas suffisamment claires pour être commentées) :

bà sì-sūkpā lɔ̄ bà nɛ̄ ìsɔ̄
/si.../aor.3!-pousser/corps + son/...si/alors#aor.3 + tomber/
s'il se poussait, il tomberait

[5] Sur une possible forme identique de relateur, cf. 11.6.

bà mú-ɗiɗī kìmbɛ̀ bà nɛ̄ mú-tā kúgí↓ kɔ̄
/si.../aor.1-trouver/argent/...si/alors#aor.1-faire/maison/acc./
*si je trouvais de l'argent, je construirais une maison [*ou plutôt *si j'avais trouvé... j'aurais construit... ?]*

bà màlíkì sì-ɗē gà bà nɛ̄ mú↓ɗō kɔ̄
/si.../M./aor.3!-venir/aujourd'hui(passé)/...si/alors#aor.1-partir/acc./
si Malik était venu aujourd'hui, je serais (déjà) parti

bà màlíkì sì-ɗē bà nɛ̄ mám↓ɗō
/si.../M./aor.3-venir/...si/alors#inach.1-partir/
si Malik vient, je partirai

Logophorique et imminence/immédiateté

Les textes offrent quelques rares illustrations d'une construction qui rapproche exceptionnellement un nom ou un pronom d'une formule introductive de discours rapporté elle-même marquée d'un indice personnel logophorique (soit par ex. **lɔ̄lɔ̀ nì-zā nɛ̄** /celui-ci/L-dire/que/ en place de la séquence **lɔ̄lɔ̀ nɛ̀ nɛ̄** /celui-ci/3 + dire/que/ régulièrement attendue). Cette construction particulière prête - ou du moins contribue à prêter - aux propositions dépendantes dans lesquelles elle apparaît, une valeur d'imminence ou d'immédiateté relativement à une proposition régissante qui lui succède. Dans les deux premiers exemples elle vient renforcer une dépendance déjà manifestée par le choix du conjonctif **ákɔ́↓** "quand, si" :

ákɔ́↓ bɛ̄ ngɔ́ɓɛ́ nì-zā nɛ̄ n-ìsɔ̄ yālɔ̀ nɛ̄ àm-āɓɛ̄ àm-tā nɛ̀ bɛ̄ dɛ̀¯ ngàɓà ¯nɛ̀ (I, 97)
/quand = si/chose/guerre/L-dire/que/aor.L-tomber/aujourd'hui/alors#inach.3-aller# inach.3-faire/aujourd'hui(futur)/chose/personne/homme/aujourd'hui(futur)/
dès que la guerre va arriver/arrivera, il agira avec bravoure (comme un homme)

ákɔ́↓ bɛ̄ nì-zā nɛ̄ nì-tā ´mà nɛ̄ álè ɓá↓ káyɛ̄ nɛ̄... (I, 101)
/quand = si/chose/L-dire/que/aor.L-faire/ainsi/alors#allez!/aor.2 + crier/cri/alors#...
dès que les choses tournent ainsi, allez! tu pousses un cri et...

L'interprétation syntaxique du dernier exemple est plus délicate dans la mesure où le logophorique apparaît au sein d'une relative déterminant un complément indirect, lequel, sous sa forme complexe, fonctionne plus ou moins comme une proposition dépendante ("au moment où...") :

lɔ̀ álē gà lɔ̄lɔ̀ nì-zā nɛ̄ nì-táɓɔ̄ yìngà ná nɛ̄ tɛ́lɛ́↓ ámà... (I, 202)
/moment/ce + à/rel./celui-ci/L-dire/que/aor.L-jeter/lance/la/alors# aor.3 + se tourner/ainsi/...
dès que celui-ci va jeter/jette sa lance, il se détourne ainsi...

Bien qu'on ne puisse dire si cet emploi particulier du logophorique peut à lui seul assumer le rôle d'un conjonctif, du moins constate-t-on qu'il est, avec un sémantisme spécifique, directement lié à l'expression d'une conjonction forte. Le fait mérite d'autant plus d'être mentionné qu'il existe en ngbandi une construction très comparable dans sa forme et dans sa valeur[6].

18.4. Conjonction faible : enchaînement de propositions

La *conjonction faible* des différentes propositions constitutives de l'énoncé complexe est assurée par divers morphèmes ou procédés prosodiques dont la plupart manifestent des affinités très fortes avec l'un ou l'autre des procédés de mise en valeur des différents constituants de l'énoncé simple : thématisation et emphase ne jouent donc pas simplement sur des syntagmes mais président en grande partie à la structuration logique des différentes propositions - voire des différents énoncés - qui se succèdent dans le discours.

Le conjonctif nɛ̄

Fonctionnant également, sous cette même forme, comme thématiseur[7], le conjonctif **nɛ̄** s'insère entre deux propositions qu'il unit par un lien faible de succession (chrono)logique (régulièrement glosé comme /alors/, il peut en fait se traduire de manières diverses, et notamment par "et") :

gyɔ̀ ngɔ̄nɔ̄ nyá kálàgɛ̄ bà nɛ̄ w-ɔ̀yɛ̀ (Dev. 9)
/aor.3 + enfanter/enfant/son/unique/seulement/alors#aor.3-mourir/
il enfante un unique enfant et meurt

Fortement récurrent dans les textes, il est également courant qu'il associe successivement plus de deux propositions :

ɓā bīnyā sāmī nɛ̄ kí bísí↓ āɓɛ̄ nɛ̄ á↓nzī zɔ̀ ɓā bīnyā kì (II, 10)
/celui de/chèvre/aor.3 + être encore/alors#toi/chien/aor.2 + aller/alors#aor.2 + s'asseoir/ sommet/celui de/chèvre/à/
celle [la part] de la chèvre n'est pas encore finie que toi, le chien, tu vas et tu t'asseois devant celle de la chèvre

---

6 Exemples (forme dialectale yakoma) : **lò yá ní gbú tà sómɔ̀ɔ́ zò ní \`sàsà lò** /elle/(dire) que/elle(L)/prenne/jarre/ainsi + susp.#personne/la/fait taire/elle/ "dès qu'elle veut prendre /prend la jarre, l'homme la fait taire" ou surtout, sans médiation de l'introducteur **yá** "(dire) que" : **tōndō kō ní là dìmásè ´sè sómɔ̀ɔ́ lò nɔ̄ lò gbú** /fruit sp./ce-là/il(L)/dure /semaine/deux/ainsi + susp.#elle/va#elle/prend/ "quand/dès que le fruit d'*Aframomum* a séjourné deux semaines [dans la jarre], elle va le prendre".
Tant en ngbandi qu'en bagiro, la nature du logophorique est toujours assez prégnante pour que de telles constructions soient exclues dans le cas d'un sujet (pronominal) référant aux participants du discours ("je/tu/nous/vous").

7 Et aussi comme introducteur du discours rapporté, cf. 17.1.

ìgyué ná ṳ́ṳ́ vɔ́.tú` nɛ̄ álè ɗê¯ tā kɔ̀tɔ́ bɛ̄ bàbūlàbà nɛ̄ kuà bàbūlàbà nɛ̄ yìngà nyá gī kì mùtuá (I, 199)
/aor.3 + tresser + pl./cela/longtemps/tout/alors#allez!/succ./aor.3 + faire/
un certain/chose/ainsi/alors#aor.3 + saisir/ainsi/alors#lance/sa/main + sa/à/trois/
ils tressent cela longtemps et, allez! il fait ensuite une chose comme ça [un bouclier], il (l')attrape comme ça, avec trois lances dans la main

Le conjonctif **nɛ̄** est de toute évidence lié à la proposition qui le précède - dont il marque en quelque sorte le caractère inachevé - plus qu'à celle qui suit. En témoignent la possible reprise de souffle après (et non avant) le conjonctif, voire la possibilité d'une pause suffisamment marquée pour qu'on hésite à y voir une suspension plutôt qu'un abandon de l'énoncé en cours. Exemple :

tùlɛ̀ ná nɛ̄ àɓɛ̄ tā `tɔ́ lìbɔ̀ ṳ́ṳ́ nɛ̄ wàlà ìnā `tɔ́ bɛ̄ sɛ̀ ngálā nɛ̄... (III, 16)
/T./le/alors/aor.3 + aller#aor.3 + faire/un certain/tour/longtemps/alors#ou bien/
aor.3 + lancer/un certain/chose/avec/sol/alors#...

lákā mùmù ànyā kɔ̄ (III, 17)
/chose/rat de G./aor.3 + fuir/acc./
Turè, il s'en va jouer un tour, ou bien il jette quelque chose à terre et...
chose, le rat de Gambie s'enfuit

On rappellera enfin que le conjonctif **nɛ̄** apparaît régulièrement en finale des propositions marquées par certains des conjonctifs forts (cf. supra).

Le conjonctif kɔ́

Fonctionnant également comme thématiseur, très fréquent dans le discours, le conjonctif **kɔ́** (régulièrement glosé comme /puis/) s'insère entre deux ou plusieurs propositions successives entre lesquelles il introduit un rapport de hiérarchie (chrono)logique sensiblement plus marquée que dans le cas de **nɛ̄** :

bùlé túlù w-ɔ̀yɛ̀ kɔ̄ kɔ́ nù´ túlù (I, 121)
/père + de/T./aor.3 + mourir/acc./puis#aor.3 + prendre + pl./T./
quand le père de Tulu fut mort, on prit Tulu (comme chef)

nù´ lɔ̄ kɔ́ ìzué lɔ̄ sɛ̀... (I, 113)
/aor.3 + prendre + pl./lui/puis#aor.3 + lier + pl./lui/avec/...

... sɛ̀ kùlā kɔ́ ìné lɔ̄ kɛ̀mɛ̀ wòtó` kī kɔ́ álè (I, 115)
.../avec/corde/puis#aor.3 + mettre + pl./lui/intérieur/auto/à/puis#allez!/
on le prend, on l'attache avec...
avec une corde, on le met dans une auto et allez!

átà gégɛ̄ ná gɛ̄ kétɛ̄ ní gá↓ gyùé ká↓búlá↓ gégɛ̄ kɔ́ té↓lé kɔ́ gyùé búlá↓ gégɛ̄ à¯ (I, 198)
/grand-père/notre(I)/le/pl./premier/le + à/rel./aor.3 + enfanter + pl./grand-père/notre/
puis#aor.3 + retourner/puis#aor.3 + enfanter + pl./père/notre/être
[.../...]

ce sont nos grands-pères d'avant qui ont engendré nos grands-pères, lesquels à leur tour ont engendré nos pères
[la conjonction des propositions fonctionne ici à l'intérieur d'une relative, litt. ... *que ils ont engendré nos grands-pères puis ils sont retournés puis ils ont engendré nos pères*]

C'est ce type même de conjonction faible qui s'observe dans une construction particulière des pronoms interrogatifs composés de **ɗī**, qui sont repris par **ɗī** lui-même dans la proposition qui suit[8] :

gy-àlué tá↓´ zā sīsòɗī kɔ́ gì-ɗê-kí ɗī (I, 5)
/aor.D-se lever + pl./autrefois/hors de/où?/puis#aor.D-venir-pl./quoi?/
*d'où venons-nous ? [*litt. *d'où sommes-nous partis puis nous sommes venus ?]*

... gy-àlué mbílímbílí zā´ngā´ɗī kɔ́ gì-ɗê-kí ɗī (I, 26)
.../aor.D-se lever + pl./précisément/d'où?/puis#aor.D-venir-pl./quoi?/
... d'où venons-nous précisément ?

àm-té tá↓´ ndōkúɗī kɔ́ àm-ɓālé zɛ́ té`-kí nɛ̄ zɛ́ à tùlúgù gɛ̄ ɗī (I, 91)
/inach.3-faire + pl./autrefois/comment?/puis#inach.3-nommer/eux#
aor.3 + dire-pl./que/eux/être/garde/pl./quoi?/
*comment faisaient-ils autrefois pour nommer ceux qu'on appelait "tulugu" (gardes) ? [*litt. *comment faisaient-ils autrefois puis ils nommaient ceux qu'on appelait gardes ?]*

Contrairement à ce que l'on a pu dire plus haut de **nɛ̄**, il est difficile de décider clairement si **kɔ́** appartient à la proposition qui le précède ou plutôt à celle qui lui succède. Il est remarquable en effet que ce conjonctif apparaisse très fréquemment après une pause marquée. Mais il semble qu'alors il fonctionne plus comme un conjonctif d'énoncé (marquant la reprise d'un énoncé nouveau) que comme un conjonctif de proposition (marquant la poursuite d'un énoncé suspendu). Exemple :

m-ɔ́¯ álà ínzā kɔ̄ (I, 104)
/aor.1-entendre/cela/aussi/acc./
kɔ́ kɛ̀mɛ̀ ánɛ̄ gé`... (I, 105)
/puis/intérieur/cela/pl. + à/...
j'ai compris cela
donc, parmi ces faits...

En revanche lorsqu'il fonctionne clairement comme un conjonctif de proposition, **kɔ́** apparaît plus étroitement lié à la proposition qui le précède et peut être suivi, mais non précédé, d'une reprise de souffle :

---

[8] Voir aussi la thématisation de ces mêmes interrogatifs au moyen de **kɔ́** (cf. 16.1.).

kɔ́ lī bāgīlɔ̀ ná kuà ndà zɔ̀ gɛ́gɛ̄ kɔ́ (I, 38)
/puis/nom/B./le/aor.3 + saisir/tête/notre(I)/puis#
lī gbāyā ná ɗò¯ ndà ngá↓lī ánɛ̄ (I, 39)
#nom/Gb./le/aor.3 + partir/désormais/terre + à/anaph./
alors ce nom de Bagiro nous est désormais attaché et...
le nom de Gbaya a disparu

Le conjonctif (?) kɔ̄

Il faut mentionner quelques occurrences textuelles d'un morphème qui s'identifie à la modalité de proposition **kɔ̄** *accompli* mais fonctionne plutôt comme un conjonctif faible[9]. Exemples :

nɛ̀ nɛ̄ s-à¯ s-ìnù fàɗù s-ìdā `nɛ̄ kɔ̄ ɗɛ̀¯ n-ò¯ sɛ̀ mángà (I, 142)
/3 + dire/que/aor.3!-aller#aor.3!-prendre/feu#aor.3!-donner/lui(L)/acc.(?)#succ./ aor.L-fumer/avec/tabac/
il dit qu'il aille lui chercher du feu pour qu'il fume (son) tabac

sì-tōɓué lɔ̄ kɔ̄ s-ìkué lɔ̄ sì-tōlué lɔ̄... (I, 177)
/aor.3!-pourchasser + pl./lui/acc.(?)#aor.3!-saisir + pl./lui#aor.3!-tuer + pl./lui/...
qu'on le pourchasse, qu'on l'attrape et qu'on le tue!...

L'intonation montante

L'intonation montante (*suspensive*), qui constitue par ailleurs un procédé de thématisation, peut, dans les mêmes conditions, manifester le caractère non achevé d'un énoncé et sa poursuite dans la séquence qui succède :

... kí sɛ̀ kùngyā ɓé gɛ̄ ngá↓lī míngìí (I, 65)
.../toi/avec/poule/ta/pl./sol + à/beaucoup + susp.#
nè-kí nɛ̄ kí à bɔ̀¯ ngɔ̄nɔ̄ ɓɛ̄ (I, 66)
#3 + dire-pl./que/toi/être/grand/membre/village/
... (si) tu possèdes beaucoup de poules,
on dit que tu es le chef du village

Elle peut également jouer un rôle d'appoint envers un conjonctif fort :

sùngūlā pɛ̄rɛ̄mɛ̀ kásəkə̀ ɓā mbùnzú↓ gɛ̄ gà nzàfà bɛ̀ɛ́ (I, 173)
/à cause de/premier/casque/celui de/Blanc/pl./rel./aor.3 + être blanc/stat. + susp.#
màkɛ̀sɛ̀ ìsɔ̄ màlā ɓɛ̄ ná bá↓būlàbà àkɔ̀ sɛ̀ nzàfà kùngyā gɔ̀ (I, 174)
/M./aor.3 + tomber/sorte/village/le/ainsi#aor.3 + voir/avec/blanc/poule/nég./
parce que les premiers casques des Blancs sont blancs,
(quand) Makese survient dans tel village il ne (veut) pas voir une poule blanche

---

9 Apparemment bien distinct du **kɔ́** que l'on vient d'envisager, ce qui mériterait néanmoins une vérification plus approfondie.

Le conjonctif álà.gà et ses composés

Il existe par ailleurs un ensemble de conjonctifs composés qui s'identifient aux marques d'emphase de certains compléments indirects ou "circonstanciels" directs (cf. 16.2.). Ces morphèmes complexes se présentent apparemment sous des formes variables **álà.gà** (composé du démonstratif **álà** "celà" et du relatif **gà** ?) ou (`)**ná.là.gà** ~ (`)**ná`.gà** (précédé du défini (`)**ná** ?) ou **gà.ná.là.gà** ~ **gà.ná`.gà** (précédé du relatif **gà** ?) ou encore **kɔ́.ná.là.gà** ~ **kɔ́.ná`.gà** (précédé du conjonctif **kɔ́** ?). Les différentes occurrences de ces conjonctifs (systématiquement glosés comme /c'est... que/) sont en fait rarement bien comprises et leur équivalence n'est que présumée. S'insérant entre deux propositions entre lesquelles ils établissent une relation de concomitance ou de conséquence ("c'est alors que", "c'est pourquoi"), il semble qu'ils doivent être régulièrement rappelés par l'anaphorique **ánɛ̄** en fin de seconde proposition (ce qui n'est pourtant pas toujours le cas dans les exemples dont on dispose). Les illustrations les plus claires en sont fournies pour la forme (variante ?) **kɔ́.ná`.gà** :

mā k-ìsuà tùtù kī yà kɔ́.ná`.gà á-tēkī ánɛ̄
/moi/inf.-manger/pâte/à/être/c'est...que#aor.2-passer/anaph./
j'étais en train de manger la pâte quand (c'est alors que) tu es passé

līfā kɔ̀tɔ́ mbágē ná kɔ́.ná`.gà nzàfà bɛ̀ ánɛ̄ (III, 30)
/aor.3 + écorcher/un certain/côté/le/c'est...que#aor.3 + être blanc/stat./anaph./
il écorche un morceau [de sa queue], c'est pourquoi celle-ci est blanche

Le même conjonctif pourrait également, à l'instar de **kɔ́**, constituer un marqueur d'énoncé après pause marquée, exemple :

kɔ́.ná`.gà dɛ̀¯ ná gɛ̄ ndē´ ndá zɔ́ꜜ [...] bāgīlɔ̀ ní ndà ´nɛ̄ (I, 27)
/c'est...que/personne/la/pl./aor.3 + reposer + pl./désormais/sommet/.../B./le + à/désormais/ anaph./
*c'est pourquoi [*renvoyant à tous les faits qui viennent d'être mentionnés dans les différents énoncés précédents*] les gens s'en sont tenus au (nom de) Bagiro*

La présence du conjonctif **álà.gà** (et ses variantes) semble donc avoir pour effet de focaliser la proposition (voire les énoncés) qui précède, comme circonstance ou comme cause présidant au procès exprimé dans la proposition (ou l'énoncé) qui succède. Il est remarquable que ces constructions apparaissent massivement - mais non exclusivement - dans le discours de Kopélé, interlocuteur de Yamalé (Texte I). Peut-être faut-il y reconnaître une influence du ngbandi ou du sango, qui connaissent eux-mêmes des conjonctifs assez comparables[10].

---

10 Ngbandi (var. yakoma) **lò´(...)kō/mɔ̀**, sango **là´(...)só**, qui peuvent, selon les cas,

Les conjonctifs nà et wàlà

Deux autres morphèmes, dont les occurences textuelles sont très limitées, ne sont liés ni à la thématisation ni à l'emphase. Chargés d'une valeur sémantique précise, contrastive (**nà** "mais") ou alternative (**wàlà** (de l'arabe) "ou (bien)"), ils représentent peut-être, parmi les marques de conjonction faible, celles qui sont les plus proches d'une coordination à proprement parler, n'établissant aucune hiérarchie logique - et a fortiori fonctionnelle - entre les propositions qu'ils relient. Exemples :

> **ndá gɛ́ɗɛ̄↓ lī bāgīlɔ̄ ná`¯ nà gɛ̀gɛ̄ à pírì gbāyā gɛ̄ (I, 14)**
> /raison/fondement/nom/B./le + être#mais/nous(I)/être/vrai/Gb./pl./
> *telle est l'origine du nom de Bagiro, mais nous sommes en réalité des Gbaya*
>
> **kì-tā lɔ̄ gɛ̄ tà´ ndōkúɗī (I, 4)**
> /inf.-faire/corps/leur/autrefois/comment?#
> **wàlà ɓā kàngbà ná gɛ̄ gy-àlué tá↓´ zā sīsòɗī kɔ́ gì-ɗè-kí ɗī (I, 5)**
> #ou bien/celui de/ancêtre/le/pl./aor.D-se lever + pl./hors de/où?/puis# aor.D-venir-pl./quoi?/
> *quelle était leur façon d'être autrefois ?*
> *ou bien, en ce qui concerne les ancêtres, d'où venons-nous ?*

18.5. Conjonction faible : enchaînement d'énoncés

Les marques d'enchaînement qui apparaissent en début de séquence, après une pause marquée, sont plus volontiers analysées comme des marqueurs d'énoncé, manifestant une solidarité au sein du texte, que comme des marqueurs de proposition fonctionnant à l'intérieur d'un énoncé complexe. On a déjà mentionné le fait que certains conjonctifs sont, à cet égard, ambivalents : **kɔ́** et **àlà.gà** (ou du moins sa variante **kɔ́.ná.là.gà**) fonctionnent soit comme des conjonctifs de proposition, soit comme des conjonctifs d'énoncé. Cette dernière situation s'illustre notamment, dans les textes, en I, 140-143 (**kɔ́**) ou en I, 21/24/27 (**kɔ́.ná.là.gà**).

Trois autres morphèmes semblent essentiellement habilités à fonctionner comme des articulateurs d'énoncé : **puí ~ àpuí** (du français) "et puis, ensuite", **àndá` ~ kàndá`** (du ngbandi) "alors, donc" et **yíkà** "alors, ensuite", ce dernier n'apparaisant que dans le seul texte III[11]. Exemples :

---

s'interpréter soit comme des présentatifs (ou emphatiseurs) soit comme des conjonctifs (M. Diki Kidiri, *comm. pers.*).

11 Le fait que deux de ces termes au moins soient d'origine étrangère est évidemment lié à leur forte valeur expressive.

puí sὲ wàngyā té↓ sē´ kɔ́↓tɔ́ gīyā ná... (II, 12)
/et puis/avec/matin/itér./aor.3 + prendre + pl./un certain/nouveau/le/...
ensuite, le (lendemain) matin, on prend de nouvelle (nourriture)...

àndá` bī álà ndà búlā ɛ̰´ (I, 224)
/donc/chose/cette/aor.3 + reposer/ainsi/hein?/
les choses étaient donc ainsi ?

... kàndá` nàbɔ̄ lɔ̀ gà nzì¯ ám-tā sὲ mā à bá (III, 23)
.../donc/agissement/ce-ci/rel./cont./inach.2-faire/avec/moi/être/exclam./

yíkà [...] lákā ná mùmù nὲ nɛ̄ n-ànzā gɔ̀tɔ̀ gɔ̀ bá nɛ̄... (III, 24)
/ensuite/chose/la/rat de G./3 + dire/que/aor.L-pénétrer/trou/nég./exclam./alors/...
voilà donc le tour que tu as l'habitude de me jouer !?
ensuite, chose, le rat de Gambie ne veut-il pas entrer dans (son) trou que...

Tous ces marqueurs d'énoncé (y compris **kɔ́** et **kɔ́.ná.là.gà**) peuvent être eux-mêmes suivis d'une légère pause ou suspension du souffle, comme s'ils constituaient à eux seuls un thème. De fait ils résument l'ensemble du discours déjà proféré et se substituent en quelque sorte à lui pour le thématiser relativement à l'énoncé qui succède, assurant ainsi la cohésion du texte[12].

18.6. Autres procédés discursifs

On ne saurait enfin clore cette présentation de l'énoncé complexe sans mentionner les formes, fréquentes dans le discours, que représentent **bɔ̰̀** "bon!", **vuàlà** "voilà!", **álè** "allez!", **ɛ̰** ou **ɛ̰̀´** "hein?", **wì** ou **ɛ̰̀(ɛ̰̀)** "oui!", **ʔɔ́`**, **ʔóò** ou **ʔɛ̰́ʔɛ̰̀** "non!". Fortement expressives, souvent empruntées au français mais visiblement bien intégrées dans la langue[13], elles assument une fonction essentiellement phatique et contribuent à maintenir ou à renforcer le contact entre celui qui parle et ses interlocuteurs.

---

12 Notons à cet égard que, comme **kɔ́**, **puí** n'exerce pas d'attraction tonale sur le terme qui suit : **puí sὲ wangyā... (II, 12)** "ensuite, au matin..."

13 Ne serait-ce que parce qu'elles sont régulièrement employées par des locuteurs qui ne parlent pas français.

TEXTES

SALUTATIONS ET SOUHAITS

► - **ndōkúɗī dɛ̀¯ngàà nɛ̀**[1]
/comment?/personne.homme/ce(?)/

- **bɛ̄ à kālɛ̄ dɛ̀¯ngàà nɛ̀**
/chose/être/absent/personne.homme/ce(?)/

*- comment vas-tu, homme ? [*litt. *comment, homme ?]*
*- je vais bien, homme [*litt. *il n'y a rien, homme]*

► **mú-bálà kí búlā** ou **mú-bálà kí (k)ɔ̄**[2]
/aor.1-saluer/toi/ainsi/ /aor.1-saluer/toi/acc./
je te salue, salut à toi

► - **kí à túū**
/toi/être/y + interr./

- **mā` tú**
/moi + être/y/

*- comment vas-tu ? [*litt. *y es-tu ?]*
*- je vais bien [*litt. *j'y suis]*

► **àbà/nánzɔ́↓/kòpēlē béè**
/père~frère~K./bienvenue!/
bienvenue père!/frère!/Kopélé![3]

► - **mú↓ɗō kɔ̄**
/aor.1-partir/acc./

- **ngè´ ò´** ou - **á↓ɗō kàyì ná**
/pied + ton/oh!/ /aor.2-partir/bien/le/

*- je pars [*litt. *je suis (déjà) parti]*
*- bonne route! [*litt. *tes pieds oh!* ou *pars bien!]*

► **ínā/nánzɔ́↓/tōbōmbō wáwáwá ò´**
/mère~frère~T./à tout de suite/
à tout de suite, à très bientôt mère!/frère!/Tobombo!

---

1 **dɛ̀¯ngàà nɛ̀** ou **dɛ̀¯ɓàà nɛ̀** : contraction de **dɛ̀¯ ngàɓà nɛ̀** (salutation entre hommes, voire entre initiés); l'élément **nɛ̀** représente-t-il bien ici le démonstratif anaphorique ?

2 Sur l'amuïssement du **k-**, cf. 3.1.

3 La formule "bienvenue!" est couramment exprimée par "bonne arrivée!" dans les formes locales du français.

► **- á-tūlī kɔ̄ɔ̀**
/aor.2-s'éveiller/acc. + interr./
- mú-tūlī kɔ̄
/aor.1-s'éveiller/acc./
*- as-tu bien dormi ? [*litt. *t'es-tu (déjà) réveillé ?]*
*- j'ai bien dormi [*litt. *je me suis (déjà) éveillé]*

► **á-ɓī kàyì ná**
/aor.2-dormir/bien/le/
dors bien!

► **tìbì sílí.kɔ́**
/demain/d'abord/
à demain!

► **nzàpā sì-bátà kí**
/Dieu/aor.3!-garder/toi/
que Dieu te garde!

► **nzàpā sì-tā s-ìdā kí**
/Dieu/aor.3!-faire/aor.3!-donner/toi/
*que Dieu te récompense, que Dieu te (le) rende! [*litt. *que Dieu fasse (et) te donne]*

► **nzàpā s-ìnduā àtɔ́ mànɛ̄ ɓé zó↓ ní**
/Dieu/aor.3!-placer/un certain/année/ta/sommet/le + à/
*que Dieu prolonge ta vie! [*litt. *que Dieu place de tes années dessus!]*

PROVERBES

Les proverbes ou sentences correspondraient à un genre spécifique, identifié comme tel par la locution **kɔ̀nɔ̄ bɔ̀gyɔ̄ ɓɛ̄ gɛ́ tà´** /ancienne/parole/village = clan/ces/autrefois/ "parole traditionnelle" (*litt.* "ancienne parole des clans"). Dans le discours, la citation du proverbe est souvent introduite par la formule **bògyué sɛ́ tálá↓ gbāyā nè-kí nɛ̄...** /aor.3 + parler + pl./avec/langue/Gb./3 + dire-pl./que/... "on dit en (langue) gbaya que...".

1. **fófōlífɔ̄ àlɔ̄ zɔ̀ bɔ̀¯ ɗɔ́bɔ́ gɔ́**
/musaraigne/aor.3 + traverser/unité/grand/chemin/nég./
la musaraigne ne traverse pas le grand chemin
[on n'entreprend pas ce qui dépasse ses capacités propres]

2. **kàgbà kuà kí ákɔ́↓ páká↓ ānyā**
/léopard/aor.3 + saisir/toi/aor.2 + voir/genette(?)/aor.2 + fuir/
(si) le léopard t'a attrapé, (quand) tu vois la genette (?), tu fuis
[l'expérience du danger rend méfiant, voire craintif]

3. **bɔ̄kɔ̀yɛ̀ zɔ̀nyɔ̀ kí ákɔ́ kú↓lā ānyā**
/serpent/aor.3 + mordre/toi/aor.2 + voir/corde/aor.2 + fuir/
(si) le serpent t'a mordu, (quand) tu vois la corde, tu fuis
[variante du précédent]

DEVINETTES

La devinette ou énigme **ngbòfà**[4] constitue un divertissement très apprécié, surtout des plus jeunes. Le "lanceur" ouvre le jeu par la formule - **ngbòfà** à laquelle l'interlocuteur "preneur" répond par - **ngá**. L'échange continue par l'énoncé de l'énigme, puis celui de la solution. Le preneur défaillant exprime sa renonciation par la formule onomatopéique **kyɔ̀´ɓɛ̀´`** "couic!-bêê!" (au sens de "je te sacrifie une chèvre").

On remarquera le style concis des énigmes, comme le fait que celles-ci ne sont jamais énoncées sous une forme interrogative.

1. **- ngbòfà**
/devinette!/
- ngá
/oui!/
- ngɔ̀ngɔ́ngɔ́↓ māyā kɔ́ngɔ̄
/lentement/piémont/colline/
- k-ànyā ngālɛ̄
/inf.-courir/ventre/
- devinette!
- oui!
- lentement au pied de la colline [?]
- la diarrhée

4 **k-ìnā ngbòfà** /inf.-lancer = émettre/devinette/ "dire/lancer une devinette".

2. **- gbó gáɗángá↓ guà túnā yɛ̀lɛ̀**
/tubercule/manioc/aor.3 + sortir/rive/Oubangui/

- dɛ̀ˉ ɓé túnā mànī ɗà sílí.kɔ́ ám-ālɔ̄ yɛ̀lɛ̀
/personne/ta/rive/eau + à/là/d'abord/inach.2 + traverser/Oubangui/

- le tubercule de manioc sort de l'autre côté de l'Oubangui
- (il faut que tu aies) un parent de l'autre côté de l'eau pour traverser l'Oubangui[5]

3. **- ngɛ̄tɛ̄ dūkū kpɛ́ngbɛ́lɛ́ngbɛ́ dɔ̀ bɛ̄ tɛ̀ˉ gɔ̀**
/petite/pierre à moudre/toute plate/ne pas être/chose/s'enlever/nég./

- kàmbílì ngyà (dɛ̀ˉ)
/ongle/pied/(personne/)

- petite meule toute plate, ce n'est pas une chose qui s'enlève
- l'ongle du pied

4. **- bàbà luà mā\` ɓùkù m-úluá tálá↓ ná zá\`**
/mon père/aor.3 + envoyer/moi + avec/colis/aor.1 + chercher/ouverture/la/en vain/

- kàɓɛ̀ kùngyā
/oeuf/poule/

- mon père m'envoie un colis, j'en cherche l'ouverture en vain
- l'oeuf de poule

5. **- mú-tɔ̄ɓɔ̄ lɔ̄ zà**
/aor.1-pourchasser/lui/en vain/

- nyílɛ́
/vent/

- je le pourchasse en vain
- le vent

6. **- àm-ānyā dà ndōlī sɛ̀ kàzà**
/inach.3 + courir/surface(?)/nuit/avec/jour/

- mànɛ̄
/eau/

- elle court nuit et jour
- la rivière

7. **- tàkī nàngà ná↓nzɔ̄ gɔ̀**
/aor.3 + sortir/aor.3 + laisser/frère + son/nég./

- kè sɛ́↓ kázī
/excrément/eux + avec/urine/

- il ne sort pas sans son frère
- caca et pipi

---

5 La réponse, exceptionnellement longue, évoque plutôt la forme d'un proverbe. Réfère-t-elle par ailleurs à des comportements sociaux précis ou vaut-elle comme observation générale que les grandes entreprises doivent être fortement motivées ?

8. **- lɔ̄ gà àm-áwú↓ ákɔ́↓ lɔ̄ sɛ̀ kàmí gɔ́**
/lui/rel./inach.3-gronder/aor.2 + voir/lui/avec/oeil + ton/nég./

- ngālé
/ventre + ton/

- lui qui gronde, tu ne le vois pas de tes (propres) yeux
- ton ventre

9. **- gyɔ̀ ngɔ̄nɔ̄ nyá kálàgɛ̄ bà (nɛ̄) w-ɔ̀yɛ̀**
/aor.3 + enfanter/enfant/son/unique/seulement/(alors/)aor.3-mourir/

- fɔ̀ndɔ̀
/bananier/

- il engendre un unique enfant (et) meurt
- le bananier

10. **- tàkī sɛ̀ bɛ̄ ndā nyá gɛ̄ ndā zɔ̀ ní gɔ̀**
/aor.3 + sortir/avec/chose/se coucher/sa/pl./aor.3 + se coucher/sommet/le + à/nég./

- lɛ́lɛ̄
/melon/

- il sort avec ses lits (mais) ne se couche pas dessus
- le melon

11. **- m-ūzuā bágàrà má kú↓gī` kílā tàkī kágā**
/aor.1-lier/vache/ma/maison + à/queue + sa/aor.3 + sortir/dehors/

- sà
/fumée/

- j'attache ma vache dans la maison, sa queue sort au dehors
- la fumée

12. **- zɔ̀ gɛ̄ zó àkué ná↓fā gɔ̀**
/unité/leur/deux/aor.3 + voir + pl./l'un l'autre/nég./

- mbī
/oreille/

- elles sont deux (et) ne se voient pas
- les oreilles

TEXTE I
[ORIGINE ET HISTOIRE DES BAGIRO]

Le texte dont on présente ici quelques extraits choisis a été enregistré en août 1988, à Alindao, auprès de Yamalé Albert, réputé pour son savoir sur le sujet, qui répondait aux questions de Kopélé Jean-René concernant l'origine et l'histoire des Bagiro.

Ce texte est avant tout présenté à des fins d'illustration linguistique. La transcription (phonologique) suit au plus près l'enregistrement sonore, avec parfois des hésitations, des redites ou des interruptions qui peuvent obscurcir l'interprétation de certains passages. Seuls ont été supprimés les lapsus les plus notables (repérés par les signes **[...]** entre deux termes). La segmentation du texte en "phrases" n'est pas arbitraire dans la mesure où celles-ci correspondent, sauf accident, à des segments cohérents d'énonciation, séparés par des pauses plus ou moins sensibles (certaines pauses sont également signalées par des points de suspension dans le cours d'une même phrase). Mais cette segmentation ne préjuge en rien des limites précises de l'énoncé, qui sont souvent difficiles à fixer comme on a tenté de le montrer au chap. 18. Certaines phrases peuvent notamment comporter plusieurs énoncés et surtout plusieurs phrases successives peuvent entrer dans la composition d'un seul énoncé complexe.

Pour ce qui est du fond, Yamalé indique en substance que les Bagiro sont à proprement parler des *Gbaya* qui ont quitté leur groupe d'origine (les Gbaya ou Furu de l'actuel Zaïre) à la suite de certains conflits pour venir s'établir sur la rive droite de l'Oubangui (dans un passage qui n'a pas été retenu ici (I, 46), Kopélé emploie l'image, courante dans cette région, des "éléphants qui ont dispersé le groupe" comme justification pudique de cette scission). La phrase I, 11 indique par ailleurs que plusieurs générations se sont succédées sur le sol centrafricain et tout laisse en effet penser que cette migration - qui pourrait dater de 150 à 200 ans ? - est au moins antérieure à la colonisation. A défaut de généalogies précises, un autre passage du même texte (non présenté) mentionne la personnalité de 'Dango (**ɗàngɔ̄**), lequel, né sur la rive droite, aurait été choisi par l'administration coloniale comme premier chef d'un canton bagiro.

Pour Yamalé, le nom *Bagiro* leur aurait été donné par les Ngbugu auxquels ils se sont affrontés à leur arrivée et qui auraient ainsi voulu signifier "ces gens sont dangereux" (*litt.* "ils ne sont pas bons"). Cette interprétation est douteuse, du moins dans son sens strict. Le même nom *bagiro* étant par ailleurs attesté chez les Furu, l'explication la plus vraisemblable en est que l'ensemble du groupe gbaya de la rive gauche était connu et désigné par les populations de la rive droite sous le nom propre de l'une de ses fractions (un clan prédominant ?) et que ce même nom a par la suite été appliqué de façon plus restrictive à ceux des Gbaya qui ont migré sur la rive droite, lesquels, principalement issus des fractions *'Batama*, *Nganza* et *Gilima* (I, 31-32), l'ont naturellement jugé inapproprié sinon étranger[1].

La suite du texte (à partir de I, 60) est plus anecdotique, évoquant le pouvoir et les guerres, ainsi que certains faits concernant des personnalités (chefs locaux, administrateurs coloniaux) qui sont extérieures au groupe. De fait l'histoire plus récente des Bagiro se fond progressivement dans celle des populations voisines.

Il faut enfin dire un mot des rôles respectifs qu'adoptent Yamalé et Kopélé dans leur entretien. De toute évidence Kopélé connaît les réponses aux questions qu'il pose (voir par ex. l'emploi d'un démonstratif anaphorique en I, 60 **... sɛ́ tó↓póyì nɛ̀** .../avec/tipoye/ce = le/ "(on portait les chefs) avec *le* tipoye", qui ne trouve pas sa justification dans le texte lui-même - où il n'a pas encore été question de tipoye - mais par référence à une connaissance commune). Cet état de fait s'explique sans doute en partie par la situation artificielle de l'enregistrement. Mais je pense qu'il y entre aussi une part de "jeu" (au meilleur sens du terme), le cadet prenant plaisir à susciter et à entendre les réponses que l'aîné prend lui-même plaisir à développer. Le fait que l'un et l'autre, parlant des Bagiro, s'expriment toujours au moyen d'un "nous" *inclusif* montre en particulier que l'enquêteur, présent mais étranger, reste en marge de cet échange.

1. **- tɛ̄` nɛ̄ nú↓ lī´ ādā `nɛ̄ sílí.kɔ́**
/3 + dire/que/aor.2 + prendre/nom + ton/aor.2 + donner/lui(L)/d'abord/
[Kopélé] - il dit que tu lui donnes d'abord ton nom[2]

2. **- yāmálè àlbɛ́`r**
/Y./A./
[Yamalé] - Yamalé Albert

[1] Pour des détails complémentaires sur ces différents points, voir Boyeldieu (1990).

[2] Kopélé fait référence aux brèves indications que j'ai moi-même données avant le début de l'enregistrement. Il mène ensuite seul l'entretien.

3. **- tá̰` ní ɗà tà´ ɓā zɛ́ [...] ɓā kàngbà gɛ́ tà´↓ ná ɗī à tā tà´ ɗī**
/temps/le + à/là/autrefois/celui de/leur/.../celui de/ancêtre/ces/autrefois/le/quoi?/être/aor.3 + faire/autrefois/quoi?/
[Kopélé] - à leur époque autrefois... à (l'époque) des ancêtres, comment cela se passait-il ?

4. **kì-tā lɔ̄ gɛ̄ tà´ ndōkúɗī**
/inf.-faire/corps/leur/autrefois/comment?/
quelle était leur façon de vivre autrefois ?

5. **wàlà ɓā kàngbà ná gɛ̄ gy-àlué tá↓´ zā sīsòɗī kɔ́ gì-ɗê-kí ɗī**
/ou bien/celui de/ ancêtre/le/pl./aor.D-se lever + pl./autrefois/hors de/où?/puis/aor.D-venir-pl./quoi?/
ou bien, en ce qui concerne les ancêtres, d'où sommes-nous venus autrefois ?

6. **- màlā gɛ́gɛ̄ gà nè-kí nɛ̄ bāgīlɔ̀ bāgīlɔ̀ bāgīlɔ̀ nɛ̄ gɛ̀gɛ̄ dɔ̀ bāgīlɔ̀ gɛ̄ gɔ̀**
/race/notre(I)/rel./3 + dire-pl./que/B./B./B./alors/nous(I)/ne pas être/B./pl./nég./
[Yamalé] - notre "race" (à propos de) laquelle on dit Bagiro, Bagiro, Bagiro, nous ne sommes pas des Bagiro

7. **gɛ̀gɛ̄ à gbāyā gɛ̄**
/nous(I)/être/Gb./pl./
nous sommes des Gbaya

8. **gɛ̀gɛ̄ à gbāyā gɛ̄**
/nous(I)/être/Gb./pl./
nous sommes des Gbaya

9. **kɔ́ sùngūlā ngɔ́ɓɛ́ gá↓ ɗê¯ ìsɔ̄ yɔ́**
/puis/à cause de/guerre/rel./succ./aor.3 + tomber/ici/
(c'est) à cause des guerres qui sont arrivées ici...

10. **kɔ́ ngɔ́ɓɛ́↓ kángà ɗɔ̄bɔ́↓ ngūlā gɛ́gɛ̄**
/puis/guerre/aor.3 + fermer/route/lieu propre/notre(I)/
les guerres ont fermé la route de notre pays

11. **ngɔ́ɓɛ́↓ kángà ɗɔ̄bɔ́↓ ngūlā gɛ́gɛ̄ kɔ́... kàbúlá↓ ɓā átà gɛ́gɛ̄... gyùé ká↓búlá↓ gɛ́gɛ̄... nɛ̀yɔ́**
/guerre/aor.3 + fermer/route/lieu propre/notre(I)/puis/.../grand-père/celui de/grand-père/notre(I)/.../aor.3 + enfanter + pl./grand-père/notre(I)/.../ici/
les guerres ont fermé la route de notre pays et les grands-pères de nos grands-pères ont engendré nos grands-pères[3] ici

---

3 **kàbúlá↓** et **átà** (< banda) "grand-père, aïeul" : comme en I, 198, le style joue sur le contraste des deux synonymes.

12. **sùngūlā ngɔ́ɓɛ́ gá↓... gɛ̀gɛ̄ sɛ̀ ngbúgù gɛ̄ gì-kyōlué nɛ̄ gì-tōlué ngbúgù ná gɛ̄ trò´`**
/à cause de/guerre/rel./.../nous(I)/avec/Ngb./pl./aor.D-combattre + pl./alors/ aor.D-tuer + pl./Ngb./le/pl./beaucoup/
(c'est) à cause des guerres que... nous et les Ngbugu nous avons combattu et nous avons tué les Ngbugu en grand nombre

13. **gì-tōlué ngbúgù ná gɛ̄ míngì kɔ́... tàlà ngbúgù kɔ́ ngbúgù nɛ̀ nɛ̄ [à bāgīlɔ̀ dákà bwà à bāgīlɔ̀ dákà bwà]**[4]
/aor.D-tuer + pl./Ngb./le/pl./beaucoup/puis/.../langue/Ngb./puis/Ngb./3 + dire/que[/pl./B./ être bon/nég./pl./B./être bon/nég./]
comme nous avons tué beaucoup de Ngbugu, en langue ngbugu, le Ngbugu dit : "les Bagiro ne sont pas bons, les Bagiro ne sont pas bons"

14. **ndá gɛ́ɗɛ́↓ lī bāgīlɔ̀ ná`¯ nà gɛ̀gɛ̄ à pírì gbāyā gɛ̄**
/cause/cause/nom/B./le + être/mais/nous(I)/être/pur/Gb./pl./
telle est l'origine du nom Bagiro, mais nous sommes d'authentiques Gbaya

[...]

21. **- kɔ́.ná`.gà lī gɛ́gɛ̄ tà´ dɔ́↓ [...] bāgīlɔ̀ gɔ̀ɔ́`**
/c'est...que/nom/notre(I)/autrefois/ne pas être/.../B./nég. + expect./
[Kopélé] - donc notre nom autrefois n'était pas Bagiro ?

22. **- bāgīlɔ̀ gɔ̀**
/B./nég./
[Yamalé] - (ce n'était) pas Bagiro

23. **- lī gɛ́gɛ̄ tà´` gbāyā gɛ̄**
/nom/notre(I)/autrefois + être/Gb./pl./
[Kopélé] - notre nom autrefois était Gbaya

24. **kɔ́.ná`.gà gì-tōlué zɛ́ àsū kɔ́ ngbé↓´ ndá↓ nílè ndà kɔ́ té`-kí nɛ̄ ɛ̱**
/c'est...que/aor.D-tuer + pl./eux/beaucoup/puis/aor.3 + rester + pl./désormais/ici/ désormais/puis/3 + dire-pl./que/hein?/
alors nous les avons tués en grand nombre et ils ont désormais l'habitude de dire que, hein...

25. **lī gɛ́gɛ̄ à [...] bāgīlɔ̀ bāgīlɔ̀...**
/nom/notre(I)/être/.../B./B./...
notre nom est... Bagiro, Bagiro

26. **- dɛ̀¯ gɛ̄ àyí gɔ́**[5]
/personne/pl./aor.3 + être bon + pl./nég./
[Yamalé] - ces gens [les Bagiro] ne sont pas bons

---

4 Le segment de phrase entre crochets est dit en langue ngbugu.

5 Le commentaire de Yamalé s'insère dans les phrases de Kopélé (I, 25...27), semblant ainsi donner la "traduction" du nom *Bagiro*.

27. **- ... kɔ́.ná`.gà dɛ̀¯ ná gɛ̄ ndē´ ndá zɔ́↓ [...] bāgīlɔ̀ ní ndà ´nɛ̄ ɛ̰**
/c'est...que/personne/le/pl./aor.3 + reposer + pl./désormais/sommet/.../B./le + à/désormais/ anaph./hein/
[Kopélé] - c'est pourquoi les gens s'en tiennent désormais à Bagiro, n'est-ce-pas ?

28. **bɔ̰ ɓā álà dālī kɔ̄**
/bon!/celui de/cela/aor.3 + dépasser/acc./
bon! ce qui concerne ce point est acquis

29. **kɔ́ zɛ́ kàngbà ná gɛ̄... gy-àlué mbílímbílí zā´ngā´ɗī kɔ́ gì-ɗè-kí ɗī**
/puis/eux/ancêtre/le/pl./.../aor.D-se lever + pl./précisément/d'où?/puis/aor.D-venir-pl./ quoi?/
et eux, les ancêtres... d'où venons-nous précisément ?

30. **- kàlɔ̀ gɛ́gɛ̄ gà gy-àlué... gy-àlué kálá↓ zā ɓē `nī zā bùdú↓ ní ɗà... gà nè-kí nɛ̄ lī ná` gbāyā sī zàyírè ʔɛ̰̀ɛ̰́**
/départ/notre(I)/rel./aor.D-se lever + pl./.../aor.D-se lever + pl./seulement/hors de/ pays/ce + à/hors de/fond/le + à/là/.../rel./3 + dire-pl./nom/le + être/Gb./du côté de/ Z./hein?/
[Yamalé] - en ce qui concerne notre origine... nous venons uniquement de ce pays, du fond...[6] que l'on appelle Gbaya, du côté du Zaïre, hein ?

31. **ɓàtàmà... màlā gbāyā ná gɛ̄ nú ɓàtàmà ngànzā gìlímà**
/B./.../variété/Gb./la/pl./là-bas/B./Ng./G./
'Batama... les fractions Gbaya là-bas (sont) 'Batama, Nganza, Gilima[7]

32. **màlā gɛ́gɛ̄ gà gì-ɓátá↓lué zā kpó↓yī ɗà... zā ngɛ̀mɛ̀nɛ̀ ɗà**
/variété/notre(I)/rel./aor.D-se lever + pl./hors de/en bas/là/.../hors de/G./là/
(ce sont) nos fractions à nous qui sommes partis du fond... de Guéména[8]

33. **zúzúkà zɔ́ngɔ̄... kɔ́ gì-gīlí má↓nɛ̄ bɛ̀ sùngūlā ngɔ́ɓɛ́**
/jusqu'à/Z./.../puis/aor.D-traverser + pl./eau/simplement/à cause de/guerre/
jusqu'à Zongo...[9] puis nous avons traversé l'eau à cause des guerres

---

[6] **zā bùdú↓ ní ɗà** et, plus loin (I, 32), **zā kpó↓yī ɗà** "en provenance du fond/du bas" : faut-il comprendre "l'aval", ce qui me paraît douteux, ou plutôt "du bas", qui pourrait s'expliquer par le fait que les villages bagiro étaient, jusqu'au début des années 20, situés légèrement plus au nord et plus en altitude, sur la croupe du plateau yakpa ?

[7] Le seul nom *Nganza* se retrouve dans la liste des villages (et clans ?) actuels (cf. Introduction). Faut-il en conclure que cette fraction a fourni le plus gros de la migration ?

[8] Guéména : chef-lieu de zone de l'actuel Zaïre, situé assez loin au sud-ouest de la zone d'implantation des Furu. La mention de cette agglomération doit sans doute être comprise comme une orientation plus que comme un lieu précis.

[9] Zongo : le lieu n'a pas été identifié (je doute qu'il s'agisse du Zongo qui fait face à Bangui, lesquels sont situés à environ 300 km à l'ouest).

34. **zúzúkà túnā zɔ́ngɔ̄ zàyírè kɔ́ gì-gīlí má↓nē bɛ̀ kɔ́ gì-ɗè-kí kɔ́**
/jusqu'à/rive/Z./Z./puis/aor.D-traverser + pl./eau/simplement/puis/aor.D-venir-pl./puis/
jusqu'à la rive de Zongo, au Zaïre, puis nous avons traversé l'eau et nous sommes venus

35. **àpuí ɗè¯ g-ìsué ngɔ́ɓɛ́↓ gɛ̀gɛ̄ sɛ̀ ngbúgù gɛ́ kɔ́ gì-māɗɛ́ ngbúgù ná gɛ̄**
/et puis/succ./aor.D-tomber + pl./guerre/nous(I)/avec/Ngb./ces/puis/
aor.D-exterminer + pl./Ngb./le/pl./
et ensuite nous avons fait la guerre, nous et les Ngbugu, et nous avons exterminé[10] *les Ngbugu*

36. **gì tōlué zɛ́ àsū**
/aor.D-tuer + pl./eux/beaucoup/
nous les avons tués en grand nombre

37. **gì-tōlué zɛ́ àsū kɔ́ nè-kí nē ʔɔ́ bāgīlɔ̀ gē àyí gɔ́ bāgīlɔ̀ gē àyí gɔ́ nē gèɗɛ̀ ná`¯**
/aor.D-tuer + pl./eux/beaucoup/puis/3 + dire-pl./que/non!/B./pl./aor.3 + être bon + pl./
nég./B./pl./aor.3 + être bon + pl./alors/cause/la + être/
nous les avons tués en grand nombre et ils ont dit non! les Bagiro ne sont pas bons, les Bagiro ne sont pas bons, et voilà l'explication

38. **kɔ́ lī bāgīlɔ̀ ná kuà ndà zɔ̀ gɛ́gɛ̄ kɔ́**
/puis/nom/B./le/aor.3 + saisir/désormais/tête/notre(I)/puis/
alors le nom de Bagiro nous est resté

39. **lī gbāyā ná ɗɔ̀¯ ndà ngá↓lī ánē**
/nom/Gb./le/aor.3 + partir/désormais/terre + à/anaph./
le nom de Gbaya a disparu

40. **- m-ɔ́¯ álà kɔ̄**
/aor.1-entendre/cela/acc./
[Kopélé] - j'ai compris cela

41. **gìdì álè¯ ndà gà.ná`.gà gì-tōlué ngbúgù gɛ́ àsū**
/dos/celà + à/désormais/c'est...que/aor.D-tuer + pl./Ngb./ces/beaucoup/
après cela nous avons tué les Ngbugu en grand nombre

42. **bɔ̣̄` kɔ́mə̀ gì-ɓátá↓lué zā túnā ɗà kɔ́ gì-ɗè-kí zā yɔ́mà**
/bon!/comme/aor.D-se lever + pl./hors de/rive/là/puis/aor.D-venir-pl./hors de/ici/
bon! comme nous avons quitté l'autre rive pour venir ici...

---

10 **kì-māɗā** "finir, venir à bout de, exterminer, anéantir" : **gì-māɗɛ́ ngbúgù ná gē** "nous avons exterminé les Ngbugu" ne doit évidemment pas être pris au sens strict. Il est en revanche vraisemblable que les Bagiro ont soumis des Ngbugu voisins, condition nécessaire de leur implantation.

43. **dɔ̰̀kə̀ mbílímbílí gɛ̀gɛ̄ à lákā fùlū gɛ̄ ánɛ̄**
/donc/précisément/nous(I)/être/chose/F./pl./anaph./
donc, pour être exact, nous sommes des choses, des Furu

44. **- ʔɛ̰̀ɛ̰̄**
/oui/
[Yamalé] - oui!

[...]

60. **- kɔ́ kɛ́tɛ̄ kàngbà gɛ̄ bɔ̰̀ [...] k-àfā nɛ̀ [...] tá̰` zé` gà.ná`.gà ɓàtàlué tá↓´ ɗè-kí gá.ná`.gà [...] àm-sé tá↓´ lákā màkūnzì gɛ́ sɛ́ tó↓póyì nɛ̀**
/puis/premier/ancêtre/pl./bon!/.../inf.-arriver/ce/.../temps/leur + à/c'est...que/ aor.3 + se lever + pl./autrefois/aor.3 + venir-pl./c'est...que/.../inach.3-prendre + pl./ autrefois/chose/chef/ces/avec/tipoye/ce/
[Kopélé] - alors les premiers ancêtres, bon!... cette arrivée [?]... à leur époque où [?] ils ont quitté autrefois pour venir... on portait autrefois les choses, les chefs avec le tipoye[11]

61. **zɛ́ ngyá↓ ná gɛ̄ ínzā àm-sé ínzā zɛ́ sɛ́ tó↓póyì nɛ̀**
/eux/même/le/pl./aussi/inach.3-prendre + pl./aussi/eux/avec/tipoye/ce/
eux-mêmes on les portait aussi avec le tipoye

62. **kɔ́má̰ sè´ tá↓´ bī ná ndōkúɗī kɔ́ ʒṹskà kɔ́ àfā ndà lɔ̄ gégē` [...] gɛ̀gɛ̄ nyɛ̄ngɛ̄tɛ̄ ná gɛ̄.lɔ̀ à ɗī**
/comment?/aor.3 + faire + pl./autrefois/chose/la/comment?/puis/longtemps/puis/ aor.3 + arriver/désormais/corps/notre(I) + à/nous(I)/enfant/le/ces/être/quoi?/
comment prenaient-ils cette chose autrefois, si longtemps que cela est arrivé jusqu'à nous... nous les descendants ?[12]

63. **- ndá gɛ́ɗɛ́↓ ná... ndá gɛ́ɗɛ́ k-í↓tɔ̄ dè álà sè tìpóyìí**
/cause/cause/la/.../cause/cause/inf.-porter/personne/ce-là/avec/tipoye + susp./
[Yamalé] - la raison... la raison pour laquelle on portait ces personnes en tipoye...

64. **bɔ̀ kí gà gī´ ngánzá↓ byɛ̰́`... gà á-tā zà̰tī` byɛ̰́`**
/bon!/toi/rel./bras + ton/aor.3 + être fort/bien/.../rel./aor.2-faire/justice/bien/
bon, toi dont le bras est vraiment fort... qui agis équitablement...

65. **bɔ̰̀ kí sɛ̀ bīnyā ɓé gɛ̄... kí sɛ̀ kùngyā ɓé gɛ̄ ngá↓lī míngìí**
/bon!/toi/avec/chèvre/ta/pl./.../toi/avec/poule/ta/pl./terre + à/beaucoup + susp./
tu as des chèvres... tu as beaucoup de poules à terre...

---

11 Plusieurs interruptions rendent la phrase obscure.
Le tipoye est une sorte de palanquin dans lequel se faisaient transporter les administrateurs coloniaux. Cette pratique était peut-être plus ancienne. Quoi qu'il en soit elle symbolise ici l'autorité du chef.

12 L'interprétation de cette phrase est incertaine : s'agit-il d'une tradition concernant l'élection des chefs ?

66. **nè-kí nē kí à bɔ̀¯ ngɔ̄nɔ̄ ɓē**
/3 + dire-pl./que/toi/être/grand/membre/village/
on dit que tu es le membre important du village[13]

67. **bɔ̀ kí à á-kɔ́mándè ɓàkú↓lé gē á-fēlē zé**
/bon!/toi/être/aor.2-commander/compagnon + ton/pl./aor.2-surveiller/eux/
bon, c'est toi qui commandes tes compagnons et qui veilles sur eux

68. **bɔ̰ ndá↓ ná`¯ nē kí là nē àndá` kí ndà¯ kàndɔ́`**
/bon!/cause/la + être/alors/toi/ce-là/alors/donc/toi/désormais + être/chef de canton/
bon, telle est la raison, et toi là, tu es maintenant "chef de canton"[14]

69. **ɓālé lī kàndɔ́` zùé kī nē kí à bɔ̀¯ kɔ̄māndēmā ɓā lá ɓē ná**
/aor.3 + nommer + pl./nom/chef de canton/tête + ta/à/alors/toi/être/grand/chef/celui de/personne de/village/le/
on te confère le titre de "chef de canton" et c'est toi qui es le grand chef des villageois

70. **bɔ̰ kɔ̀tɔ́ zɔ̀ ɓē bàbúlàbà kèmbè ɗà bà**
/bon!/un certain/tête/village/ainsi/K./là/comme/
bon, (soit) un village comme Kembé[15]

71. **nè nē ʔɔ́` nì-ndígí↓ dɔ̀ kí à´m-nú↓ kɔ̄māndēmā ná gɔ́**
/3 + dire/que/non!/aor.L-vouloir/ne pas être/toi/être + inach.2-prendre/commandement/le/nég./
il dit que non!, il ne veut pas que ce soit toi qui exerces l'autorité...

72. **nánì-ɗē kɔ̄ n-ìsɔ̄ kí sè ngɔ́ɓé**
/inach.L-venir/acc./aor.L-tomber/toi/avec/guerre/
qu'il va venir te faire la guerre

73. **kì-ɗē ná ālè á-zángbì´ ná↓fē` kɔ́**
/inf.-venir/le/allez!/aor.2-s'affronter + pl./l'un l'autre + à/puis/
dés qu'il arrive, allez, vous vous affrontez

74. **ʔɔ́` mú-ndígí↓ ínzā gɔ̀**
/non!/aor.1-vouloir/aussi/nég./
non! je ne veux pas non plus (me soumettre)

75. **lɔ̄lɔ̀ kèmbè ɗà nē ʔɔ́ nì-ndígí↓ ínzā gɔ̀**
/celui/K./là/(dire) que/non!/aor.L-vouloir/aussi/nég./
celui de Kembé dit non!, il ne veut pas non plus (se soumettre)

---

13 **ɓē** : à la fois "fraction (clan ou lignage ?)" et "lieu d'implantation de cette fraction".

14 **kàndɔ́`** "chef de canton" et, plus loin (I, 69) **kɔ̄māndēmā** "chef (commandement)" : ces termes étrangers sont, au sens originel, inappropriés puisqu'il s'agit ici des chefs qui précèdent la période coloniale. Mais tous deux prennent un sens plus général, se substituant notamment à l'ancien **ngàlè** "chef", qui n'est plus guère employé.

15 Kembé : ville de la Basse-Kotto (RCA), chef-lieu de sous-préfecture.

76. **ālè ngɔ́ɓɛ́ sɛ́ꜜ ngɔ́ɓɛ́**
/allez!/guerre/avec/guerre/
allez, c'est guerre avec guerre

77. **ālè gì-tōlué zɛ́ ɗáꜜ sílē` nú kɔ́mbélétènɛ̄**
/allez!/aor.D-tuer + pl./eux/là/vers là/là/complètement/
allez, nous tuons ceux de là-bas complètement

78. **nàngé ɗɔ́bɔ́ꜜ ánɛ̄**
/aor.3 + laisser + pl./chemin/anaph./
ils laissent la voie (libre)

79. **gì-ngbáꜜ kɔ̄māndēmā ní**
/aor.D-rester/commandemant/le + à/
nous restons en (situation d')autorité

80. **- bī ná gɛ̄ ndā tà´ búlā**
/chose/la/pl./aor.3 + être couché/autrefois/ainsi/
[Kopélé] - les choses étaient ainsi autrefois

81. **- ʔɛ̰̀ɛ̰̀**
/oui/
[Yamalé] - oui!

[...]

136. **- ... àzūsìmà gà àm-tɔ̄lɔ̄ dɛ̀ gɛ̄ sɛ̀ mbālā míngìí**
.../A./rel./inach.3-tuer/personne/pl./avec/excès/beaucoup + susp./
[Yamalé] - ... Azusima[16] *qui tuait les gens plus que de raison...*

137. **sàgbókɔ́ndɔ̀ kɔ̀tɔ́ tùlúgù ná gáꜜ lī à sàgbókɔ́ndɔ̀ ìmā àsū**
/S./un certain/garde/le/rel./nom + son/être/S./aor.3 + être chaud/beaucoup/
Sagbokondo[17]*, le garde qui s'appelait Sagbokondo était très méchant*

138. **kɔ́ sùngūlā ɓɔ̄ mángà**
/puis/à cause de/envie/tabac/
et c'est à cause de l'envie de tabac

139. **ɓɔ̄ mángà àɓɛ̄ zùē`**
/envie/tabac/aor.3 + aller/tête + sa + à/
l'envie de tabac était plus forte que lui[18]

---

16 Azusima (litt. "les gens de Sima") : il s'agit d'un chef ngbugu du clan *Sima* (ngbugu **ʃèmà**), lequel est implanté à quelques kilomètres à l'est du pays bagiro.

17 Sagbokondo : il s'agit d'un bagiro exerçant la fonction de garde ("tulugu") de l'administration coloniale.

18 Les phrases I, 138-139 sont assez elliptiques. C'est Azusima qui ne pouvait s'empêcher de fumer; recherché par les Blancs assistés de Sagbokondo, il s'enfuit en brousse mais fut trahi par la fumée de son tabac.

140. **kɔ́ ànyā lɔ̄ à kāyē` mbùnzú↓ gɛ̄ lùé lɔ̄ zà.zà.zà.zà mbùnzú↓ ná gɛ̄ lùé lɔ̄ zà**
/puis/aor.3 + courir/lui/être/brousse + à/Blanc/pl./aor.3 + chercher + pl./lui/
en vain/Blanc/pl./aor.3 + chercher/lui/en vain/
alors il s'enfuit, il est dans la brousse, les Blancs le cherchent en vain, en vain, les Blancs le cherchent en vain

141. **kɔ́ àɓɛ̄ sūkpū ngùndē ɗà kɛ̀mɛ̀ kɔ̀tɔ́ ngòndà kī**
/puis/aor.3 + aller/aor.3 + se cacher/forêt + à/là/intérieur/une certaine/forêt/à/
il était parti se cacher en forêt, dans une certaine forêt

142. **kɔ́ ɓɔ̄ mángà [...] àlɔ̄ zɔ̀ˉ kɔ́ ɗèˉ ʔṳ́ṳ́ kɔ́ ɗèˉ ɓālā kɔ̀tɔ́ nyɛ̄ngɛ̄tɛ̄ bàbūlàbà nɛ̀ nɛ̄ s-àˉ s-ìnù fàɗù s-ìdā `nɛ̄ kɔ̄ ɗèˉ n-òˉ sɛ̀ mángà**
/puis/envie/tabac/.../aor.3 + dépasser/tête + sa/puis/aor.3 + venir/longtemps/puis/succ./
aor.3 + appeler/un certain/enfant/ainsi/3 + dire/que/aor.3!-aller/aor.3!-prendre/feu/
aor.3!-donner/lui(L)/acc./succ./aor.L-fumer/avec/tabac/
alors l'envie de tabac est plus forte que lui, alors après longtemps il fait venir un enfant comme çà, il lui dit d'aller lui chercher du feu pour qu'il fume son tabac

143. **kɔ́ ìnduā mángà ná tá↓lē` ìzū ṳ́ṳ́ ɓɛ̀ sà ná túù kɔ́ bìlī mángà nɛ̀ gà tàkī kɔ́**
/puis/aor.3 + poser/tabac/le/bouche + sa + à/aor.3 + tirer/longtemps/aor.3 + exhaler/fumée/
la/tout/puis/odeur/tabac/ce/récemment(?)/aor.3 + sortir/puis/
alors il porte le tabac à sa bouche, il tire longtemps et il exhale la fumée, wou!, et l'odeur du tabac (de tout-à-l'heure ?) se répand...

144. **sàgbókɔ́ndɔ̄ gɛ̄ tótùé gɔ̄ àɓí sɛ́↓ ná ṳ́ṳ́ kɔ́ ìné kámú↓ gɛ̄ kɔ́ àkué lɔ̄**[19]
/S./pl./aor.3 + suivre + pl./dos + son/aor.3 + aller + pl./avec/cela/longtemps/puis/
aor.3 + lancer + pl./oeil/leur/puis/aor.3 + voir + pl./lui/
les gens de Sagbokondo le poursuivent, continuent longtemps (à le chercher) et l'aperçoivent subitement

145. **ʔú` nà´ lɔ̄ álɔ̀ ánɛ̄**
/eh!/mais/lui/ceci/anaph./
eh! mais c'est lui!

146. **- nà´ lɔ̄ álɔ̀ ánɛ̄**
/mais/lui/ceci/anaph./
[Kopélé] - mais c'était lui!

147. **- ìndué ndá ngómbé↓ lūè nɛ̄ tɔ̀ɔ̀**
/aor.3 + placer + pl./désormais/fusil/corps + son + à/alors/pan!/
[Yamalé] - on place le fusil contre lui et pan!

---

19 **k-ìnā kàmù** /inf.-placer = lancer/oeil/ aurait, peut-être en combinaison avec **k-àkɔ̀** "voir, regarder", le sens plus spécifique de "voir, apercevoir subitement" ?

148. **- tōlué lɔ̄ kɔ̄**
/aor.3 + tuer + pl./lui/acc./
[Kopélé] - on le tue

149. **- bɔ̰̀ mbùnzú↓ gɛ̄ nù´ lɔ̄ ɗê-kí sɛ́↓ ná mbùnzú↓ gɛ̄ ɗê¯ tūgyué ʔm mbàyɛ̄ tàlāà... [...] mbàyɛ̄ tàlāà... àzūsìmà**
/bon!/Blanc/pl./aor.3 + prendre/lui/aor.3 + venir-pl./avec/cela/Blanc/pl./succ./ aor.3 + raser + pl./hm/barbe/bouche + sa + susp.(?)/.../barbe/bouche + sa + susp.(?)/.../A./
[Yamalé] - bon, les Blancs le prennent et l'apportent, puis les Blancs coupent sa barbe... sa barbe... Azusima

150. **mbàyɛ̄ tàlā wùsùwùsù ìsɔ̄ ngá↓lī kɔ̄**
/barbe/bouche + sa/touffu/aor.3 + tomber/terre + à/acc./
sa barbe touffue tombe à terre

151. **mbùnzú↓ gɛ̄ ɗê¯ tūgyué ná↓ ṵ́ṵ́ gyūé↓ ṵ́ṵ́ ngálá...**[20] **gɛ́ɗɛ̄ tá↓lā lɔ̀ ṵ́ṵ́ vɔ́ tú`**
/Blanc/pl./succ./aor.3 + raser + pl./cela/longtemps/aor.3 + couper + pl./longtemps/menton/ .../fond/bouche + sa/ce-ci/longtemps/tout/tout/
les Blancs la rasent longtemps, ils rasent longtemps le menton... son menton, longtemps, tout

152. **tírè´ sɛ́ fó↓tō`**
/aor.3 + tirer + pl./avec/photo/
ils le prennent en photo

153. **tē´ sɛ́ fó↓tō`**
/aor.3 + faire + pl./avec/photo/
ils en font une photo

154. **ɗò-kí sɛ́↓ ná zúzúkà fl̰á̰à̰s... àzūsìmà**
/aor.3 + partir-pl./avec/cela/jusqu'à/France/.../A./
ils l'emportent jusqu'en France... Azusima

[...]

192. **- byɛ̰́`... bɔ̀ sànà gɛ́.là gà àm-té tá↓´ kɛ̀mɛ̀ ánɛ̄ gé.lè¯... gà á-bɔ́↓gyɔ̄ gà kɛ́tɛ̄ bɔ̀gyɔ̄ nɛ̀ á-zā nɛ̄ gì-māɗɛ́ ngbúgù gɛ̄ bɛ̀**
/bien/.../bon!/violence/ces-là/rel./inach.3-faire + pl./autrefois/intérieur/cela/ces-là + à/ .../rel./aor.2-parler/récemment/premier/parole/cette/2-dire/que/aor.D-exterminer + pl./ Ngb./pl./seulement/
[Kopélé] - bon, ces violences qu'ils commettaient autrefois, parmi ces faits... dont tu as parlé d'abord, tu as dit que nous avions exterminé les Ngbugu

---

[20] On notera qu'ici l'attraction tonale s'exerce de **ngálá↓** "menton" à **gɛ̀ɗɛ̂ tàlā** /fondement /bouche + sa/ "son menton", bien que le second groupe soit substitué au premier terme après hésitation et pause.

193. **bɔ̀ kɛ̀mɛ̀ álèˉ dī kɔ́ àm-té tá↓´ kɔ́ à´m↓kué ngbúgù gɛ́ sú↓ngūlā ná tá↓´ kɔ́ àm-tōlué zɛ́ dī**
/bon!/intérieur/cela + à/quoi?/puis/inach.3-faire + pl./autrefois/puis/inach.3-saisir + pl./ Ngb./ces/à cause de/cela/autrefois/puis/inach.3-tuer + pl./eux/quoi?/
bon, dans cela [?], comment s'y prenaient-ils autrefois pour attraper les Ngbugu et les tuer ? [litt. que faisaient-ils et ils attrapaient les Ngbugu à cause de cela et ils les tuaient ?]

194. **- kàwū ná` yìngà nɛ̀ é**
/restriction/la + être/lance/cette/eh!/
[Yamalé] - c'est seulement la lance, eh!

195. **- yìngà**
/lance/
[Kopélé] - la lance

196. **- yìngà... ìgyué kútá↓... bɛ̄ bàmbō... sūngūlū nɛ̀**
/lance/.../aor.3 + tresser + pl./bouclier/.../chose/bambou/.../jeune pousse/cette/
[Yamalé] - la lance... ils tressent un bouclier... la chose du bambou... la jeune pousse

197. **kɔ́ɔ̄... zɛ́ gá↓ gàlí líbɔ́↓ ná`ˉ**
/puis + susp.(?)/.../eux/rel./aor.3 + connaître + pl./art/le + être/
et... ce sont eux qui connaissaient cette technique

198. **átà gɛ́gɛ̄ ná gɛ̄ kɛ́tɛ̄ ní gá↓ gyùé ká↓búlá↓ gɛ́gɛ̄ kɔ́ té↓lé kɔ́ gyùé búlá↓ gɛ́gɛ̄ àˉ**
/grand-père/notre(I)/le/pl./premier/le + à/rel./aor.3 + enfanter + pl./grand-père/notre(I)/ puis/aor.3 + retourner + pl./puis/aor.3 + enfanter + pl./père/notre(I)/être/
c'étaient nos grands-pères (d')avant, qui ont engendré nos grands-pères qui, à leur tour, ont engendré nos pères

199. **ìgyué ná ṳ́ṳ́ vɔ́.tú` nɛ̄ álè dɛ̀ˉ tā kɔ̀tɔ́ bɛ̄ bàbūlàbà nɛ̄ kuà bàbūlàbà nɛ̄ yìngà nyá gī kì mùtuá**
/aor.3 + tresser + pl./cela/longtemps/tout/alors/allez!/succ./aor.3 + faire/un certain/chose/ ainsi/alors/aor.3 + saisir/ainsi/alors/lance/sa/main + sa/à/trois/
ils tressent cela longtemps, tout, et allez, ensuite il fait[21] une chose comme çà, il (la) saisit comme çà[22], il a trois lances dans sa main

---

21 L'enchaînement des formes verbales du pluriel **ìgyué** "ils tressent" et du singulier **tā** "il fait" n'est pas tout à fait logique.

22 **bàbūlàbà** et **ámà** "ainsi, comme cela" : en I, 199-204, le discours de Yamalé était accompagné de gestes qui donnent leur sens à ces adverbes.

200. **yìngà nyá gī kì mùtuá kɔ̄ ālè ɗê¯ [...] kuà kútá↓ ná ngɔ́ɓɛ́↓ ná ìsɔ̄ yālɔ̀ álè**
/lance/sa/main + sa/à/trois/acc./allez!/succ./.../aor.3 + saisir/bouclier/le/guerre/la/ aor.3 + tomber/aujourd'hui/allez!/
quand il a trois lances dans sa main, allez, ensuite il saisit le bouclier, la guerre arrive, allez...

201. **[...] kuà kútá↓ ná dàlī bàbūlàbà**
.../aor.3 + saisir/bouclier/le/aor.3 + tendre/ainsi/
il saisit le bouclier et (le) tend comme çà

202. **lɔ̀ álē gà lɔ̄lɔ̀ nì-zā nɛ̄ nì-táɓɔ̄ yìngà ná nɛ̄ tɛ́lɛ́↓ ámà**
/moment/ce-là + à/rel./celui-ci/L-dire/que/aor.L-lancer/lance/la/alors/aor.3 + se tourner/ ainsi/
quand celui-ci veut lancer sa lance, il se tourne ainsi...

203. **nduà kútá↓ ná gbá dālī àɓɛ̄ ɗù ngálā**
/aor.3 + frapper/bouclier/le/paf!/aor.3 + passer/aor.3 + aller/aor.3 + percer/terre/
(la lance) frappe le bouclier, paf!, passe et va percer le sol

204. **lɔ̀ álē gà lɔ̄lɔ̀ nì-zā nɛ̄ nì-táɓɔ̄ zā sìnímà ʔm tɛ́lɛ́↓ ámà**
/moment/ce-là + à/rel./celui-ci/L-dire/que/aor.L-lancer/hors de/ce côté-ci/hm!/ aor.3 + se tourner/ainsi/
quand celui-ci veut lancer de ce côté, hm, il se tourne ainsi

205. **nduà sɛ̀ kútá↓ ná**
/aor.3 + frapper/avec/bouclier/le/
(la lance) frappe le bouclier

206. **nyàlā ngá↓lī**
/aor.3 + tomber/terre + à/
elle tombe à terre

207. **ákɔ́↓ṵ yìngà nyá māɗā ɓā nyá yìngà nyá māɗā ndà zā gī kì kɔ̄ nɛ̄ álè**
/quand/lance/sa/aor.3 + être fini/celui de/son/lance/sa/aor.3 + être fini/désormais/ hors de/main + sa/à/acc./alors/allez!/
quand ses lances sont terminées, (quand) ses lances à lui sont épuisées dans sa main, allez...

208. **kà¯ nyá ndá pì´.pì´.pì´ nɛ̄**
/aller/son/désormais/directement/alors/
il va maintenant directement...

209. **ɗù ndà lɔ̄ ìnā lɔ̄ ngá↓lī**
/aor.3 + percer/lui/aor.3 + jeter/lui/terre + à/
il le transperce maintenant et le jette à terre

210. **- àdā lɔ̄**
/aor.3 + donner/lui/
[Kopélé] - il lui donne [?][23]

211. **- ngɔ́ɓɛ́ꜜ ìsɔ̄ kɔ̄**
/guerre/aor.3 + tomber/acc./
[Yamalé] - la guerre est arrivée

212. **zɛ́ lɔ́ꜜ nè-kí nɛ̄ ʔóò dɛ̀ˉ nígɛ̄ w-ɔ̀yɛ̀ kɔ̄ nì-ndíꜜgí ínzā yālɔ̀ gɔ̀**
/eux/ce-ci/3 + dire-pl./que/non!/personne/leur/aor.3-mourir/acc./aor.L-vouloir + pl./aussi/ aujourd'hui/nég./
ceux-ci disent que non! l'un des leurs est mort, ils ne vont pas accepter aujourd'hui (de se soumettre)

213. **zɛ́ gɛ̄.lɔ̀ kínìˊ zā sìnímà nè-kí nɛ̄ ʒàmɛ́ˋ nánì-té yālɔ̀ sìnā ɗī.bá**
/eux/ces-ci/aor.3 + se précipiter + pl./hors de/ce côté-ci/3 + dire-pl./jamais!/ inach.L + faire + pl./aujourd'hui/définitivement/exclam./
ceux-ci se précipitent en provenance de ce côté en disant que jamais! vont-ils faire [vont-ils abandonner ?] aujourd'hui définitivement ?[24]

214. **kɔ́ ɓā ɓé dɛ̀ˉ gɛ̄ gà... brávə̀ dɛ̀ˉ gɛ̄ gà á-sā gà zɛ́... gáꜜ zɛ́ kálá bráˋvə̀ ná gɛ̄**
/puis/celui de/ton/personne/pl./rel./.../courageux/personne/pl./rel./aor.2-prendre/ récemment/eux/.../rel./eux/seulement/courageux/le/pl./
alors tes gens à toi... les gens courageux que tu as choisis... qui sont vraiment courageux...

215. **ālè à-yí kálá sɛ́ꜜ zɛ́ kprùɛ̰́.kpùɛ̰́.kpùɛ̰́.kpùɛ̰́ ndákíꜜ ná gɛ̄ àkué ndá záˋ nɛ̄**
/allez!/aor.3 + aller-pl./seulement/contre/eux/en lançant les lances/restant/le/pl./ aor.3 + regarder + pl./désormais/en vain/alors/
allez, ils marchent contre eux en lançant leurs lances [?], ceux qui restent cherchent en vain (une issue)

216. **álè kínìˊ... tíꜜ ɓé kúꜜtī kɔ̄... ɗò-kí**
/allez!/aor.3 + se précipiter + pl./.../itér./aor.3 + fuir + pl./ailleurs/acc./.../aor.3 + partir-pl./
allez, ils se précipitent... ils s'enfuient à l'extérieur... ils partent

217. **kɔ̀tɔ́ gɛ̄ nɛ̄ àm-tūkué kɔ́ꜜtɔ́ gɛ̄ sɛ̀ ngɔ̄nɔ̄ ɓàlē**
/un certain/pl./alors/inach.3-saisir + pl./un certain/pl./avec/jeune/esclave/
certaines (fois) on en attrape certains comme jeunes esclaves[25]

218. **tūkué kɔ́ꜜtɔ́ gɛ̄ bɛ̀**
/aor.3 + saisir + pl./un certain/pl./seulement/
on en attrape certains

---

23 **àdā lɔ̄** au sens de "il lui donne, il lui règle son compte" ou au sens de "à lui (l'autre)" ?

24 L'interprétation de cette fin de phrase est incertaine.

25 **ɓàlē** "esclave" ou, peut-être mieux, "captif". On manque d'informations précises sur le statut, assurément variable, de ces personnes.

219. **kùé lɔ̄lɔ̀ ákɔ́↓´ ngɔ̄nɔ̄ dɛ̀nyɛ̄ ná àyì ndó nɛ̄ kùé lɔ̄ ɗò-kí sɛ́↓ ná**
/aor.3 + saisir + pl./celui-ci/quand/jeune/femme/la/aor.3 + être belle/beaucoup/alors/ aor.3 + saisir + pl./elle/aor.3 + partir-pl./avec/cela/
*on attrape celui-ci, si c'est une très belle jeune fille [*litt. *si la jeune fille est très belle], on la prend et on l'emmène*

220. **á↓ɗɔ̄-kí sɛ́↓ lɔ̄ ɓē ɗà**
/aor.2-partir-pl./avec/elle/village + à/là/
vous l'emmenez au village

221. **í↓nú lɔ̄ īdí kɔ́↓tɔ́ fàmɛ̄` sɛ́**
/aor.2 + prendre + pl./elle/aor.2 + donner + pl./un certain/parent/votre/
vous la donnez à l'un de vos parents[26]

222. **álè ndā sɛ̀ lɔ̄ ánɛ̄ gyɔ̀ ndà ngɔ̄nɔ̄ ndà ɓē ɗà kɔ́**
/allez!/aor.3 + se coucher/avec/elle/anaph./aor.3 + enfanter/désormais/enfant/désormais/ village + à/là/puis/
allez, il couche avec elle et il (elle ?) engendre maintenant un enfant au village

223. **álè lɔ̄ ndà kàlà ngɔ̄nɔ̄ ɓɛ̄ ná**
/allez!/lui/désormais/seulement/enfant/village/le/
allez, maintenant c'est simplement un membre du clan[27]

---

[26] Le commentaire de Yamalé est intéressant en ce qu'il traduit une réaction spontanée face au gain qui n'est pas celle d'un profit direct mais plutôt celle d'une recherche de crédit (ou de prestige) à travers le don.

[27] La phrase signifie que les enfants des femmes captives deviennent membres à part entière du groupe.

TEXTE II
[LA CHEVRE ET LE LEOPARD]

Le nom par lequel sont désignés les contes ou fables, **sūsū**[1], doit sans doute être rapproché de celui du "héros civilisateur" *Sou*, connu de certaines traditions "sara" du Tchad[2]. Mais la figure centrale de ces récits, qui apparaît ici dans le Texte III, porte chez les Bagiro le nom de l'araignée, **tùlɛ̀** (cp. banda **tèrə̀**, ngbugu **tʀɔ̀ ~ tʀɔ̄tʀɔ̀**).

Le présent texte a été enregistré auprès de Yigbanga Pauline. La maîtrise en est moyenne comme le prouve la brusque substitution de la figure du chien à celle du léopard (II, 6), cette dernière réapparaissant dans la phrase conclusive (II, 26).

1. **bī nɛ̀... bīnyā zɛ́ sɛ́ kágbá↓ ánɛ̄**
   /chose/ce/.../chèvre/eux/avec/léopard/anaph./
   chose... la chèvre et le léopard

2. **ìzué ɓɛ̄**
   /aor.3 + lier + pl./village/
   ils établissent un village[3]

3. **bīnyā sɛ́ kágbá↓ ìzué ɓɛ̄**
   /chèvre/eux + avec/léopard/aor.3 + lier + pl./village/
   la chèvre et le léopard établissent un village

4. **àpuí sɛ̀ gìdì ná àɓí gɔ̄ dɛ̀nyɛ̄ kì**
   /et puis/avec/dos/cela/aor.3 + aller + pl./dos/femme/à/
   ensuite ils vont chercher femme

5. **bīnyā nɛ̀ nɛ̄ nɛ̀ˉ yàˉ nán-ɔ̀ɗɛ̄ dɛ̀nyɛ̄ ná**
   /chèvre/3 + dire/que/elle(L)/être/inach.L-épouser/femme/la/
   la chèvre dit que c'est elle qui va épouser la femme

---

1 **k-ìnā sūsū** /inf.-lancer = émettre/conte/ "dire un conte".

2 Voir notamment le titre de l'ouvrage de Fortier (1967), *Le mythe et les contes de Sou en pays mbaï-Moïssala*.

3 **k-ìzuā ɓɛ̄** /inf.-lier/village = clan/ litt. "lier/attacher un village" : on ne sait pas si l'image fait référence à l'association de plusieurs foyers en un même lieu d'établissement ou, de façon plus précise, à la technique de confection des couvertures de paille qui constituent l'élément essentiel de la maison.

6. **àpuí lɔ̄ bísí↓ ìgɛ̄ nɛ̀ nɛ̄ nɛ̀¯ yà¯ nán-ɔ̀ɗɛ̄ dɛ̀nyɛ̄ ná**
/et puis/lui/chien/aor.3 + refuser/3 + dire/que/lui(L)/inach.L-épouser/femme/la/
alors le chien, lui, refuse et dit que c'est lui qui va épouser la femme

7. **àɓí nɛ̄ ndē´ ndókuá↓ ɓā dɛ̀nyɛ̄ ná**
/aor.3 + aller + pl./alors/aor.3 + se coucher/demande en mariage/celle de/femme/
ils vont et font la demande en mariage de la femme[4]

8. **ndìɗí kúsuà àdí bísí**
/aor.3 + faire cuire + pl./nourriture/aor.3 + donner + pl./chien/
on prépare à manger pour le chien

9. **ndìɗí kúsuà àdí bīnyā**
/aor.3 + faire cuire + pl./nourriture/aor.3 + donner + pl./chèvre/
on prépare à manger pour la chèvre

10. **ɓā bīnyā sāmī nɛ̄ kí bísí↓ āɓɛ̄ nɛ̄ á↓nzī zɔ̀ ɓā bīnyā kì suá↓ ɓé vɔ́ māɗā āɓɛ̄ á↓nzī zɔ̀ ɓā bīnyā kì**[5]
/celui de/chèvre/aor.3 + être encore/alors/toi/chien/aor.2 + aller/alors/aor.2 + s'asseoir/ tête/celui de/chèvre/à/aor.2 + manger/ton/tout/aor.3 + être fini/aor.2 + aller/ aor.2 + s'asseoir/tête/celui de/chèvre/à/
la (part) de la chèvre n'est pas encore finie que toi, le chien, tu vas t'asseoir devant celle de la chèvre
(quand) tu as fini de manger toute ta part, tu vas t'asseoir devant celle de la chèvre

11. **suá↓ ɓā bīnyā tú` zā kɛ̀mɛ̀ kátá↓ ní kɔ̄**
/aor.2 + manger/celui de/chèvre/tout/hors de/intérieur/pot/le + à/acc./
tu manges toute la part de la chèvre dans le pot

12. **puí sɛ̀ wàngyā té↓ sē´ kɔ́↓tɔ́ gīyā ná tàkí sɛ́↓ ná nɛ̄**
/puis/avec/matin/itér./aor.3 + prendre + pl./un certain/nouveau/le/aor.3 + sortir + pl./ avec/cela/alors/
puis, le (lendemain) matin ils prennent de nouvelle (nourriture) et sortent avec...

13. **bīnyā tàkī sɛ̀ ndákí↓ ɓā nyá kúsà ná sɛ̀ ndákí tútú↓ ná**
/chèvre/aor.3 + sortir/avec/restant/celui de/son/nourriture/la/avec/restant/ pâte de manioc/la/
la chèvre sort avec le reste de sa nourriture à elle, avec le reste de la "boule"

---

4 **kì-ndā ndòkuà** /inf.-être couché/demande en mariage/ "participer aux festivités qu'occasionne la demande en mariage" (ces festivités peuvent durer plusieurs jours, les invités campant aux alentours des maisons des hôtes, d'où sans doute le choix du verbe **kì-ndā**).

5 La phrase comporte visiblement deux énoncés distincts, articulés dans un seul souffle.

14. **àpuí bísí↓ suà ɓā nyá tú`**
/et puis/chien/aor.3 + manger/celui de/son/tout/
or le chien a mangé toute sa part

15. **kɔ̀tɔ́ kálàgɛ̄ bà à kālɛ̄**
/un certain/unique/seulement/être/absent/
il n'en reste pas une (bouchée)

16. **dɛ̀nyɛ̄ ná àɓɛ̄ bɔ̀gyɔ̄ àdā kɔ́↓nyɔ̄ nɛ̀ nɛ̄ ndōkúɗī kɔ́ɔ̄**
/femme/la/aor.3 + aller/aor.3 + parler/aor.3 + donner/mère + sa/3 + dire/que/comment?/ puis + interr./
la femme va dire à sa mère que comment ?...

17. **àɓɛ̄ kɔ́ɔ̄... suà bɛ̄.kùsuà ná ámà nánì-ɗō ngūlē ɗà nán-ìsuà bɛ̄.kùsuà bá**
/aor.3 + aller/puis + susp.(?)/.../aor.3 + manger/nourriture/la/ainsi/aor.L-partir/ chez-soi + à/là/aor.L-manger/nourriture/exclam./
il va [?]... [si ?] il mange la nourriture de cette façon, quand elle ira chez lui, aura-t-elle quelque chose à manger ?!

18. **kɔ́ tā màlā nàbɔ̄ lɔ̀ ámà lɔ̀ ánɛ̄ bá**
/puis/aor.3 + faire/sorte/agissement/ce-ci/ainsi/ce-ci/anaph./exclam./
et aura-t-il [?] cette sorte de comportement ?

19. **bɔ̀gyɔ̄ búlā nɛ̄**
/aor.3 + parler/ainsi/alors/
elle parle ainsi

20. **kàwū ná`¯**
/pause/ + la + être/
c'est tout

21. **[...] ìgé bísí [...] sɛ̀ dɛ̀nyɛ̄ álà kɔ̄**
/aor.3 + refuser/chien/.../avec/femme/cette-là/acc./
on refuse la femme au chien

22. **sɛ̀ gìdì ná nɛ̄ ɗè¯ w-òɗé dɛ́↓nyɛ̄ álà àdí bīnyā nɛ̄**
/avec/dos/le/alors/succ./aor.3-prendre + pl./femme/cette-là/aor.3 + donner + pl./chèvre/ alors/
ensuite on vient prendre la femme[6] *(et) on (la) donne à la chèvre*

23. **kí bísí↓ á-tɛ̄ɗɛ̄ á-zā nɛ̄ gà búlā kɔ̄ nɛ̄**
/toi/chien/aor.2-dire/2-dire/que/récemment/ainsi/acc./alors/
toi, le chien, tu dis que c'était ainsi...

---

6 **k-ɔ̀ɗɛ̄ dɛ̀nyɛ̄** /inf.-arracher = extraire/femme/ litt. "soustraire/prélever une femme" : l'expression s'emploie aussi bien par le groupe (clan ou lignage) donateur que par le groupe donataire.

24. **nὲ¯ nán-ɔ̀ɗɛ̄ dɛ̀nyɛ̄ ná ndōkúɗī kɔ́ té↓ nù´ lɔ̄ àdí bīnyā nɛ̄**
/lui(L)/inach.L-épouser/femme/la/comment?/puis/itér./aor.3 + prendre + pl./elle/ aor.3 + donner + pl./chèvre/alors/
c'était lui[7] *qui devait épouser la femme, comment se fait-il qu'on l'ait donnée à la chèvre ?...*

25. **álà.gà tē´ búlā nɛ̄ n-àkɔ̀ ndà bīnyā sὲ kàmù ní gɔ́**
/c'est...que/aor.3 + faire + pl./ainsi/alors/aor.L-voir/désormais/chèvre/avec/oeil/son(L)/ nég./
puisqu'ils ont agi ainsi, il ne verra plus la chèvre de ses (propres) yeux

26. **ndá↓ ná gá↓ kàzà vɔ́ kɔ́ kàgbà nzì¯ àm-tūkuā bī nὲ ē... bīnyā gɛ̄ yà¯**
/raison/la/rel./jour/tous/puis/léopard/habit./inach.3-saisir/chose/cette/eh!/.../chèvre/pl./ être/
c'est la raison pour laquelle chaque jour le léopard attrape les choses... les chèvres

---

[7] Le choix d'un logophorique en I, 24 n'est pas conforme à l'adresse directe au chien par des personnels de deuxième personne en I, 23.

TEXTE III
[TURE ET LE RAT DE GAMBIE]

Le conte qui suit met en scène les deux figures du héros **tùlè** (l'araignée ?)[1] et du rat de Gambie.

Ce texte a été enregistré auprès de Taragerengbo Marie. La maîtrise en est peu sûre, comme en témoignent certaines interventions de l'auditoire et surtout la présence de ce tic linguistique que constitue l'emploi récurrent du nom **lákā** "chose, machin" en syntagme appositif.

1. **bɔ̀... tèrè zé sé↓ lákā... wà´ lī lákā**
/bon!/.../T./eux/avec/chose/.../eh!/nom/chose/
bon... Tèrè[2] et chose... eh! le nom de chose...

2. **- tùlè**
/T./
[un intervenant] - Turè

3. **- tùlè... tùlè zé sé↓ lákā... mùmù**
/T./.../T./eux/avec/chose/.../rat de G./
[la conteuse] - Turè... Turè et chose... le rat de Gambie

4. **àɓí k-á↓¯ k-ànzà lákā ngālā gē**
/aor.3 + aller/inf.-aller/inf.-faire sortir/chose/termite/pl./
ils vont attraper des choses, des termites[3]

5. **yíkà àɓí... àɓí ṵ́ṵ́ nē álè zé k-ànzà ngālā ná gē nē**
/ensuite/aor.3 + aller + pl./.../aor.3 + aller + pl./longtemps/alors/allez!/eux/ inf.-faire sortir/termite/le/pl./alors/
ensuite ils vont... ils vont longtemps, allez, ils sont en train d'attraper les termites...

---

1 **tùlè** est fréquemment identifié comme le lièvre, mais il faut sans doute voir là l'influence de certains manuels scolaires.

2 **tèrè** pour **tùlè** : la forme s'explique sans doute par une influence de la prononciation du ngbandi.

3 **k-ànzà ngālā** /inf.-chasser/termite/ "chasser les termites (au feu)". La chasse (ou récolte) se pratique de nuit, au moyen de torches; les termites, attirés par la lumière du feu, s'y brûlent les ailes et sont ramassés dans des paniers.
Le verbe **ànzà** connaît deux constructions relatives à la même situation : **ànzà ngālā gē** /aor. + faire sortir/termite/ "il chasse les termites" et **ngālā gē ànzé** /termite/pl./ aor. + sortir + pl./ "les termites sortent".

6. **lákā ná tùlɛ̀ ná nzì¯ ɓā nyá ínzā ndɛ́**
/chose/la/T./le/aor.3 + s'asseoir/celui de/son/aussi/différemment/
chose, Turè s'assoit, lui, d'un côté

7. **bɔ̀ɔ̄... mùmù ná nzì¯ ínzā ɓā nyá ndɛ́**
/bon!/.../rat de G./le/aor.3 + s'asseoir/aussi/celui de/son/différemment/
bon... le rat de Gambie s'assoit, lui, d'un autre côté

8. **zɛ́ à k-ànzà zɛ́... lákā ngālā ná gɛ̄**
/eux/être/inf.-faire sortir/eux/.../chose/termite/le/pl./
ils sont en train de les attraper... les choses, les termites

9. **ngālā ná gɛ̄ zɛ́ à k-ànzà kī nɛ̄ ɓā lákā ɓā... ɓā tùlɛ̀ ná gɛ̄ ànzé gɔ́**
/termite/le/pl./eux/être/inf.-sortir/alors/celui de/chose/celui de/.../celui de/T./le/pl./
aor.3 + sortir + pl./nég./
les termites, (quand) ils sortent, ceux de chose... ceux de Turè ne sortent pas

10. **kàwū ná ɓā mùmù gɛ̄ ànzé**
/restriction/la/celui de/rat de G./pl./aor.3 + sortir + pl./
seuls ceux du rat de Gambie sortent

11. **yíkà... mùmù... lɔ̄ à k-ànzà ngālā nyá gɛ̄` ā**
/ensuite/.../rat de G./.../lui/être/inf.-faire sortir/termite/son/pl. + à/être/
alors...le rat de Gambie... il est en train d'attraper ses termites

12. **[...] tùlɛ̀ nzì¯ ṳ́ṳ́ tā `tɔ́ lìbɔ̀ nyá gɛ̄ nènúū ɗɛ̂¯**
/T./aor.3 + s'asseoir/longtemps/aor.3 + faire/un certain/ruse/sa/pl./là-bas + susp.(?)/
aor.3 + venir/
Turè reste assis longtemps, il joue quelques-uns de ses tours là-bas et vient

13. **nɛ̀ nɛ̄ nànà kɔ̀tɔ́ bɛ̄ ìsɔ̄ ɗà´mà nɛ̄ àyì gɔ̀ ɗī.bá**
/3 + dire/que/oncle = neveu/un certain/chose/aor.3 + tomber/là/alors/
aor.3 + être bon/nég./exclam./
il dit que cousin!, quelque chose est tombé là-bas, ce n'est pas bon!

14. **nà gy-àɓɛ̄ nùnú kɔ̄ gy-àkɔ̀ lɔ̀ álà nùnú sílí.kɔ́ gɔ̀**
/mais/aor.D-aller/là-bas/acc./aor.D-voir/endroit/ce-là/là-bas/d'abord/nég./
n'allons-nous pas voir d'abord cet endroit ?

15. **lákā... mùmù nɛ̀ nɛ̄ ʔɛ̰́ʔɛ̰̀ ngālā ní↓ ná gɛ̄ ànzé ndó ɗī.bá**
/chose/.../rat de G./3 + dire/que/non!/termite/son(L)/le/pl./aor.3 + sortir + pl./beaucoup/
exclam./
chose... le rat de Gambie dit que non!, ses termites sortent nombreux!

16. **yíkà... tùlɛ̀ ná nɛ̄ àɓɛ̄ tā `tɔ́ lìbɔ̀ ṳ́ṳ́ nɛ̄ wàlà ìnā `tɔ́ bɛ̄ sɛ̀ ngálā nɛ̄**
/ensuite/.../T./le/alors/aor.3 + aller/aor.3 + faire/une certaine/ruse/longtemps/alors/
ou bien/aor.3 + lancer/une certaine/chose/avec/terre/alors/
alors... Turè va faire une ruse longtemps ou peut-être il lance quelque chose à terre

17 **lákā mùmù ànyā kɔ̄**
/chose/rat de G./aor.3 + fuir/acc./
chose, le rat de Gambie s'enfuit

18. **mú-zā nɛ̄ m-ákɔ́ꜜ nɛ̄ tùlɛ̀ ɗê¯ [...] nzì¯ nzùbā lákā mùmù ná [...] àm-tā ndà lákā ngālā ná gɛ̄**
/1-dire/que/aor.1-voir/alors/T./aor.3 + venir/.../aor.3 + s'asseoir/ancienne place/chose/ rat de G./le/.../inach.3-faire/désormais/chose/termite/le/pl./
et voilà que[4] *Turè vient s'asseoir à la place du rat de Gambie, il attrape maintenant les termites*

19. **tā ndà zɛ́ꜜ ṳ́ṳ́ ndáꜜ nɛ̄ ālè māɗé ndáꜜ nɛ̄ nù ɗɔ̄bɔ́ꜜ ɗò¯ kàbá.kàbá.kàbá ṳ́ṳ́ nɛ̄**
/aor.3 + faire/désormais/eux/longtemps/désormais/alors/allez!/aor.3 + être fini + pl./ désormais/alors/aor.3 + prendre/chemin/aor.3 + partir/démarche particulière(?)/ longtemps/alors/
il les attrape longtemps, allez, (les termites) sont finis maintenant, il s'en va, clap clap clap...

20. **ɓā gìdì ná ndáꜜ nɛ̄ lákā [...] tùlɛ̀ ná**
/celui de/dos/le/désormais/alors/chose/.../T./le/
la fois suivante, chose, Turè...

21. **ɓā zóꜜ ná ndáꜜ à¯ yíkà tɛ́ꜜ ɗê-kí ndáꜜ kɔ̄**
/celui de/deuxième/le/désormais/être/ensuite/itér./aor.3 + venir-pl./désormais/acc./
la seconde fois ils sont revenus...

22. **tā ndà búlā ṳ́ṳ́ àɓɛ̄ ìyuā ndà lɔ̄**
/aor.3 + faire/désormais/ainsi/longtemps/aor.3 + aller/aor.3 + cacher/désormais/ corps + son/
(Turè) agit de la même façon et va se cacher

23. **ɗê¯ ndà ṳ́ṳ́ lɔ̄ k-ànzà zɛ́ ndáꜜ nɛ̄ ɗê¯ ndà nɛ̄ nànà kàndá` nàbɔ̄ lɔ̀ gà nzì¯ ám-tā sɛ̀ mā` bá**
/aor.3 + venir/désormais/longtemps/lui/inf.-faire sortir/eux/désormais/alors/aor.3 + venir/ désormais/(dire) que/oncle = neveu/donc/agissement/ce-ci/rel./habit./inach.2-faire/avec/ moi + être/excl./
(Turè) vient maintenant, il est en train d'attraper les termites, (le rat de Gambie) vient et cousin! voilà donc le tour que tu as l'habitude de me jouer!

24. **yíkà [...] lákā ná mùmù nɛ̀ nɛ̄ n-ànzā gɔ̀tɔ̀ gɔ̀ bá nɛ̄**
/ensuite/.../chose/la/rat de G./3 + dire/que/aor.L-pénétrer/trou/nég./exclam./alors/
alors chose, le rat de Gambie ne veut-il pas rentrer dans (son) trou que...

---

4 **mú-zā nɛ̄ m-ákɔ́ꜜ nɛ̄...** /1-dire/que/aor.1-voir/alors/... au sens de "je constate que..." ?

25. **tùlɛ̀ ná kuà kílā**
/T./le/aor.3 + saisir/queue + sa/
Turè saisit sa queue

26. **nɛ̀ nɛ̄ nànà kílā má nànà kílā má ūù**
/3 + dire/que/oncle = neveu/queue/ma/oncle = neveu/queue/ma/eh!/
(le rat de Gambie) dit cousin! ma queue! cousin! ma queue! eh!

27. **kílā lùtì kàlà bɛ̀ sìnā**
/queue + sa/aor.3 + être écorché/seulement/stat./définitivement/
sa queue est écorchée pour toujours[5]

28. **ndá↓ ná gá↓ kílā... lákā... mùmù ná sɛ́↓ lákā sɛ̀ kyùlù ná↓ ánɛ̄**
/raison/la/rel./queue/.../chose/.../rat de G./le/avec/chose/avec/noir/le/anaph./
c'est pourquoi la queue de chose... du rat de Gambie a du chose, du noir

29. **kílā sɛ̀ kyùlù ná kɔ́.ná`.gà**
/queue + sa/avec/noir/le/c'est...que/
sa queue a du noir et...

30. **- līfā kɔ̀tɔ́ mbágē ná kɔ́.ná`.gà nzàfà bɛ̀ ánɛ̄**
/aor.3 + déchirer/un certain/côté/le/c'est...que/aor.3 + être blanc/stat./
[un intervenant] - (Turè) écorche un morceau de sa queue, c'est pourquoi celle-ci est blanche

31. **- ʔɛ̰̀ɛ̰̀ ná`¯ ndá↓ ná`¯**
/oui!/cela + être/raison/la + être/
[la conteuse] - oui! c'est cela, c'est la raison

---

5 Le rat de Gambie est un très gros rongeur dont la queue, nue, présente cette particularité d'être foncée pour la moitié qui touche au corps et blanche pour l'autre moitié (Dorst et Dandelot, 1972). Ce trait morphologique fournit l'argument de l'histoire, que la conteuse commente de façon maladroite.

LEXIQUE

LEXIQUE BAGIRO-FRANÇAIS

Les entrées du lexique sont conventionnellement présentées de la façon suivante :

- les *noms* sont donnés sans mention explicite de leur catégorie et, sauf commentaire spécifique, directement suivis de leur traduction; ex. :

dɔ̀gɔ̀
► *buffle*

- les *verbes* sont toujours donnés sous les deux formes alternatives de citation aor.3 sg./pl. et suivis, entre parenthèses, du numéro d'identification classificatoire et de la forme d'infinitif, qui précèdent la traduction; ex. :

fòlū/fòlú
(5; **kì-fòlū**) ► *frapper (avec un bâton), "chicotter"*

- pour *tous les autres termes*, l'identification catégorielle, fût-elle incertaine, est précisée entre parenthèses, avant la traduction; ex. :

gà
(relatif, cf. 8.12.) ► *qui, que*

ndó
(adv.) ► *beaucoup, très*

wùsùwùsù
(adj. ? cf. 8.11.) ► *touffu, plein de poils*

Dans tous les cas, des indications complémentaires peuvent porter sur les propriétés morphologiques ou syntaxiques d'un terme donné, ou l'origine probable d'un emprunt, ou encore renvoyer à certaine section de la Systématique pour une illustration plus détaillée.

Les termes français que l'on relève dans le discours de Kopélé (cf. Texte I) mais qui restent vraisemblablement étrangers à la langue, du moins sous cette forme (cf. Introduction, note 20), sont donnés entre crochets carrés (ex. **[èkɔ́`l]**, **[pá̰sè]**, **[pàskə́]**, **[pø̀tɛ́trɛ̀]**, etc...).

La distinction de plusieurs traductions pour une même entrée est essentiellement pratique et ne préjuge en rien de l'identification précise des *signes* qui pourrait résulter d'une analyse sémantique plus fine.

Les traductions entre guillemets renvoient à des usages qui sont propres aux formes locales du français (ex. "petit", "chicotter", "fagot", "dépasser", "commissionner", "baratiner", "fouiller", "cousin", etc...).

Comme les traductions, les illustrations ne prétendent à aucun caractère exhaustif mais visent à préciser - notamment dans le cas des verbes - les propriétés combinatoires d'un terme donné.

Enfin les mentions d'emprunts - et d'origine de ces emprunts - sont elles-mêmes essentiellement indicatives. Le repérage de ces termes étrangers a été très aimablement effectué par F. Cloarec-Heiss pour le *banda* (ou *yakpa*, cf. Introduction, n. 16) et par Y. Monino pour les parlers *gbaya-manza-ngbaka*. Les autres identifications reposent sur la consultation des sources suivantes : *ngbandi* (Lekens, 1955, 1958; documentation personnelle), *sango*, *arabe*, *portugais* et *lingala* (Bouquiaux, 1978), *ngbugu* (documentation personnelle), *mbanza* (F. Cloarec-Heiss, documentation inédite), *mbanja* (Tingbo, 1971), *gbanzili* (Monino/éd., 1988).

L'ordre alphabétique adopté dans la présentation du lexique bagiro-français est le suivant : **a**, **b**, **ɓ**, **d**, **ɗ**, **e**, **ə**, **ɛ**, **f**, **g**, **gb**, **gy**, **h**, **i**, **k kp**, **ky**, **l**, **m**, **mb**, **n**, **nd**, **ng**, **ngb**, **ngy**, **ny**, **nz**, **o**, **ɔ**, **p**, **r**, **s**, **t**, **u**, **ua**, **ue**, **ui**, **v**, **w**, **y**, **z** (~ **ʒ**).

a

à¯/à-yí
(1; **k-à¯**; var. de **àɓɛ̄/àɓí**) ► *aller, marcher, partir*
ám-ā sīsòɗī /inach.2-aller/où?/ *où vas-tu ?*
k-à¯ kè /inf.-aller/excrément/ *aller déféquer, aller aux besoins*

à¯ ~ à ~ ā
var. de **yà¯**

á
(indice personnel-aspectuel aor.2 (verbes à initiale consonantique), cf. 12.2.) ► *tu, vous*

àbà
(var. **bàbà**) ► *mon père, papa* (forme d'adresse ou forme de désignation affective réservée à ego)

àɓɛ̄/àɓí
(1; **k-àɓɛ̄**) ► *aller, marcher, partir (de son lieu habituel pour une absence brève, cp.* **ɗò¯***)*
àɓí bāmbālí kɔ̄ /aor.3 + aller + pl./B./acc./ *ils sont allés à Bambari*
► *suivre (quelqu'un)* (**gɔ̄... KI**)
m-āɓɛ̄ gɔ̄ kì /aor.1-aller/suite + sa/à/ *je vais derrière lui, je le suis*
► *être irrésistible, trop fort, dur, etc... (pour quelqu'un), "dépasser"* (**zɔ̀... KI**)
àɓɛ̄ zɔ̀ mí /aor.3 + aller/tête/ma + à/ *c'est irrésistible (trop fort, trop dur...) pour moi, ça me "dépasse"*
fonctionnant virtuellement comme un auxiliaire à valeur directionnelle (cf. 18.2.) :
àɓɛ̄ ɗù ngálā (I, 203) /aor.3 + aller/aor.3 + percer/terre/ *elle [la lance] va se planter en terre*

àdā/àdí
(1; **k-ìdā**; vocalisme initial variable, cf. 12.1.; sur l'aptitude de ce verbe à recevoir deux objets directs, cf. 14.2.) ► *donner, prêter*
k-ìdā bɛ̄ dɛ̀¯ ~ k-ìdā dɛ̀¯ bɛ̄ /inf.-donner/chose/personne/ ~ /inf.-donner/personne/chose/ *donner quelque chose à quelqu'un*
fonctionnant virtuellement comme un relateur à valeur dative-bénéfactive (cf. 18.2.) :
àwù àdā mā /aor.3 + gronder/aor.3 + donner/moi/ *il me gronde, il se fâche contre moi*
► *crier* (**káyɛ̄**)
àdā káyɛ̄ /aor.3 + donner/cri/ *il crie*

àdápándì
(< banda ?) ► *fusil (de fabrication indigène)*

àɗɛ̂/?
(2; **k-àɗɛ̂**) ► *pleuvoir*
(nzī) àɗɛ̂ (/pluie)/aor.3 + pleuvoir/ *il pleut*

àɗɔ̄/àɗué
(1; **k-àɗɔ̄**) ► *s'accroupir*
àfā/àfé
(1; **k-àfā**) ► *arriver (à un endroit)*
m-āfā màgɛ̀ zé` /aor.1-arriver/champ/leur + à/ *j'arrive dans leur champ*
k-àfā zɔ̀ nàfē` /inf.-arriver/tête/l'un l'autre + à/ *se rencontrer*
àgà/àgé
(2; **k-àgà**) ► *marcher à quatre pattes*
á↓gē`
forme circonstancielle de **á↓gɛ̄**, associatif personnel (cf. 11.5.)
á↓gɛ̄
(associatif personnel, cf. 8.3.) ► *notre (exclusif)*
ágì ~ ág(y)-̀
(indice personnel-aspectuel inach.D (cf. 12.2., note 12); var. de **gyágì ~ gyág(y)-**) ► *nous (duel ou, avec le pluriel, inclusif)*
ágí ~ ág(y)-
(indice personnel-aspectuel inach.E, cf. 12.2., note 12; var. de **gyágí ~ gyág(y)-**) ► *nous (exclusif)*
àgyà/àgé
(2; **k-àgyà**) ► *guérir (intr.), recouvrer la santé*
á↓gyɔ́lɔ́ (á↓gyɔ́lɔ́↓ ?)
(adv.) ► *à l'instant (passé), dans un instant, tout de suite (futur)*
àkɛ̀/àké
(2; **k-àkɛ̀**) ► *être/devenir rouge, mûr*
àkɔ̀/àkué
(2; **k-àkɔ̀**) ► *voir, regarder, concerner*
àkɔ̀ kí /aor.3 + concerner/toi/ *ça te regarde, c'est ton affaire*
► **k-àkɔ̀ yùyù** /inf.-voir/souffrance/ *souffrir*
ákɔ́↓ṵ́ ~ ákɔ́↓´ ~ ákɔ́↓
(conjonctif, cf. 18.3.; autres var. **tákɔ́↓ṵ́ ~ tá↓ṵ́**) ► *quand, lorsque, si*
àlà/àlé
(2; **k-àlà**) ► *sauter*
k-àlà gɔ̀tɔ̀ /inf.-sauter/trou/ *sauter (par dessus) un trou*
► *nager* (**mànɛ̄**)
àlà mànɛ̄ /aor.3 + sauter/eau/ *il nage*
álà
(pronom démonstratif, cf. 9.3.) ► *cela (inanimé)*
álà ~ là
(déterminant démonstratif, cf. 8.6.) ► *ce(-là ?) (éloigné, invisible, absent ?)*
álà.gà
(marque d'emphase (cf. 16.2.) ou conjonctif (cf. 18.4.); autres var. **(`)ná.là.gà ~ gà.ná.là.gà ~ kɔ́.ná.là.gà**) ► *c'est... que*

ālè ~ álè
(embrayeur; < français) ► *allez!*
álè¯
forme circonstancielle de **álà**, pronom démonstratif (cf. 11.5.)
àlɛ̄/àlé
(1; **k-àlɛ̄**) ► *finir, terminer, être fini, terminé*
àlɛ̄ nàbɔ̄ ná kɔ̄ /aor.3 + finir/travail/le/acc./ *il a terminé le travail*
nàbɔ̄ ná àlɛ̄ kɔ̄ /travail/le/aor.3 + être fini/acc./ *le travail est terminé*
àlíndàwò
(nom de localité) ► *Alindao (sous-préfecture de la Basse-Kotto)*
àlɔ̄/àlué
(2; **k-àlɔ̄**) ► *se lever, quitter* ► *(pro)venir de* (**zā**)
álɔ́↓ zā sīsɔ̀ɗī bá /aor.2 + se lever/provenance/où?/excl./ *d'où viens-tu donc ?*
► *commencer* (inf.... **KI**)
àlɔ̄ k-ìnā kpā kì /aor.3 + se lever/inf.-lancer/chant/à/ *il commence à chanter*
► *être debout* (**tàlɔ̄**)
àlué tá↓lɔ̄ /aor.3 + se lever + pl./debout/ *ils sont, se tiennent debout*
àlɔ̄/àlué
(1; **k-àlɔ̄**) ► *traverser, dépasser, aller au delà, surpasser*
àlɔ̄ yɛ̀lɛ̀ /aor.3 + traverser/Oubangui/ *il traverse l'Oubangui*
fonctionnant virtuellement comme un relateur ? (cf. 18.2.) :
mú-ndígí ká↓fɛ̄` àlɔ̄ pèkē /aor.1-aimer/café/aor.3 + surpasser/vin de raphia/ *j'aime le café plus que le vin de raphia*
► *être trop fort, difficile, etc. pour quelqu'un, "dépasser"* (**zɔ̀**)
àlɔ̄ zɔ̀¯ /aor.3 + surpasser/tête + sa/ *c'est trop fort pour lui, ça le dépasse*
álɔ̀
(pronom démonstratif, cf. 9.3.) ► *ceci (inanimé)*
álɔ̀ ánɛ̄
(/ceci/anaph./ groupe fonctionnant comme prédicatif de l'énoncé présentatif, cf. 15.4.) ► *voici*
álùē
forme circonstancielle de **álɔ̀**, pronom démonstratif (cf. 11.5.)
ámà
(adv.) ► *ainsi, comme ça*
tɛ́lɛ́↓ ámà (I, 202) /aor.3 + se tourner/ainsi/ *il se tourne ainsi*
entre également en composition dans les formes adverbiales **yɔ́mà** "ici", **ɗà´mà** "là", **sìnímà** "(de) ce côté"
ámà.lɔ̀
(adv.; comp. du précédent; cf. 14.4.) ► *ainsi, de telle sorte*
á↓kué má↓lā bɛ̄ ámà.lɔ̀ /aor.2 + voir + pl./sorte/chose/ainsi/ *voyez ces sortes de choses!*
àm(ù) ~ àm-̀
(indice personnel-aspectuel inach.3, cf. 12.2.) ► *il, elle, cela, ils, elles, on*

ám(ú) ~ ám-
(indice personnel-aspectuel inach.2, cf. 12.2.) ► *tu, vous*

àmbāná
cf. **mbāná**

àmbì/àmbí
(2; **k-àmbì**) ► *être gras, graisseux (d'un animal, d'une viande)*

ànɛ̄
(modalité de proposition, prohibitif, cf. 14.5.) ► *ne pas!*

ānɛ̀
var. de **yānɛ̀**

ánɛ̄
(pronom démonstratif, cf. 9.3.) ► *ceci, cela (inanimé)*

ánɛ̄
(modalité de proposition, anaphorique, cf. 14.5.) ► *dans ces conditions, les choses étant ainsi*

ànì/àní
(2; **k-ànì**) ► *faire du bruit, résonner, être renommé*
dālā ànì /tambour/aor.3 + résonner/ *le tambour résonne*
lī ànì /nom + son/aor.3 + être renommé/ *il est renommé*

àndá`
(conjonctif, cf. 18.5.; < ngbandi; var. **kàndá`**) ► *alors, donc*

àndɛ̄rɛ̀pɛ̀rɛ́tɛ̀
(< français) ► *interprète*

ángā´dī ~ ángāídī
(pronom interrogatif, cf. 9.4.; comp. de **dī** "quoi?") ► *lequel?, quel?* entre également en composition dans les formes **là.´ngā´dī** "à quel endroit?, où?", **kàzà.´ngā´dī** "quel jour?, quand?", **zā.´ngā´dī** "d'où?"

ángānídī
(cf. **ángā´dī**)

ànzà/ànzé
(2; **k-ànzà**) ► *sortir, faire sortir* (exclusivement des termites que l'on chasse au feu ? cf. Texte III)

ànzā/ànzé
(1; **k-ànzā**) ► *entrer, pénétrer (tr. ou intr.), se coucher (soleil)*
ànzā gɔ̀tɔ̀ /aor.3 + pénétrer/trou/ *il entre dans le trou*
ànzā kāyē` /aor.3 + entrer/brousse + à/ *il va en brousse*
kàzà ànzā kɔ̄ /soleil/aor.3 + entrer/acc./ *le soleil s'est couché*

ànyā/ànyí
(1; **k-ànyā**) ► *courir, (s'en)fuir* ► *avoir la diarrhée* (**ngālɛ̄**)
mám-ānyā ngālɛ̄ má bɛ́ /inach.1-courir/ventre/mon/seulement/ *j'ai la diarrhée*

àpuí ~ àpúì ~ puí
(conjonctif, cf. 18.5.; < français) ► *et puis*

àsà/àsé
(2; **k-àsà**) ► *suffire, être en quantité suffisante*
gàɗàngà àsà gɔ̀ /manioc/aor.3 + suffire/nég./ *il n'y a pas assez de manioc*
► (cp. **sà** "fumée") *fumer, produire, dégager de la fumée*
kāgā lɔ̀ àsà ndó /arbre/ce-ci/aor.3 + fumer/beaucoup/ *(le bois de) cet arbre fume beaucoup (à la combustion)*

àsū/àsú
(1; **k-àsū**) ► *être mauvais, méchant*

àsū
(adv.; forme figée du précédent) ► *beaucoup, très, extrêmement*

àtà/àté
(2; **k-àtà**) ► *être tranchant, pointu, acéré, piquant* ► *être adroit* (**gī**)
gī´ àtà ndó /bras + ton/aor.3 + être adroit/beaucoup/ *tu es très adroit*

átà
(< banda) ► *grand-père (et par extension, grand-parent, du fait de la prééminence de la filiation paternelle)* (équivalent de **kàbúlá**ꜜ)

àtì/àtí
(2; **k-àtì**) ► *éternuer*

àtɔ̄
var. de **kɔ̀tɔ̄**

àtù/àtú
(2; **k-àtù**) ► *sentir (tr. ou intr.), dégager, percevoir une odeur (bonne ou plutôt, par défaut, mauvaise)*
àtù bìlī bɛ̄ /aor.3 + sentir/odeur/chose/ *il sent l'odeur d'une chose*
bī ná àtù ndó /chose/la/aor.3 + sentir/beaucoup/ *la chose sent beaucoup*
àtù kàyì ná /aor.3 + sentir/bon/le/ *ça sent bon*
àtù kàsū ná /aor.3 + sentir/mauvais/le/ *ça sent mauvais*

àwóbàzà
► *oiseau sp. (coliou)*

àwù/àwú
(2; **k-àwù**) ► *gronder (personne, animal, tonnerre), être sévère, se fâcher*
àwù àdā mā /aor.3 + gronder/aor.3 + donner/moi/ *il se fâche contre moi, il me gronde*

àwū/àwú
(1; **k-àwū**) ► *respirer* ► *reprendre souffle, se reposer* (**lɔ̄**)
m-āwū lɔ̄ mā /aor.1-reposer/corps/mon/ *je me repose*

àyɛ̄/àyé
(1; **k-àyɛ̄**) ► *(se des)sécher, être sec* ► *décroître (du volume d'un cours d'eau)*
mànɛ̄ àm-āyɛ̄ /eau/inach.3-décroître/ *l'eau décroît, descend*

àyì/àyí
(2; **k-àyì**) ► *être beau, propre, bon, juste*
àyì dɛ̀¯ ndó /aor.3 + être bon/personne/beaucoup/ *il est très bon, juste envers les gens*

b

bà
(adv. ? réservé à la détermination des quantificateurs, cf. 14.4.)
► *seulement*

bà... bà
(relateur ? cf. 11.6.) ► *comme... comme, autant que*
mú-ndígí ká↓fē` bà pèkē bà /aor.1-aimer/café/comme/vin de raphia/comme/ *j'aime autant le café que le vin de raphia*
(conjonctif, cf. 18.3.) ► *si, quand*
bà sì-sūkpā lɔ̄ bà nɛ̄ ìsɔ̄ /si.../aor.3!-pousser/corps + son/...si/aor.3 + tomber/ *s'il se poussait, il tomberait*

bà´↓
var. de **bàlé↓**

bā
(< ngbandi) ► *serment, malédiction* (toujours en complément du verbe **dɛ́`**)

bá
(modalité de proposition, exclamatif, cf. 14.5.)

bàbà
var. de **àbà**

bàbūlàbà ~ bàbúlàbà
(adv.; forme composée de **búlā**) ► *ainsi, comme ça, par exemple*

bádà
(< banda) ► *enclos et maison d'initiation*

bàɗū
► *potamochère*
► **bàɗū gúlú↓** / - /fruit d'*Aframomum*/ *phacochère*
► **bàɗū mànɛ̄** / - /eau/ *poisson sp.*

bágàrà
(< arabe par le sango ?) ► *vache, bovidé*

bāgīlɔ̀
(ethnonyme) ► *Bagiro*

bàgɔ̄
(cp. yangere ?) ► *variété d'igname sauvage*

bàkà/bàké
(3; **kì-báká↓**) ► *s'accroître en nombre, être nombreux*

bàkà
(< v. **bàkà**) ► *nombreux*

bākàlɛ̄
(adv.) ► *après-demain*

bākùyā
(< banda ou sango ?) ► *grand singe (babouin, chimpanzé ou gorille ?)*

bálà/bálè´
(8; **kì-bálà**; < ngbandi) ► *saluer*
mú-bálà kí búlā /aor.1-saluer/toi/ainsi/ *salut à toi!*

bālāngā
► *oryctérope*

bàlé↓ ~ bà´↓
(quantificateur, cf. 8.9.; < ngbandi) ► *dizaine, dix*
kàɓɛ̀ bàlé↓.ná.kálà /oeuf/dizaine.la.une/ *dix oeufs*
kàɓɛ̀ bàlé↓.ná.kálà.zɔ̀.ná.zó /oeuf/dizaine.la.une.sommet.le.deux/ *douze oeufs*
kàɓɛ̀ bàlé↓.ná.zó /oeuf/dizaine.la.deux/ *vingt oeufs*

báló↓
► *herbe sp. (à bords tranchants)*
on en distingue deux espèces ou variétés :
► **báló bílí↓** / - /brousse/ - *de brousse*
► **báló má↓nɛ̄** / - /eau/ - *aquatique*

bāmàlā
(< sango) ► *lion*

bàmbà
► *herbe sp. (non utilisée)*

bāmbālí
(nom de localité) ► *Bambari (préfecture de la Ouaka)*

bàmbō
(< français ou sango ?; équivalent de **ndēmbā**) ► *bambou sp. (de Chine ?)*

bàndà
(ethnonyme) ► *Banda*

bángáɓàlì
► *serpent sp.*

bàngíkété↓
(nom de rivière) ► *Bangui-Ketté (affluent de la rive droite de l'Oubangui)*

bá`ó
renforcement de l'introduction du discours rapporté (cf. 17.1.) :
nɛ̀ nɛ̄ bá`ó... /3 + dire/que/hein!/... *il dit que, hein!...*

bàsɛ́ngèlè
(< arabe ?) ► *garde, soldat*

bátà/bátè´
(8; **kì-bátà**; < ngbandi) ► *garder, surveiller, veiller sur*
nzàpā sì-bátà kí /Dieu/aor.3!-garder/toi/ *Dieu te garde!*

bāwūlē
nom d'un village (et clan ou lignage) bagiro

béè
formule d'accueil (exprimée à la suite du nom ou terme d'adresse)
► *bienvenue!, "bonne arrivée!"*
àbà béè /mon père/bienvenue!/ *bienvenue, père!*

bèɗī
► *mortier*

bɛ̀
(adv. à valeur restrictive-sélective ou statique selon la nature du verbe auquel il succède, cf. 14.4.) ► *seulement, simplement, Statique*
àkɔ̀ bɛ̀ /aor.3 + regarder/seulement/ *il regarde seulement, il ne fait que regarder*
lù bɛ̀ /aor.3 + être = devenir noir/stat./ *c'est noir (par opposition à "c'est devenu noir")*

bɛ̄
► *chose*
le vocalisme s'altère généralement en **i** ou **u** devant les déterminants grammaticaux les plus courants :
bī ná *la chose*
bī álà *cette chose-là*
bī nɛ̀ *cette chose*
bū lɔ̀ *cette chose-ci*
en composition avec des noms dérivés de verbes :
bɛ̄ tɛ̀¯ (Dev. 3) /chose/ouvrir/ *chose qui s'ouvre, que l'on peut ouvrir*
bɛ̄ ndā (Dev. 9) /chose/se coucher/ *couche, lit*
bɛ̄ kùsuà /chose/manger/ *nourriture*
► *fois*
kɔ̀tɔ́ zó↓ bɛ̄ /une certaine/deuxième/fois/ *une autre fois, une prochaine fois*

bɛ̀lɛ̄
► *poil, plume*
bɛ̀lɛ̄ lɔ̄ táɗɔ̄↓ /poil/corps/animal/ *poil d'animal*
bɛ̀lɛ̄ lɔ̄ yàlī /plume/corps/oiseau/ *plume d'oiseau*

bìkī/bìkí
(5; **kì-bìkī**) ► *retourner (un objet creux sur son ouverture), mettre sens dessus dessous; placer (quelque chose sous un objet creux)*

bìlì
► *zone inculte, brousse* (différent de **kāyɛ̄** ?)

bìlī
► *odeur, effluve*
bìlī mángà /odeur/tabac/ *odeur de tabac*

bílí↓/bí↓lí
(4; **kì-bílí↓**) ► *(se) baisser, (s')abaisser, (se) pencher*
mú-bílí↓ ngá↓lē` /aor.1-s'abaisser/terre + à/ *je m'abaisse à terre, je me penche vers le sol*
bílí↓ kāgā /aor.3 + abaisser/arbre/ *il abaisse l'arbre*

bīnyā
► *chèvre, capridé*
► **bīnyā ngbàgà** /chèvre/?/ *mouton, ovidé*

bísí↓
► *chien*
► **bísí má↓nɛ̄** /chien/eau/ *poisson sp.*

bītī
uniquement attesté dans :
► **tàlà bītī** /accès/maison(?)/ *ouverture de maison, entrée, porte*

bíyà
(adv.; < ngbandi ou sango ?) ► *en vérité, assurément*

bìzì
► *termitière (en forme de champignon)*

bɔ̀ ~ [bɔ̰̀] ~ [bɔ̰́`]
(embrayeur; < français) ► *bon!*

bɔ̀¯/bò-kí
(5; **kì-bɔ̄**) ► *grandir, grossir, être grand, gros*

bɔ̀¯
(< v. **bɔ̀¯**) ► *grand, gros*

bɔ̀bɔ̄`
(< français) ► *bonbon*

bɔ̀dɛ̀
► *termite sp. (ailé, construit une termitière "cathédrale", comestible)*

bɔ̀gyɔ̄/bògyué
(5; **kì-bɔ̀gyɔ̄**) ► *parler*
mú-bɔ́↓gyɔ̄ tàlà gbāyā /aor.1-parler/langue/Gb./ *je parle gbaya (bagiro)*
kì-bɔ̀gyɔ̄ sàkɔ́ /inf.-parler/mensonge/ *mentir, dire un mensonge*

bɔ̀gyɔ̄
(< v. **bɔ̀gyɔ̄**) ► *parole, discours, histoire*

bɔ̄kɔ̀yɛ̀
(comp. de **k-ɔ̀yɛ̀** "mourir" ?) ► *serpent (terme générique)*

bɔ̀mbɔ̀
cf. **wūyī bɔ̀mbɔ̀** *fruit sp.*

bɔ̀tɛ́
► *boue*

bɔ̄zɔ̄gbɔ̄
(< banda "élan de Derby") ► *hippotrague (ou élan de Derby ?)*

brávə̀ ~ brá`və̀
(< français) ► *brave, courageux, vaillant*

bùdú↓
(< banda) ► *fond, fondement*

būkɔ̀zɔ̀
(< banda) ► *singe sp. (cercopithèque)*

būkū
▶ *cendre(s)*

bùlà
▶ *père, frère du père (homme ou femme parlant)*
bùlā /père + son/ *son père*
bùlé dɛ́↓¯ /père + de/personne/ *père de quelqu'un*
▶ *mâle (des mammifères à l'exception des ovins et caprins)*
bùlà kàzī /mâle/éléphant/ *éléphant mâle*

búlā
(adv.) ▶ *ainsi, de cette façon*

bùlànyɛ̄
(comp. de **bùlà** "père" et ***nyɛ̄** "femme (?)") ▶ *soeur du père (homme ou femme parlant), fils ou fille du frère (femme parlant)*

būmà
nom d'un village (et clan ou lignage) bagiro

byɛ̰́`
(embrayeur; < français) ▶ *bien!*

ɓ

ɓà/ɓùé
(2; **k-ìɓà**) ▶ *frapper du pied, botter*
ɓà mā /aor.3 + botter/moi/ *il m'a frappé du pied*
ɓà gɛ̀ɗɛ̂ má /aor.3 + botter/fesse/ma/ *il m'a botté les fesses*
▶ *fouler, remuer des pieds (marche, danse)*
k-ìɓà kà¯ /inf.-fouler/marche/ *marcher (avec un but précis)*
k-ìɓà māngā /inf.-fouler/danse/ *danser*
▶ *crier* (**káyɛ̄**)
ɓà káyɛ̄ /aor.3 + crier/cri/ *il crie*

ɓā
(pronom associatif, cf. 8.7., 9.5., 16.1.) ▶ *celui/celle de, de, pour, quant à, en ce qui concerne*

ɓàkúlá↓
▶ *compagnon (d'âge), camarade*
ɓàkú↓lā /compagnon + son/ *son compagnon*
ɓàkú↓lé dɛ́↓¯ /compagnon + de/personne/ *compagnon de quelqu'un*

ɓàlā/ɓàlé
(5; **kì-ɓàlā**) ▶ *être égoïste, avare (ne pas savoir offrir ou donner comme l'exigent les règles de la vie sociale)*

ɓàlā
(< v. **ɓàlā**; cp. mbanja ?) ▶ *égoïsme, avarice, caractère de celui qui est réticent à donner*

ɓālā/ɓālé
(6; **kì-ɓālā**; sur l'aptitude de ce verbe à recevoir deux objets directs, cf. 14.2.) ► *nommer, citer, appeler (donner un nom), appeler (attirer l'attention, convoquer)*
mú-ɓālā lī gɛ̄ /aor.1-nommer/nom/leur/ *je les ai cités, nommés*
ɓālé gɛ́↓gɛ̄ kɔ̄tɔ́ lī ndɛ́ /aor.3 + nommer + pl./nous(I)/un certain/nom/différemment/ *on nous a donné un autre nom*
ɓālā kɔ̄tɔ́ nyɛ̄ngɛ̄tɛ̄ (I, 142) /aor.3 + appeler/un certain/enfant/ *il appelle (fait venir) un enfant*

ɓālà
(adv.) ► *plus tard, à l'avenir (expression du futur)*

ɓálā
(adv. ?) ► *ainsi (?)*
ɗī kɔ́ ám-átí↓ ɓálā ɗī /quoi?/inach.2-éternuer/?/quoi?/ *pourquoi éternues-tu ainsi ?*

ɓàlē
► *esclave, captif*

ɓālī/ɓālí
(6; **kì-ɓālī**) ► *planter, ficher (en percutant)*

ɓàlū
uniquement attesté dans :
► **zɔ̀ ɓàlū** /tête/?/ *genou*

ɓànà
► *vieux, usagé, abîmé (personne ou chose)*

ɓàtàlɔ̄/ɓàtàlué
(3; **kì-ɓátá↓lɔ̄**; comp. de **ɓà** (cl. 2) "botter, fouler" et **tàlɔ̄** "vers le haut, debout") ► *se lever, se mettre debout*

ɓàtàmà
nom d'une fraction Furu (cf. Texte I, 31)

ɓàtī
► *singe* (désignation générique pour un ensemble important de singes, à l'exception des plus gros)

ɓàyì/ɓàyí
(3; **kì-ɓáyí↓**) ► *voler (oiseaux)*

ɓé
(associatif personnel indirect (cf. 8.3.) et pronom associatif amalgamé à l'expression de "toi" (cf. chap. 9.5.)) ► *ton, ta; le tien, la tienne*

ɓɛ̀/ɓè´
(2; **k-ìɓɛ̀**) ► *piler, réduire en farine*
► *exhaler (fumée)*
ɓɛ̀ sà ná (I, 143) /aor.3 + exhaler/fumée/la/ *il exhale la fumée*

.../...

► *cracher, notamment pour annuler une malédiction* (**tàlà**)
m-úɓέ tálá↓ má zɔ́↓ ngɔ̄nɔ̄ mí kɔ̄ /aor.1-cracher/bouche/ma/tête/enfant/mon + à/acc./ *j'ai retiré la malédiction de sur la tête de mon enfant*
► *s'enfuir* (**kú↓tī**)
ɓὲ kú↓tī /aor.3 + fuir/à l'extérieur/ *il s'enfuit*

ɓὲ
► *champignon (gén.)*

ɓε̄
► *village, pays* (le terme réfère sans doute plus précisément à la double réalité socio-spatiale du clan ou lignage et du lieu d'établissement de celui-ci)
ɓε̄ mā` ngànzā /groupe = village/mon + être/Ng./ *mon groupe/village est Nganza*

ɓὲlε̄/ɓὲlé
(5; **kì-ɓὲlε̄**) ► *craindre, avoir peur de*
mám-ɓέ↓lε̄ ndōlī /inach.1-craindre/nuit/ *j'ai peur de la nuit*

ɓὲlε̄
(< v. **ɓὲlε̄**) ► *peur, crainte*
ɓὲlε̄ ɓā ndōlī àm-kuá↓ mā bὲ /crainte/celle de/nuit/inach.3-affecter/moi/seulement/ *j'ai peur de la nuit*
ɓὲlε̄ àm-kuá↓ mā sὲ ndōlī /crainte/inach.3-affecter/moi/avec/nuit/ *j'ai peur de la nuit*

ɓī/ɓī-kí
(6; **kì-ɓī** ou plus souvent **kà-ɓī**, irrégulier) ► *s'endormir, dormir*
ɓī kɔ̄ /aor.3 + dormir/acc./ *il s'est endormi, il dort*
àm-ɓī-kí /inach.3-dormir-pl./ *ils sont en train de dormir, ils dorment*

ɓìlī/ɓìlí
(5; **kì-ɓìlī**) ► *emballer, empaqueter*
kì-ɓìlī ɓùkù /inf.-emballer/emballage/ *faire un emballage, un paquet*

ɓóngbì/ɓóngbì´
(8; **kì-ɓóngbì**; < ngbandi) ► *rassembler (choses), réunir (gens)*

ɓɔ̀/ɓùé
(2; **k-ìɓɔ̀**) ► *trouver (chose), rencontrer (personne), se rencontrer*
k-ìɓɔ̀ dὲ¯ ~ k-ìɓɔ̀ sὲ dὲ¯ /inf.-rencontrer/personne/ ~ /inf.-rencontrer/avec/personne/ *rencontrer quelqu'un*
ɓùé ná↓fā kɔ̄ /aor.3 + rencontrer + pl./l'un l'autre/acc./ *ils se sont rencontrés*
mbúlù ná ɓɔ̀ gɔ̀ /rendez-vous = marché/le/aor.3 + se rencontrer/nég./ *le rendez-vous a été raté, le marché n'a pas eu lieu*

ɓɔ̀
(< gbaya ?) ► *membre (d'un groupe social, d'une fraction), "petit"*
mā` ɓɔ̀ ngànzā /moi + être/membre/Ng./ *je suis (membre du groupe) Nganza*
ɓɔ̀ ngànzā gε̄ ɗὲ-kí kɔ̄ /membre/Ng./pl./aor.3-venir-pl./acc./ *les gens de Nganza/les "petits" Nganza sont arrivés*

fonctionnant comme pseudo-relateur (cf. 11.7.) :
mám-āɓε̄ ɓɔ̀ kākpō (ɗà) /inach.1-aller/membre/K./(là/) *je m'en vais chez les Kakpo/à Kakpo*

ɓɔ̄
► *désir, envie, faim*
ɓɔ̄ mànɛ̄ /faim/eau/ *soif*
ɓɔ̄ mángà /envie/tabac/ *envie de tabac, envie de fumer*
ɓɔ̄ ɓā dènyɛ̄ gɛ̄ kuà kí ndó /désir/celui de/femme/pl./aor.3 + saisir/toi/beaucoup/ *tu es très désireux des femmes*

ɓɔ̀gɔ̀/ɓògué
(3; **kì-ɓɔ́gɔ́↓**) ► *voler, dérober*

ɓɔ̀gɔ̀
(< v. **ɓɔ̀gɔ̀**) ► *vol, rapt*
nāgī ɓɔ̀gɔ̀ nyá kɔ̄ /aor.3 + nier/vol/son/acc./ *il a nié son vol (le vol qu'il a commis ou dont on l'accuse)*

ɓɔ́lɔ̀
(< sara par le gbaya ? le schème HB fait douter d'un héritage "sara" direct) ► *panier, besace (notamment grand panier plat de vannerie porté sous le bras et retenu sur l'épaule par une anse), poche*
ɓɔ́lɔ̀ màgɛ̀ /panier/champ/ *panier pour aller au champ*
ɓɔ́lɔ̀ kūbū /poche/vêtement/ *poche*
ɓɔ́lɔ̀ ngūlā /poche/lieu propre/ *poche*

ɓɔ́lɔ́↓/ɓó↓lué
(4; **kì-ɓɔ́lɔ́↓**) ► *être amer*

ɓū/ɓū-kí
(6; **kì-ɓū**) ► *lécher, sucer* ► *embrasser sur la bouche* (**tàlà**)
kì-ɓū tàlà nàfā /inf.-embrasser/bouche/l'un l'autre/ *s'embrasser (réciproquement) sur la bouche*

ɓùkù
► *emballage (notamment de denrées enveloppées dans des feuilles et serrées par un lien), paquet, colis*

ɓūlū
► *trou d'eau, zone d'eau profonde dans un cours d'eau*

d

dà
(forme amuïe de **dàfà** "plat, paume" ?) uniquement attesté dans :
► **dà ndōlī** /?/nuit/ *durée (?) de la nuit*

dàfà
► *plat, paume, plante*
dàfà gī /paume/main/ *paume de la main*
dàfà ngyà /plante/pied/ *plante du pied*

dālā
► *tambour* (terme générique référant aux différents tambours, de bois ou de peau)
kɔ́nyɔ́ꜜ dālā /femelle/tambour/ *tambour femelle, grand tambour (des deux tambours d'appel)*
ngɔ̄nɔ̄ dālā /petit/tambour/ *petit tambour (des deux tambours d'appel)*

dàlàkɛ̀lɛ̀
(< banda ?) ► *escargot sp.*

dàlī/dàlí
(5; **kì-dàlī**) ► *porter, tendre à bout de bras*

dālī/dālí
(6; **kì-dālī**) ► *passer, dépasser, surpasser, aller au delà* (quelle différence avec **tēkī** ?)
dālī mā /aor.3 + dépasser/moi/ *il passe devant moi, il me double; il me dépasse (en force, en sagesse...)*
► *partir, s'en aller (pour un déplacement bref, ex. champ, chasse)* (cp. **àɓɛ̄**, **ɗò¯**)

dànà
► *milieu, centre*
entrant en composition avec le relateur **KI** (cf. 11.4.) :
► **dànà... KI** /milieu/.../à/ *au milieu de, au centre de*

dànì
(< gbaya ?) ► *jumeau*

dàˊngɛ̄tɛ̄
(comp. de **ngɛ̄tɛ̄** "petit") ► *cadet(te)* (au sens absolu ou généalogique ? cp. **kàyɛ̄gìdì** ?)
dàˊngɛ̄tɛ̄ nyá /cadet/son/ *son cadet*
dàˊngɛ̄tɛ̄ dɛ̀¯ /cadet/personne/ *cadet de quelqu'un*

[dèʒáˋ]
(< français) ► *déjà*

dɛ̀¯
► *personne, être humain*
dɛ̀¯ ngàɓà /personne/homme mâle/ *homme mâle (au sens fort et prestigieux du terme)*

dɛ́ˋ/déˋˊ
(8; **kì-dɛ́ˋ**; < ngbandi) ► *jurer, maudire* (**bā**)
dɛ́ˋ bā zùēˋ kɔ̄ /aor.3 + jurer/serment/tête + sa + à/acc./ *il a juré (sur sa tête)*
dɛ́ˋ bā zɔ̀ ngōnēˋ /aor.3 + maudire/malédiction/tête/enfant + son + à/ *il a maudit son enfant*

dɛ̀gɛ̄
► *melon (plus gros que* **lɛ́lɛ̄** *?)*

dɛ̀nyɛ̄
(comp. de **dɛ̀¯** "personne" et ***nyɛ̄** "femme (?)") ► *femme*

dí`/dí`´
(8; **kì-dí`**; < ngbandi) ► *critiquer, réprouver (personne ou chose)*

dìkà
► *partie de cours d'eau barrée pour y pratiquer la pêche par vidage* (**kpà mànɛ̄**)

dìkpókpó↓
► *oiseau sp. (pic)*

dòkū
► *termitière (en forme de cathédrale), butte, monticule*
dòkū ngālā /termitière/termite sp./ *termitière des termites ngālā*
dòkū bɔ̀dɛ̀ /termitière/termite sp./ *termitière des termites bɔ̀dɛ̀*

dōlū
► *fruits sp., notamment utilisés pour piéger les oiseaux; l'arbre lui-même* (cp. **kámbá**↓ **dōlū**) ?

dɔ̀
(prédicatif) ► *ne pas être* (identificateur, équatif ou emphatique; toujours combiné avec la négation **gɔ̀**, cf. 15.2.-3., 16.2.)
dɔ̀ sàkɔ́ gɔ́ /ne pas être/mensonge/nég./ *ce n'est pas un mensonge*
gègɛ̄ dɔ̀ bāgīlɔ̀ gɛ̄ gɔ̀ (I, 6) /nous(I)/ne pas être/B./pl./nég./ *nous ne sommes pas des Bagiro*
dɔ̀ kí à á↓**dɛ̄ gɔ̀** /ne pas être/toi/être/aor.2-venir/nég./ *ce n'est pas toi qui es venu*

dɔ̀ɓɔ̀
► *arbre sp. (grand arbre, pousse au bord de l'eau)*

dɔ̀gɔ̀
► *buffle*

[dɔ̰̄kə]
(< français) ► *donc*

dɔ́lɔ́↓**/dó**↓**lué**
(4; **kì-dɔ́lɔ́**↓) ► *être fatigué*

dù/dù´
(2; **k-ìdù**) ► *ficher, enfoncer (en terre)* ► *mettre (le feu)*
dù fàɗù ná kúgí↓ **ní** /aor.3 + bouter/feu/le/maison/la + à/ *il met le feu à la maison*
► *enfler, être enflé*
gī má dù bɛ̀ /bras/mon/or.3 + être enflé/stat./ *mon bras est enflé*
► *vomir* (**zɔ̀**)
dù zɔ̀¯ /aor.3 + vomir/tête + sa/ *il vomit*

dù
► *plaie*

dūgbà
(< banda ?) ► *nasse sp.*

dūkū
(< ngbugu ?) ► *pierre à moudre, meule*

dùlù
► *garçon non initié*

dùlū/dùlú
(5; **kì-dùlū**) ► *frotter, essuyer*

ɗ

ɗà
(adv.) ► *là, là-bas*
nzì¯ ɗà /aor.3 + s'asseoir/là/ *il s'assoit là*
fonctionnant le plus souvent comme pseudo-relateur (cf. 11.8.) :
àɓɛ̀ túnā ɗà /aor.3 + aller/rive/là/ *il va sur l'autre rive*

ɗàɗɛ̂
► *faisceau d'herbes sèches utilisé pour allumer le feu ou pour en balayer les cendres*

ɗà´mà
(adv.; comp. de **ɗà** "là" et **ámà** "ainsi") ► *là, là-bas*

ɗè¯/ɗê-kí
(5; **kì-ɗē**) ► *venir* ► *devenir*
ɗè¯ ngàlè kɔ̄ /aor.3 + devenir/acc./ *il est devenu chef*

ɗè¯
(aspectif, cf. 13.3.; forme figée du précédent) ► *Successif*

ɗɛ̄ɗɛ̄
► *piège* (générique ou sp. ?)

ɗī
(pronom interrogatif, cf. 9.4.) ► *quoi?*

ɗī.bá
(modalité de proposition, exclamatif, cf. 14.5.; comp. de **ɗī** "quoi?" et **bá** *Exclamatif*)

ɗò¯/ɗò-kí
(5; **kì-ɗō**) ► *partir, s'en aller (pour un long voyage ou une longue absence), repartir, (s'en) retourner (vers son lieu habituel)* (cp. **àɓɛ̄, dālī**)
ɗò-kí ngūlā gē ɗà kɔ̄ /aor.3 + partir-pl./lieu propre/leur + à/là/acc./ *ils sont (re)partis chez eux*

ɗó↓
uniquement attesté dans :
► **ɗó ngyá↓** /?/pied/ *talon*

ɗɔ̄bɔ́↓
► *chemin, route* ► *manière, façon juste*
sè ɗɔ̄bɔ́↓ ná /avec/manière juste/la/ *correctement, comme il faut, comme il convient*

ɗɔ̄ɗɔ̄
► *testicule(s)*

ɗɔ̄sɔ̀/ɗɔ̀sué
(3; **kì-ɗɔ̄sɔ́↓**) ► *remplir, être plein*
ɗɔ̄sɔ̀ kāɗɔ̄ ná (sɛ́ má↓nɛ̄) /aor.3+remplir/calebasse/la/(avec/eau/) *il remplit la calebasse (d'eau)*
kāɗɔ̄ ná ɗɔ̄sɔ̀ (sɛ̀ mànɛ̄) /calebasse/aor.3+être plein/(avec/eau/) *la calebasse est pleine (d'eau)*
► *monter, croître (du volume d'un cours d'eau)*
mànɛ̄ àm-ɗɔ̄sɔ́ /eau/inach.3-croître/ *l'eau monte*

ɗù/ɗù´
(2; **k-ìɗù**) ► *percer, piquer, atteindre, blesser avec un objet pointu (notamment une arme), tenu ou lancé, ou avec un dard (animal), percer, atteindre (de l'objet lui-même)*
ɗù gī sɛ̀ kùyā /aor.3+percer/bras+son/avec/couteau/ *il lui blesse le bras avec un couteau, il se blesse le bras avec un couteu*
yìngà ɗù lɔ̄ /lance/aor.3+atteindre/lui/ *la lance l'atteint*
► *luire (astre)*
kàzà àm-ɗú /soleil/inch.3-luire/ *le soleil luit*
► *fixer, lier (la toiture de paille d'une maison)*
k-ìɗù kúgí↓ /inf.-fixer la paille/maison/ *fixer la paille du toit, couvrir une maison*
► *secouer pour déplier (par ex. un tissu froissé ou mouillé)*
ɗù kūbū /aor.3+secouer/vêtement/ *il secoue le vêtement (pour le défroisser)*

ɗūkū/ɗūkú
(6; **kì-ɗūkū**) ► *être court, de petite taille (personne ou objet)*

ɗūkū
(< v. **ɗūkū**) ► *court, (de) petite taille (personne ou objet)*

ɗuà/ɗùé
(2; **k-ìɗuà**) ► *être éloigné*

f

fà/fè´ ~ fùé
(2; **k-ìfà**) ► *dépecer, découper la viande*

fà
► *daman arboricole (?)*

fàɗù
► *feu*

fàɗū/fàɗú ~ fàlū/fàlú
(5; **kì-fàɗū ~ kì-fàlū**) ► *fendre, débiter le bois (en particulier voire exclusivement le bois à brûler)*

fàkámbá↓
(vraisemblablement comp. de **kámbá↓** "feuille, feuillage") ► *poisson sp. (plat comme une feuille, ressemble à* **màlè***)*

fàmī` ~ fàmɛ̄`
(< français) ► *parent, membre de la parenté*

fátí↓/fá↓tí
(4; **kì-fátí↓**) ► *couper (l'herbe), désherber, débrousser*
fátí↓ nzōkū /aor.3 + couper/herbe/ *il coupe l'herbe/les herbes, il désherbe*

fɛ̂/fɛ̀´
(2; **k-ìfɛ̂**) ► *plumer (un oiseau), arracher (les herbes à la main), désherber*
k-ìfɛ̂ yàlī /inf.-plumer/oiseau/ *plumer un oiseau*
k-ìfɛ̂ màgɛ̀ /inf.-désherber/champ/ *désherber un champ à la main*

fɛ̀lɛ̄
► *trou, orifice percé de part en part*
fɛ̀lɛ̄ gɛ̀ɗɛ̂ /trou/fondement/ *anus*

fɛlɛ̄/fɛ̄lé
(6; **kì-fɛlɛ̄**) ► *être/devenir large*

fɛlɛ̄
(< v. **fɛlɛ̄**) ► *largeur, large*

fɛlɛ̄
(cp. **fɔ̄lɔ̄** ?) ► *argile*

fɛ́lɛ̄/fɛ́lɛ̄´
(7; **kì-fɛ́lɛ̄**) ► *regarder, surveiller*

fiɗī/fiɗí
(6; **kì-fiɗī**) ► *trouver, obtenir, gagner*

filī
► *foyer de cuisson, support de cuisson (généralement constitué de trois pierres)*

fínyá (fínyá↓ ?)
(quantificateur, cf. 8.9.; var. **fínyágɛ̄**; cp. mbanja, mbanza ?) ► *un peu*
ādā mā kàtā fínyá(gɛ̄) /aor.2 + donner/moi/sel/un peu/ *donne-moi un peu de sel*
àɗɛ̂ fínyá bá /aor.3 + pleuvoir/un peu/seulement/ *il a plu juste un peu*

fínyágɛ̄ (fínyá↓gɛ̄ ?)
(var. du précédent)

flá̰à̰s
(< français) ► *France*

fóō
(adv.) ► *depuis longtemps, (tôt ?)*
àɓɛ̄ gà fóō /aor.3 + aller/aujourd'hui (passé)/depuis longtemps/ *il y a longtemps (depuis ce matin) qu'il est parti (il est parti tôt ce matin ?)*

fófōlífɔ̄
(cp. banda ?) ► *musaraigne*

fòlū/fòlú
(5; **kì-fòlū**) ▶ *frapper (avec un bâton), "chicotter"*
fòtō`
(< français) ▶ *photographie*
fɔ̀/fùé
(2; **k-ìfɔ̀**) ▶ *écraser, moudre, réduire en pâte ou en farine (sur une meule ou sur une planche)*
fɔ̄ kpēsé` /aor.3 + réduire en pâte/arachide/ *il réduit l'arachide en pâte*
▶ *frotter, enduire, crépir* (le verbe se confond apparemment avec **ìfɔ̄** (cl. 1) pour ce deuxième sens)
fɔ̄ kāyɛ̄ kúgí↓ nyá sɛ́↓ fɔ̄lɔ̄ /aor.3 + enduire/extérieur/maison/sa/avec/argile blanche/ *il enduit l'extérieur de sa maison d'argile blanche*
fɔ̀fɔ́↓
▶ *air*
fɔ̄kɔ̄
▶ *maïs*
fɔ̄lɔ̄
(cp. **fɛ̄lɛ̄** ?) ▶ *argile blanche, enduit d'argile blanche*
fɔ̀ndɔ̀
(< ngbandi ou sango ?) ▶ *banane (à cuire ?), bananier*
fù/fù´
(2; **k-ìfù**) ▶ *enfler, gonfler, être enflé, gonflé (d'une partie du corps exclusivement ?)*
fùfú↓
▶ *poumon(s)*
fùfú↓ nyá /poumon/son/ *ses poumons*
fùlù
▶ *poisson sp. (dit "goujon")*
fùlū
(ethnonyme) ▶ *Furu*
fùngà
(< banda) ▶ *colobe guéréza (singe sp.)* (pour Ndeta (1988:24), cet animal, qu'il identifie comme "cynocéphale", constituerait un interdit chez les Bagiro)

g

gà
(relatif, cf. 8.12.) ▶ *qui, que*

gà
(adv.) ► *aujourd'hui (passé), récemment (depuis le début de la journée)*
wò¯ gà mànɛ̄ /aor.3 + boire/aujourd'hui (passé)/eau/ *il a bu de l'eau aujourd'hui, tout à l'heure*

gàɗàngà
(< gbaya oriental ?) ► *manioc*

gàlì
► *(côté) gauche*
nzì¯ sī gàlì nāmī` /aor.3 + s'asseoir/côté/gauche/soeur + sa + à/ *il s'asseoit à gauche de sa soeur*

gàlī/gàlí
(5; **kì-gàlī**) ► *savoir, connaître*
mú-gá↓lī lɔ̄ gɔ̀ /aor.1-connaître/lui/nég./ *je ne le connais pas*
zɛ́ gá↓ gàlí líbɔ́↓ ná`¯ (I, 197) /eux/rel./aor.3 + connaître + pl./technique/la + être/ *ce sont eux qui connaissent cette technique*

gàlī
(< v. **gàlī**) ► *connaissance (de quelque chose)*
gàlī bɛ̄ /connaissance/chose/ *connaissance, intelligence (en général)*

gà.ná`.gà ~ gà.ná.là.gà
(marque d'emphase (cf. 16.2.) ou conjonctif (cf. 18.4.; autres var. **álà.gà ~ (`)ná.là.gà ~ kɔ́.ná.là.gà**) ► *c'est... que*

gānàpándì
(< sango) ► *fusil (de fabrication locale)*

gángá↓lū
(cp. **ngálú↓** "pique-assiette" et **tàlà ngálú↓** "estomac" ?) ► *poitrine, poitrail*
gángá↓lū /poitrine + sa/ *sa poitrine*

gá↓yɛ̄
(aussi **gáyɛ́↓**,cf. 8.8.) ► *épouse*
gá↓yɛ̄ /épouse + sa/ *son épouse*
gá↓yé dɛ́↓¯ /épouse + de/personne/ *épouse de quelqu'un*

gē`
forme circonstancielle de **gɛ̄**, pluriel nominal et associatif personnel (cf. 11.5.)

gé`
forme circonstancielle de **gɛ́**, associatif personnel et déterminant démonstratif (cf. 11.5.)

gégē`
forme circonstancielle de **gɛ́gɛ̄**, associatif personnel (cf. 11.5.)

gé.lùē
forme circonstancielle de **gɛ́.lɔ̀**, pronom démonstratif (cf. 11.5.)

gɛ̀¯
(personnel indépendant, cf. 9.1.) ► *nous (duel)*

gɛ̄
(personnel indépendant, cf. 9.1.) ► *nous (exclusif)*

gɛ̄
(associatif personnel, cf. 8.3.) ► *leur*

gɛ̄
(pluriel nominal, cf. 8.5.) ► *les, des*

gɛ́
(associatif personnel, cf. 8.3.) ► *notre (duel)*

gɛ́
(déterminant démonstratif, cf. 8.6.) ► *ces, les*

gɛ̀ɗɛ̂
(< gbaya ?) ► *fond extérieur, dessous (d'un objet), fondement, fesses, cul*
gɛ̀ɗɛ̂ kátá /fond/poterie/ *fond (extérieur) de poterie*
gɛ̀ɗɛ̂ tàlà /fondement/bouche/ *menton*
gɛ̀ɗɛ̄ /fondement + son/ *ses fesses, son cul*

gɛ̀gɛ̄
(personnel indépendant, cf. 9.1.) ► *nous (inclusif)*

gɛ́gɛ̄
(associatif personnel, cf. 8.3.) ► *notre (inclusif)*

gɛ́.là
(déterminant démonstratif, cf. 8.6.; composé de **gɛ̄** pluriel et (**á**)**là** "ce(-là)"; var. conditionnelle **gɛ̄.là**) ► *ces(-là ?) (invisible, absent ?)*

gɛ́lɛ̄
► *étoile*

gɛ́.lɔ̀
(déterminant démonstratif, cf. 8.6.; composé de **gɛ̄** pluriel et (´)**lɔ̀** "ce-ci"; ou **gɛ̄.lɔ̀** succédant à ton haut précédent) ► *ces-ci (visible, présent)*

gɛ̄ngɛ̄lɛ̄
► *chique (de l'homme)*

gì ~ g(y)-̀
(indice personnel-aspectuel aor.D, cf. 12.2.) ► *nous (duel et, avec le pluriel, inclusif)*

gī
► *membre antérieur, bras, main*
gī /bras + son/ *son bras, sa main*

gí ~ g(y)-
(indice personnel-aspectuel aor.E, cf. 12.2.) ► *nous (exclusif)*

gìdì
► *partie postérieure, envers, dos*
gìdī /dos + son/ *son dos*
gìdì ngɔ́yɛ́ꜜ /envers/cou/ *nuque*
.../...

entrant en composition avec le relateur **KI** (cf. 11.4.) :
▶ **gìdì... KI** /dos/.../à/ *derrière, après, à la suite de*

gìkì
▶ *arbre sur pied, tronc*
gìkì nyūmū /tronc/palmier à huile/ *pied de palmier à huile*

gīlī/gīlí
(6; **kì-gīlī**) ▶ *couper, découper (en frottant)* ▶ *traverser, aller au delà*
gì-gīlí má↓nɛ̄ bɛ̀ (I, 33) /aor.D-traverser + pl./eau/seulement/ *nous avons simplement traversé le fleuve*

gìlímà
nom d'une fraction Furu (cf. Texte I, 31)

gīyā
▶ *nouveauté, nouveau, neuf*

gò
▶ *crochet (bâton crochu, crochet de fer, etc...)*

gōlī/gōlí
(6; **kì-gōlī**) ▶ *caresser (en particulier un enfant)*

gòndà
(< ngbandi ou sango ?) ▶ *coeur*

gɔ̀
(modalité de proposition, cf. 14.5.; < gbaya oriental ?) ▶ *ne... pas, Négation*

gɔ̄
▶ *arrière, fin, suite, insu*
nzī ná àɗɛ̀ gɔ̄ ná ɗuà gɔ̀ /pluie/la/aor.3 + pleuvoir/fin/la/aor.3 + être éloigné/nég./ *il va bientôt cesser de pleuvoir (litt. la pluie tombe, sa fin n'est pas loin)*
bɛ̄ gɔ̄ má kɔ́.ná`.gà á↓ɗɛ̄ kɔ́ á-tā bū lɔ̀ ánɛ̄ /chose/insu/mon/c'est...que/aor.2-venir/puis/ aor.2-faire/chose/cette-ci/anaph./ *c'est à mon insu que tu es venu faire cette chose*
ngītɔ̄ gɔ̄ dènyɛ̄ /biens/suite/femme/ *prestations matrimoniales (en nature)*
kìmbɛ̀ gɔ̄ dènyɛ̄ /monnaie/suite/femme/ *prestations matrimoniales (en espèces)*
k-ìnù gɔ̄ dɛ̀¯ /inf.-prendre/suite/personne/ *suivre quelqu'un*
kì-tɔ́tɔ̀ gɔ̄ dɛ̀¯ /inf.-suivre/suite/personne/ *suivre quelqu'un*
▶ **gɔ̄ kālɛ̄** (aussi **gō kālɛ̄** ?) /arrière(?)/?/ *fond de la gorge*
entrant en composition avec le relateur **KI** (cf. 11.4.) :
▶ **gɔ̄... KI** /suite/.../à/ *après, à la suite de, à la recherche de, (à l'insu de ?)*
k-àɓɛ̄ gɔ̄ dɛ̀¯ kì /inf.-aller/suite/personne/à/ *suivre quelqu'un, aller à la recherche de quelqu'un*
ɗɛ̀¯ gō mí /aor.3 + venir/suite/ma + à/ *il est venu me chercher*
k-ìnduā kùɓà gɔ̄ dɛ̀¯ kì /inf.-placer/poison/suite/personne/à/ *empoisonner quelqu'un*

gɔ̀ɗɔ̄/gòɗué
(3; **kì-gɔ́ɗɔ́↓**) ▶ *ronfler*

gɔ̀gɔ̀
(< gbaya ?) ▶ *molaire*
gɔ̀gɔ̄ /molaire + sa/ *sa molaire*

gɔ́mɔ́ꜜ
► *calebasse (entière, sphérique ou à col), gourde*

gɔ̀ngɔ̀lɔ̀
► *animal sp. (dégage une forte odeur anale; très vraisemblablement un viverridé mais lequel ?)*

gɔ̀tɔ̀
► *trou, cavité*
gɔ̀tɔ̀ mànɛ̄ /trou/eau/ *trou d'eau, puits*
gɔ̀tɔ̀ gɛ̀ɗɛ̀ /trou/fondement/ *anus*
gɔ̀tɔ̀ dālā /trou/tambour/ *fente du tambour (d'appel)*

gɔ̀yɛ̀
► *pilon*

gù/gù´
(2; **k-ìgù**) ► *gratter du bout des doigts, pincer, enlever (notamment les feuilles de manioc en les pinçant)*

gùlù
► *mal de dent*

gūlū/gūlú
(6; **kì-gūlū**) ► *barrer (exclusivement un chemin ?)*
gūlū ɗɔ́bɔ́ꜜ má /aor.3+barrer/chemin/mon/ *il me barre le chemin*

gúlúꜜ
► *fruit d'Aframomum sp.* (Zingiberaceae)

gūmbáyā
(quantificateur cardinal, cf. 8.9.; < ngbandi) ► *neuf (9)*

gūndīmbā
► *poisson sp.*

gútúꜜ
► *court, peu élevé (d'un inanimé seulement, par opposition à* **ɗūkū***)*

guà/gùé
(2; **k-ìguà**) ► *couper, trancher d'un coup* ► *cultiver, désherber (avec un objet tranchant)* ► *piquer, mordre (de certains serpents)* ► *sortir, pousser (du manioc) (?)*

gb

gbádùmà
(< ngbandi) ► danse sp.

gbàgò
(< banda ?) ► *tabac (en feuilles séchées)*

gbāgɔ̄
► *aile*
gbāgɔ̄ /aile + sa/ *son aile*

gbágbòkò
► *poisson sp.*

gbáká↓/gbá↓ké
(4; **kì-gbáká↓**; < gbaya ou mbanja ?) ► *aider*

gbàkùlā
(comp. de **kùlā** "corde" ?) ► *oiseau sp. (corbeau pie)*

gbàlà
► *piquant (d'animal)*
gbàlà vèlū /piquant/porc-épic/ *piquant de porc-épic*
► (cp. mbanja ?) *pont (traditionnel, de liane ou de bois)*
sens non explicités dans :
► **kélī gbàlà** /lézard/?/ *margouillat*
► **gbàlà mànɛ̄** /?/eau/ *poisson sp.*

gbālā
► *mets de viande ou de poisson cuit en sauce*
► **gbālā ngàɓà** /mets/homme/ *poisson sp. (siluridé)*
► (< banda "aulacode") *aulacode ou athérure (?)*

gbándá↓
(< ngbandi ou sango ?) ► *filet (en général)*

gbàngúlà
► *panier sp. (de grande taille, notamment utilisé pour le stockage du coton ou des arachides)*

gbāyā
(ethnonyme) ► *Gbaya* (nom propre que les Bagiro s'attribuent à eux-mêmes ainsi qu'aux Furu du Zaïre; cf. Introduction et Texte I)

gbà´zɔ̀lɔ̀
► *feuille de manioc (faisant l'objet d'une préparation culinaire économique et populaire)*

gbɛ́lɛ́↓/gbé↓lé
(4; **kì-gbɛ́lɛ́↓**) ► *graver, inciser*

gbɛ̄ngɛ̄
► *banane (en général ou plus spécifiquement banane douce ?)*

gbì/gbì´
(2; **k-ìgbì**; aor.2 : **(í)gbí↓** ou **á-gbí↓**, par attraction de la cl. 3, cf. 12.1.)
► *perdre, oublier, se perdre, disparaître, être perdu*
m-úgbí↓ kɔ̄ /aor.1-se perdre/acc./ *je me suis perdu*
gbì lī kɔ̄ /aor.3 + oublier/nom + son/acc./ *il a oublié son nom*

gbílá↓/gbí↓lé
(4 **kì-gbílá↓**) ► *être paresseux, (faible ?)*

gbílá↓
(< v. **gbílá↓**) ► *paresse, paresseux*

gbó↓
(< banda ou ngbugu ?) ► *tubercule*
gbó gáɗángá↓ /tubercule/manioc/ *tubercule de manioc*

gbódò
► *bouillie*

gbògbò
(< ngbandi ou sango ?) ► *natte (pour s'étendre)*

gbókù
► *singe sp. (babouin ?)*

gbōlū
► *bouture (?)*
gbōlū gàɗàngà /bouture/manioc/ *bouture (?) de manioc*

gbɔ̀/gbùé
(2; **k-ìgbɔ̀**) ► *laver (un objet, une partie du corps)*
gbɔ̀ kūbū nyá /aor.3 + laver/vêtement/son/ *il lave son vêtement*
gbɔ̀ ngyà¯ /aor.3 + laver/pied + son/ *il se/lui lave le(s) pied(s)*

gbɔ̀ngɔ́↓
(< banda ?) ► *hyène*

gbɔ́`ngɔ́↓
► *poisson sp.*

gbùkā/gbùké
(5; **kì-gbùkā**) ► *s'agenouiller*
gbùkā kɔ̄ /aor.3 + s'agenouiller/acc./ *il s'est agenouillé*

gy

gyágì ~ gyág(y)-̀
(indice personnel-aspectuel inach.D, cf. 12.2.) ► *nous (duel ou, avec le pluriel, inclusif)*

gyágí ~ gyág(y)-
(indice personnel-aspectuel inach.E, cf. 12.2.) ► *nous (exclusif)*

gyálɔ́lɔ̀
(adv. ? comp. du déterminant démonstratif **(´)lɔ̀** ?) ► *alors, ensuite (?)*
tà´nzònī kɔ́ àm-ō mànɛ̄ gyálɔ́lɔ̀ ndà nɛ̄ w-ò¯ mànɛ̄ gɔ̀ /avant-hier/puis/inach.3-boire/eau/ensuite(?)/désormais/alors/aor.3-boire/eau/nég./ *avant-hier, il buvait de l'eau, désormais, il ne boit (plus) d'eau*

gyɔ̀/gyùé
(2; **k-ɔ̀gyɔ̀**) ► *enfanter, engendrer, mettre au monde, accoucher*
.../...

gyùé mā kākpō ɗà /aor.3 + enfanter + pl./moi/K./là/ *je suis né à Kakpo [*litt. *on m'a engendré à Kakpo]*

gyɔ̀
(adv.; attraction partielle du schème tonal (**gyɔ́`**), cf. 14.4.)
► *tranquillement, calmement*
nzì-kí gyɔ́` kɔ̄ /aor.3 + s'asseoir + pl./tranquillement/acc./ *ils sont restés tranquilles*

gyuà/gyùé
(2; **k-ìgyuà**) ► *couper (en frottant, par ex. avec un couteau)*

i

ìɓā/ìɓué
(1; **k-ìɓā**) ► *modeler, façonner (une poterie)*

ìfɛ̄/ìfé
(1; **k-ìfɛ̄**; vocalisme initial variable, cf. 12.1.) ► *enlever la peau, dépiauter, dépouiller*
ìfɛ̄ (ndàlā) táɗɔ̄ꜜ /aor.3 + dépouiller/(peau/)animal/ *il dépouille l'animal*
► *être sage, vigilant, avisé* (**kàmù**)
kàmū ìfɛ̄ ndó /oeil + son/aor.3 + être avisé/beaucoup/ *il est très avisé, sage*

ìfɔ̄/ìfué
(1; **k-ìfɔ̄**) ► *frotter, enduire, crépir* (apparemment confondu avec **fɔ̀** (cl. 2) pour ce sens)
ìfɔ̄ (~ fɔ̄) kàmū /aor.3 + frotter/oeil + son/ *il se frotte l'oeil*
ìfɔ̄ (~ fɔ̄) lɔ̄ sɛ̀ kíyá /aor.3 + enduire/corps + son/avec/poudre rouge/ *il enduit son corps de poudre rouge*
► *s'appuyer* (**lɔ̄**) (également confondu avec **fɔ̀** (cl. 2) pour ce sens ?)
ìfɔ̄ (~ fɔ̄ ?) lɔ̄ /aor.3 + appuyer/corps + son/ *il s'appuie*

ìgɛ̄/ìgé
(1; **k-ìgɛ̄**; vocalisme initial variable, cf. 12.1.) ► *refuser, désapprouver, démentir* (équivalent du sango **kɛ̀**; cp. **ìgɔ̄**)
bísíꜜ ìgɛ̄ nɛ̀ nɛ̄ nɛ̀¯ nán-ɔ̀ɗɛ̄ dɛ̀nyɛ̄ ná (II, 6) /chien/aor.3 + refuser/3 + dire/que/lui(L)/ inach.L-épouser/femme/la/ *le chien n'est pas d'accord et dit que c'est lui qui va épouser la femme*
ìgé bísíꜜ [...] sɛ̀ dɛ̀nyɛ̄ álà kɔ̄ (II, 21) /aor.3 + refuser + pl./chien/avec/femme/cette/acc./ *on refuse (d'accorder) la femme au chien*
k-ìgɛ̄ bɔ̀gyɔ̄ /inf.-démentir/parole/ *démentir une parole*

ìgɔ̄/ìgué
(1; **k-ɔ̀gɔ̄ ~ k-ìgɔ̄ ~ k-àgɔ̄**; vocalisme initial variable, cf. 12.1.) ► *refuser, empêcher, interdire* (équivalent du sango **gbánzì**; cp. **ìgɛ̄**)
bùlà má ìgɔ̄ k-àɓɛ̄ má bāmbālíꜜ kɔ̄ /père/mon/aor.3 + empêcher/inf.-aller/mon/B./acc./ *mon père m'a interdit/empêché d'aller à Bambari*

ìgbɛ̄/ìgbé
(1; **k-ìgbɛ̄**) ► *gratter, fouir, extraire (la terre d'un trou)*
àm-gbɛ̄ ngálā /inach.3-fouir/terre/ *il gratte, fouit la terre*

ìgbɔ̄/ìgbué
(1; **k-ìgbɔ̄**) ► *rire* ► *se moquer de*
k-ìgbɔ̄ dɛ̀¯ /inf.-rire/personne/ *se moquer de quelqu'un*

ìgyɔ̄/ìgyué
(1; **k-ɔ̀gyɔ̄**; vocalisme initial variable, cf. 12.1.) ► *conseiller (une personne)* ► *tresser (une vannerie à brins multiples : natte, nasse, panier...)*

ìkɔ̄/ìkué
(1; **k-ìkɔ̄**; vocalisme initial variable, cf. 12.1.) ► *tendre (un piège)*

ìkpā/ìkpué
(1; **k-ìkpā**) ► *pousser, (se pousser ?)*

ìlū/ìlú
(1; **k-ìlū**) ► *coudre*
ìlū kūbū /aor.3 + coudre/vêtement/ *il coud un vêtement*
► *être démuni, sans argent*
m-ūlū /aor.1-être démuni/ *je suis démuni, fauché*
ɓɔ̄lɔ̄ má ìlū /poche/ma/aor.3 + être démuni/ *ma poche est vide, je n'ai pas d'argent*

ìluā/ìlué
(1; **k-ìluā**) ► *puiser (un liquide)*

ìmā/ìmué
(1; **k-ìmā**) ► *être chaud* ► *être sévère (voire autoritaire et brutal)*

ìnā/ìné
(1; **k-ìnā**) ► *placer, mettre, déplacer, lancer, jeter, chercher à atteindre (au moyen d'un projectile), semer à la volée*
k-ìnā fàɗī /inf.-placer/feu + à/ *mettre, exposer au feu*
k-ìnā bɛ̄ kɔ̀gɔ̄ ɗà /inf.-placer/chose/ailleurs/là/ *déplacer une chose*
k-ìnā bɛ̄ kɛ̀mɛ̀ súpà kī /inf.-placer/chose/intérieur/bouteille/à/ *mettre une chose en bouteille*
k-ìnā sùndù /inf.-semer/sésame/ *semer du sésame (à la volée)*
k-ìnā ngá↓lī /inf.-jeter/terre + à/ *jeter à terre*
► *émettre, dire (chant, conte, devinette)*
k-ìnā kpā /inf.-émettre/chant/ *chanter*
k-ìnā sūsū /inf.-émettre/conte/ *dire un conte*
k-ìnā ngbòfà /inf.-émettre/devinette/ *poser une devinette*

ínā
(cp. mbanja ?) ► *ma mère, maman* (appellation ou désignation affective, exclusivement pour ego)

ìnduā/ìndué
(1; **k-ìnduā**) ► *placer, disposer*
ìnduā mángà ná tá↓lē` (I, 143) /aor.3 + placer/tabac/le/bouche + sa + à/ *il porte le tabac à sa bouche*
.../...

ìnduā fàɗù ná kúgí↓ ní /aor.3 + placer/feu/le/maison/la + à/ *il met le feu à la maison*
nzàpā s-ìnduā àtɔ́ mànɛ̄ ɓé zó↓ ní /Dieu/aor.3!-placer/un certain/année/ta/sommet/ le + à/ *que Dieu prolonge ta vie! [*litt. *que Dieu place de tes années dessus!]*

► *commencer, entreprendre* (**gɛ̀ɗɛ̄**)
ìnduā gɛ̀ɗɛ̄ màgɛ̀ nyá /aor.3 + placer/fondement/champ/son/ *il a commencé (le travail de) son champ*

ínzā
(adv.) ► *aussi, également*
àm-sé ínzā zɛ́ sɛ́ tó↓póyì nɛ̀ (I, 61) /inach.3-prendre + pl./aussi/eux/avec/tipoye/ce/ *on les portait eux aussi avec le tipoye*
► **ínzā... gɔ̀** /également/.../nég./ *ne... pas non plus*
mú-ndígí↓ ínzā gɔ̀ (I, 74) /aor.1-vouloir/aussi/nég./ *je n'accepte pas non plus*

ìsɔ̄/ísué
(1; **k-ìsɔ̄**) ► *tomber*
k-ìsɔ̄ ngá↓lī /inf.-tomber/terre + à/ *tomber à terre*
k-ìsɔ̄ ngɔ́ɓɛ́ sɛ́ dɛ́↓¯ ~ k-ìsɔ̄ dɛ̀¯ sɛ̀ ngɔ́ɓɛ́↓ /inf.-tomber/guerre/avec/personne/ ~ /inf.-tomber/personne/avec/guerre/ *faire la guerre à quelqu'un*
► *survenir*
màkɛ̀sɛ̀ ìsɔ̄ màlā ɓɛ̄ ná bá↓būlàbà... (I, 174) /M./aor.3 + survenir/sorte/village/le/ ainsi/... *(quand) Makese survient dans tel village,...*
► *se souvenir* (**lù**)
lù má ìsɔ̄ zɔ̀ bɛ̄ kì /foie/mon/aor.3 + survenir/sommet/chose/à/ *je me souviens de quelque chose [*litt. *mon foie survient sur une chose]*

ìtɔ̄/ítué
(1; **k-ìtɔ̄**) ► *porter*

ìyuā/íyué
(1; **k-ìyuā**) ► *cacher*
ìyuā bɛ̄ /aor.3 + cacher/chose/ *il cache une chose*
ìyuā lɔ̄ /aor.3 + cacher/corps + son/ *il se cache*

ìzī/ízí
(1; **k-ìzī**) ► *être mou, souple, non dur, non résistant*
ngálā ná ìzī ndó /terre/la + aor.3 + être mou/beaucoup/ *la terre est très molle*
m-īzī ndó /aor.1-être mou/beaucoup/ *je n'ai pas de force, pas de résistance*
gī´ ìzī sɛ̀ bɛ̄ k-ìdā bɛ̄ dɛ̀¯ ndó (I, 83) /main + ta/aor.3 + être mou/avec/chose/ inf.-donner/chose/personne/beaucoup/ *ta main donne facilement, tu es généreux*

ìzū/ízú
(1; **k-ìzū**) ► *tirer* ► *aspirer (notamment la fumée du tabac)*

ìzuā/ízué
(1; **k-ìzuā**) ► *lier, attacher, maintenir avec un lien* ► *construire (une maison), établir (un village)*
k-ìzuā kúgí /inf.-lier/maison/ *construire une maison*
k-ìzuā ɓɛ̄ /inf.-lier/village/ *établir un village*
► *enfiler (un vêtement)*
k-ìzuā kūbū /inf.-lier/vêtement/ *enfiler, mettre, attacher un vêtement*

k

kà¯
(< v. **à¯**) ► *marche, démarche*

ká`/ké`´
(8; **kì-ká`**; < ngbandi) ► *vendre*

kàbītà
(< portugais par le sango ou le français ?) ► *chef (de subdivision villageoise, de quartier), "capita"*

kàbúlá↓
► *père du père ou de la mère, grand-père (homme ou femme parlant)*
kàbú↓lā /grd-père + son/ *son grand-père*
kàbú↓lé dɛ́↓¯ /grd-père + de/personne/ *grand-père de quelqu'un*

kàɓɛ̀
► *oeuf*
kàɓɛ̀ kùngyā /oeuf/poule/ *oeuf de poule*

kādɔ̄
► *calebasse (hémisphérique, avec ou sans "queue")*

kàfē`
(< français) ► *café (plante, grains ou boisson)*

kāgā
► *végétal ligneux, arbuste, arbre, bois, bâton*
kāgā yòngō /bâton/hameçon/ *canne à pêche*
► *médication, remède*
nyàlā kāgā kɛ̀mɛ̀ kátá↓ ní /aor.3 + verser/remède/intérieur/pot/le + à/ *il verse un remède dans le pot*

kágā
(adv.; cp. **kɔ̀gɔ̄** ?) ► *dehors, à l'extérieur*
tàkī kágā /aor.3 + sortir/dehors/ *il sort (dehors)*

kàgbà
► *léopard, panthère d'Afrique*

kàgyà
(< v. **àgyà** ?) ► *vérité, exactitude, précision, vrai, exact*

kàgyɔ̄
► *corne*
kàgyɔ̄ /corne + sa/ *sa corne*

kàkà
► *mère du père ou de la mère, grand-mère (homme ou femme parlant)*
kàkā /grd-mère + sa/ *sa grand-mère*
kàké dɛ́↓¯ /grd-mère + de/personne/ *grand-mère de quelqu'un*

kàkɛ̀
(< v. **àkɛ̀**) ► *rougeur, rouge, maturité, mûr*

kākpō
nom d'un village (et clan ou lignage) bagiro

kàlà
uniquement attesté dans :
► **kàm(ù) kàlà** /surface/?/ *mare, étendue d'eau stagnante qui tarit en saison sèche*

kàlà
(quantificateur cardinal, cf. 8.9.; attraction partielle du schème tonal : **kálà**)
► *un, un seul*
nù kāgā kàlà /aor.3 + prendre/bâton/un/ *il prend un (seul) bâton*

kàlà
(adv.; attraction totale du schème tonal : **kálá↓**; cp. **kàlà** "un seul")
► *seulement, restrictivement, exclusivement*
nù kàlà kāgā kàlà /aor.3 + prendre/seulement/bâton/un/ *il prend seulement un (seul) bâton*
ɗè-kí kálá sɛ́↓ gútú↓ ná /aor.3 + venir-pl./seulement/avec/court/le/ *ils apportent seulement le court*

kālā
► *battue organisée pour chasser le petit gibier*
kì-tā kālā /inf.-faire/battue/ *pratiquer, faire la battue kālā*

kàlàgɛ̄
(quantificateur, comp. de **kàlà** "un (seul)" et **gɛ̄** *pluriel*, avec valeur intensive-restrictive, cf. 8.9.; attraction partielle ou totale du schème tonal : **kálàgɛ̄** ou **kálá↓gɛ̄**) ► *seul, unique, exclusif*
kɔ̀tɔ́ kálàgɛ̄ bà à kālɛ̄ (II, 15) /un certain/unique/seulement/être/absent/ *il n'en reste pas un seul*
zɛ́ kálá↓gɛ̄ bà ɗò-kí kɔ̄ /eux/unique/seulement/aor.3 + partir-pl./acc./ *eux seuls sont partis*

kàlālà
(quantificateur, cf. 8.9.; cp. **kàlà** "un (seul)") ► *seul, tout seul, isolé*
lɔ̄ kàlālà /lui/isolé/ *il est (tout) seul*
lɔ̄ kàlālà ɗò¯ kɔ̄ /lui/isolé/aor.3 + partir/acc./ *il est parti (tout) seul*

kālɛ̄
uniquement attesté dans :
► **gɔ̄ kālɛ̄** (aussi **gō kālɛ̄** ?) /arrière(?)/?/ *fond de la gorge*

kālɛ̄
(nom ?) ► *absent, inexistant*
bɛ̄ à kālɛ̄ /chose/être/inexistant/ *ça va [*litt. *il n'y a rien]*
lɔ̄ à kālɛ̄ /lui/être/absent/ *il est absent*
lèkɔ́l à kālɛ̄ (I, 88) /école/être/inexistant/ *l'école n'existait pas*

kàlì
► *oiseau sp. (perdrix)*

kálí↓/ká↓lí
(4; **kì-kálí↓**) ► *siffler*

kàlílí↓
► *ver de terre*

kàmù
(sur l'amuïssement de la voyelle finale, cf. 2.2.) ► *oeil/yeux, visage*
kàmū /oeil + son/ *son oeil, ses yeux, son visage*
► *grain, fruit*
kàm(ù) ɓ̃ɔ̀kɔ̄ /grain/maïs/ *grain(s) de maïs*
kàm(ù) nyūmū /fruit/palmier/ *noix de palme (avec sa pulpe)*
► *surface, étendue*
kàm(ù) ɗɔ̄bɔ́↓ /surface/chemin/ *surface de chemin*
kàm(ù) kàlà /surface/?/ *mare, étendue d'eau stagnante (non permanente)*
kàm(ù) kàzà /surface/soleil/ *ciel*
entrant en composition avec le relateur **KI** (cf. 11.4.) :
► **kàmù... KI** /suraface/.../à/ *sur, à la surface de, sur l'étendue de*

kàmùsuà
(comp. de **kàmù** "visage, oeil" ?) ► *timidité, réserve, pudeur, honte, "respect"*
tā kàmùsuà /aor.3 + faire/réserve = honte/ *il est timide, il a honte, il fait le "respect"*
kàmùsuà kuà lɔ̄ /réserve = honte/aor.3 + affecter/lui/ *il est timide, il a honte, il fait le "respect"*

kà´mbà
► *poisson sp. (gros poisson à tête plate, sans écailles)*

kámbá↓
► *feuilles, feuillage*
mbī kámbá↓ /oreille/feuillage/ *feuille*
kámbá↓ dōlū /feuillage/arbre sp.(?)/ *feuilles (d'un arbre spécifique, dōlū ?) utilisées en infusion*

kàmbɛ̄
► *pâte grasse (d'arachide, de graine de courge...) utilisée dans les préparations culinaires*

kàmbì
(< v. **àmbì**) ► *graisse animale*
kàmbì lɔ̄ táɗɔ̄↓ /graise/corps/animal/ *graisse d'animal*
► **kàmbì tàgì** /miel/abeille/ *miel (d'abeille)*

kàmbílì
► *ongle, griffe*
kàmbílì gī /ongle/main/ *ongle, griffe de la main, du membre antérieur*
kàmbílì ngyà /ongle/pied/ *ongle, griffe du pied, du membre postérieur*
► (< ngbandi ?) *huile de palme précuite (prête à l'utilisation culinaire)*

kāmbɔ́lɔ́↓
(contraction vraisemblable d'une forme ***kāyɛ̄ mbɔ́lɔ́↓**, elle-même composée de **kāyɛ̄** "extérieur, alentour") ► *proximité (ou plutôt alentour ?)*
kāmbɔ́↓lɔ̄ /proximité + sa/ *sa proximité*
entrant en composition avec le relateur **KI** (cf. 11.4.) :
► **kāmbɔ́lɔ́↓... KI** /proximité/.../à/ *à proximité de (ou plutôt alentour de ?)*

kàndá`
var. de **àndá`**
kándà
(< banda "aigle") ► *oiseau sp. (aigle ?)*
kándágɔ̄
► *oiseau sp. (bergeronnette ?)*
kàndɔ́`
(< français) ► *chef de canton, fonction/autorité de chef de canton*
kángà/kángè´
(8; **kì-kángà**; < ngbandi ou sango) ► *barrer, fermer, enfermer, emprisonner*
kángà
(< v. **kángà**) ► *prison, emprisonnement*
lɔ̄ à kángà kī /lui/être/prison/à/ *il est en prison*
kángá↓
(< banda "bubale" ?) ► *girafe (?)*
kāngɛ̄
► *poisson (terme générique)*
kángí↓
(< banda) ► *serpent sp.*
kàngòyà
(< ngbandi ou sango) ► *vin de palme (extrait du palmier à huile)*
kàngbà
(< ngbandi) ► *personne respectable (du fait de son âge essentiellement, d'où les sens suivants), aîné, ancêtre*
kànyā
(< v. **ànyā**) ► *course*
sē´ ká↓nyā /aor.3 + prendre + pl./course/ *ils courent (ou plus précisément ils font la course ?)*
► **kànyā ngālɛ̄** /course/ventre/ *diarrhée*
kànyā ngālɛ̄ kuà mā /course/ventre/aor.3 + affecter/moi/ *j'ai la diarrhée*
kásəkə
(< français) ► *casque*
kásí↓/ká↓sí
(4; **kì-kásí↓**) ► *tousser*
kásí↓
(< v. **kásí↓**) ► *toux*
kásí↓ kuà mā /toux/aor.3 + affecter/moi/ *j'ai la toux*
sens non explicité dans :
► **kásí↓ gɔ̄** /?/arrière/ *occiput*
kàsū
(< v. **àsū**) ► *mauvais, méchant, caractère de ce qui est mauvais, méchant*
.../...

àtù kàsū ná /aor.3 + sentir/mauvais/le/ *ça sent mauvais*
nī kàsū nī /aor.3 + rêver/mauvais/rêve/ *il fait un mauvais rêve*

kàtà
(< v. **àtà**) ► *tranchant*

kàtā
► *sel*

kátá↓
► *poterie, pot, jarre de céramique*

kātākā
► *oiseau sp.*

kàtɛ̀
► *élément de piège à termites* (il s'agit d'une sorte de couvercle tressé, utilisé pour piéger les termites **kpōbù**, lesquels retombent ensuite dans l'entonnoir de feuille **kɔ̀lɔ̀ngɔ̀**)

kàwū
(< v. **àwū**) ► *(repos, pause ?)* (acception probable mais non vérifiée) uniquement attesté sous la forme d'un syntagme plus ou moins figé (cf. 8.13., 15.2.-3.) :
► **kàwū ná** /restriction/la/ *seulement, rien de plus que*
kàwū ná`¯ (I, 171; II, 20) /restriction/la + être/ *c'est tout, il n'y a rien de plus*
kàwū ná ɓā mùmù gɛ̄ ànzé (III, 10) /restriction/la/celle de/rat de Gambie/pl./ aor.3 + sortir + pl./ *seuls ceux [les termites] du rat de Gambie sortent*

káwū
► *mouche*

kàyɛ̄
(< v. **àyɛ̄**) ► *sec*

kāyɛ̄
► *alentour, extérieur (?)*
fɔ̄ kāyɛ̄ kúgí↓ nyá sɛ́↓ fɔ̄lɔ̄ /aor.3 + enduire/extérieur/maison/sa/avec/argile blanche/ *il enduit (l'extérieur de) sa maison d'argile blanche*
► (par extension du sens précédent ?) *brousse, zone de savane arborée* (s'opposant notamment à **ngòndà** zone de végétation dense; équivalent de **bìlì** ?)
kāyɛ̄` /brousse + à/ *en brousse*
entrant en composition avec le relateur **KI** (cf. 11.4.) :
► **kāyɛ̄... KI** /alentour/.../à/ *autour de, auprès de*

káyɛ̄
► *cri*
káyɛ̄ ɓé tūlī mā /cri/ton/aor.3 + éveiller/moi/ *tes cris m'ont éveillé*
k-ìɓà káyɛ̄ /inf.-crier/cri/ *crier*
k-ìdā káyɛ̄ /inf.-donner/cri/ *crier*

kàyɛ̄gìdì
(comp. de **gìdì** "dos" ?) ► *cadet (au sens absolu ou au sens généalogique ?)*
kàyɛ̄gìdī /cadet + son/ *son cadet*

kàyì
(< v. **àyì**) ► *bon, juste, agréable, caractère de ce qui est bon, etc...*
á↓ɗō kàyì ná /aor.2-partir/bon/le/ *bon voyage! [*litt. *pars bien!]*
àtù kàyì ná /aor.3 + sentir/bon/le/ *ça sent bon*
lɔ̄ à kàyì dɛ̀¯ /lui/être/bon/personne/ *il est bon*
kàyì ngɔ̄nɔ̄ dɛ̀¯ ngàɓà /bon/jeune/personne/mâle/ *jeune homme*
kàyì ngɔ̄nɔ̄ dɛ̀nyɛ̄ /bon/personne/femme/ *jeune fille*

kāyī/kāyí
(6; **kì-kāyī**) ► *diviser, partager*

kāyī
(< v. **kāyī**) ► *division, partage*

kàzà
► *soleil, clarté du jour, jour*
kàzà ànzā kɔ̄ /soleil/aor.3 + se coucher/acc./ *le soleil s'est couché*
ɗè¯ sɛ̀ kàzà /aor.3 + venir/avec/jour/ *il vient (pendant) le jour*
ɗè¯ sɛ̀ zɔ̀ kàzà /aor.3 + venir/avec/tête/jour/ *il vient le soir*
kàzà vɔ́ /jour/tous/ *tous les jours*

kàzà.´ngā´ɗī ~ kàzà.´ngāníɗī
(pronom interrogatif, cf. 9.4., 11.9.; comp. de **kàzà** "jour" et **ángā´ɗī** "lequel?") ► *quel jour?, quand?*
ám↓ɗē kàzà.´ngā´ɗī /inach.2-venir/quel jour?/ *quand, quel jour viendras-tu ?*

kàzī
► *éléphant*

kázī/kázī´
(7; **kì-kázī**) ► *uriner, pisser*

kázī
(< v. **kázī**) ► *urine*
kázī nyá /urine/son/ *son urine*

kè
► *excréments*
kè gɛ̀ɗɛ̀ kàzī /excréments/fondement/éléphant/ *crottins d'éléphant*

kēlī
► *bois de chauffe, "fagot"*

kélī
► *lézard (et gecko ?)*
► **kélī gbàlà** /lézard/?/ *margouillat*
sens non explicité dans :
► **kélī gī** /?/bras/ *coude*

kémbí↓/ké↓mbí
(4; **kì-kémbí↓**) ► *être belle (d'une femme)*
dɛ̀nyɛ̄ lɔ̀ kémbí↓ ndó /femme/cette/aor.3 + être belle/beaucoup/ *cette femme est très belle*

kémbí↓
(< v. **kémbí**↓) ► *beauté (d'une femme), belle*
àkɔ̀ kémbí dɛ́↓**nyɛ̄** /aor.3 + voir/belle/femme/ *il voit une belle femme*
kémbí↓ **lüè ndó** /beauté/corps + son + à/beaucoup/ *elle est très belle*
dɛ̀nyɛ̄ lɔ̀ sɛ̀ kémbí↓ **ndó** /femme/cette/avec/beauté/beaucoup/ *cette femme est très belle*
kémbí↓ **nyá àlɔ̄ zɔ̀ ná** /beauté/sa/aor.3 + surpasser/tête/la/ *elle est la plus belle [*litt. *sa beauté surpasse le sommet]*
► **kémbí**↓ **ngɔ̄nɔ̄ dɛ̀nyɛ̄** /belle/jeune/femme/ *jeune fille*

kèpà
uniquement attesté dans :
► **kèpà nzàyī** /?/*Lates sp.*/ *poisson sp. (de plus petite taille que* **nzàyī** *"Lates sp., 'capitaine'", auquel il ressemble)*

kɛ̄fɛ̂
(< ngbandi ou sango ?) uniquement attesté dans :
► **kɛ̄fɛ̂ yòngō** /?/hameçon/ *canne à pêche*

kɛ́gbɛ̄
► *souris*

kɛ́lɛ́nzɛ́↓
(< ngbandi) ► *petite pierre, gravillon*

kɛ̀mɛ̀
► *intérieur*
kɛ̀mɛ̀ kátá↓ /intérieur/poterie/ *intérieur de poterie*
kɛ̀mɛ̀ ngālɛ̄ /intérieur/ventre/ *ventre intérieur, entrailles*
entrant en composition avec le relateur **KI** (cf. 11.4.) :
► **kɛ̀mɛ̀... KI** /intérieur/.../à/ *dans, à l'intérieur de, pendant*

kɛ̀mbɛ̀
(nom de localité) ► *Kembé (sous-préfecture de la Basse-Kotto)*

kɛ́tɛ̄
► *premier, initial*
kɛ́tɛ̄ ngɔ̄nɔ̄ má /premier/enfant/mon/ *mon enfant premier né*
kɛ́tɛ̄ ná /premier/le/ *le premier*
kɛ́tɛ̄ ní /premier/le + à/ *en premier, d'abord, au début*

kì ~ kī
(relateur, cf. 11.3.; ce même terme s'exprimant encore à travers une altération vocalique et/ou tonale dans les "formes circonstancielles", il est commodément symbolisé, au delà de ses différentes variantes, comme le "relateur **KI**") ► *à, dans (localisation spatiale ou temporelle au sens le plus général)*
entrant en composition avec différents noms : **kɛ̀mɛ̀... KI** "dans, à l'intérieur de", **zɔ̀... KI** "sur, au sommet de", **ngūlā... KI** "chez", etc.

kí
(personnel indépendant, cf. 9.1.; n'exerce jamais d'attraction tonale)
► *toi, te*
.../...

àkɔ̀ kàlà kí /aor.3+regarder/seulement/toi/ *ça ne regarde que toi*
kí sɛ̀ kùyā /toi/avec/couteau/ *tu as un couteau*

kí
(pluriel verbal, cf. 12.3.; la variante segmentale de ce terme, qui se manifeste plus souvent à travers une altération vocalique et/ou tonale du verbe, est réservée à certains des verbes monosyllabiques; cp. **yí**)
ɗò-kí /aor.3+partir-pl./ *ils partent*

kíɓálí↓
► *varan terrestre*

kíɓílí↓
► *oiseau sp. (faucon ?)*

kìdɔ̀
► *canne*

kīfɔ̄
► *semence, graines de semence*

kílā
► *queue*
kílā /queue+sa/ *sa queue*

kílātú
(comp. /queue+sa/y/ "sa queue existe") ► *petite roussette*

kìlī
► *oiseau sp. (merle de roche ?)*

kìlù
(< v. **lù**) ► *(décoction ?)* (sens non confirmé)
uniquement attesté dans :
► **kìlù bɛ̄** /décoction(?)/chose/ *décoction, remède obtenu par décoction*

kìmbɛ̀
► *argent, monnaie* (le nom s'appliquait sans doute, à l'origine, à une ancienne monnaie métallique)
kìmbɛ̀ gɔ̄ dɛ̀nyɛ̄ /monnaie/suite/femme/ *prestation matrimoniale en espèces, "dot"*

kínì/kínì´
(8; **kì-kínì**; < ngbandi "sursauter") ► *se précipiter, (sursauter ?)*

kìsī
► *coque, coquille*
kìsī kpēsé` /coque/arachide/ *coque d'arachide*
kìsī kɔ́sɔ̄ /coque/(graine de)courge/ *enveloppe de la graine de courge*
kìsī kàɓɛ̀ /coquille/oeuf/ *coquille d'oeuf*

kítā
► *oiseau sp. (tisserin)*

kítíngìlí↓
► *oiseau sp. (inséparable à tête rouge ?)*

kíyá↓
► *arbre sp. dont on tire une poudre rouge* (équivalent du ngbandi **mbyɔ̄**); *cette poudre (utilisée comme teinture)*

kìzà
► *vrai*
kìzà bɔ̀gyɔ̄ /vrai/parole/ *vérité*

kìzī
(< v. **ìzī**) ► *mou, souple, non dur, non résistant*

kízì
(< banda) ► *perle, (cauri ?)*

kōbyō
(structure phonologique inhabituelle; origine ?) ► *oiseau sp. (veuve à dos d'or ?)*

kòɓì
(différent de **mùkòɓì** ?) ► *poisson sp., dit "poisson courant" (provoque une décharge électrique, sans écaille : Malapterurus electricus ?)*

kòkō
► *pardon, grâce*
mú-nzúgyɔ́ kó↓kō gī kì zà /aor.1-demander/grâce/main + sa/à/en vain/ *j'ai imploré sa grâce en vain*

kòkùlà
(cp. banda ?) ► *flêche*

kòlì
(< v. **w-òlì**) ► *profondeur, profond*

kōlī
► *manche (d'instrument)*
kōlī kɔ̀kɛ̀ /manche/houe/ *manche de houe*
kōlī kùyā /manche/couteau/ *manche de couteau*

kōmànɛ̄
(comp. de **mànɛ̄** "eau" ?) ► *père/mère de l'époux/épouse, époux/épouse de la fille/du fils, beau-père, belle-mère, gendre, bru, beau-parent, "beau"* (ce dernier terme désignant les différents parents par alliance)
kōmànɛ̄ /beau-parent + son/ *son beau-parent*
kōmàní dɛ́↓¯ /beau-parent + de/personne/ *beau-parent de quelqu'un*
le genre peut être spécifié au moyen d'un déterminant :
kōmànɛ̄ má ɓā dɛ̀¯ ngàɓà; - ɓā dɛ̀nyɛ̄ /beau-parent/mon/celui de/personne/mâle/; - /celui de/femme/ *mon beau-père/gendre; ma belle-mère/bru*

kòsī
► *concombre*

kōsī/kōsí
(6; **kì-kōsī**) ► *gratter avec l'ongle (seulement la peau ?)*

kòtó`
(< français) ► *coton*

kɔ̄
(modalité de proposition, cf. 14.5.) ► *déjà, Accompli*
w-ɔ̀yɛ̀ kɔ̄ /aor.3-mourir/acc./ *il est (déjà) mort*
suà vɔ́ kɔ̄ /aor.3 + manger/tout/acc./ *il a tout mangé*

kɔ́
(thématiseur et conjonctif, cf. 16.1., 18.4.) ► *d'abord*

kɔ̀gɔ̄
(adv.; cp. **kágā** ?) toujours suivi de **ɗà** :
► **kɔ̀gɔ̄ ɗà** /ailleurs(?)/là/ *ailleurs, (à l'extérieur ?)*
à-yí kɔ́ꜜgɔ̄ ɗà /aor.3 + aller-pl./ailleurs/là/ *ils vont ailleurs (à l'extérieur ?)*
k-ìnā bɛ̄ kɔ̀gɔ̄ ɗà /inf.-placer/chose/ailleurs/là/ *déplacer une chose*

kɔ́gbɔ́ꜜ
(< banda) ► *escargot sp.*

kɔ̀gyɔ̀
(< v. **gyɔ̀**) ► *parent, apparenté*
kɔ̀gyɔ̀ nyá /parent/son/ *son parent*

kɔ̀kɛ̀
► *houe (à manche coudé)*

kɔ̀kɔ̀
► *pangolin*
► (< sango ?) *plante sp. à feuilles comestibles (Gnetum africanum)*

kɔ̀kɔ̀líyɔ̀kɔ̀ɔ̀
(onomatopée) ► *cocorico!*

kɔ́lɔ́ꜜ/kɔ́ꜜlué
(4; **kì-kɔ́lɔ́ꜜ**) ► *percer de part en part*

kɔ̀lɔ̀mà
► *oiseau sp. (calao)*

kɔ̀lɔ̀ngɔ̀
► *feuille roulée en entonnoir, entrant dans la composition d'un piège à termites* (cf. **kàtɛ̀**)

kɔ̀lɔ́ngɔ̄lɔ̄
(< banda ?) ► *iule*

[kɔ́mḁ́]
(< français) ► *comment*

kɔ́mándè/kɔ́mándè´
(8; **kì-kɔ́mándè**; < français) ► *commander, exercer son autorité sur*

kɔ̄māndēmā
(< français) ► *chef, fonction/autorité de chef*

kɔ́másè/kɔ́másè´
(8; **kì-kɔ́másè**; < français) ► *commencer*

[kɔ́mə̀]
(< français) ► *comme, puisque*

kɔ́mbélétènɛ̄
(adv.; < français) ► *complètement*

kɔ́.ná.là.gà ~ kɔ́.ná`.gà
(marque d'emphase (cf. 16.2.) ou conjonctif (cf. chap. 18.4.; autres var. **álà.gà ~ (`)ná.là.gà ~ gá.ná.là.gà**) ► *c'est... que*

kɔ̀nɔ̄
► *vieux, ancien, qui date, hors d'usage ou de mode (personne ou chose)*
► **kɔ̀nɔ̄ lù** /ancien/foie/ *rate*

kɔ̄nɔ̄
► *épine*

kɔ́nɔ́↓
► *nez*
kɔ́↓nɔ̄ /nez + son/ *son nez*
► *partie antérieure proéminente, avant, pointe*
kɔ́nɔ́ wá↓ngyā /avant/matin/ *pointe du matin, période qui précède le lever du soleil*
kɔ́nɔ́ wó↓tō` /avant/automobile/ *avant, devant d'automobile*

kɔ́ngɔ̄
► *colline, montagne*

kɔ́nyɔ́↓
(aussi **kɔ́nyɔ̄** ou **kɔ́↓nyɔ̄**, cf. 8.8.) ► *mère*
kɔ́↓nyɔ̄ /mère + sa/ *sa mère*
► *genre femelle de, variété importante (grosse, fertile ?) de*
kɔ́nyɔ́ ká↓zī /femelle/éléphant/ *éléphant femelle*
kɔ́nyɔ́↓ dālā /femelle/tambour/ *grand tambour (des deux tambours d'appel)*
kɔ́nyɔ́ má↓nɛ̄ /femelle/eau/ *lit (ou plutôt endroit profond ?) d'un cours d'eau*

kɔ̄sɔ̄
► *pierre, rocher*

kɔ́sɔ̄
► *graine de courge, courge* (seules les graines, que l'on réduit en pâte, sont utilisées)

kɔ̀tɔ́
(partitif, cf. 8.2., 9.2.; var. **àtɔ́**) ► *(un) certain*

kɔ̀tɔ̀lɔ̀
► *ordures, détritus*

kɔ̀yɛ̀
(< v. **w-ɔ̀yɛ̀**) ► *(le) mort, ((la) mort ?)*

kɔ̀yɛ̄
(< v. **w-ɔ̀yɛ̄**) ► *lourd*

kū/kū-kí
(6; **kì-kū**) ► *pleurer*

kūbū
► *vêtement, habit*

kùɓà
► *poison*
kùɗà ~ kùɗuà
(< v. **ɗuà**) ► *éloignement, éloigné*
sɛ̀ kùɗà ná /avec/éloignement/le/ *au loin*
kùɗù
► *sourd-muet, surdi-mutité,* (et par extension) *caractère récalcitrant, impoli, asocial*
kí à kùɗù /toi/être/impoli/ *tu te comportes mal*
kùɗù nyá /impolitesse/sa/ *son mauvais comportement*
kúgí↓
► *maison, habitation, nid*
kúgí yá↓lī /nid/oiseau/ *nid d'oiseau*
kúgí↓ kɛ́gbɛ̄ /nid/souris/ *nid de souris*
kúgí tágí↓ /habitation/abeille/ *ruche*
kúkūlú↓
(< banda ou ngbandi ?) ► *oiseau sp. (perroquet ou jacko ?)*
kùlā
► *corde, lien*
kūlā
► *arbre sp. ("fromager" ou faux kapokier)*
kúlá↓
► *mâle (des oiseaux)*
kúlá kú↓ngyā /mâle/gallinacé/ *coq*
kúlá tángyá↓ /mâle/pintade/ *pintade mâle*
kūlī/kūlí
(6; **kì-kūlī**) ► *être/devenir froid, être humide* ► *être/devenir mou* ► *se calmer, être calme*
kūlī
(< v. **kūlī**) ► *froid, humide* ► *mou* ► *calme*
kùlú↓
► *tourterelle*
kúlú↓
► *charbon (de bois)*
sens non explicité dans :
► **kúlú ngyá↓** /?/membre postérieur/ *partie inférieure du membre postérieur ou de la jambe, tibia*
kùlúɗālā
► *punaise (du lit)*
kúlúkù/kúlúkù´
(8; **kì-kúlúkù**) ► *importuner, déranger*

kùmā
(< v. **ìmā**) ► *chaud*

kūmū
► *nombril, cordon ombilical*
kūmū /nombril + son/ *son nombril*

kùmbùlù
(< banda) ► *escargot sp.*

kùngyā
► *poule, gallinacé*
kɔ́nyɔ́ kú↓ngyā /femelle/poule/ *poule (femelle)*
kúlá kú↓ngyā /mâle/poule/ *coq*

kúsà ~ kúsuà
(vraisemblablement dérivé de **suà** "manger", avec un schème tonal atypique (HB)) ► *viande, chair animale (crue), nourriture préparée (spécifiquement carnée ?)*
kúsà táɗɔ̄↓ /chair/animal/ *chair d'animal*
kúsà kāngɛ̄ /chair/poisson/ *chair de poisson*
àm-tɔ́↓ kúsà ná /inach.3-souffler/nourriture/la/ *il souffle sur la nourriture*

kúsú
(ou plutôt **kúsú↓** ?) nom d'un village (et clan ou lignage) bagiro

kùsuà
(< v. **suà**) uniquement attesté dans :
► **bɛ̄ kùsuà** /chose/nourriture(?)/ *nourriture*

kútá↓
► *bouclier*

kú↓tī
(forme circonstancielle figée ? cf. 11.3) ► *à/vers l'extérieur, au dehors*
k-ìɓɛ̀ kú↓tī /inf.-fuir/à l'extérieur/ *s'enfuir*

kùtùbɔ́`
(< français "coup de poing" par le ngbandi ou le sango ?) ► *pâte, "boule" de manioc (préparée à partir de manioc frais)*

kùyā
► *couteau*

kūyē
► *poisson sp.*

kùyī/kùyí
(5; **kì-kùyī**) ► *être courbé, voûté (personne ou chose)*

kùyī
(< v. **kùyī**) ► *courbé, courbe, voûté*
kùyī kāgā /courbe/bâton/ *bâton courbe*

kuà/kùé
(2; **k-ìkuà**) ► *saisir, attraper* ► *être attaché à*
.../...

lī bāgīlɔ̀ ná kuà ndà zɔ̀ gɛ́gɛ̄ (I, 38) /nom/B./le/aor.3 + saisir/désormais/tête/notre(I)/ *ce nom de Bagiro nous est désormais attaché*

► *affecter (état physiologique ou psychologique)*

túmā kuà mā /transpiration/aor.3 + affecter/moi/ *je transpire*

ɓɔ̄ kuà mā /faim/aor.3 + affecter/moi/ *j'ai faim*

wɔ̄ngɔ̄ kuà mā /colère/aor.3 + affecter/moi/ *je suis en colère*

► *souffler (vent)*

nyílɛ́↓ àm-kuá /vent/inach.3-saisir/ *le vent souffle*

► *penser, réfléchir* (**zɔ̀**)

kuà zɔ̀¯ /aor.3 + saisir/tête + sa/ *il pense, il réfléchit*

► *s'entretenir, causer (dans un but de divertissement ou de séduction), "baratiner"* (**sàkɔ́**)

k-ìkuà sàkɔ́ sɛ́ dɛ́↓¯ /inf.-saisir/causerie/avec/personne/ *causer avec quelqu'un*

k-ìkuà sàkɔ́ sɛ́ dɛ́↓nyɛ̄ /inf.-saisir/causerie/avec/femme/ *causer avec une femme (généralement dans l'intention de la séduire), "baratiner" une femme*

► *prendre (en parlant du feu)*

fàɗù ná kuà gɔ̄ /feu/le/aor.3 + prendre/nég./ *le feu ne prend pas*

kp

kpà/kpùé

(2; **k-ìkpà**) ► *vider l'eau au moyen d'un récipient, écoper, pêcher par vidage d'une portion de cours d'eau préalablement barrée* (cf. **dìkà**)

k-ìkpà mànɛ̄ /inf.-vider/eau/ *écoper, pêcher par vidage*

kpā

► *chanson, chant*

k-ìnā kpā /inf.-émettre/chant/ *chanter*

kpá`

► *singe sp. (joue le rôle de sentinelle; talapoin ?)*

kpàkálà

► *poisson sp. (Tilapia sp. ?)*

kpànɛ̀

► *céphalophe (?)*

dénomination commune à deux espèces :

► **kyùlù kpànɛ̀** /noir/ - / *céphalophe bleu (?)*

► **kàkɛ̀ kpànɛ̀** /rouge/ - / *céphalophe roux (?)*

kpāngbālā

(< ngbandi ?) ► *pierre plate (notamment affleurement latéritique; utilisé en particulier comme aire de séchage)*

kpàtà

► *boisson alcoolisée (en général)*

kpàtà nyūmū /boiss. alc./palmier à huile/ *vin de palme*

kpàyà
▶ *herbe sp. (non utilisée)*

kpàyī/kpàyí
(5; **kì-kpàyī**) ▶ *écarter, ouvrir en écartant, ouvrir en grand*
kpàyī tàlā /aor.3 + ouvrir/bouche + sa/ *il ouvre la bouche (en grand)*
kpàyī nzōkū /aor.3 + écarter/herbes/ *il écarte les herbes*

kpélá↓
var. de **pélá**↓

kpēsé`
(< ngbandi **kpē** ?) ▶ *arachide*

kpɛ̀kɛ́↓
▶ *poisson sp.*

kpɛ́ngbɛ́lɛ́ngbɛ́ (kpɛ́ngbɛ́lɛ́ngbɛ́↓ ?)
(adj. ? cf. 8.11.) ▶ *bien plat*

kpìlì
(< **kpílí**↓ "nouer", malgré un schème tonal divergent ?) ▶ *noeud (noué)*
kpìlì kùlā /noeud/corde/ *noeud de corde*
▶ *noeud, protubérance (d'une tige végétale), noix*
kpìlì ngàlā /noeud/bambou sp./ *noeud de bambou ngàlā*
kpìlì nyūmū /noix/palmier à huile/ *noix de palme (sans sa pulpe)*
▶ *grand, écarquillé (caractère naturel des yeux)*
ákɔ́ kpílí ká↓**mū** /aor.2 + regarder/grand/oeil + son/ *regarde ses grands yeux!*

kpīlī
var. de **pīlī**

kpílí↓**/kpí**↓**lí**
(4; **kì-kpílí**↓) ▶ *nouer (deux liens entre eux), lacer*

kpōbù
▶ *termite sp. (ailé, termitière souterraine, comestible)*

kpògàlà
(< gbaya ?) ▶ *oiseau sp. (martin-pêcheur)*

kpókpó↓
(< ngbandi ?) ▶ *pipe*

kpòló (kpòló↓ ?)
(adv.) ▶ *en ratant, sans atteindre son but*
kì-táɓɔ̄ bɛ̄ kpòló /inf.-lancer/chose/en ratant/ *rater une chose (visée)*

kpòyī/kpòyí
(5; **kì-kpòyī**) ▶ *prendre en quantité*

kpó↓**yī**
(forme circonstancielle figée ? cf. 11.3) ▶ *vers le bas, vers le fond*

kpɔ̄/kpùé
(2; **k-ìkpɔ̄**) ▶ *allumer (le feu)*
k-ìkpɔ̄ fàɗù /inf.-allumer/feu/ *allumer le feu*

kpɔ̀lɔ̄mɔ̄
(< gbaya oriental ?) ► *hache*

kpɔ̀tɔ̀
(< ngbandi ou sango ?) ► *chapeau*

kpúkūlú↓
► *nasse sp.* (équivalent du ngbandi **yírá**, qui désigne une nasse oblongue à ouverture rentrée et resserrée)

ky

kyɔ̀´ɓɛ̀´`
(formule de renonciation aux devinettes; onomatopéique) ► *couic!-bêê! (au sens de "je te sacrifie une chèvre")*

kyɔ̄lɔ̄/kyɔ̄lué
(6; **kì-kyɔ̄lɔ̄**) ► *se battre, lutter, combattre*

kyɔ̄lɔ̄
(< v. **kyɔ̄lɔ̄**) ► *combat, lutte*

kyùɓū
► *huile (d'origine végétale)*

kyùlù
(< v. **lù**, cf. 9.7., n. 13) ► *sombre, noir*

l

là ~ álà
(déterminant démonstratif, cf. 8.6.) ► *ce(-là ?) (invisible, absent ?)*

lá
(nom (?) formatif de désignations de caractères, cf. 10.) ► *personne de/qui, personne qui est caractérisée par*

lá ɓē /personne de/village/ *personne, membre, habitant du village*
lá ɓá↓lā /personne de/égoïsme/ *égoïste, avare*
lá gbílá↓ /personne de/paresse/ *paresseux*
lá líbɔ́↓ /personne de/ruse/ *rusé*
lá sá↓kɔ́ /personne de/mensonge/ *menteur*
lá ɓɔ́gɔ́↓ /personne de/vol/ *voleur*
lá yīlē /personne de/démence/ *fou, dément*
lá dɛ́↓nyɛ̄ /personne de/femme/ *marié*
lá kpátá↓ /personne de/boisson alcoolisée/ *buveur*

lákā
► *chose, machin, truc* (terme neutre employé en situation d'hésitation ou tic de langage, cf. 8.13., Texte III)

lālà
(pronom démonstratif, cf. 9.3.) ► *celui-là, cela (?) (animé et inanimé)*

là.´ngā´ɗī
(pronom interrogatif, cf. 9.4., 11.9.; comp. de **lɔ̀** "lieu, endroit" et **ángā´ɗī** "quel?, lequel?") ► *où?*
ám-ā là.´ngā´ɗī /inach.2-aller/où?/ *où vas-tu ?*
ālɔ́ lá↓.´ngā´ɗī /aor.2 + quitter/où?/ *d'où viens-tu ?*

làpà
(< banda) ► *herminette*

lāwū/lāwú
(6; **kì-lāwū**) ► *durer, passer du temps, demeurer un certain temps, "durer"*
nzī ná àɗɛ̀ lāwū gɔ̀ /pluie/la/aor.3 + pleuvoir/aor.3 + durer/nég./ *il n'a pas plu longtemps [litt. il a plu, ça n'a pas duré]*
lāwū nùnú ndó /aor.3 + durer/là-bas/beaucoup/ *il a passé beaucoup de temps là-bas, il a beaucoup "duré" là-bas*

lèkɔ́`l ~ [èkɔ́`l]
(< français) ► *école*

lɛ̄/lè´
(2; **k-ìlɛ̀**) ► *essorer*
k-ìlɛ̀ kūbū /inf.-essorer/vêtement/ *essorer un vêtement*
► *semer à la volée*
k-ìlɛ̀ sùndù /inf.-semer/sésame/ *semer du sésame*

lɛ̄kpɛ̄/lēkpé
(6; **kì-lɛ̄kpɛ̄**) ► *ramasser (de petites choses)*
kì-lɛ̄kpɛ̄ kàmù fɔ̄kɔ̄ /inf.-ramasser/grain/maïs/ *ramasser des grains de maïs*

lɛ́lɛ̄
(< ngbugu ?) ► *melon*

lī
► *nom*
lī /nom + son/ *son nom*

lìbɔ̀
► *art, manière, maîtrise (d'une technique)*
gàlī lìbɔ̀ k-ìɓā kátá /aor.3 + connaître/art/inf.-façonner/poterie/ *il connaît l'art de façonner des poteries*
► *malice, ruse, tour*
kì-tā lìbɔ̀ /inf.-faire/tour/ *jouer un tour, faire une ruse*

līfā/līfé
(6; **kì-līfā**) ► *déchirer, rompre*

līkā/līké
(6; **kì-līkā**) ► *rincer, laver*

līngɔ̄/līngué
(6; **kì-līngɔ̄**) ► *avoir sommeil*
lítí↓/lí↓tí
(4; **kì-lítí↓**) ► *se promener (sans but précis, sans hâte)*
lɔ̀
► *endroit, lieu, place*
lɔ̀ ná ndúguā kɔ̄ /lieu/le/aor.3 + s'éclaircir/acc./ *il fait jour [*litt. *le lieu s'est éclairci]*
employé comme complément "neutre" de différents verbes :
k-àkɔ̀ lɔ̀ /inf.-regarder/lieu/ *regarder*
kì-tīsā lɔ̀ /inf.-balayer/lieu/ *balayer*
kì-nzúgyɔ́ lɔ́ /inf.-interroger/lieu/ *interroger, poser des questions*
► *moment*
lɔ̀ álē gà lɔ̄lɔ̀ nì-zā nɛ̄... (I, 202) /moment/ce-ci + à/rel./celui-ci/L-dire/que/... *au moment où celui-ci veut...*
lɔ̀ ~ -̄lɔ̀
(déterminant démonstratif, cf. 8.6.) ► *ce-ci (visible, présent)*
lɔ̄
► *corps*
lɔ̄ /corps + son/ *son corps*
kì-tā lɔ̄ /inf.-faire/corps/ *façon d'être, manière de vivre*
traduisant l'expression du réfléchi :
mú-tūgū lɔ̄ má /aor.1-gratter/corps/mon/ *je me gratte*
nzìgbɔ̄ lɔ̄ kɔ̄ /aor.3 + laver/corps + son/acc./ *il s'est lavé*
entrant en composition avec le relateur **KI** (cf. 11.4.) :
► **lɔ̄... KI** /corps/.../à/ *à, sur, contre, envers*
lɔ̄
(personnel indépendant, cf. 9.1.) ► *lui, elle*
lɔ̀ ánɛ̄
var. de **álɔ̀ ánɛ̄**
lɔ̀kɔ̀lɔ̀/lòkòlué
(3; **kì-lɔ́kɔ́lɔ́↓**; < gbaya ?) ► *glisser, être glissant*
mú-lɔ́kɔ́lɔ́↓ ngálā kì /aor.1-glisser/sol/à/ *j'ai glissé par terre*
ngálā ná lɔ̀kɔ̀lɔ̀ ndó /terre/la/aor.3 + être glissant/beaucoup/ *la terre est très glissante*
lɔ̄kɔ̀nyɔ̀
(comp. de **lɔ̄** "corps" et ***kɔ̀nyɔ̀** (< v. **nyɔ̀**) "souffrance (?)") ► *maladie, souffrance*
lɔ̄ sɛ̀ lɔ̄kɔ̀nyɔ̀ /lui/avec/maladie/ *il est malade*
lɔ̄kɔ̀nyɔ̀ lūè /maladie/corps + son + à/ *il est malade*
lɔ̄lɔ̀
(pronom démonstratif, cf. 9.3.) ► *celui-ci, ceci (?) (animé et inanimé)*
lɔ̀ngɔ̄
► *aube (?)*
ɗè¯ sɛ̀ kyùlù lɔ̀ngɔ̄ /aor.3 + venir/avec/sombre/aube(?)/ *il est venu au tout début de l'aube*

lɔ́sɔ̀
(< portugais par le sango ?) ► *riz*

lù/lù´
(2; **k-ìlù**; ce verbe subit, au moins pour le sens de "téter", l'attraction des verbes de cl. 3 (cf. 12.1.) comme en témoigne la forme aor.2 : **á-lú↓** plutôt que **(í)lú↓**) ► *être/devenir sombre, noir* ► *être/devenir aveugle (oeil)*
kàmū lù kɔ̄ /oeil + son/aor.3 + devenir aveugle/acc./ *il [*litt. *son oeil ou ses yeux] est (devenu) aveugle*
► *téter* (**mbà**)
lù mbà kɔ́↓nyɔ̄ /aor.3 + téter/sein/mère + sa/ *il tète sa mère*
► *préparer une décoction, un remède, à partir d'un végétal (en ajoutant éventuellement une pâte grasse : onguent ?)*
k-ìlù kāgā /inf.-préparer un remède/arbre/ *préparer un remède à partir d'un végétal ligneux*

lù
(cp. **lù** "être sombre" ?) ► *foie*
► *siège des sentiments* (cf. les composés **lùɓɔ́lɔ́↓** "bile, colère" et **lùkɔ̀lɛ̀** "tristesse") *et de la mémoire*
lù má ìsɔ̄ zɔ̀ bɛ̄ kì /foie/mon/aor.3 + survenir/sommet/chose/à/ *je me souviens de quelque chose [*litt. *mon foie survient sur une chose]*
lù má w-ɔ̀yɛ̀ sɛ̀ bɛ̄ /foie/mon/aor.3-mourir/avec/chose/ *j'oublie quelque chose [*litt. *mon foie est mort avec une chose]*
► **kɔ̀nɔ̄ lù** /ancien/foie/ *rate*

lùɓɔ́lɔ́↓
(comp. de **lù** "foie" et **ɓɔ́lɔ́↓** "être amer") ► *bile, fiel*
lùɓɔ́↓lɔ̄ /bile + sa/ *sa bile*
lùɓɔ́lɔ́ kú↓ngyā /fiel/poule/ *fiel de poule*
► *venin*
lùɓɔ́lɔ́↓ bɔ̄kɔ̀yɛ̀ /venin/serpent/ *venin de serpent*
► *colère*
lùɓɔ́lɔ́ dɛ́↓¯ /colère/personne/ *colère de quelqu'un*

lūgū/lūgú
(6; **kì-lūgū**) ► *brûler (tr. et intr.), faire griller (sur la braise)*
mú-lūgū kùtù /aor.1-brûler/herbe/ *je brûle l'herbe*
kúgí↓ ná lūgū kɔ̄ /maison/la/aor.3 + brûler/acc./ *la maison a brûlé*

lùkɔ̀lɛ̀
(vraisemblablement composé de **lù** foie) ► *tristesse*
lùkɔ̀lɛ̀ kuà lɔ̄ /tristesse/aor.3 + affecter/lui/ *il est triste*

lùlù
(< ngbandi ou sango) ► *sable*

lùtì/lùtí
(3; **kì-lútí↓**) ► *écorcher, écorcer, être écorché (écorce ou peau)*

luà/lùé
(2; **k-ìluà**) ► *envoyer, charger d'une commission, "commissionner", faire parvenir à, adresser à*
m-úluá↓ ngɔ̄nɔ̄.ngɛ̄tɛ̄ kɔ̄ ìluā mànɛ̄ /aor.1-envoyer/enfant/acc./aor.3 + puiser/eau/ *j'ai envoyé l'enfant puiser de l'eau [*litt. *j'ai envoyé l'enfant, il puise de l'eau]*
bàbà luà mā` ɓùkù... (Dev. 4) /mon père/aor.3 + adresser/moi + avec/colis/... *mon père m'envoie un colis...*
► *chercher, "fouiller"*
... m-úluá tálá↓ ná zá` (Dev. 4) .../aor.1-chercher/ouverture/la/en vain/ ... *j'(en) cherche l'ouverture en vain*

m

mā
(personnel indépendant, cf. 9.1.) ► *moi*

má
(associatif personnel, cf. 8.3.) ► *mon, ma*

māɗā/māɗɛ́
(6; **kì-māɗā**) ► *finir, terminer, être fini, terminé, venir à bout de, exterminer*
māɗā nàbɔ̄ ná kɔ̄ /aor.3 + terminer/travail/le/acc./ *il a terminé le travail*
nàbɔ̄ ná māɗā kɔ̄ /travail/le/aor.3 + être terminé/acc./ *le travail est terminé*
gì-māɗɛ́ ngbúgù ná gɛ̄ (I, 35) /aor.D-exterminer + pl./Ngb./le/pl./ *nous avons exterminé les Ngbugu*

màfɛ̂
► *cafard*

màgɛ̀
► *champ, plantation*

màhū
([**h**] atypique; origine ?) ► *grenouille*

màkōnzì ~ màkūnzì
(< lingala par le sango ?) ► *chef (de village)*

màlā
(< sango ou ngbandi ?) ► *variété, sorte, espèce, genre, fraction, groupe, "race", ethnie*
màlā gbāyā ná gɛ̄ nú ɓàtàmà ngànzā gìlímà (I, 31) /fraction/Gb./le/pl./là-bas/B./ Ng./G./ *les fractions des Gbaya là-bas [au Zaïre] (sont) 'Batama, Nganza, Gilima*
màlā gɛ́gɛ̄ gà nè-kí nɛ̄ bāgīlɔ̀... (I, 6) /groupe/notre(I)/rel./dire-pl./que/B./... *notre "race" à nous, que l'on appelle Bagiro...*
... kɔ́ tā màlā nàbɔ̄ lɔ̀ ámà lɔ̀ ánɛ̄ bá (II, 18) .../puis/aor.3 + faire/sorte/agissement/ce-ci/ainsi/ce-ci/anaph./exclam./ ... *et aura-t-il cette sorte de comportement ?!*
màkɛ̀sɛ̀ ìsɔ̄ màlā ɓɛ̄ ná bá↓būlàbà... (I, 174) /M./aor.3 + survenir/sorte/village/le/ ainsi/... *(quand) Makèsè survient dans tel village,...*

màlè
► *poisson sp.* (équivalent du ngbandi **kpɛ̀tɛ̀**; *mormyridé*)
màmà
► *serpent sp. (python)*
màmàkà
► *poisson sp.* (autre nom de **mbóngólí↓**; *siluridé*)
mám(ú) ~ mám-
(indice personnel-aspectuel inach.1, cf. 12.2.) ► *je*
mànɛ̄
► *eau, liquide*
mànɛ̄ mbà /eau/sein/ *lait*
► *cours d'eau, rivière*
mànɛ̄ˋ ~ mànīˋ /eau + à/ *dans l'eau, à/vers la rivière*
► *année*
nzàpā s-ìnduā àtɔ́ mànɛ̄ ɓé zó↓ ní /Dieu/aor.3!-placer/un certain/année/ta/sommet/ le + à/ *que Dieu prolonge ta vie! [*litt. *que Dieu place de tes années dessus!]*
► **mànɛ̄ nzī** /année/pluie/ *saison des pluies*
mándà/mándèˊ
(8; **kì-mándà**; < ngbandi ou sango) ► *apprendre (s'instruire)*
màngá↓
► *sang*
màngá↓ lɔ̄ /sang/corps + son/ *son sang*
māngā
► *danse*
k-ìɓà māngā /inf.-fouler/danse/ *danser*
mángà
(< sango) ► *tabac (sous sa forme consommable, à priser ou à fumer), cigarette*
mángò
(< français par le sango ?) ► *mangue, manguier*
màngūlūndù
► *fruit sp. (gros fruit jaune, porté par un arbre poussant au bord de l'eau), l'arbre lui-même (?)*
màsā/màsé
(5; **kì-màsā**) ► *être acide*
màsɔ̀
autre nom du village (et clan/lignage ?) **būmà**
màyà
► *âme, esprit, ombre (d'un animé)* (Ndeta (1988:34) traduit ce terme par "essence vitale")
màyà lɔ̄ ~ màyā /esprit/corps + son/ ~ /esprit + son/ *son esprit, son ombre*
k-ìnù màyà dèˉ /inf.-prendre/esprit/personne/ *photographier quelqu'un*

māyā ~ māyɛ̄
► *cuisse*
māyā ~ māyɛ̄ /cuisse + sa/ *sa cuisse*
► *pied (d'une colline, d'une montagne), piémont*
māyā kɔ́ngɔ̄ /piémont/colline/ *piémont de la colline*

mí
(quantificateur cardinal, cf. 8.9.) ► *cinq*

mí
forme circonstancielle de **má**, associatif personnel (cf. 11.5.)

mí↓
(nom < quantificateur) ► *cinquième*

míngì
(adv.; < lingala par le sango) ► *beaucoup, à un haut degré, en grand nombre*
yɛ́↓¯ sɛ̀ ngùlù míngì kɔ́... (I, 167) /qui?/avec/force/beaucoup/puis/... *qui a beaucoup de force pour... ?*
gì-tōlué ngbúgù ná gɛ̄ míngì kɔ́... (I, 13) /aor.D-tuer + pl./Ngb./le/pl./beaucoup/puis/... *nous avons tué les Ngbugu en grand nombre,...*

mí.nyàlā.kàlà
(quantificateur, cf. 8.9.; composé : /cinq.ajoute.un/) ► *six*

mòkòsùkúlù
► *oiseau sp. (duc ou hibou ?)*

mòngúmbà
► *vêtement d'écorce traditionnel (tiré d'un arbre), l'arbre lui-même*

mɔ̀báyì
(nom de localité) ► *Mobaye (préfecture de la Basse-Kotto)*

mɔ̄fɔ̄lɔ̄fɔ̄
► *serpent sp. (dangereux)*

mɔ̀gbōdòlì
(< ngbandi ?) ► *poisson sp. (à trompe)*

mɔ̀kūkùtà ~ mùkūkùtà
► *poisson sp.*

mɔ̀ngɛ̀
► *haricot*

mɔ̀sɔ̄
► *serpent sp.*

mɔ̀tɔ̀
► *dessous (?)*
mɔ̀tɔ̄ /dessous + son/ *son dessous*
principalement utilisé en composition avec le relateur **KI** (cf. 11.4.) :
► **mɔ̀tɔ̀... KI** /dessous(?)/.../à/ *sous l'autorité de, sous la responsabilité de*

mú ~ m-
(indice personnel-aspectuel aor.1, cf. 12.2.) ► *je*

mùkòɓì
(différent de **kòɓì** ?) ► *poisson sp. (à écailles)*

mùmù
► *rat de Gambie*

mùmú↓
► *brume, brouillard*

mùtuá
(quantificateur cardinal, cf. 8.9.) ► *trois*
kúgí↓ mùtuá ~ kúgí mú↓tuá /maison/trois/ *trois maisons*

mùtuá↓
(nom < quantificateur) ► *troisième*
mùtuá↓ kúgí /troisième/maison/ *troisième maison*

múzùlúgbà
(< banda) ► *rhinocéros*

mb

mbà
► *sein*
mbà¯ /sein+son/ *son sein*

mbágē
(< ngbandi ou sango ?) ► *partie, côté*
līfā kɔ̀tɔ́ mbágē ná... (III, 30) /aor.3+déchirer/un certain/côté/le/... *il en déchire une partie...*

mbālā
(< ngbandi ou sango ?) ► *excès, démesure*

mbālāpá↓
► *oiseau sp. (hirondelle)*

mbāná
(ou **àmbāná** ? composé du défini **ná** ou < ngbugu ? identification et construction incertaines) ► *sans rien, vide, sans but, sans raison, sans importance*
àɓɛ̄ sɛ̀ mbāná má↓gē ɗà /aor.3+aller/avec/sans but/champ+à/là/ *il va au champ sans but, sans raison*
suà tùtù ná↓ mbāná /aor.3+manger/boule/la+avec(?)/sans rien/ *il mange la "boule" sans accompagnement (sans sauce)*
kɛ̀mɛ̀ kátá↓ ná á↓mbāná /intérieur/pot/le/(avec?/)vide/ *le pot est vide*
ndā àmbāná /aor.3+reposer/(avec?/)sans importance/ *c'est sans importance, ça ne fait rien*

mbárátá↓ (~ mbálátá↓ ?)
(< sango) ► *cheval*

mbàyɛ̄
uniquement attesté dans :
► **mbàyɛ̄ tàlà** /barbe(?)/bouche/ *barbe*

mbēkē
► *oiseau sp. (aigle ?)*

mbèlè
(< ngbandi ?) ► *mygale* ► *alliance de paix (conclue de groupe à groupe à la suite d'un conflit)*
kì-tā mbèlè /inf.-faire/alliance de paix/ *conclure une alliance de paix*

mbèngú↓
► *serpent sp.*

mbɛ́nɛ́mbɛ́nɛ́
(adv.; spécifique du verbe **nyɛ̀lɛ̄** "être sucré") ► *très sucré*
nyɛ̀lɛ̄ mbɛ́nɛ́mbɛ́nɛ́ /aor.3 + être sucré/très sucré/ *c'est très sucré*

mbɛ̄tī (~ mbētī ?)
(< sango) ► *écrit, papier, livre, lecture/écriture*
ndá gɛ́ɗɛ́↓ mbɛ̄tī à ɓā àkɔ̄ gɛ̄ (I, 107) /début/fondement/écriture/être/celui de/A./pl./ *l'enseignement a commencé au temps des (chefs comme) Ako [*litt. *le début de l'écrit est celui des Ako]*

mbī
► *oreille*
mbī /oreille + sa/ *son oreille*
mbī kámbá↓ /oreille/feuillage/ *feuille*

mbílī
► *cobe defassa*

mbílímbílí (~ mbílímbílí↓ ?)
(adv.; < sango) ► *exactement, précisément*
gy-àlué mbílímbílí zā´ngā´ɗī (I, 29) /aor.D-venir de + pl./précisément/d'où?/ *d'où venons-nous précisément ?*

mbìmbà
(< ngbandi ?) ► *hippopotame*

mbōngò
(< ngbandi ?) ► *boisson fermentée (vin de palme ou de raphia)*

mbóngólí↓
► *poisson sp.* (*siluridé*; autre nom de **màmàkà**)

mbɔ̀/mbùé
(2; **k-ìmbɔ̀**) ► *jeter*
sā mbūtū mbɔ̀ ná má↓nī` /aor.3 + prendre/sable/aor.3 + jeter/cela/eau + à/ *il prend du sable et le jette dans l'eau*

mbɔ̀lɔ̀
(< gbaya ?) ► *rhume, mal de gorge*
mbɔ̀lɔ̀ kuà mā /mal de gorge/aor.3 + affecter/moi/ *j'ai mal à la gorge*

mbɔ̀mɔ̀
► *serpent sp.*

mbɔ̀ngɔ̀
► *poisson sp. (à écailles)*

mbɔ̀sɔ̄
► *houe sp. (houe droite, poussée pour travailler la terre en relevant le fer)*

mbúlù
► *rendez-vous, rencontre ou rassemblement fixé à l'avance, marché*
mbúlù ná ɓɔ̀ gɔ̀ /rendez-vous = marché/le/aor.3 + se rencontrer/nég./ *le rendez-vous a été raté, le marché n'a pas eu lieu*
àɓɛ̄ mbúlù /aor.3 + aller/marché/ *il va au marché*

mbūmā/mbūmé
(6; **kì-mbūmā**) ► *jouer, s'amuser (y compris dans un sens amoureux)*

mbùnzú↓ ~ mùnzú↓
(< sango) ► *Blanc, Européen*

mbūtū
(< ngbandi plutôt que gbaya ?) ► *sable, banc ou plage de sable*

n

nà
(conjonctif, cf. 18.4.) ► *mais*

ná
(personnel indépendant, cf. 9.1.) ► *cela, (lui, elle)* (réfère essentiellement à un inanimé)

(`)ná
(défini, cf. 8.4.) ► *le/la (en question)*

nàbɔ̄
► *travail, action, agissement*
kì-tā nàbɔ̄ /inf.-faire/travail/ *faire un travail*
kɔ́ tā màlā nàbɔ̄ lɔ̀ ámà lɔ̀ ánɛ̄ bá (II, 18) /puis/aor.3 + faire/sorte/agissement/ce/ainsi/ce/anaph./interr./ *et aura-t-il de tels comportements ? [*litt. *fera-t-il de telles actions ?]*

nàɓà
► *escargot sp.*

nàfā
(nom traduisant la réciprocité, cf. 14.2.) ► *l'un l'autre*
.../...

tàké ná↓fā ndó /aor.3 + ressembler à + pl./l'un l'autre/beaucoup/ *ils se ressemblent beaucoup*
àkué ná↓fā gɔ̀ (Dev. 12) /aor.3 + voir + pl./l'un l'autre/nég./ *elles ne se voient pas (l'une l'autre)*
á-zángbì´ ná↓fɛ̄` kɔ́ (I, 73) /aor.2-s'affronter + pl./l'un l'autre + à/puis/ *vous vous affrontez...*
kì-ɓū tàlà nàfā /inf.-embrasser/bouche/l'un l'autre/ *s'embrasser sur la bouche [*litt. *embrasser la bouche l'un de l'autre]*

nāfɛ̄
► *lune, cycle lunaire, mois*
► *tache blanche de l'ongle (et non lunule ?)*

(`)ná.là.gà ~ (`)ná`.gà
(marque d'emphase (cf. 16.2.) ou conjonctif (cf. 18.4.; autres var. **álà.gà ~ gà.ná.là.gà ~ kɔ́.ná.là.gà**) ► *c'est... que*

nāgī/nāgí
(6; **kì-nāgī**) ► *démentir, nier*
kì-nāgī bɔ̀gyɔ̄ /inf.-démentir/parole/ *démentir une parole, un discours*
nāgī ɓɔ̀gɔ̀ nyá kɔ̄ /aor.3 + nier/vol/son/acc./ *il nie le vol (qu'il a commis ou dont on l'accuse)*

nàgyà/nàgé
(3; **kì-nágyá↓**) ► *étendre, étaler (plus spécifiquement en vue de faire sécher ?)*
nàgyà kūbū kàzē` /aor.3 + étendre/vêtement/soleil + à/ *il étend le vêtement au soleil*
nàgyà gàɗàngà ngá↓lī /aor.3 + étaler/manioc/terre + à/ *il étale le manioc par terre*

nákō
(< ngbandi) ► *tortue*

nàkɔ̄/nàkué
(5; **kì-nàkɔ̄**) ► *pendre, suspendre, accrocher*
nàkɔ̄ kūbū nyá kāgā kì /aor.3 + suspendre/vêtement/son/arbre/à/ *il suspend son vêtement à l'arbre*

nāmī
► *soeur (homme ou femme parlant)*
nāmī /soeur + sa/ *sa soeur*
nāmí dɛ́↓¯ /soeur + de/personne/ *soeur de quelqu'un*

nànà
► *frère de la mère, oncle maternel (homme ou femme parlant), fils, fille de la soeur (homme parlant), "cousin"*
[comme dans la plupart des langues voisines, la traduction courante de cette relation par le terme français de "cousin" s'explique vraisemblablement par son caractère réciproque; empreinte de cordialité et de confiance, et contrastant en cela avec l'autorité du père, la relation de l'oncle maternel à son neveu est parfois étendue, sous forme d'adresse et en dehors de tout lien effectif d'alliance, aux rapports amicaux entre hommes, de même qu'elle constitue un lien couramment établi entre certains protagonistes des contes (cf. notamment III, 13-23-26)]
nànā /oncle + son/ *son oncle maternel/neveu*
nàní dɛ́↓¯ /oncle + de/personne/ *l'oncle maternel/le neveu de quelqu'un*

nánì ~ nán-̀
(indice personnel-aspectuel inach.L, cf. 12.2.) ▶ *il/elle, ils/elles, je/nous (logophorique, dont on rapporte les paroles)*

nàngà/nàngé
(3; **kì-nángá↓**) ▶ *laisser, abandonner*

nánzɔ́↓ ~ nɔ́nzɔ́↓
(aussi **nánzɔ̄** ou **ná↓nzɔ̄**, cf. 8.8.) ▶ *frère (homme ou femme parlant)*
ná↓nzɔ̄ /frère + son/ *son frère*
ná↓nzué dɛ́↓⁻ /frère + de/personne/ *frère de quelqu'un*

nāwū/nāwú
(6; **kì-nāwū**) ▶ *verser (une masse (?) ou un liquide, dans ou hors de)* (quelle différence avec **tɔ́ngbɔ́↓** ?)
nāwū mànɛ̄ kɛ̀mɛ̀ kátá↓ kī /aor.3 + verser/eau/intérieur/jarre/à/ *il verse l'eau dans la jarre*
mú-nāwū mànɛ̄ zā kɛ̀mɛ̀ kāɗɔ̄ kì /aor.1-verser/eau/provenance/intérieur/calebasse/à/ *je verse l'eau hors de la calebasse*

náwú↓/ná↓wú
(4; **kì-náwú↓**; ou plutôt **nàwù/nàwú**, 3, **kì-náwú↓**, du moins pour certains locuteurs ?) ▶ *bailler*

nɛ̀/nè-kí
(verbe défectif, sans infinitif, combinable avec le seul indice aor.3 (3ème personne non logophorique), introducteur du discours indirect, cf. 17.1.) ▶ *il, elle dit (que), ils, elles disent (que)*

nɛ̀
(déterminant démonstratif, cf. 8.6.) ▶ *ce, le/la (?) (invisible, absent)*

nɛ̀⁻ ~ ̀nɛ̄
(personnel indépendant, cf. 9.1.) ▶ *lui, elle, moi (logophorique, dont on rapporte les paroles)*

nɛ̄
(thématiseur (cf. 16.1.), introducteur du discours rapporté (cf. 17.1.) et conjonctif (cf. 18.4.)) ▶ *alors, (dire) que*

nɛ̀gɛ̄
(personnel indépendant, cf. 9.1.) ▶ *eux, elles, nous (logophorique, dont on rapporte les paroles)*

nɛ́gɛ̄
▶ *oiseau sp. (engoulevent)*

nɛ̀nú ~ nùnú
(adv.; comp. de **nú**) ▶ *là-bas*

nɛ̀yɔ́ ~ nìyɔ́
(adv.; comp. de **yɔ́**) ▶ *ici*

nì ~ n-̀
(indice personnel-aspectuel aor.L, cf. 12.2.) ► *il/elle, ils/elles, je/nous (logophorique, dont on rapporte les paroles)*

nì¯
forme circonstancielle du déterminant démonstratif **nɛ̀** (cf. 11.5.)

nī/nī-kí
(6; **kì-nī**) ► *rêver*
nī kàsū nī /aor.3 + rêver/mauvais/rêve/ *il fait un mauvais rêve*
► *être surpris de*
mú-nī k-àkɔ̀ ɓé /aor.1-rêver/inf.-voir/ton/ *je suis surpris de te voir [*litt. *je rêve ton voir]*

nī
(< v. **nī**) ► *rêve*

ní
(associatif personnel, cf. 8.3.) ► *son, mon (logophorique)*
forme circonstancielle du même (cf. 11.5.)

(`)ní
forme circonstancielle du défini **(`)ná** (cf. 11.5.)

ní↓¯
(aussi **ní↓**, cf. 8.8.) ► *co-épouse (femme parlant)*

nígē`
forme circonstancielle de l'associatif personnel **nígɛ̄** (cf. 11.5.)

nígɛ̄
(associatif personnel, cf. 8.3.) ► *leur, notre (logophorique)*

nílè (ní↓lē` ?)
(adv.; forme circonstancielle figée ? cf. 11.3.) ► *à cet endroit*

nī lɔ̀ (~ nì¯ lɔ̀ ?)
(adv.; comp. de la forme circonstancielle de **nɛ̀** ? cf. 11.5.) ► *ici-même*

nìyɔ́
cf. **nɛ̀yɔ́**

nɔ̄ngɔ̄
► *os*

nù/nù´
(2; **k-ìnù**) ► *prendre (une chose unique)* (cp. **sā**)
mbùnzú↓ gɛ̄ à nù´ lɔ̄ (I, 112) /Blanc/pl./être/aor.3 + prendre + pl./lui/ *ce sont les Blancs qui l'ont pris (arrêté)*
nì-ndígí↓ dɔ̀ kí à´m-nú↓ kɔ̄māndēmā ná gɔ́ (I, 71) /aor.L-vouloir/ne pas être/toi/ inach.2-prendre/commandement/le/nég./ *[il dit qu']il n'accepte pas que ce soit toi qui prennes le commandement*

en construction sérielle avec **àdā** "donner", au sens de "(prendre et) donner" :
nú↓ lī´ ādā `nɛ̄ sílíkɔ́ (I, 1) /aor.2 + prendre/nom + ton/aor.2 + donner/lui(L)/d'abord *[il dit que] tu (prennes et) lui donnes ton nom d'abord!*
.../...

nè nɛ̄ s-à¯ s-ìnù fàɗù s-ìdā `nɛ̄ kɔ̄... (I, 142) /il dit/que/aor.3!-aller/aor.3!-prendre/feu/aor.3!-donner/lui(L)/acc./... *[il dit qu']il aille lui chercher du feu pour que...*
í↓nú lɔ̄ īdí kɔ́↓tɔ́ fàmɛ̄` sɛ́ (I, 221) /aor.2 + prendre + pl./elle/aor.2 + donner/un certain/parent/votre/ *vous la (prenez et) donnez à l'un de vos parents*

► **k-ìnù gɔ̄ dɛ̀¯** /inf.-prendre/suite/personne/ *suivre quelqu'un*

► **k-ìnù màyà dɛ̀¯** /inf.-prendre/esprit/personne/ *photographier quelqu'un*

nú
(adv.) ► *là*

nùnú
cf. **nɛ̀nú**

nd

ndà
(adv.) ► *maintenant, désormais*

► **ndà... gɔ̀** /désormais/.../nég./ *ne... plus*

ndā/ndē´
(6; **kì-ndā**) ► *se coucher, reposer, être couché, allongé*
tàkī sɛ̀ bɛ̀.ndā nyá gɛ̄ ndā zɔ̀ ní gɔ̀ (Dev. 10) /aor.3 + sortir/avec/chose.se coucher/sa/pl./aor.3 + se coucher/dessus/le + à/nég./ *il sort avec ses lits (mais) ne se couche pas dessus*
kì-ndā ngá↓lī /inf.-se coucher/terre + à/ *se coucher, s'allonger*
kì-ndā sɛ̀ dɛ̀¯ /inf.-se coucher/avec/personne/ *coucher (avoir des relations sexuelles) avec quelqu'un*
kì-ndā ndòkà /inf.-se coucher/demande en mariage/ *faire (fêter ?) la demande en mariage*

► *être, se trouver (d'une situation, d'un état de fait)*
bī ná gɛ̄ ndā tà´ búlā (I, 80) /chose/la/pl./aor.3 + être/autrefois/ainsi/ *les choses étaient ainsi autrefois*

► *rester sur, s'en tenir à* (**zɔ̀**)
dɛ̀¯ ná gɛ̄ ndē´ ndá zɔ́↓ bāgìlɔ̀ ní (I, 27) /personne/la/pl./aor.3 + rester + pl./dessus/B./le + à/ *les gens s'en sont tenus au (nom de) Bagiro*

ndá↓
(< ngbandi) ► *début, origine, cause, raison, explication*
ndá↓ ná gá↓ kàzà vɔ́ kɔ́ kàgbà nzì¯ àm-tūkuā... bīnyā gɛ̄ yà¯ (II,26) /raison/la/rel./jour/tous/puis/léopard/cont./ inach.3-saisir/.../chèvre/pl./être/ *c'est la raison pour laquelle le léopard attrape toujours les chèvres*
kì-tɛ̄ɗɛ̄ ndá bɔ́↓gyɔ̄ /inf.-dire/origine/parole/ *donner une explication*

dans le discours de Yamalé (Texte I) ce nom d'emprunt est fréquemment couplé avec le terme **gɛ̀ɗɛ̄** "fond, fondement, dessous", la combinaison gardant les mêmes sens mentionnés ci-dessus :
ndá gɛ́ɗɛ̄↓ lī bāgīlɔ̀ ná`¯ (I, 14) /origine/fondement/nom/B./la + être/ *telle est l'origine du nom Bagiro*
.../...

ndá gɛ́ɗɛ́↓ mbɛ̄tī à ɓā àkɔ̄ gɛ̄ (I, 107) /début/fondement/écrit/être/celui de/A./pl./ *l'enseignement a commencé au temps des (chefs comme) Ako [*litt. *le début de l'écrit est celui des Ako]*

ndákí↓

► *reste, restant, reliquat*

ndákí dɛ́↓¯ ná gɛ̄ /reste/personne/la/pl./ *le reste des gens, les gens qui restent*
ndákí↓ bɛ̄ kùsuà /reste/chose/manger/ *reste de nourriture, nourriture restante*
ndákí↓ ná gɛ̄ àkué ndá zá` nɛ̄ (I, 215) /reste/le/pl./aor.3 + voir + pl./désormais/en vain/ alors/ *ceux qui restent voient qu'il n'y a plus d'issue...*
bīnyā tàkī sɛ̀ ndákí↓ ɓā nyá kúsà ná sɛ̀ ndákí tútú↓ ná /chèvre/aor.3 + sortir/avec/ reste/celui de/son/nourriture/la/avec/reste/boule/la/ *la chèvre sort avec le reste de sa part de nourriture, avec le reste de boule*

ndàlā

► *peau*

ndàlā lɔ̄ /peau/corps + son/ *sa peau [*litt. *la peau de son corps]*

ndàngúwà

► *poisson sp.* (équivalent du sango **màkèrèlè**; vraisemblablement *Eutropius spp.* (Schilbeidae))

ndàyì

► *insecte sp. (rouge, sort de terre en groupe au moment de la saison pluvieuse)* (autre nom de **nzɔ̀kɔ̀nzɔ̀kɔ̀**)

ndèlī

► *partie, morceau, fraction, mi-longueur (d'une étendue ou d'une masse), milieu de, sein de (avec une dimension de rupture ou d'extraction) ?* notamment employé comme complément privilégié - lui-même déterminé - de certains verbes éminemment transitifs ("manger", "casser", "briser", "séparer", etc...) dont il souligne le trait de "rupture" :

k-ìsuà ndèlī bɛ̄ /inf.-manger/fraction/chose/ *croquer (dans) quelque chose*
kì-zɛ́ ndèlī ɓ́ɔkɔ̄ /inf.-casser/fraction/maïs/ *casser (un épi de) maïs*
kɔ́mə̀ dèʒá` kàzī gīlī ndà ndèlī lɔ̄ gɛ́gɛ̄ ndà kɔ́... (I, 46) /comme/déjà/éléphant/ aor.3 + couper/désormais/milieu/corps/notre(i)/ désormais/puis/... *comme déjà les éléphants avaient séparé notre groupe...*
ndá gɛ́ɗɛ́↓ kāyī ndèlī ɓɛ̄ nɛ̀ gà kāyí à¯ (I, 180) /origine/fondement/partage/fraction/ pays/ce/rel./ aor.3 + partager/être/ *c'est le commencement du partage [administratif] du pays [*litt. *c'est le commencement du partage... qu'ils partagent]*

entrant en composition avec le relateur **KI** (cf. 11.4.) :

► **ndèlī... KI** /fraction(?)/.../à/ *dans, au milieu de, au sein de, parmi* (avec une dimension de rupture ou d'extraction qui l'oppose notamment à **kɛ̀mɛ̀... KI** "à l'intérieur de" et à **dànà... KI** "au milieu de, au centre de")

ndēmbā

► *bambou sp. (de Chine ?)* (équivalent de **bàmbō**)

ndɛ̀¯/ndɛ̀´ ~ ndè-kí

(5; **kì-ndɛ̄**) ► *demander, réclamer, emprunter (une chose (à quelqu'un))*

kì-ndɛ̄ bɛ̄ /inf.-réclamer/chose/ *réclamer quelque chose*
kì-ndɛ̄ bɛ̄ dɛ̀¯ (mais non *kì-ndɛ̄ dɛ̀¯ bɛ̄) /inf.-réclamer/chose/personne/ *réclamer quelque chose à quelqu'un*

ndɛ́

(adv.; < ngbandi) ► *différemment, autrement, différent, autre*

lɔ̄ ndɛ́ /lui/différemment/ *il est différent, autre*

ɓālé gɛ́↓gɛ̄ kɔ̀tɔ́ lī ndɛ́ /aor.3 + nommer/nous(i)/un certain/nom/différemment/ *ils nous ont donné un autre nom*

se faisant écho à lui-même dans deux propositions ou énoncés successifs :

kàmbì ndɛ́ kyùɓū ndɛ́ /graisse/différemment/huile/différemment/ *la graisse est une chose, l'huile en est une autre [*litt. *la graisse (est) autre, l'huile (est) autre]*

tùlɛ̀ ná nzì¯ ɓā nyá ínzā ndɛ́ (III, 6)... mùmù ná nzì¯ ínzā ɓā nyá ndɛ́ (III, 7) /T./le/aor.3 + s'asseoir/celui de/son/aussi/différemment/... /rat de G./le/aor.3 + s'asseoir/aussi/celui de/son/différemment/ *Turè s'assoit, quant à lui, à un endroit... le rat de Gambie s'assoit, quant à lui, à un autre endroit*

ndìɗì/ndìɗí

(3; **kì-ndíɗí↓**; parfois aussi **nzìɗì** ou **[njìɗì]**) ► *faire cuire (à l'eau, en sauce), "préparer" (la nourriture, le repas)*

ndìɗí kúsuà àdí bísí (II, 8) /aor.3 + préparer/nourriture/aor.3 + donner/chien/ *on prépare le repas (et) on (l')offre au chien*

ndìgì/ndìgí

(3; **kì-ndígí↓**) ► *aimer, apprécier, chérir, désirer, vouloir*

ndìgì ngɔ̄nɔ̄ ndó /aor.3 + aimer/enfant + son/beaucoup/ *il aime beaucoup son enfant*

mú-ndígí ká↓fɛ̀` àlɔ̄ pɛ̀kɛ̄ /aor.1-aimer/café/aor.3 + dépasser/vin de raphia/ *j'aime le café plus que le vin de raphia*

mú-ndígí kɔ̄ɔ́ m-únú↓ ɓɛ̄ lɔ̀ ɗà´mà kɔ̄... (I, 165) /aor.1-vouloir/acc. + susp./aor.1-prendre/village/ce-ci/là-bas/acc./... *si je veux m'emparer de ce village là-bas... [*litt. *(si) j'ai voulu, (si) j'ai pris...]*

► *accepter (une proposition, un état de fait), acquiescer, confirmer (un dire)*

kì-ndígí↓ (nzū) bɔ̀gyɔ̄ /inf.-confirmer/(son/)parole/ *confirmer une parole*

zɛ́ lɔ́ nè-kí nɛ̄ ʔóò dɛ̀¯ nígɛ̄ w-ɔ̀yɛ̀ kɔ̄ nì-ndí↓gí ínzā yālɔ̀ gɔ̀ (I, 212) /eux/ce-ci/dire-pl./que/non!/personne/leur/aor.3-mourir/acc./ aor.L-accepter + pl./aussi/aujourd'hui/nég./ *ceux-ci disent que non!, l'un des leurs est mort, ils ne vont pas accepter (cette situation)*

ndīgɔ̄/ndīgué

(6; **kì-ndīgɔ̄**; parfois aussi **[njīgɔ̄]**) ► *acheter*

ndīgɔ̄

(< v. **ndīgɔ̄**) ► *prix (d'un service ou d'un bien)*

ndīgɔ̄ ná ngánzá↓ ndó /prix/le/aor.3 + être dur/beaucoup/ *le/son prix est très élevé*

ndìká↓

(< ngbandi) ► *amande (de la noix de palme)*

ndìká↓ nyūmū /amande/palmier/ *(même sens)*

ndìmɔ̀

► *nasse sp.* (identifiable au **kìndàkpò** des Ngbandi riverains : il s'agirait donc d'une sorte de cage dont la trappe, coulissante, lestée et calée, se referme à l'entrée du poisson)

ndó

(adv.) ► *beaucoup, très*

ndòkà ~ ndòkuà
► *demande en mariage* (le terme désigne aussi, voire surtout, le rassemblement et les festivités dont cette démarche fournit l'occasion, cf. Texte II, 7)
kì-ndā ndòkà /inf.-se coucher/demande en mariage/ *faire (fêter ?) la demande en mariage*

ndōkúɗī
(pronom circonstanciel interrogatif, cf. 11.9.; comp. de **ɗī** "quoi?")
► *comment?, combien?*

ndōlī
► *nuit*

ndóndó↓
► *poisson sp.*

ndɔ̄/ndūé
(6; **kì-ndɔ̄**) ► *goûter (un aliment, une boisson)*

ndɔ̄gyɔ̄/ndōgyué
(6; **kì-ndɔ̄gyɔ̄**) ► *montrer, enseigner* (sur la faculté de ce verbe à recevoir deux objets, cf. 14.2.)
kì-ndɔ̄gyɔ̄ bɛ̄ dɛ̀¯ ~ kì-ndɔ̄gyɔ̄ dɛ̀¯ bɛ̄ /inf.-montrer/chose/personne/ ~ /inf.-montrer/personne/chose/ *montrer quelque chose à quelqu'un*

ndɔ́lɔ́↓/ndó↓lué
(4; **kì-ndɔ́lɔ́↓**) ► *essayer, tenter*
mú-ndɔ́lɔ́↓ kūbū má /aor.1-essayer/vêtement/mon/ *j'essaie mon vêtement*
mú-ndɔ́lɔ́ k-í↓zuā kūbū má /aor.1-essayer/enfiler/vêtement/mon/ *j'essaie d'enfiler mon vêtement*

ndù
(adv.; < ngbandi ?; attraction tonale partielle : **ndú`**) ► *près, proche* toujours en combinaison avec un relateur (cf. 14.4.) :
ndù sɛ̀ mànɛ̄ /près/avec/eau/ *près de l'eau*
ndù mànɛ̄` /près/eau + à/ *près de l'eau*

ndúguā/(pl. inusité ?) (~ **ndúgā**/(?) ?)
(7; **kì-ndúguā**) ► *être/devenir clair, propre*
kūbū má ndúguā bɛ̀ /vêtement/mon/aor.3 + être propre/stat./ *mon vêtement est propre*
lɔ̀ ná ndúguā kɔ̄ /endroit/le/aor.3 + devenir clair/acc./ *il fait jour, le jour s'est levé*

ndúguā
(< v. **ndúguā**) ► *propreté, clarté, propre, clair*
mú-sā ndúguā kūbū gɛ̄ /aor.1-prendre/propre/vêtement/pl./ *j'ai pris les vêtements propres*

nduà/ndùé
(2; **k-ìnduà**) ► *frapper, taper*
nduá↓ bísí sɛ́↓ kāgā ɓɛ́ /aor.2 + frapper/chien/avec/bâton/ton/ *frappe le chien avec ton bâton!*

ng

ngà
► *tresse (de cheveux)*
ngà zɔ̀ /tresse/tête/ *cheveux*
kì-tā ngà /inf.-faire/tresse/ *faire une tresse (de cheveux), tresser (les cheveux)*

ngàɓà
► *mari, époux*
ngàɓā /époux + son/ *son époux*
ngàɓé dé↓¯ /époux + de/personne/ *l'époux de quelqu'un*
► *homme initié*

ngàkàyì
(comp. de **kàyì** "bon" ?) ► *aîné (absolu ou généalogique ?); personne âgée, vieux, ancêtre*
ngàkàyì nyá /aîné/son/ *son aîné, son ancêtre*
ngàkàyì dè¯ /aîné/personne/ *aîné, ancêtre de quelqu'un*

ngàkūlā
(< banda ?) ► *esprit supérieur, divinité (de l'initiation), initiation (qui n'est plus pratiquée aujourd'hui), maître d'initiation*
tàlà ngàkūlā /langue/initiation/ *langue d'initiation*
àkɔ̀ ngàkūlā /aor.3 + voir/Ng./ *il a fait, subi l'initiation [*litt. *il a vu Ngakula]*
ngàkūlā w-ōtī lɔ̄ kɔ̄ /Ng./aor.3-enfermer/lui/acc./ *il a fait, subi l'initiation [*litt. *Ngakula l'a enfermé]*

ngàlà
► *varan aquatique*

ngàlā
(< banda) ► *bambou sp. (de Chine ou d'Abyssinie ?)*

ngālā/ngālé
(6; **kì-ngālā**) ► *être/devenir grand, haut, élevé, long*

ngālā
(< v. **ngālā**) ► *grand, haut, élevé, long*

ngālā
► *termite sp. (ailé, comestible, construit une termitière "cathédrale")* (les termites **ngālā** sont chassés au feu, cf. Texte III, 4)

ngálá↓
► *menton*
ngá↓lā /menton + son/ *son menton*

ngálā
► *terre, sol (dans les deux sens de matière et d'espace)*
ngá↓lī /terre + à/ *à terre, sur le sol*

ngàlɛ̀
► *chef* (le terme a une connotation historique et prestigieuse; concurrencé par **màkōnzì** "chef (de village)", **kàndɔ́`** "chef de canton" et **kɔ̄māndēmā** "chef, fonction du chef", il ne s'emploie plus guère aujourd'hui)

ngālɛ̄
► *ventre*
ngālɛ̄ /ventre + son/ *son ventre*

ngàlù
(parfois **[ngàʷlù]**) ► *tortue* (le terme s'appliquerait à une grande tortue aquatique mais semble également fonctionner comme un nom générique)

ngálú↓
► *caractère/comportement de celui qui cherche à se faire inviter à manger (équivalent du "pique-assiette")*
ngá↓lū /caractère de "pique-assiette" + son/ *son caractère de "pique-assiette"*
kí sɛ̀ ngálú↓ ndó /toi/avec/caractère de "pique-assiette"/beaucoup/ *tu es très "pique-assiette"*
(le même terme ? cp. aussi **gángá↓lū** "poitrine" ?) uniquement attesté dans :
► **tàlà ngálú↓** /accès/?/ *partie intérieure et centrale du ventre située au dessus du diaphragme (considérée comme un centre vital, plexus solaire ?), "coeur"*

ngàmà
(< banda) ► *patate*

ngàngā
► *mâchoire*
ngàngā /mâchoire + sa/ *sa mâchoire*

ngāngā
► *dent*
ngāngā /dent + sa/ *sa dent*
► **ngāngā bísí↓** /dent/chien/ *arbre sp. (bois dur, travaillé)*

ngàngū
(< ngbandi ou sango ?) ► *force*

ngànzā
► nom d'une fraction furu (cf. I, 31)
► nom d'un village (et clan ou lignage) bagiro

ngánzá↓/ngá↓nzé
(4; **kì-ngánzá↓**) ► *être fort, dur, résistant, brave, vaillant, difficile, cher*
nàbɔ̄ ná ngánzá↓ ndó /travail/le/aor.3 + être difficile/beaucoup/ *le travail est très dur/difficile*
dɛ̀¯ gɛ̄ ngá↓nzé ndó /personne/pl./aor.3 + être brave + pl./beaucoup/ *les gens sont très braves/vaillants*
ndīgɔ̄ ná ngánzá↓ ndó /prix/le/aor.3 + être cher/beaucoup/ *le prix est très cher/élevé*

ngánzá↓
(< v. **ngánzá↓**) ► *brave, vaillant, courageux, résistant*

ngàyàngáyá↓
► *poisson sp. (épines dorsales érectiles et coupantes)*

ngàyì
nom d'un village (et clan ou lignage) bagiro

ngē
(< ngbandi ?) ► *lance à poisson, harpon*

ngèlì
► *sexe féminin, vulve*
ngèlī /vulve + sa/ *sa vulve*

ngɛ̀mɛ̀nɛ̀
(nom de localité) ► *Guéména (Zaïre)*

ngɛ̄ngɛ̄tɛ̄ ~ ngɔ̄ngɛ̄tɛ̄
forme contractée de **ngɔ̄nɔ̄.ngɛ̄tɛ̄**

ngɛ̄tɛ̄/ngēté
(6; **kì-ngɛ̄tɛ̄**) ► *être/devenir petit*

ngɛ̄tɛ̄
(< v. **ngɛ̄tɛ̄**) ► *petit*

ngínà
► *céphalophe sp. ? (de taille supérieure à* **kpànɛ̀***)*

ngísā
► *pou (de l'homme), tique (du chien)*

ngītɔ̄
► *fardeau, charge; biens en nature*
ngītɔ̄ gɔ̄ dɛ̀nyɛ̄ /biens/suite/femme/ *prestations matrimoniales (en nature)*

ngōlī
► *verge, pénis*
ngōlī /pénis + son/ *son pénis*

ngòlígbì
nom d'un village (et clan ou lignage) bagiro

ngòlù
► *oiseau sp. (épervier ?)*

ngólú↓
► *roussette*

ngòmbè
(< sango, ngbandi ou autre ?) ► *fusil*

ngòndà
(< ngbandi) ► *zone de végétation dense, forêt*
ngùndē` /forêt + à/ *en forêt*

ngònzá↓
(< ngbandi) ► *escargot sp.*

ngōnzá↓
► *oiseau sp. (pintade huppée ?)*

ngòyì
► nom de village (et clan ou lignage ?) bagiro

ngɔ̄
(< ngbandi) ► *pirogue*

ngɔ́ɓɛ́↓
► *combat, bataille, guerre*
k-àɓɛ̄ ngɔ́ɓɛ́↓ /inf.-aller/guerre/ *partir au combat, aller en guerre*
kì-tā ngɔ́ɓɛ́↓ /inf.-faire/guerre/ *faire la guerre*
k-ìsɔ̄ ngɔ́ɓɛ́ sɛ́ dɛ́↓¯ ~ k-ìsɔ̄ dɛ̀¯ sɛ̀ ngɔ́ɓɛ́↓ /inf.-tomber/guerre/avec/personne/ ~ /inf.-tomber/personne/avec/guerre/ *faire la guerre à quelqu'un*
ngɔ́ɓɛ́↓ ìsɔ̄ kɔ̄ (I, 211) /guerre/aor.3 + tomber/acc./ *la guerre est arrivée*

ngɔ̀fɛ̂
uniquement en combinaison avec **gìdì** :
► **ngɔ̀fɛ̂ gìdì** /?/partie postérieure/ *écorce, écaille*
ngɔ̀fɛ̂ gìdì kāgā /?/partie post./arbre/ *écorce d'arbre*
ngɔ̀fɛ̂ gìdì kāngɛ̄ /?/partie post./poisson/ *écaille de poisson*

ngɔ̀lɔ̀
► *termite sp. (rouge, sans aile)* (aussi employé avec une valeur plus ou moins générique ?)
► *poisson sp. (gros siluridé)*

ngɔ̄nɔ̄
► *enfant, fils, fille (de soi-même ou de son frère (homme parlant), de soi-même ou de sa soeur (femme parlant))*
ngɔ̄nɔ̄ ~ ngɔ̄nɔ̄ nyá (quelle différence ?) /enfant + son/ ~ /enfant/son/ *son enfant*
ngōní dɛ́↓¯ /enfant + de/personne/ *enfant de quelqu'un*
► *petit, jeune, petite variété de, petit composant de, membre (d'un groupe social), "petit"*
ngɔ̄nɔ̄ dɛ̀nyɛ̄ /petite/femme/ *jeune fille, jeune femme*
ngɔ̄nɔ̄ ɓàlē /petit/esclave/ *jeune esclave*
ngɔ̄nɔ̄ kàbúlá↓ /petit/grand-père/ *fils/fille du fils ou de la fille, petit-fils/petite-fille (homme parlant)*
ngɔ̄nɔ̄ kàkà /petite/grand-mère/ *fils/fille du fils ou de la fille, petit-fils/petite-fille (femme parlant)*
ngɔ̄nɔ̄ dālā /petit/tambour/ *petit tambour (des deux tambours d'appel)*
ngɔ̄nɔ̄ gī /petit/membre antérieur/ *doigt*
ngɔ̄nɔ̄ ngyà /petit/membre postérieur/ *orteil*
ngɔ̄nɔ̄ ɓɛ̄ /petit/village/ *membre du village (et clan ou lignage ?)*
ngɔ̄nɔ̄ ngànzā /petit/Ng./ *membre (du groupe) des Nganza, "petit" Nganza*
► **ngɔ̄nɔ̄.ngɛ̄tɛ̄** (parfois contracté en **ngɔ̄ngɛ̄tɛ̄, ngɛ̄ngɛ̄tɛ̄, nyɛ̄ngɛ̄tɛ̄**) /petit/petit/ *enfant*

ngɔ̀ngɔ̀
► sous-groupe (clan ou lignage ?) bagiro (établi avec **bāwūlē**)

ngɔ̀ngɔ́ngɔ́ꜜ
(adj. ? cf. 8.11.) ► *lent (d'une démarche), lentement*
k-àɓɛ̄ nyá ngɔ̀ngɔ́ngɔ́ /inf.-aller/son/lent/ *sa démarche est lente*
ngɔ̀nɔ́ngɔ́ꜜ māyā kɔ́ngɔ̄ (Dev. 1) /lentement/piémont/colline/ *lentement (au) pied de la colline*

ngɔ́yɛ́ꜜ
(souvent prononcé **[ngʷɛ́:]**) ► *cou, gorge (externe)*
ngɔ́ꜜyɛ̄ /cou + son/ *son cou*

ngùlà
► *oiseau sp. (fauvette)*

ngūlā
► *lieu intime, intérieur, lieu propre, foyer, chez-soi*
ngūlā má /lieu propre/mon/ *ma maison, mon village, mon pays*
ɗɔ́bɔ́ꜜ ngūlā gɛ́gɛ̄ (I, 10) /chemin/lieu propre/notre(i)/ *la route de notre foyer, de notre pays*
ngūlā ngɔ́yɛ́ꜜ má àyɛ̄ ndó /intérieur/cou/mon/aor.3 + être sec/beaucoup/ *ma gorge est très sèche (façon détournée de réclamer à boire)*
entrant en composition avec le relateur **KI** (cf. 11.4.) :
► **ngūlā... KI** /lieu propre/.../à/ *chez*
ngūlē` /lieu propre + son + à/ *chez lui*
mám-tɛ́lɛ́ꜜ ngūlā mí /inach.1-retourner/lieu propre/mon + à/ *je retournerai chez moi*

ngùlù
(< ngbandi ?) ► *force*
ngùlù nyá /force/sa/ *sa force*

ngūlū
uniquement attesté dans :
► **ngūlū mànɛ̄ (~ zɔ̀ ngūlū mànɛ̄)** /?/eau/ (~ /tête/?/eau/) *source*

ngùndē
(< ngbandi ou sango) ► *crocodile*

nguà/ngùé
(2; **k-ìnguà**) ► *trouver, rencontrer (personne ou chose), recevoir, gagner*

ngb

ngbáꜜ/ngbéꜜ´
(4; **kì-ngbáꜜ**; < ngbandi) ► *rester, demeurer*
gì-ngbáꜜ kɔ̄māndēmā ní (I, 79) /aor.D-demeurer/commandement/le + à/ *nous demeurons au pouvoir*
... kɔ́ ngbéꜜ´ ndáꜜ nílè ndà té`-kí nē... (I, 24) .../puis/aor.3 + rester + pl./désormais/à cet endroit/désormais/3 + dire-pl./que/... *... et on a conservé l'habitude de dire que... [*litt. *on est resté à ce point, on dit que...]*
kɔ̀tɔ́ gɛ̄ zó ngbéꜜ´ /un certain/pl./deux/aor.3 + rester + pl./ *il en reste deux*

ngbālā
► *hauteur, cîme (?)*
ìsɔ̄ zā ngbālā kāgā kì /aor.3 + tomber/provenance/?/arbre/à/ *il est tombé (du haut ?) de l'arbre*

ngbālìngbā
► *danse sp. (identifiée au* **lèngè** *des Ngbandi riverains)*

ngbāndī ~ mɔ̀ngbāndī
(ethnonyme) ► *Ngbandi*

ngbàngí↓
► *poisson sp.*

ngbàngbò
(quantificateur cardinal, cf. 8.9.; < ngbandi ou sango ?) ► *cent*
kàɓɛ̀ ngbàngbò /oeuf/cent/ *cent oeufs*

ngbèɗē
(quantificateur cardinal, cf. 8.9.) ► *huit*
kúgí ngbé↓ɗē /maison/huit/ *huit maisons*
► (nom < quantificateur) *huitième*
ngbèɗē kúgí /huitième/maison/ *huitième maison*

ngbéngbé↓
uniquement attesté dans :
► **ngbéngbé↓ ngālɛ̄** /?/ventre/ *rein, rognon*

ngbɛ́dàmbá↓
(< banda ?) ► *singe sp. (vervet ou patas ?)*

ngbɛ́lɛ̀kúlá↓
► *oiseau sp. (guêpier)*

ngbìlì
(< gbaya oriental ?) ► *joue*
ngbìlī /joue + sa/ *sa joue*

ngbìlí↓
► *estomac, gésier*
ngbìlí↓¯ /estomac + son/ *son estomac*

ngbòfà
► *devinette* (cf. Textes)
k-ìnā ngbòfà /inf.-émettre/devinette/ *poser une devinette*

ngbókú↓
► *mâle (des caprins et des ovins)*
ngbókú↓ bīnyā /mâle/caprin/ *bouc*
ngbókú↓ ná /mâle/le/ *le mâle*

ngbóngbó↓
► village (et clan ou lignage ?) bagiro

ngbɔ̄´↓
► *ami (de même sexe ou de sexe opposé, au sens affectueux ou amoureux)*
.../...

ngbɔ́'↓ nyá /ami/son/ *son ami/amie*
ngbɔ́'↓ má ɓā dènyē /ami/mon/celui de/femme/ *mon amie, ma concubine (homme parlant)*

ngbúgù
(ethnonyme) ► *Ngbugu*

ngy

ngyà
► *membre postérieur, jambe, pied*
ngyà¯ /pied + son/ *son pied, sa jambe*
ngè' ò' /pied + ton/oh!/ *bonne route! [litt. ton pied, oh!]*
► *tronc, arbre sur pied (déterminé par un nom d'arbre ou de fruit, désigne plus spécifiquement l'arbre en tant qu'entité végétale)*
ngyà nyūmū /tronc/palmier à huile/ *palmier à huile*
ngyà mángò /tronc/mangue/ *manguier*

ngyà
(identificatif, cf. 9.1.) ► *-même (marque d'ipséité)*
mā ngyà ná /moi/même/le/ *moi-même*
zɛ́ ngyá↓ ná gē /eux/même/le/pl./ *eux-mêmes*

ny

nyá
(associatif personnel indirect, cf. 8.3.) ► *son, sa*

nyàlā/nyàlé
(5; **kì-nyàlā**) ► *jeter, verser (avec ou sans but), ajouter*
nyàlā kāgā kɛ̀mɛ̀ kátá↓ ní /aor.3 + verser/remède/intérieur/pot/le + à/ *il verse un remède dans le pot*
entrant dans la composition d'un quantificateur :
mí.nyàlā.kàlà /cinq.ajoute.un/ *six*
► *tomber, se renverser*
nyàlā ngá↓lī (I, 206) /aor.3 + tomber/terre + à/ *ça tombe à terre*

nyàlàmbà
► *taro*

nyɛ̀
► *placenta*
nyɛ̀ nyá (~ nyɛ̀¯ ?) /placenta/son/ (~ /placenta + son/ ?) *son placenta*

***nyē**
(femme ?) uniquement attesté dans deux composés :
.../...

▶ **bùlànyɛ̄** /père.*femme/ *soeur du père*
▶ **dɛ̀nyɛ̄** /personne.*femme/ *femme*

nyɛ̀lɛ̄/nyɛ̀lɛ́
(5; **kì-nyɛ̀lɛ̄**) ▶ *être bon, agréable (au goût)*
kāngɛ̄ lɔ̄ nyɛ̀lɛ̄ ndó /poisson/ce-ci/aor.3 + être bon/beaucoup/ *ce poisson est très bon*

nyɛ̀lɛ̄
(< v. **nyɛ̀lɛ̄**) ▶ *bon (au goût)*
m-úsuá nyɛ́ꜜlɛ̄ kāngɛ̄ /aor.1-manger/bon/poisson/ *j'ai mangé du bon poisson*

nyɛ̄ngɛ̄tɛ̄ ~ ngɔ̄ngɛ̄tɛ̄ ~ ngɛ̄ngɛ̄tɛ̄
forme contractée de **ngɔ̄nɔ̄.ngɛ̄tɛ̄**

nyí
forme circonstancielle de **nyá**, associatif personnel (cf. 11.5.)

nyīɓā
▶ *message, nouvelle, commission*
luà nyīɓā àdā ngàlɛ̀ tɛ̄` nɛ̄ ɗɛ̄ˉ kɔ̄ /aor.3 + envoyer/nouvelle/aor.3 + donner/chef/ 3 + dire/que/aor.3 + venir/ acc./ *il fait dire au chef qu'il est arrivé*
kì-tɛ̄ɗɛ̄ nyīɓā /inf.-dire/nouvelle/ *porter, remplir une commission, transmettre un message*

nyìfī/nyìfí
(5; **kì-nyìfī**; aussi **nìfī** ?) ▶ *gémir, pousser des gémissements (en cas de maladie ou d'agonie)*

nyíkè
(interjection; < ngbandi) ▶ *grâce à toi!, merci!* (formule de reconnaissance et peut-être aussi de commisération ?)
nyíkè nánzɔ́ /merci!/frère/ *merci, frère!*

nyílɛ́ꜜ
▶ *vent*
nyílɛ́ꜜ àm-kuá /vent/inach.3-saisir/ *le vent souffle*

nyìngà
var. de **yìngà**

nyɔ̀/nyùé
(2; **k-ɔ̄nyɔ̀**) ▶ *sucer, manger (pour certains fruits juteux)* ▶ *être pénible, faire mal, faire souffrir*
lɔ̄ má nyɔ̀ mā ndó /corps/mon/aor.3 + faire souffrir/moi/beaucoup/ *je suis très malade, souffrant*
zɔ̀ má àm-ɔ́nyɔ́ꜜ mā bɛ̀ /tête/ma/inach.3-faire souffrir/moi/stat./ *j'ai mal à la tête*

nyūkuā/nyūkué
(6; **kì-nyūkuā**) ▶ *presser, masser*

nyūmū
▶ *palmier à huile*

nz

nzà´↓
(< banda) ► *oiseau sp. (soui-manga)*
nzàfà/nzàfé
(3; **kì-nzáfá↓**) ► *être/devenir blanc*
nzàfà
(< v. **nzàfà**) ► *blanc*
nzáguá↓
(cp. banda "chacal" ?) ► *oiseau sp. (faucon ?)*
nzàmà/(pl. inusité ?)
(3; **kì-nzámá↓**) ► *tonner, faire du tonnerre*
nzī nzàmà /pluie/aor.3 + tonner/ *il y a du tonnerre, ça tonne*
nzàmɛ̀
► *écureuil terrestre, "rat palmiste"*
► **nzàmɛ̀ mànɛ̄** /écureuil/eau/ *écureuil aquatique (?)*
nzàngà
► nom de village (et clan ou lignage ?) bagiro (administrativement Nzanga I et II)
nzàpā
(< ngbandi ou sango ?) ► *Dieu*
nzàpā sì-bátà kí /Dieu/aor.3!-garder/toi/ *que Dieu te garde!*
nzàyī
(< ngbandi) ► *poisson sp. ("capitaine", Lates niloticus* (Serranidae))
nzèlē
(< ngbandi) ► *arbre sp. (grand arbre qui pousse au bord de l'eau; l'amande du fruit est consommée)*
nzì¯/nzì-kí
(5; **kì-nzī**) ► *s'asseoir, être assis*
á↓nzī zɔ̀ ɓā bīnyā kì (II, 10) /aor.2-s'asseoir/tête/celui de/chèvre/à/ *tu t'assois devant celle [la part] de la chèvre*
nzì¯ nzùbā mùmù ná (III, 18) /aor.3 + s'asseoir/ancienne place/rat de G./le/ *il s'assoit à la place du rat de Gambie*
nzì¯
(aspectif, cf. 13.3.; forme figée du précédent) ► *en train de, habituellement, Continu*
nzī
► *pluie*
nzī àdɛ̀ /pluie/aor.3 + pleuvoir/ *il pleut*
nzìkɔ̀/nzìkué
(3; **kì-nzíkɔ́↓**) ► *faire griller, faire frire (dans un récipient, avec ou sans corps gras)*

nzílɛ́ꜜ
► *ombre (d'un inanimé, par opposition à* **màyà**)
nzílɛ́ꜜ kāgā /ombre/arbre/ *ombre d'un arbre*

nzòkū
► *coussinet de portage*

nzōkū
► *herbe (variété(s) utilisée(s) pour couvrir les maisons), paille du toit*

nzɔ̀
► *langue (organe)*
nzɔ̀ˉ /langue + sa/ *sa langue*

nzɔ̀kɔ̀nzɔ̀kɔ̀
► *insecte sp.* (autre nom de **ndàyì**)

nzɔ̀mbɔ̄
► *poisson sp. ("anguille")*

nzū
► *son, voix*
nzū /voix + sa/ *sa voix*
nzū mànɛ̄ /son/eau/ *bruit de l'eau*
nzū dālā /son/tambour/ *son du tambour*

nzùbā
► *ancien emplacement de, trace de, vestige de*
nzìˉ nzùbā mùmù ná (III, 18) /aor.3 + s'asseoir/ancienne place/rat de G./le/ *il s'asseoit à la place du rat de Gambie*
► **nzùbā dù** /vestige/plaie/ *cicatrice (de blessure)*
entrant en composition avec le relateur **KI** (cf. 11.4.) :
► **nzùbā... KI** /ancienne place/.../à/ *en l'absence de*
dɛ̄ˉ nzùbā mí /aor.3 + venir/ancienne place/ma + à/ *il est venu en mon absence*

nzùgī
► *farine*

nzùgbɔ̄/nzùgbué
(5; **kì-nzùgbɔ̄**; parfois **nzìgbɔ̄** ou même **[njìgbɔ̄]**; dérivé de **gbɔ̀** ?) ► *laver (le corps en entier)*
nzùgbɔ̄ lɔ̄ /aor.3 + laver/corps + son/ *il se lave (le corps)*
nzùgbɔ̄ ngɔ̄nɔ̄.ngɛ̄tɛ̄ /aor.3 + laver/enfant/ *il lave (le corps de) l'enfant*

nzùgyɔ̀/nzùgyué
(3; **kì-nzúgyɔ́ꜜ**) ► *demander, poser (une question), interroger (quelqu'un)*
kì-nzúgyɔ́ bɔ́ꜜgyɔ̄ /inf.-demander/parole/ *poser une question*
kì-nzúgyɔ́ dɛ́ꜜˉ /inf.-interroger/personne/ *interroger quelqu'un*
kì-nzúgyɔ́ lɔ́ /inf.-interroger/lieu/ *interroger, poser des questions*

nzùmù/nzùmú
(3; **kì-nzúmúꜜ**) ► *pourrir, être pourri*

nzùmù
(< v. **nzùmù**) ► *pourri*

o

[les verbes à initiale **o** sont à rechercher sous **w-o-**]

[òlyǿkə]
(< français) ► *au lieu que*

ɔ

[les verbes à initiale **ɔ** sont à rechercher sous **w-ɔ-**]

p

páká↓
(< banda ?) ► *viverridé (genette ?) ou chat sauvage (?)*

[pá̰sè/pá̰sè´]
(8; **kì-[pá̰sè]**; < français) ► *penser*

pàsī
(< banda) ► *trompe*
pàsī kàzī /trompe/éléphant/ *trompe d'éléphant*

[pàskə́]
(< français) ► *parce que*

pèkē
(< banda ou ngbandi ?) ► *vin de raphia*

pélá↓ ~ kpélá↓
(< banda) ► *céphalophe de Grimm*

pèlé↓
► *poisson sp. (ressemble au "goujon"* **fùlù***)*

pìlìpìlì
► *chauve-souris*

pɛ̄rɛ̄mɛ̀
(< français) ► *premier*

pɛ́tɛ̀/pétè´
(8; **kì-pɛ́tɛ̀**; < ngbandi) ► *appuyer, presser, traire*

pīlī ~ kpīlī
(cp. gbanzili ?) ► *flèche*

pírì
(< français) ► *pur, vrai*
gɛ̀gɛ̄ à pírì gbāyā gɛ̄ (I, 14) /nous(i)/être/vrai/Gb./pl./ *nous sommes de vrais Gbaya*

pòpō
(< banda ?) ► *cicatrice ornementale (et curative ?)*
[pøtɛ́trɛ̀]
(< français) ► *peut-être*
prímyɛ́rɛ̀
(< français) ► *premier*
puí
var. de **àpuí**

r

rrrɔ̀
(adv.) ► *longtemps*
rrrù
(adv.) ► *vite (?)*

s

sà
(cp. **àsà** "dégager de la fumée" ?) ► *fumée*
sā/sē´
(6; **kì-sā**) ► *prendre (plusieurs choses ou une quantité non dénombrable)*
(cp. **nù**)
bàsɛ́ngèlè gɛ́ là gà á-sā zɛ́ mó↓té kī... (I, 96) /garde/pl./ce/rel/aor.2-prendre/eux/ dessous + ton/à/... *les gardes que tu as pris sous ton autorité...*
sā mbūtū zā mànī` /aor.3 + prendre/sable/provenance/eau + à/ *il prend du sable dans (hors de) l'eau*
ságyɔ́↓
(ou **ságyɔ̄** ou **sá↓gyɔ̄**, cf. 8.8.) ► *beau-frère, belle-soeur (homme ou femme parlant)*
sàkɔ́↓
► *parole, causerie*
k-ìkuà sàkɔ́ sɛ́ dɛ́↓¯ /inf.-saisir/causerie/avec/personne/ *parler avec quelqu'un (éventuellement dans l'intention de séduire)*
► *mensonge*
kì-bɔ̀gyɔ̄ sàkɔ́ /inf.-parler/mensonge/ *mentir, dire un mensonge*
kì-tɛ́tɛ́ sá↓kɔ́ /inf.-mentir/mensonge/ *mentir, dire un mensonge*
sákū/sákū´
(7; **kì-sákū**) ► *être beau (d'un homme)*
.../...

dɛ̀ˉ ngàɓà lɔ̀ sákū ndó /homme/mâle/ce-ci/aor.3 + être beau/beaucoup/ *cet homme est très beau*

sákū

(< v. **sákū**) ► *beauté, beau (d'un homme)*

sákū nyá àlɔ̄ zɔ̀ ná /beauté/sa/aor.3 + dépasser/tête/la/ *il est extrêmement beau, il est "trop" beau [*litt. *sa beauté dépasse le sommet]*

sákū lūè ndó /beauté/corps + son + à/beaucoup/ *il est très beau*

àkɔ̀ sákū dɛ̀ˉ ngàɓà /aor.3 + voir/beau/personne/mâle/ *il a vu un bel homme*

► **sákū dɛ̀ˉ ngàɓà** /beau.personne.mâle/ *jeune homme*

sāmī/sāmí

(6; **kì-sāmī**) ► *rester, être encore, continuer, ne pas être/avoir encore fini*

nàbɔ̄ ná sāmī /travail/le/aor.3 + être encore/ *le travail n'est pas fini, continue*

ɓā bīnyā sāmī nɛ̄ kí bísí... (II, 10) /celui de/chèvre/aor.3 + être encore/alors/toi/chien/... *celle [la part] de la chèvre n'est pas encore terminée que toi, le chien...*

mú-sāmī (tàlà nàbɔ̄ mí) /aor.1-être encore/(bord/travail/mon + à/) *je suis encore (à (au début de ?) mon travail), je continue (à travailler)*

mú-sāmī mám-tā nàbɔ̄ ná /aor.1-être encore/inach.1-faire/travail/le/ *je continue à faire le travail, je travaille encore/toujours*

būkū ná sāmī sɛ̀ kùmā ná /cendre/la/aor.3 + être encore/avec/chaleur/la/ *la cendre est encore chaude*

sāmī ɓḕ yɔ́ /aor.3 + être encore/village + à/ici/ *il est encore (ici) au village*

sāmī sī túnā yɔ́mà /aor.3 + être encore/côté/rive/ici/ *il est encore de ce côté-ci de l'eau*

sám(ú) ~ sám-

(indice personnel-aspectuel inach.2!; nécessairement suivi du prohibitif **ànɛ̄**, cf. 12.2., 13.2.) ► *que tu/vous ne... pas!* (injonctif négatif)

sànà

(< ngbandi ou sango) ► *méchanceté, exaction, sauvagerie*

sàndúgù

(< arabe par le sango ?) ► *valise, malle, cantine*

sāngā

► *panier sp. (rond, tressage serré ou ajouré)*

sángá↓/sá↓ngé

(4; **kì-sángá↓**; < gbaya ?) ► *lier, fixer les "baguettes" de la toiture* (ces "baguettes", qui jouent le rôle de liteau et croisent les chevrons, servent à fixer la paille du toit)

kì-sángá↓ kúgí /inf.-lier/maison/ *fixer les "baguettes"*

sāngɔ̄

(ethnonyme) ► *Sango*

sásì ~ sás-̀

(indice personnel-aspectuel inach.3!; nécessairement suivi du prohibitif **ànɛ̄**, cf. 12.2., 13.2.) ► *qu'il/elle/ils/elles ne... pas!* (injonctif négatif)

sàtìnɛ́lɛ̀

(< français) ► *sentinelle, garde*

sàwùlù
(ou plutôt **sàlù [sàʷlù]** ?) ► *canne*

sé`
forme circonstancielle de **sɛ́**, associatif personnel (cf. 11.5.)

sèkí
(personnel indépendant, cf. 9.1.) ► *vous*

sɛ̀
(relateur, cf. 11.1.) ► *avec, en compagnie de, au moyen de, envers, en tant que, à propos de, pendant, etc... (introducteur d'un participant complémentaire)*
en composition, fonctionnant à la fois comme relateur (cf. 11.2.) et comme conjonctif (cf. 18.3.) sous une forme généralement altérée :
► **(sɛ̀.ngūlā ~) sùngūlā** /avec.lieu propre/ *à cause de, parce que*

sɛ́↓
(relateur spécifique du syntagme nominal, résultant d'une contraction de la suite **zɛ́ sɛ́↓** /eux/avec/; cf. 8.7.) ► *avec, et (coordination d'animés)*

sɛ́
(associatif personnel, cf. 8.3.) ► *votre*

[ʃɛ́`fdəkàtɔ̰̀`]
(< français) ► *chef de canton*

sɛ̀mbɛ̄
(< sango) ► *assiette (de tôle émaillée)*

sɛ̀pɛ̄
(< ngbandi) ► *poisson sp.* (*Tilapia sp.* (Cichlidae) ?)

[sɛ́sà]
(< français) ► *c'est çà!*

sɛ̄wū
(< ngbandi ?) ► *oiseau sp. (cormoran)*

sì ~ s-̀
(indice personnel-aspectuel aor.3!, cf. 12.2.) ► *qu'il/elle...!* (injonctif)

sī
(var. **sīsī** ?) ► *côté (?)*
sī tɛ̄mbɛ̄ /côté(?)/fer = droite/ *(de) droite*
gī sī gàlì /bras = main + son/côté(?)/gauche/ *son bras/sa main gauche*
sāmī sī túnā yɔ́mà /aor.3 + être encore/côté(?)/rive/ici/ *il est encore de ce côté-ci du fleuve*
entrant en composition avec le relateur **KI** (cf. 11.4.) :
► **sī... KI** /côté(?)/.../à/ *à, vers, du côté de*
nàngé ná sī gìdì gē` /aor.3 + laisser + pl./cela/côté(?)/envers/leur + à/ *ils ont laissé cela derrière eux*
nzì¯ sī (gī) tɛ̄mbɛ̄ nāmī` /aor.3 + être assis/côté(?)/(bras = main/)fer = droite/ soeur + sa + à/ *il est assis à droite de sa soeur*

sílí.kɔ́
(adv. et thématiseur (cf. 14.4., 16.1.; comp. de **kɔ́**, thématiseur et conjonctif) ► *d'abord, avant (que)*

sílē`.nú
(**sí↓lē`.nú** ?; adv.; forme circonstancielle figée suivie d'un adverbe ?) ► *là-bas, vers là-bas, de l'autre côté (?)*

sìnā
(adv.) ► *définitivement, pour toujours, "pour tout bon"*

***sìnī**
(d'un côté, d'une part ?) en composition dans **sìnímà** "de ce côté" et **sìnī.mùtuá.sìnī.sɔ́** "sept"

sìnímà
(adv.; comp. de ***sìnī** "d'un côté (?)" et de **ámà** "ainsi") ► *(de) ce côté(-ci/-là)*

sìnī.mùtuá.sìnī.sɔ́
(quantificateur cardinal, cf. 8.9.; comp. /d'un côté(?).trois.d'un côté(?).quatre/; cp. **sísì.mùtuá**) ► *sept*

sínì.sɔ́ ~ sí`.sɔ́
(quantificateur cardinal, cf. 8.9.; comp. /?.quatre/) ► *neuf (9)*

sísì.mùtuá ~ sí.mùtuá
(quantificateur cardinal, cf. 8.9.; comp. /?.trois/; cp. **sìnī.mùtuá.sìnī.sɔ́**) ► *sept*

sīsòɗī
(pronom circonstanciel, cf. 11.9.; comp. /côté(?).?.quoi?/) ► *où?*

sófā
► *céphalophe sp. (de petite taille) ou lièvre (?)*

sɔ́
(quantificateur cardinal, cf. 8.9.) ► *quatre*

sɔ́↓
(nom < quantificateur) ► *quatrième*

sɔ̀ɗɔ̄/sòɗué
(3; **kì-sɔ́ɗɔ́↓**) ► *être vert, tendre, ne pas avoir atteint sa pleine maturité, son plein développement (fruits, grains)*

sɔ̀ɗɔ̄
(< v. **sɔ̀ɗɔ̄**) ► *(état de ce qui est) vert, tendre, non-mûr, non complètement développé*

kàmù ɓɔ̄kɔ̄ ná sāmī (sɛ̀) sɔ̀ɗɔ̄ ná /grain/maïs/aor.3 + être encore/(avec/)tendreté/la/ *les grains de maïs sont encore tendres*
m-úsuá sɔ́ɗɔ̄ kámú↓ ɓɔ̄kɔ̄ /aor.1-manger/tendre/grain/maïs/ *j'ai mangé des grains de maïs tendres*

sɔ́lɔ́↓/só↓lé (~ /só↓lué ?)
(4; **kì-sɔ́lɔ́↓**) uniquement attesté dans :

▶ **kì-sɔ́lɔ́ꜜ ngālɛ̄** /inf.-?/ventre/ *être soucieux, inquiet, rancunier (envers quelqu'un)*

mú-sɔ́lɔ́ꜜ ngālɛ̄ má /aor.1 + ?/ventre/mon/ *je suis inquiet, soucieux*

àm-sɔ́lɔ́ꜜ ngālɛ̄ lɔ̄ dɛ̀¯ kì /inach.3-?/ventre + son/corps/personne/à/ *il a de la rancune envers quelqu'un*

sɔ́sɔ̀/sósùé

(8; **kì-sɔ́sɔ̀**; < ngbandi) ▶ *piler pour décortiquer, monder*

sù/sù´

(2; **k-ìsù**) ▶ *grimper, escalader, monter sur (arbre, colline, animal...)*

sù´ zɔ́ dóꜜkū kì /aor.3 + grimper + pl./sommet/butte/à/ *ils grimpent sur la butte*

súkūdúbēlī

▶ *arbre sp. (grand arbre)*

sūkpā/sūkpué

(6; **kì-sūkpā**; dérivé de **ìkpā** ?) ▶ *pousser (?)*

▶ **kì-sūkpā lɔ̄** /inf.-pousser(?)/corps/ *se retirer, s'écarter (d'un lieu, d'une affaire)*

mú-sūkpā lɔ̄ má /aor.1-pousser(?)/corps/mon/ *je me suis écarté, retiré*

sūkpū/sūkpú

(6; **kì-sūkpū**) ▶ *(se) cacher (?)*

▶ **kì-sūkpū lɔ̄** /inf.-cacher(?)/corps/ *se cacher*

mú-sūkpū lɔ̄ má /aor.1-cacher(?)/corps/mon/ *je me suis caché*

súlɛ́ꜜ/súꜜlé

(4; **kì-súlɛ́ꜜ**) ▶ *rouler (un lien sur la cuisse)*

sùlī/sùlí

(5; **kì-sùlī**) ▶ *crier, chanter (du coq)*

kúlá kúꜜngyā sùlī kɔ̀kɔ̀líyɔ̀kɔ̀ɔ̀ /coq/poule/aor.3 + crier/cocorico!/ *le coq chante cocorico!*

sūlī/sūlí

(6; **kì-sūlī**) ▶ *choisir, trier (dans un ensemble d'animés ou d'inanimés)*

kì-sūlī kàfɛ̄` /inf.-trier/café/ *trier du café*

kì-sūlī zɔ̀ fɔ̄kɔ̄ gɛ̄ /inf.-trier/épi/maïs/pl./ *trier, choisir des épis de maïs*

kì-sūlī dɛ̀ gɛ̄ /inf.-choisir/personne/pl./ *choisir des gens*

sùmáléꜜ

(< banda) ▶ *jeune homme en cours d'initiation (et sans doute l'institution elle-même ?)*

sùndù

(< gbaya ?) ▶ *sésame*

sùngūlā

(forme la plus courante du composé **sɛ̀.ngūlā**, relateur et conjonctif) ▶ *à cause de, parce que*

sūngūlū ~ sūngūlī
► *jeune pousse du bambou* **ndēmbā** *(ou* **bàmbō***)* (on en tire un lien (**kùlā sūngūlū**), traditionnellement utilisé pour tresser divers objets : **kútá↓** "bouclier", **kàtɛ̀** "piège à termites"...)

súpà
(< lingala par le ngbandi ou le sango ?) ► *bouteille*

sūsū
► *conte, histoire*
k-ìnā sūsū /inf.-émettre/conte/ *dire un conte*

sūwā
► *plante sp. ("roseau", notamment utilisé pour confectionner les "baguettes" ou supports de toiture qui croisent les chevrons)*

suà/sùé
(2; **k-ìsuà**) ► *manger*

t

tà´
(adv.) ► *autrefois, Passé*

tā/tē´
(6; **kì-tā**) ► *faire, réaliser, agir*
kì-tā nàbɔ̄ /inf.-faire/travail/ *faire un travail*
kì-tā kúgí /inf.-faire/maison/ *construire une maison*
kì-tā ngɔ́ɓɛ́ /inf.-faire/guerre/ *faire la guerre*
kì-tā mbèlè /inf.-faire/alliance de paix/ *conclure une alliance de paix*
kì-tā zɔ̀ /inf.-faire/tête/ *coiffer*
kì-tā ngālā ná gē (III, 18) /inf.-faire/termite/le/pl./ *s'occuper des termites*
kì-tā lìbɔ̀ (III, 12) /inf.-faire/ruse/ *jouer un tour*
kì-tā kàsū ná /inf.-faire/mal/le/ *mal agir*
kì-tā dɛ̀¯ sɛ̀ yùyù /inf.-faire/personne/avec/souffrance/ *faire souffrir quelqu'un*
kì-tā zạ̀tī` /inf.-faire/équité/ *agir avec équité*
kì-tā sànà (I, 192) /inf.-faire/exaction/ *commettre une exaction*
kì-tā wɔ̄ngɔ̄ /inf.-faire/colère/ *être, se mettre en colère*
kì-tā kàmùsuà /inf.-faire/réserve = honte/ *être timide, avoir honte, faire le "respect"*
kì-tā lɔ̄ (I, 4) /inf.-faire/corps/ *façon d'être, de vivre*
► *faire (durée)*
kɔ́nyɔ̄ zɛ́ w-ɔ̀yɛ̀ tā mànɛ̄ sɔ́ /mère/leur/aor.3-mourir/aor.3 + faire/an/quatre/ *leur mère est morte depuis [*litt. *cela fait] quatre ans*

[tạ́`]
(< français) ► *temps, époque*

táɓɔ̄/táɓūé
(7; **kì-táɓɔ̄**) ► *jeter, lancer (en visant un but précis)*

tádɔ̄↓
► *animal (s'applique principalement aux mammifères)* ► *chair, viande*
tádɔ̄↓ lɔ̄ kāngē /chair/corps/poisson/ *chair de poisson*

tàgá
(adv.) ► *hier*

tàgì
► *abeille*

tàguà
(< banda "patas") ► *singe sp. (cercopithèque ?)*

tágbà
(< banda "cobe de Buffon") ► *cobe de Buffon (?)*

tàkā/tàké
(5; **kì-tàkā**) ► *ressembler à (tr.)*
tàkā bùlā /aor.3 + ressembler à/père + son/ *il ressemble à son père*
tàké ná↓fā ndó /aor.3 + ressembler à + pl./l'un l'autre/beaucoup/ *ils se ressemblent beaucoup*

tàkī/tàkí
(5; **kì-tàkī**) ► *sortir (d'un lieu)*
tàkī zā kúgí↓ kī /aor.3 + sortir/provenance/maison/à/ *il sort de la maison*
tàkī kɔ̀gɔ̄ ɗà /aor.3 + sortir/ailleurs/là/ *il sort (à l'extérieur)*
kílā tàkī kágā (Dev. 11) /queue + sa/aor.3 + sortir/dehors/ *sa queue sort au dehors*
... tàkí sɛ́↓ ná (II, 12) .../aor.3 + sortir + pl./avec/cela/ *... on l'apporte à l'extérieur*
► *apparaître, arriver (animé)*
... mbùnzú↓ gē tàkí ndá↓ kɔ̄ (I, 122) .../Blanc/pl./aor.3 + apparaître/désormais/acc./ *... les Blancs sont maintenant apparus*
► *apparaître, se lever (astre)*
gɛ́lē gē tàkí ndó /étoile/pl./aor.3 + apparaître/beaucoup/ *il y a beaucoup d'étoiles*
nāfē tàkī kɔ̄ /lune/aor.3 + apparaître/acc./ *la lune s'est levée*
► *arriver à, passer à (?)*
tàkī págì lɔ̀ (I, 110) /aor.3 + arriver/P./ce-ci/ *ça (on) arrive/passe à Pagi*

tàkɔ̀
► *palmier rônier*

tákɔ́↓ṵ́ ~ tá↓ṵ́ ~ ákɔ́↓ṵ́
(conjonctif, cf. 18.3.; vraisemblablement comp. d'une forme du verbe **àkɔ̀** "regarder" et de **ṵ́ṵ́** "longtemps") ► *quand, si*

tàlà
► *bouche*
tàlā /bouche + sa/ *sa bouche*
► *ouverture, orifice, bord, accès*
tàlà bītī /accès/maison(?)/ *ouverture de maison, entrée, porte*
tàlà kátá /ouverture/jarre/ *ouverture de (la) jarre*
tàlà mànē /accès/eau/ *accès à l'eau (s'applique aussi bien au lieu d'accès à un cours d'eau qu'à l'ouverture d'un récipient contenant de l'eau)*
.../...

bàbà luà mā` ɓùkù m-úluá tálá↓ ná zá` (Dev. 4) /mon père/aor.3 + envoyer/ moi + avec/colis/aor.1-chercher/ouverture/la/vainement/ *mon père m'envoie un colis, j'en cherche l'ouverture en vain*

► *fil, tranchant*

tàlà kùyā àtà ndó /fil/couteau/aor.3 + être tranchant/beaucoup/ *le fil du couteau est très tranchant*

► *langue (parlée)*

tàlà gbāyā /langue/Gb./ *langue bagiro*

tàlà ngàkūlā /langue/initiation/ *langue d'initiation*

► **tàlà ngálú↓** /accès/?/ *partie intérieure et centrale du ventre située au dessus du diaphragme (plexus solaire ?), considérée comme un centre vital, "coeur"* entrant en composition avec le relateur **KI** (cf. 11.4.) :

► **tàlà... KI** /bord/.../à/ *au bord de, à l'entrée de, (au début de ?) :*

àm-ānyā tàlà mànī` /inach.3-courir/bord/eau + à/ *il court au bord de la rivière*

mú-sāmī tàlà nàbɔ̄ mí /aor.1-être encore/bord/travail/mon + à/ *je suis encore à (au début de ?) mon travail*

► **tàlà ɓā** /accès/celui de/ *vers (?)*

àm-ānyā tàlà ɓā mànɛ̄ /inach.3-courir/accès/celui de/eau/ *il court vers (?) la rivière*

tálá (tálá↓ ?)

(adv.) toujours combiné avec la négation **gɔ̀** (la combinatoire avec le prohibitif **ànɛ̄** n'a pas été vérifiée) :

► **tálá... gɔ̀ (tálá↓... gɔ̀ ?)** *ne pas... déjà/encore*

m-úsuá↓ tálá tútú↓ ná gɔ́ ~ m-úsuá tútú↓ ná tálá gɔ́ /aor.1-manger/déjà/pâte/la/ nég./ ~ /aor.1-manger/pâte/la/déjà/nég./ *je n'ai pas encore mangé la pâte*

tàlɔ̀

► *rosée*

tàlɔ̄

(adv.) ► *en hauteur, vers le haut, debout*

k-àlɔ̀ tàlɔ̄ /inf.-se lever/debout/ *être, se tenir debout*

tání↓/tá↓ní

(4; **kì-tání↓**) ► *disposer, installer, mettre en place, (re)mettre en ordre, arranger, réparer*

tání↓ fīlī /aor.3 + disposer/foyer/ *il dispose (les pierres du) foyer*

tāngā/tāngé

(6; **kì-tāngā**) ► *toucher*

tàngyà

► *pintade*

tà´nzònī

(adv.; comp. de **tà´** "autrefois" ?) ► *avant-hier*

tà´nzònī kɔ́ ɗè¯ /avant-hier/puis/aor.3 + venir/ *il est venu avant-hier*

tá↓ṵ

var. de **tákɔ́↓ṵ**

tàwū

► *chenille*

té↓
var. de **tɛ́↓**

tēkī/tēkí
(6; **kì-tēkī**) ► *passer, dépasser* (quelle différence avec **dālī** ?)
► *partir (de son lieu habituel, pour un déplacement bref, provisoire)* (cp. **àɓɛ̄**, **ɗò¯**, **dālī**)
tēkí ngɔ́ɓɛ́ /aor.3 + partir + pl./guerre/ *ils partent à la guerre*

tékí↓/té↓kí
(4; **kì-tékí↓**) ► *cueillir*

tēlī/tēlí
(6; **kì-tēlī**) ► *fendre en long, débiter (un végétal ou plus spécifiquement du bois de chauffe ?)*

tèndè
► *poisson sp. (gros poisson à écailles grasses)*

tɛ̀¯/tè´
(5; **kì-tɛ̄**) ► *ouvrir, découvrir, dégager, enlever (accès, ouverture, couvercle)*
kì-tɛ̄ tàlà bītī /inf.-ouvrir/ouverture/maison(?)/ *ouvrir la porte, la maison*
kì-tɛ̄ tàlà kátá /inf.-ouvrir/ouverture/jarre/ *découvrir une jarre*

tɛ́↓ ~ té↓ ~ tí↓
(aspectif, cf. 13.3.; < v. **tɛ́lɛ́↓**) ► *(faire) à nouveau, (faire) en retour ? Itératif*

tɛ̄ɗɛ̄/tēɗé
(6; **kì-tɛ̄ɗɛ̄**) ► *dire, rapporter, transmettre par la parole*
kì-tɛ̄ɗɛ̄ bɔ̀gyɔ̄ /inf.-dire/parole/ *dire une parole/*
kì-tɛ̄ɗɛ̄ ndá bɔ́↓gyɔ̄ /inf.-dire/raison/parole/ *donner une explication*
kì-tɛ̄ɗɛ̄ nyīɓā /inf.-dire/message/ *transmettre un message, porter/remplir une commission*
► suivi des verbes défectifs introducteurs du discours rapporté **zā/zā-kí** et surtout **nɛ̀/nè-kí**, devant lequel il peut s'altérer jusqu'à l'amalgame (cf. 17.1.) :
mú-tɛ̄ɗɛ̄ mú-zā nɛ̄... /aor.1-dire/1-dire/que/... *je dis que...*
á-tēɗé á-zā-kí nɛ̄... /aor.2-dire + pl./2-dire-pl./que/... *vous dites que...*
tɛ̄ɗɛ̄ nɛ̀ nɛ̄... ~ tɛ̄ nɛ̀ nɛ̄... ~ tɛ̄` nɛ̄... /aor.3 + dire/3 + dire/que/... *il dit que...*
tēɗé nè-kí nɛ̄... ~ tē´ nè-kí nɛ̄... ~ té`-kí nɛ̄... /aor.3 + dire + pl./3 + dire-pl./que/... *ils disent/on dit que...*

tɛ̄fɛ̄/tēfé
(6; **kì-tɛ̄fɛ̄**; intensif de **ìfɛ̄**) ► *décortiquer, éplucher, peler, enlever l'enveloppe ou l'écorce*
kì-tɛ̄fɛ̄ ɓɔ̄kɔ̄ /inf.-éplucher/maïs/ *dépouiller (l'épi de) maïs*

tɛ̀lɛ̄/(pl. inusité ?)
(5; **kì-tɛ̀lɛ̄**) ► *faire un/des éclairs*
nzī tɛ̀lɛ̄ /pluie/aor.3 + faire des éclairs/ *il y a un/des éclairs*

tɛ́lɛ́↓/té↓lé
(4; **kì-tɛ́lɛ́↓**) ► *(se) tourner, (se) retourner*

mú-tɛ́lɛ́↓ lɔ̄ má lūè /aor.1-tourner/corps/mon/corps + son + à/ *je me (re)tourne vers lui*

► *retourner, repartir*

mú-tɛ́lɛ́↓ ngūlā mí ɗà /aor.1-retourner/lieu propre/mon + à/là/ *je suis retourné chez moi*

► *refaire, faire à son tour*

... gyùé ká↓búlá↓ gɛ́gɛ̄ kɔ́ té↓lé kɔ́ gyùé búlá↓ gɛ́gɛ̄ (I, 198)

.../aor.3 + engendrer + pl./grand-père/notre/puis/aor.3 + refaire + pl./puis/ aor.3 + engendrer + pl./père/notre/ *[ce sont nos ancêtres qui...] ont engendré nos grands-pères puis (qui ?) à nouveau (à leur tour ?) ont engendré nos pères*

► *rendre, rembourser*

tɛ́lɛ́↓ bī ná kɔ̄ /aor.3 + rendre/chose/la/acc./ *il a rendu la chose*

► *se transformer, se métamorphoser*

tɛ́lɛ́ kágbá↓ ná kɔ̄ /aor.3 + se transformer/léopard/acc./ *il s'est transformé en léopard*

tɛ́lɛ̀ ~ [tɛ́`l]

(< français; illustratif, déterminant du personnel indépendant, cf. 9.1.)

► *quelqu'un comme, par exemple, "tel que"*

tɛ́lɛ̀ lɔ̄ /comme/lui/ *quelqu'un comme lui, "tel que lui"*

tɛ́lɛ̀ sèkí /comme/vous/ *vous par exemple, "tels que vous"*

tɛ̄mbɛ̄

(< hausa ?) ► *fer* ► *droite, (côté) droit*

ná` sī tɛ̄mbɛ̄ kì /cela + être/côté/droit/ *c'est à droite*

tɛ́tɛ́↓/té↓té

(4; **kì-tɛ́tɛ́↓**) ► *casser, rompre (un objet long et sans doute cassant, ex. bois, épi de maïs...)* ► *mentir*

kì-tɛ́tɛ́ sá↓kɔ́ ~ kì-tɛ́tɛ́ bɔ́↓gyɔ̄ /inf.-mentir/mensonge/ ~ /inf.-mentir/parole/ *mentir, dire un mensonge*

tí↓

var. de **tɛ́↓**, aspectif

tìbì

(adv.; d'origine nominale ?) ► *demain*

tìbì kɔ́ àm-ɗɛ̄ /demain/puis/inach.3-venir/ *il viendra demain*

marqué, comme un nom, par le relateur **KI** :

àm-ɗɛ̄ tìbì (kī) /inach.3-venir/demain/(à/) *il viendra demain*

tīɓī/tīɓí

(6; **kì-tīɓī**) ► *cracher*

tìfɛ̄/tìfé

(5; **kì-tìfɛ̄**) ► *gémir, pousser des plaintes (de douleur ou de souffrance)*

tìkpī

► *intestins*

tīnā/tīné

(6; **kì-tīnā**; intensif de **ìnā**) ► *viser, chercher à atteindre (avec un projectile, plusieurs choses, ou une chose parmi plusieurs)*

tìpóyì ~ tòpóyì
(< français) ► *tipoye (sorte de palanquin utilisé pendant la période coloniale)*

tírè/tírè´
(8; **kì-tírè**; < français) ► *photographier, prendre en photo, "tirer"*
tírè lɔ̄ sɛ̀ fòtō` /aor.3 + prendre/lui/avec/photo/ *il le prend en photo*

tīsā/tīsé
(6; **kì-tīsā**) ► *balayer*

tíyá↓/tí↓yé
(4; **kì-tíyá↓**) ► *racler (le fond d'un récipient avec la main)*
tíyá kɛ́mɛ́↓ kátá /aor.3 + racler/intérieur/pot/ *il racle l'intérieur de la marmite*

tótí↓/tó↓tí
(4; **kì-tótí↓**) ► *défaire, détacher (un lien)*

tɔ̀/tùé
(2; **k-ìtɔ̀**) ► *souffler (sur quelque chose)*
àm-tɔ́ fáɗú /inach.3-souffler/feu/ *il souffle sur le feu*
àm-tɔ́↓ kúsà ná /inach.3-souffler/nourriture/ *il souffle sur la nourriture*
► *souffler (dans un instrument à vent)*

tɔ̀ɓɔ̀
► *bongo (antilope) (?)*

tɔ̄ɓɔ̄/tōɓué
(6; **kì-tɔ̄ɓɔ̄**; intensif de **ɓɔ̀** ?) ► *chasser, renvoyer, faire fuir* ► *pourchasser, courir après*
mú-tɔ̄ɓɔ̄ lɔ̄ zà (Dev. 5) /aor.1-pourchasser/lui/vainement/ *je le pourchasse en vain*

tɔ̄ɗɛ̄/tōɗé
(6; **kì-tɔ̄ɗɛ̄**; intensif de **w-ɔ̀ɗɛ̄**) ► *arracher, extraire*

tɔ́gyɔ́↓/tó↓gyué
(4; **kì-tɔ́gyɔ́↓**) ► *compter*
tɔ́gyɔ́ káɓɛ́↓ kɔ̄ /aor.3 + compter/oeuf/acc./ *il a compté les oeufs*

tɔ̄kɔ̄/tōkué
(6; **kì-tɔ̄kɔ̄**) ► *casser, briser (un objet creux ou fermé, ex. pot, oeuf, bouteille...)*

tɔ́kɔ́↓/tó↓kué
(4; **kì-tɔ́kɔ́↓**; cp. **ìkɔ̄** ?) ► *attacher (un lien ou un objet avec un lien ?)*

tɔ̀lɔ̄/tòlué
(5; **kì-tɔ̀lɔ̄**) ► *attendre*
kì-tɔ̀lɔ̄ dɛ̀¯ /inf.-attendre/personne/ *attendre quelqu'un*

tɔ̄lɔ̄/tōlué
(6; **kì-tɔ̄lɔ̄**) ► *tuer*
► **kì-tɔ̄lɔ̄ kàmù** /inf.-tuer/surface/ *effacer (la surface de)*

tɔ́ngbɔ́ꜜ/tóꜜngbué
(4; **kì-tɔ́ngbɔ́ꜜ**) ► *verser (dans ou hors de), transvaser* (quelle différence avec **nāwū** ?)
tɔ́ngbɔ́ máꜜnɛ̄ kúꜜtī /aor.3 + verser/eau/à l'extérieur/ *il verse l'eau (hors du récipient)*
tɔ́ngbɔ́ máꜜnɛ̄ kɛ̀mɛ̀ kāɗɔ̄ kì /aor.3 + verser/eau/intérieur/calebasse/à/ *il verse l'eau dans la calebasse*

tɔ̄nyɔ̄/tōnyué
(6; **kì-tɔ̄nyɔ̄**; intensif de **nyɔ̀**) ► *sucer*

tɔ́tɔ̀/tótùé
(8; **kì-tɔ́tɔ̀**; < ngbandi ?) ► *suivre*
kì-tɔ́tɔ̀ gɔ̄ dɛ̀¯ /inf.-suivre/suite/personne/ *suivre quelqu'un*

trò´`
(< français) ► *beaucoup, extrêmement, "trop"*

tù/tù´
(2; **k-ìtù**) ► *lever, sortir de terre (végétal)*
fɔ̄kɔ̄ ná tù kɔ̄ /maïs/le/aor.3 + lever/acc./ *le maïs a levé*

tú
(pronom circonstanciel, cf. 11.9.) ► *y, là, présent, existant*

tú` ~ tútú`
(quantificateur, cf. 8.9.; < français) ► *tout, totalement*
le plus souvent associé à **vɔ́** "tout" dans les formes expressives composées **vɔ́tú`**, **vɔ́vɔ́tú`**...

tūbū/tūbú
(6; **kì-tūbū**) ► *enterrer (un objet, un cadavre...)*
àm-tūbū kɔ̀yɛ̀ /inach.3-enterrer/mort/ *il enterre le mort*

tūɓā/tūɓué
(6; **kì-tūɓā**; intensif de **ɓà**) uniquement attesté dans
► **kì-tūɓā káyɛ̄** /inf.-?/cri/ *crier, pousser des cris*

tūgū/tūgú
(6; **kì-tūgū**; intensif de **gù**) ► *gratter, frotter, (pincer ?) (plus particulièrement la peau, le corps ?)*

túgyúꜜ/tuꜜgyú
(4; **kì-túgyúꜜ**) ► *abîmer, détruire, dévaster, être abîmé, détruit, dévasté*
túꜜgyú mágɛ́ꜜ má /aor.3 + dévaster + pl./champ/mon/ *on a dévasté mon champ*
màgɛ̀ má túgyú /champ/mon/aor.3 + être dévasté/ *mon champ est dévasté*

tūgyuā/tūgyué
(6; **kì-tūgyuā**; intensif de **gyuà**) ► *couper, découper, hacher (par friction et non par percussion), raser*
kì-tūgyuā kɔ̀kɔ̀ /inf.-couper/*Gnetum africanum*/ *hacher (les feuilles de) Gnetum*
kì-tūgyuā mbàyɛ̄ tàlà (I, 149) /inf.-couper/barbe/bouche/ *raser la barbe*

tùʒū`r
(< français) ► *toujours, encore*

túkú↓/tú↓kú
(4; **kì-túkú↓**) ► *taper, frapper, cogner, écraser (du poing, de la tête, avec un objet...)*
kì-túkú dɛ́↓¯ /inf.-frapper/personne/ *frapper quelqu'un*
kì-túkú ndí↓ká sɛ́↓ kɔ̄sɔ̄ /inf.-écraser/amande de palme/avec/pierre/ *écraser les amandes de palme avec une pierre*
mú-túkú zɔ́↓ má sɛ́↓ kāgā /aor.1-cogner/tête/ma/avec/arbre/ *je me suis cogné la tête contre un arbre*

tūkuā/tūkué
(6; **kì-tūkuā**; intensif de **kuà**) ► *saisir, attraper* ► *nourrir, entretenir, subvenir aux besoins de (quelqu'un)*

tùlɛ̀
(< banda ?) ► *araignée (de maison)* ► *Turè, héros des contes* (cf. Texte III)
[la figure de Turè, qui a vraisemblablement son origine dans le personnage de l'araignée, est aujourd'hui assimilée au lièvre, sous l'influence probable de certains manuels scolaires]

túlɛ̄
► *fourmi sp. (petite, noire, qui pique)*
► **túlɛ̄ ngāngā** /fourmi sp./dent/ *fourmi sp. (vit en terre, pique)*

tūlī/tūlí
(6; **kì-tūlī**) ► *éveiller, réveiller, s'éveiller*
káyɛ̄ ɓɛ́ tūlī mā kɔ̄ /cri/ton/aor.3 + éveiller/moi/acc./ *tes cris m'ont éveillé*
á-tūlī kɔ̄ɔ̄ /aor.2-s'éveiller/acc. + interr./ *as-tu bien dormi ? [*litt. *t'es-tu réveillé ?]*

túlɔ́↓
(adv.; vraisemblablement d'origine nominale et composé du déterminant démonstratif (´)**lɔ̄** "ce-ci") ► *ce jour-là, autrefois*

tùlúgù
(< français "turc" par le sango ?) ► *garde, auxiliaire du pouvoir*

túmā
► *sueur, transpiration*
túmā lɔ̄ /sueur/corps + son/ *sa sueur, sa transpiration*
túmā kuà mā ndó /transpiration/aor.3 + affecter/moi/beaucoup/ *je transpire beaucoup*

túnā
► *(l'une ou l'autre) rive d'un cours d'eau*
àɓɛ̄ túnā ɗà /aor.3 + partir/rive/là/ *il est parti sur l'autre rive, de l'autre côté de l'eau*
sāmī sī túnā yɔ́mà /aor.3 + être encore/côté/rive/ici/ *il est encore de ce côté-ci (du cours d'eau)*
gbó gáɗángá↓ guà túnā yɛ̀lɛ̀ (Dev. 2) /tubercule/manioc/aor.3 + sortir/rive/Oubangui/ *le tubercule de manioc sort de l'autre côté de l'Oubangui*

túnyɛ̄
► *fourmi sp. (rouge, vivant dans les manguiers)*

tútá↓/tú↓té
(4; **kì-tútá↓**) ► *pousser, bousculer, renverser (personne ou chose)*

tùtù
► *pâte, "boule" (préparée à partir de farine de manioc et constituant l'aliment de base)*

tūzū/tūzú
(6; **kì-tūzū**; intensif de **ìzū**) ► *tirer*

u

[les verbes à initiale **u-** sont à rechercher sous **w-u-**]

ṵ́ṵ́
(adv.) ► *longtemps*

v

vèlū
(< ngbandi ou banda ?) ► *porc-épic (et/ou athérure ?)*

vɔ́
(quantificateur, cf. 8.9.) ► *tout, tous, totalement*
fréquemment redoublé, sous forme expressive, seul ou en association avec **tú`** "tout" : **vɔ́vɔ́, vɔ́vɔ́vɔ́vɔ́, vɔ́tú`, vɔ́vɔ́tú`, vɔ́vɔ́tútú`**

vúlàmbàngí↓
► *poisson sp.*

vùlɛ́gālè
► *oiseau sp. (ombrette)* (considérée comme le roi des oiseaux, elle est réputée faire construire son nid par d'autres)

vúlúngú↓
(< banda) ► *potamogale*

vùngà
nom d'un village (et clan ou lignage) bagiro

vùngbá↓
(< banda) ► *phacochère* (cp. **bàɗū gúlú↓**)

vuàlà
(< français) ► *voilà!*

W

wàlà
(conjonctif; < arabe par le sango ?) ► *ou bien, ou peut-être*

wālī
► *variété d'igname cultivé*

wàngyā
► *oiseau sp. (martin-pêcheur)* ► *lever du jour, aube*
tìbì sè̀ wàngyā /demain/avec/aube/ *demain à l'aube*

wàsā
(< sango ou banda ?) ► *tamarinier*

wέyε̄
► *banc, plage de sable*

wì
(< français) ► *oui!*

w-ò¯/w-ò-kí
(1; **k-ò¯**) ► *boire, fumer*
k-ò¯ gbódò /inf.-boire/bouillie/ *boire de la bouillie*
k-ò¯ mángà /inf.-fumer/tabac/ *fumer du tabac*

w-òɗì/w-òɗī
(2; **k-òɗì**) ► *creuser*
w-òɗì kòlì gɔ̀tɔ̀ /aor.3-creuser/profond/trou/ *il creuse un trou profond*
w-òɗì ngálā /aor.3-creuser/terre/ *il creuse la terre*
► *préparer (la pâte ou "boule" de manioc)*
w-òɗì tùtù /aor.3-préparer/pâte de manioc/ *elle prépare la pâte ("boule") de manioc*

wógɔ̀lɔ́ꜜ
► *oiseau sp. (pigeon vert)*

w-òlì/w-òlí
(2; **k-òlì**) ► *avaler* ► *être profond*
gɔ̀tɔ̀ ná w-òlì ndó /trou/le/aor.3 + être profond/beaucoup/ *le trou est très profond*

wómbìyáꜜ
► *termite sp. (ailé, comestible, construit une termitière souterraine)*

w-òngī/w-òngí
(1: **k-òngī**) ► *prendre, transporter (du feu, sous forme de torche ou de braise)*
āɓε̄ w-ōngī fàɗù áꜜɗε̄` ná ādā mā /aor.2 + partir/aor.2-prendre du feu/feu/ aor.2-venir + avec/cela/aor.2 + donner/moi/ *va me chercher du feu [*litt. *va chercher du feu, rapporte-le (et) donne(-le) moi]*

w-òsì/w-òsí
(2; **k-òsì**) ► *enfiler (une chose dans une autre), passer, revêtir (un vêtement)*
k-òsì kùlā kὲmὲ kízì ní /inf.-enfiler/corde/intérieur/perle/la + à/ *enfiler les perles sur une corde [*litt. *enfiler une corde dans les perles]*
m-ósíꜜ kūbū ná /aor1-enfiler/vêtement/le/ *je passe, enfile le vêtement*
.../...

yālɔ̀ gyágy-òsì ngyà gé kémé↓ kūbū ní /aujourd'hui/inach.D-enfiler/jambe/notre(D)/ intérieur/vêtement/le/ *aujourd'hui nous (deux) resterons ensemble [*litt. *nous (deux) mettrons nos jambes dans le (même) vêtement]*

w-òsī/w-òsí

(1; **k-òsī**) ► *planter, transplanter, repiquer (un végétal vivant)*

k-òsī kāgā /inf.-transplanter/arbre/ *transplanter un arbre*

► *semer (en poquets)*

k-òsī kòtó` /inf.-semer/coton/ *semer du coton*

w-òtī/w-òtí

(1; **k-òtī**) ► *fermer, enfermer, être fermé*

w-òtī tàlà bītī /aor.3-fermer/accès/maison(?)/ *il ferme la porte*

w-òtī tàlà kátá /aor.3-fermer/accès/pot/ *il ferme le pot*

ngàkūlā w-òtī lɔ̄ kɔ̄ /Ng./aor.3-enfermer/lui/acc./ *il a fait, subi l'initiation [*litt. *Ngakula l'a enfermé]*

tàlà bītī w-òtī kɔ̄ /accès/maison(?)/aor.3-être fermé/acc./ *la porte est fermée*

wòtō`

(< français) ► *véhicule automobile*

w-ɔ̀ˉ/w-ò-yí

(1bis; **k-ɔ̀ˉ**) ► *percevoir, entendre, comprendre, sentir*

k-ɔ̀ˉ nzū mànɛ̄ /inf.-percevoir/son/eau/ *entendre le bruit de l'eau*

k-ɔ̀ˉ bìlī bɛ̄ /inf.-percevoir/odeur/chose/ *sentir (l'odeur de) quelque chose*

m-ɔ́ˉ álà ínzā kɔ̄ (I, 104) /aor.1-percevoir/cela/aussi/acc./ *j'ai compris cela aussi*

w-ɔ̀ɗɛ̄/w-òɗé

(1: **k-ɔ̀ɗɛ̄**) ► *extraire, arracher*

k-ɔ̀ɗɛ̄ bèlɛ̄ yàlī /inf.-arracher/plume/oiseau/ *arracher des plumes d'oiseau*

k-ɔ̀ɗɛ̄ gbàlà vèlū /inf.-arracher/piquant/porc-épic/ *arracher des piquants de porc-épic*

w-ɔ̀ɗɛ̄ kɔ̄nɔ̄ zā gī mí /aor.3 + extraire/épine/provenance/bras/mon + à/ *il extrait l'épine de mon bras*

► *égrener*

k-ɔ̀ɗɛ̄ fɔ̄kɔ̄ /inf.-égrener/maïs/ *égrener du maïs*

► *enlever, retirer (vêtement), se dévêtir*

k-ɔ̀ɗɛ̄ kūbū /inf.-enlever/vêtement/ *enlever un vêtement, se dévêtir*

► *soustraire (une femme à sa famille en vue de la marier), acquérir (une femme, pour l'un de ses parents ou pour soi-même), épouser*

... ɗɛ̄ˉ w-òɗé dɛ́↓nyɛ̄ álà àdí bīnyā nɛ̄ (II, 22) .../succ./aor.3-soustraire + pl./femme/ cette/aor.3 + donner + pl./cabri/alors/ *... puis on prend cette femme et on la donne à la chèvre*

bīnyā nὲ nɛ̄ nὲˉ yàˉ nán-ɔ̀ɗɛ̄ dὲnyɛ̄ ná (II, 5) /chèvre/3 + dire/que/elle(L)/être/ inach.L-épouser/femme/la/ *la chèvre dit que c'est elle qui va épouser la femme*

w-ɔ̄lɔ̄/w-òlé

(1; **k-ɔ̄lɔ̄**) ► *grossir (ou peut-être plus précisément atteindre sa taille définitive, sa forme de mâturité) (humain, animal, végétal...)*

wɔ̄lɔ̄

► *salive*

wɔ̄ngɔ̄
► *colère*
wɔ̄ngɔ̄ nyá /colère/sa/ *sa colère*
wɔ̄ngɔ̄ kuà lɔ̄ /colère/aor.3 + affecter/lui/ *il est en colère*
lɔ̄ à sè wɔ̄ngɔ̄ /lui/être/avec/colère/ *il est en colère*
tā wɔ̄ngɔ̄ /aor.3 + faire/colère/ *il est (se met ?) en colère*

wɔ́ngɔ̀
► *fruit sp. (gros fruit jaune à enveloppe striée en carrés, venant à mâturité en saison pluvieuse, d'un arbre qui pousse non loin de l'eau)*

w-ɔ̀yɛ̀/w-òyé
(2; **k-ɔ̀yɛ̀**) ► *mourir*
gyɔ̀ ngɔ̄nɔ̄ nyá kálàgɛ̄bà nɛ̄ w-ɔ̀yɛ̀ (Dev. 9) /aor.3 + enfanter/enfant/son/unique/alors/aor.3-mourir/ *il engendre un unique enfant et meurt*
► *être abîmé, hors d'usage*
tàlà kùyā ná w-ɔ̀yɛ̀ kɔ̄ /fil/couteau/le/aor.3-mourir/acc./ *le fil du couteau est émoussé*
► *oublier* (**lù**)
lù má w-ɔ̀yɛ̀ sè kɔ̀kɛ̀ má kú↓gī ɗà /foie/mon/aor.3-mourir/avec/houe/ma/maison + à/là/ *j'ai oublié ma houe à la maison [*litt. *mon foie est mort avec ma houe à la maison]*

w-ɔ̀yɛ̄/w-òyé
(1; **k-ɔ̀yɛ̄**) ► *être, devenir lourd*

wùkúkú↓
► *mangouste (?)*

wùsùwùsù
(adj. ? cf. 8.11.) ► *touffu, plein de poils*

wūwū
► *état de la pâte mangée sans accompagnement (sans "sauce")*
k-ìsuà tùtù sè wūwū ná /inf.-manger/pâte de manioc/avec/sans accompagnement/le/ *manger la pâte ("boule") de manioc sans "sauce"*

w-ùyì/w-ùyí
(2; **k-ùyì**) ► *descendre*
w-ùyì zā dòkū kì /aor.3-descendre/provenance/butte/à/ *il descend de la butte*

wūyī
► *pus*
wūyī kàmù dù mí /pus/surface/plaie/ma + à/ *il y a du pus dans ma plaie*
► **wūyī bɔ̀mbɔ̀** /pus/?/ *fruit sp. (petit fruit noir, mûrit en saison sèche)*

y

yà¯ ~ yà ~ yā
(prédicatif; autres var. **à¯ ~ à ~ ā**) ► *être* (identificateur, équatif, locatif ou emphatique, cf. 15.2.-3.-5., 16.2.)
ndá ná`¯ (III, 31) /explication/la + être/ *c'est l'explication*
.../...

zɛ́ à dɛ̀¯ gɛ̄ /eux/être/personne/pl./ *ils sont des personnes*
kí à túū /toi/être/y+interr./ *comment vas-tu ? [*litt. *y es-tu ?]*
kí à á↓dɛ̄ kɔ̄ toi/être/aor.2-venir/acc./ *c'est toi qui es venu*

yáká↓
(< gbanzili ?) ► *saison sèche*

yákálí↓/yáká↓lí
(4; **kì-yákálí↓**) ► *défaire, délier, détacher*
kì-yákálí kú↓lā /inf.-délier/corde/ *délier une corde*

yākpà
(ethnonyme) ► *Yakpa*

yàlɛ̀
► *racine, veine (et sans doute tout constituant filiforme de l'anatomie végétale ou animale)*
yàlɛ̀ kāgā /racine/arbre/ *racine (d'arbre)*
yàlɛ̀ lɔ̄ /racine/corps/ *veine (et aussi artère, tendon, nerf, etc... ?)*

yàlī
► *oiseau (générique)*
► **yàlī tàgì** /oiseau/abeille/ *oiseau sp. (indicateur)*

yālɔ̀
(adv.; vraisemblablement d'origine nominale et composé du déterminant démonstratif (´)**lɔ̀** "ce-ci") ► *aujourd'hui*

yānɛ̀
(adv.; var. **ānɛ̀**) ► *aujourd'hui (futur), plus tard ce même jour*

yélī
► *aulacode*

yɛ̀¯/yè-kí
(5; **kì-yɛ̄**) ► *tendre, offrir, présenter, proposer, vendre (proposer à la vente)*
kì-yɛ̄ gī /inf.-tendre/main/ *tendre la main (et, au sens figuré, être généreux)*
kì-yɛ̄ kāngɛ̄ /inf.-présenter/poisson/ *présenter, proposer du poisson (notamment à vendre)*

yɛ́↓¯
(pronom interrogatif, cf. 9.4.) ► *qui?*

yɛ̀lɛ̀
(à rapprocher du nom de l'Uélé, affluent amont de l'Oubangui ?)
► *Oubangui (fleuve)*

yí
(pluriel verbal, cf. 12.3.; var. de **kí**)
à-yí /aor.3+partir-pl./ *ils partent*

yíkà
(seulement attesté dans le Texte III) ► *maintenant, ensuite*

yīlē
(< banda) ► *folie, démence*

yìngà ~ nyìngà
► *lance, sagaie*
yìngɔ̄
(< ngbandi) ► *ombre, esprit (d'un animé)* (équivalent de **màyà**)
yòngō
(< ngbandi) ► *hameçon*
yòngbà
► *oiseau sp. (bergeronnette ?)*
yɔ́
(adv.) ► *ici*
yɔ́mà
(adv.; comp. de **yɔ́** "ici" et **ámà** "ainsi") ► *ici*
yúlū
► *moustique*
yúngùlú[↓]
► *oiseau sp. (spatule ou marabout ?)*
yùyù
(< banda) ► *souffrance*
yùyù nyá /souffrance/sa/ *sa souffrance*
àkɔ̀ yùyù /aor.3 + voir/souffrance/ *il souffre*
tā mā sɛ̀ yùyù ndó /aor.3 + faire/moi/avec/souffrance/beaucoup/ *il me fait beaucoup souffrir*

z

zà
(adv.; attraction tonale partielle : **zá`**) ► *en vain, sans succès, sans résultat*
zā/zā-kí
(verbe défectif, sans partenaire infinitif, combinable avec les seuls indices aor.1/2/L/E/D (soit toutes personnes à l'exception de la 3ème personne non logophorique), introducteur du discours indirect, cf. 17.1.) ► *dire (que)*
zā
("provenance" ?) fonctionnant exclusivement comme relateur, seul ou en composition avec **KI** (cf. 8.7., 11.4.) :
► **zā (... KI)** /provenance(?)/.../à/ *en provenance de, hors de, à partir de, depuis*
àlɔ̀ zā sīsɔ̀dī /aor.3 + se lever/à partir de/où?/ *d'où vient-il ?*
zā yālɔ̀ lī má` mā-dɔ̀-dɛ̀¯-gɔ̀ /à partir de/aujourd'hui/nom/mon + être/moi-être-personne-nég./ *à partir d'aujourd'hui mon nom est "je-ne-suis-pas-une-personne"*
zā ~ zā`
(adv.) ► *peut-être*

zàfà
(< mbanja ou ngbugu ?) ► *bâton (pour frapper), "chicotte"*
zākā
► *civette (? ou du moins viverridé sp.)*
zàkámù
(composé de **kàmù** "visage, surface, grain, fruit" avec variation tonale exceptionnelle ?) uniquement attesté dans :
► **zàkámù ngèlì** /?/vulve/ *clitoris*
ʒàmɛ́`
(< français) ► *jamais!*
zā´ngā´ɗī
(pronom circonstanciel interrogatif, cf. 9.4., 11.9.; composé de **zā** "provenance (?)" et **ɗī** "quoi?") ► *(à partir/en provenance) d'où?*
zángɔ́↓
► *balai*
zángbì/zángbì´
(8; **kì-zángbì**; < ngbandi) ► *(s')affronter*
kì-zángbì nàfɛ̄` /inf.-affronter/l'un l'autre + à/ *s'affronter (réciproquement)*
za̠tī`
(< français "gentil") ► *générosité, équité, justice*
zàyírè
(< français) ► *Zaïre (état)*
zé`
forme circonstancielle de **zɛ́**, associatif personnel (cf. 11.5.)
zémbélé↓
► *arc*
zéngbà/zéngbè´
(8; **kì-zéngbà**; < ngbandi) ► *saluer*
zɛ̀/zè´
(2; **k-ìzɛ̀**; aor.2 : **(í)zɛ́↓** ou **á-zɛ́↓**, par attraction de la classe 3, cf. 12.1.)
► *péter*
zɛ̀¯/zè-kí
(5; **kì-zɛ̄**) ► *casser, rompre, se casser, se rompre (ex. bois, pain, épi de maïs...)*
zɛ́
(associatif personnel et personnel indépendant, cf. 8.3., 9.1.) ► *leur*
► *eux/elles*
zí↓/zí↓´
(4; **kì-zí↓**; < ngbandi) ► *défaire, détacher*

zīyā
► *chair, pulpe*
zīyā tádɔ̄ /chair/animal/ *chair d'animal, viande*
zīyā mángò /pulpe/mangue/ *pulpe de mangue*

zó
(quantificateur cardinal, cf. 8.9.) ► *deux*

zó↓
(nom < quantificateur) ► *deuxième*

zɔ̀
► *tête, sommet*
zɔ̀¯ /tête + sa/ *sa tête*
zɔ̀ bɔ̄kɔ̀yɛ̀ /tête/serpent/ *tête de serpent*
zɔ̀ kɔ́ngɔ̄ /sommet/colline/ *sommet de colline*
► *unité, entité individualisée*
zɔ̀ gɛ̄ zó... (Dev. 12) /tête/leur/deux/... *ils sont deux...*
kɔ̀tɔ́ zɔ̀ ɓɛ̄... (I, 70) /un certain/tête/village/... *un certain village...*
zɔ̀ fɔ̄ndɔ̀ /tête/banane/ *régime de banane*
zɔ̀ fɔ̄kɔ̄ /tête/maïs/ *épi de maïs*
► **zɔ̀ būkū** /tête/cendre/ *dépotoir*
► **zɔ̀ ɓàlū** /tête/?/ *genou*
zɔ̀ ɓàlū /tête/? + son/ *son genou*
► **zɔ̀ kàzà** /tête/soleil = jour/ *soir*
► **zɔ̀ ngɔ́yɛ́↓** /tête/cou/ *nuque*
► **zɔ̀ ngūlū mànɛ̄** /tête/?/eau/ *source*
► **zɔ̀ ngyà** /tête/pied/ *dessus du pied, coup de pied*
entrant en composition avec le relateur **KI** (cf. 11.4.) :
► **zɔ̀... KI** /sommet/.../à/ *au sommet de, en haut de, sur*

zɔ̀kɔ̄
► *crapaud*

zɔ̀mbɔ́lɔ̀
► *chat sauvage (?)*

zɔ́ngɔ̄
► nom d'une localité (non identifiée) (cf. I, 33)

zɔ̀nyɔ̀/zònyué
(3; **kì-zɔ́nyɔ́↓**) ► *mordre*

zūgū/zūgú
(6; **kì-zūgū**) ► *se promener (sans hâte ou sans but précis)* (quelle différence avec **lítí↓** ?)

zùkā/zùkué
(5; **kì-zùkā**; var. **zùkuā**) ► *heurter, cogner (du pied)*
mú-zú↓kā kɔ̄sɔ̄ /aor.1-heurter/pierre/ *j'ai heurté la pierre (avec le pied)*

zúkú↓
(< banda ?; le terme apparaît également sous sa forme étrangère **[ʒékú↓]**) ► *hérisson*

zūnū
▶ *hanches, taille, région lombaire*
zūnū /taille + sa/ *sa taille*

zùngú↓
(< banda) ▶ *guib d'eau, sitatunga (?)*

zúzúkà ~ [ʒűskà]
(< français) ▶ *jusqu'à*

INDEX DU LEXIQUE BAGIRO-FRANÇAIS

à àdā, kì, lɔ̄... KI, sī... KI
abandonner nàngà
abeille tàgì
abîmé (être) w-ɔ̀yɛ̀
abîmer túgyú↓
absence (en l'... de) nzùbā... KI
absent kālɛ̄
accepter ndìgì
accès tàlà
Accompli kɔ̄
accoucher gyɔ̀
accrocher nàkɔ̄
accroupir (s') àɗɔ̄
acheter ndīgɔ̄
acide (être) màsā
acquérir (une femme) w-ɔ̀ɗɛ̄
acquiescer ndìgì
action nàbɔ̄
action (mauvaise) sànà
adresser luà
adroit (être) àtà
affecter kuà
affronter (s') zángbì
Aframomum sp. (fruit) gúlú↓
agenouiller (s') gbùkā
agir tā
agissement nàbɔ̄
agréable kàyì
aider gbáká↓
aigle (?) kándà, mbēkē
aile gbāgɔ̄
ailleurs kɔ̀gɔ̄
aimer ndìgì
aîné kàngbà, ngàkàyì
ainsi ámà, ámà.lɔ̀, bàbūlàbà, búlā
air fɔ̀fɔ́↓
ajouter nyàlā
alentour (?) kāmbɔ́lɔ́↓, kāyɛ̄
aller à¯, àɓɛ̄, dālī
alliance de paix mbèlè
allonger (s') ndā
allumer kpɔ̀
alors àndá`, nɛ̄
amande (noix de palme) ndìká↓
âme màyà
amer (être) ɓɔ́lɔ́↓
ami/amie ngbɔ̀´↓
amuser (s') mbūmā
Anaphorique ánɛ̄
ancêtre kàngbà, ngàkàyì
ancien kɔ̀nɔ̄
"anguille" nzɔ̀mbɔ̄
animal táɗɔ́↓
anus fɛ̀lɛ̄ gɛ̀ɗɛ̄, gɔ̀tɔ̀ gɛ̀ɗɛ̄
apparaître tàkī
appeler ɓālā
apprendre mándà
appuyer pétɛ̀
appuyer (s') ìfɔ̄ lɔ̄
après gìdì... KI, gɔ̄... KI
après-demain bākàlɛ̄
arracher w-ɔ̀ɗɛ̄
arachide kpēsé`
araignée tùlɛ̀
arbre kāgā
arbre sp. dōlū, dɔ̀ɓɔ̀, kíyá↓, kūlā, mòngúmbà, ngāngā bísí↓, nzèlē, súkūdúbēlī, wàsā
arbre sur pied ngyà
arc zémbélé↓
argent kìmbɛ̀
argile fɛ̄lɛ̄, fɔ̄lɔ̄
arracher tɔ̄ɗɛ̄
arrière gɔ̄
arriver àfā, tàkī
art lìbɔ̀
asocial kùɗù
aspirer ìzū
asseoir (s') nzì¯
assez (être) àsà
assiette sɛ̀mbɛ̄
athérure (?) gbālā, vèlū
attacher ìzuā, tɔ́kɔ́↓
atteindre ɗù
attendre tɔ̀lɔ̄
attraper kuà, tūkuā
aube (?) lɔ̀ngɔ̄, wàngyā
aujourd'hui yālɔ̀
aujourd'hui (fut.) yānɛ̀
aujourd'hui (passé) gà
aulacode (?) gbālā
aulacode yélī
auprès de kāyɛ̄... KI
aussi ínzā
autant que bà... bà
automobile wòtō`
autour de kāyɛ̄... KI
autre(ment) ndɛ́
autrefois tà´, túlɔ́↓
avaler w-òlì
avant-hier tà´nzònī
avant (que) sílí.kɔ́
avare (être), avarice ɓàlā
avec sɛ̀, sɛ́↓
aveugle (être) lù
avisé (être) ìfɛ̄
babouin (?) gbókù
Bagiro bāgīlɔ̀
bailler náwú↓
baisser (se) bílí↓
balai ɗàɗɛ̄, zángɔ́↓
balayer tīsā
bambou sp. bàmbō, ndēmbā, ngàlā
banane fɔ̀ndɔ̀, gbɛ̄ngɛ̄
Banda bàndà
"baratiner" kuà sàkɔ́
barbe mbàyɛ̄ tàlà
barrer gūlū
bas (vers le) kpó↓yī
bâton kāgā, zàfà
battue kālā
beau/belle (être) àyì, sákū, kémbí↓

beau/belle, beauté sákū, kémbí↓
beau-frère ságyɔ́↓
beau-parent, beau-père kōmànɛ̄
beaucoup àsū, míngì, ndó, trò´`
bélier ngbókú↓
belle-mère kōmànɛ̄
belle-soeur ságyɔ́↓
bergeronnette (?) kándágɔ̄, yòngbà
besace ɓɔ́lɔ̀
biens (en nature) ngītɔ̄
bile lùɓɔ́lɔ́↓
Blanc mbùnzú↓
blanc, être blanc nzàfà
blesser ɗù
boire w-ò¯
bois kāgā
bois de chauffe kēlī
boisson alcoolisée kpàtà
boisson fermentée mbōngò
bon kàyì
bon (au goût) nyɛ̀lɛ̄
bon (être) àyì
bon (être...au goût) nyɛ̀lɛ̄
bonbon bɔ̀bɔ̄`
bongo tɔ̀ɓɔ̀
bord tàlà
bord (au...de) tàlà... KI
botter ɓà
bouc ngbókú↓
bouche tàlà
bouclier kútá↓
boue bɔ̀tɛ́
bouillie gbódò
"boule" (de manioc) tùtù
bousculer tútá↓
bouteille súpà
bouture (?) gbōlū
bovidé bágàrà
bras gī
brave, être brave ngánzá↓
briser tɔ̄kɔ̄
brouillard mùmú↓
brousse bìlì, kāyɛ̄
bru kōmànɛ̄
brûler lūgū
brume mùmú↓
buffle dɔ̀gɔ̀
butte dòkū
cacher ìyuā
cacher (se) sūkpū lɔ̄
cadet dà´ngɛ̄tɛ̄, kàyɛ̄gìdì
cafard màfɛ̀
café kàfē`
calao kɔ̀lɔ̀mà
calebasse gɔ́mɔ́↓, kāɗɔ̄
calme, être calme kūlī
calmement gyɔ̀
camarade ɓàkúlá↓
canne kìdɔ̀, sàwùlù
canne à pêche kāgā yòngō, kɛ̄fɛ̀ yòngō
cantine sàndúgù
"capitaine" nzàyī
caresser gōlī
casser tɛ́tɛ́↓, tɔ̄kɔ̄, zɛ̀¯
cauri (?) kízì
cause ndá↓
cause (à...de) sɛ̀.ngūlā, sùngūlā
causer kuà sàkɔ́
causerie sàkɔ́↓
cavité gɔ̀tɔ̀
ce nɛ̀
ce-ci lɔ̀
ce(-là) álà, là
ceci álɔ̀, ánɛ̄, lɔ̄lɔ̀
cela álà, àm(ù), ánɛ̄, lālà, ná
celui-ci lɔ̄lɔ̀
celui de ɓā
celui-là lālà
cendre būkū
cent ngbàngbò
centre dànà
céphalophe (?) kpànɛ̀, sófā, ngínà
céphalophe de Grimm pélá↓
cercopithèque būkɔ̀zɔ̀
cercopithèque (?) tàguà
certain (un) kɔ̀tɔ́ ~ àtɔ́
ces gɛ́
ces-ci gɛ́.lɔ̀
ces(-là) gɛ́.là
chair kúsà, táɗɔ́↓, zīyā
champ màgɛ̀
champignon ɓɛ̀
chanter ìnā kpā
chanter (coq) sùlī
chapeau kpɔ̀tɔ̀
charbon (de bois) kúlú↓
charge ngītɔ̄
chasser ànzà, tɔ̄ɓɔ̄
chat sauvage (?) páká↓, zɔ̀mbɔ́lɔ̀
chaud kùmā
chaud (être) ìmā
chauve-souris pìlìpìlì
chef kɔ̄māndēmā, màkōnzì, ngàlɛ̀
chef de canton kàndɔ́`
chef (de quartier) kàbītà
chemin ɗɔ́bɔ́↓
chenille tàwū
cher (être) ngánzá↓
chercher luà
cheval mbárátá↓
cheveux ngà zɔ̀
chèvre bīnyā
chez ngūlā... KI
chez-soi ngūlā
"chicotte" zàfà
chicotter fòlū
chien bísí↓
chique gɛ̄ngɛ̄lɛ̄
choisir sūlī
chose bɛ̄, lákā
cicatrice nzùbā dù
cicatrice ornementale pòpō
ciel kàm(ù) kàzà
cîme (?) ngbālā
cinq mí
cinquième mí↓
citer ɓālā
civette (?) zākā
clair, être clair, clarté ndúguā
clitoris zàkámù ngèlì
co-épouse ní↓¯
cobe de Buffon (?) tágbà
cobe defassa mbílī
cocorico! kɔ̀kɔ̀líyɔ̀kɔ̀ɔ̀
coeur gòndà
"coeur" tàlà ngálú↓

cogner túkúꜜ
cogner (du pied) zùkā
colère lùɓɔ́lɔ́ꜜ, wɔ̄ngɔ̄
colis ɓùkù
colline kɔ́ngɔ̄
colobe guéréza fùngà
combat kyɔ̄lɔ̄, ngɔ́ɓɛ́ꜜ
combattre kyɔ̄lɔ̄
combien? ndōkúɗī
commander kɔ́mándè
comme bà... bà, tɛ́lɛ̀
commencer àlɔ̀, ìnduā gɛ̀ɗɛ̄, kɔ́másè
comment? ndōkúɗī
commission nyīɓā
"commissionner" luà
compagnie (en... de) sɛ̀
compagnon ɓàkúláꜜ
comprendre w-ɔ̀ˉ
compter tɔ́gyɔ́ꜜ
concerner àkɔ̀
concombre kòsī
confirmer ndìgì
connaissance gàlī bɛ̄
connaître gàlī
conseiller ìgyɔ̄
construire ìzuā
conte sūsū
Continu nzìˉ
continuer sāmī
contre lɔ̄... KI
coq kúlá kúꜜngyā
coque, coquille kìsī
corbeau pie gbàkùlā
corde kùlā
cordon ombilical kūmū
cormoran sɛ̄wū
corne kàgyɔ̄
corps lɔ̄
côté mbágē
côté (?) sī
côté (de ce...) sìnímà
côté (du... de) sī... KI
coton kòtóˋ
cou ngɔ́yɛ́ꜜ
coucher avec ndā sɛ̀
coucher (se) ànzā, ndā
coude kélī gī
coudre ìlū
coup de pied zɔ̀ ngyà
couper fátíꜜ, gīlī, guà, gyuà, tūgyuā
courageux ngánzáꜜ
courbé (être) kùyī
courge (graines de) kɔ́sɔ̄
courir ànyā
course kànyā
court ɗūkū, gútúꜜ
court (être) ɗūkū
coussinet de portage nzòkū
couteau kùyā
couvrir (maison) ɗù kúgíꜜ
couvrir (toiture) sángáꜜ
cracher ɓɛ̀ tàlà, tīɓī
craindre ɓɛ̀lɛ̄
crainte ɓɛ̀lɛ̄
crapaud zɔ̀kɔ̄
crépir fɔ̀, ìfɔ̄
creuser w-òɗì
cri káyɛ̄
crier àdā káyɛ̄, ɓà káyɛ̄, tūɓā káyɛ̄
critiquer díˋ
crochet gò
crocodile ngùndē
croître (eau) ɗɔ̄sɔ̀
cueillir tékíꜜ
cuire (faire) ndìɗì
cuisse māyā
cul gɛ̀ɗɛ̄
d'abord kɔ́, sílí.kɔ́
daman (?) fà
dans kɛ̀mɛ̀... KI, kì, ndèlī... KI
danse māngā
danse sp. gbádùmà, ngbālìngbā
danser ɓà māngā
de ɓā
débiter fàɗū, tēlī
debout tàlɔ̄
debout (être) àlɔ̀ tàlɔ̄
débrousser fátíꜜ
début ndáꜜ
déchirer līfā
décoction kìlù bɛ̄
décoction (faire une) lù
décortiquer tɛ̄fɛ̄
découper fà, tūgyuā
découvrir tɛ̀ˉ
décroître (eau) àyɛ̄
défaire yákálíꜜ, zíꜜ, tótíꜜ
définitivement sìnā
défroisser ɗù
dehors kágā, kúꜜtī
déjà kɔ̄
délier yákálíꜜ
demain tìbì
demander ndɛ̀ˉ, nzùgyɔ̀
demander (en mariage) ndā ndòkà
démarche kàˉ
démence yīlē
démentir ìgɛ̄, nāgī
demeurer ngbáꜜ
démuni (être) ìlū
dent ngāngā
dépasser àɓɛ̄ zɔ̀, àlɔ̄, àlɔ̄ zɔ̀, dālī, tēkī
dépecer fà
dépiauter ìfɛ̄
déplacer ìnā
dépotoir zɔ̀ būkū
dépouiller ìfɛ̄
depuis zā (... KI)
déranger kúlúkù
dérober ɓɔ̀gɔ̀
derrière gìdì... KI
désapprouver ìgɛ̄
descendre w-ùyì
désherber fátíꜜ, fɛ̀, guà
désir ɓɔ̄
désirer ndìgì
désormais ndà
dessous gɛ̀ɗɛ̄, mɔ̀tɔ̀
détacher yákálíꜜ, zíꜜ, tótíꜜ
détritus kɔ̀tɔ̀lɔ̀
détruire túgyúꜜ
deux zó
deuxième zóꜜ
dévaster túgyúꜜ
devenir ɗɛ̀ˉ
dévêtir (se) w-ɔ̀ɗɛ̄
devinette ngbòfà
diarrhée kànyā ngālɛ̄
diarrhée (avoir la) ànyā ngālɛ̄
Dieu nzàpā
différ(emm)ent ndɛ́

difficile (être) ngánzá↓
dire ìnā, tɛ̄ɗɛ̄
dire (que) nɛ̀, nɛ̄, zā
disposer ìnduā, táníꜜ
diviser, division kāyī
dix, dizaine bàléꜜ
doigt ngɔ̄nɔ̄ gī
donc àndá`
donner àdā
dormir ɓī
dos gìdì
dot kìmbɛ̀ gɔ̄ dɛ̀nyɛ̄, ngītɔ̄ gɔ̄ dɛ̀nyɛ̄
droit (côté) tɛ̄mbɛ̄
duc (?) mòkòsùkúlù
dur (être) ngánzáꜜ
durer lāwū
eau mànɛ̄
eau profonde ɓūlū
écaille ngɔ̀fɛ̀ gìdì
écarquillé kpìlì
écarter kpàyī
écarter (s') sūkpā lɔ̄
éclairs (faire un/des) tɛ̀lɛ̄
école lɛ̀kɔ́`l
écoper kpà
écorce ngɔ̀fɛ̀ gìdì
écorc(h)er lùtì
écraser fɔ̄, túkúꜜ
écrit mbētī
écureuil aquatique (?) nzàmɛ̀ mànɛ̄
écureuil terrestre nzàmɛ̀
effacer tɔ̄lɔ̄ kàmù
également ínzā
égoïsme, être égoïste ɓàlā
égrener w-ɔ̀ɗɛ̄
élan de Derby (?) bɔ̄zɔ̄gbɔ̄
éléphant kàzī
elle àm(ù), lɔ̄, ná, nɛ̀¯
elles àm(ù), nɛ̀gɛ̄
éloigné, éloignement kùɗā
éloigné (être) ɗuà
emballage ɓùkù
emballer ɓìlī
embrasser ɓū tàlà
émettre ìnā
empaqueter ɓìlī
empêcher ìgɔ̄
empoisonner ìnduā kùɓà gɔ̄... KI
emprisonnement, emprisonner kángà
emprunter ndɛ̀¯
enclos (d'initation) bádà
encore tùʒū`r
endroit lɔ̀
endroit (à cet) nílɛ̀
enduire fɔ̄, ìfɔ̄
enfant ngɔ̄nɔ̄, ngɔ̄nɔ̄.ngētɛ̄
enfanter gyɔ̀
enfermer w-òtī
enfiler ìzuā, w-ɔ̀sì
enfler dù, fù
enfoncer dù
enfuir (s') ɓɛ̀ kúꜜtī
engendrer gyɔ̀
engoulevent nɛ́gɛ̄
enlever w-ɔ̀ɗɛ̄
enseigner ndɔ̄gyɔ̄
ensuite yíkà
entendre w-ɔ̀¯
enterrer tūbū
entrée tàlà bītī
entrée (à l'... de) tàlà... KI
entreprendre ìnduā gɛ̀ɗɛ̄
entrer ànzā
entretenir tūkuā
envers lɔ̄... KI, sɛ̀
envie ɓɔ̄
envoyer luà
épervier (?) ngòlù
épine kɔ̄nɔ̄
éplucher tɛ̄fɛ̄
épouse gáꜜyɛ̄
épouser (une femme) w-ɔ̀ɗɛ̄
époux ngàɓà
escalader sù
escargot sp. dàlàkɛ̀lɛ̀, kɔ́gbɔ́ꜜ, kùmbùlù, nàɓà, ngònzáꜜ
esclave ɓàlē
espèce màlā
esprit màyà, yìngɔ̄
essayer ndɔ́lɔ́ꜜ
essorer lɛ̀
essuyer dùlū
estomac ngbìlíꜜ
et sɛ́ꜜ
établir ìzuā
étaler nàgyà
étendre nàgyà
étendue d'eau kàm(ù) kàlà
éternuer àtì
ethnie màlā
étoile gɛ́lɛ̄
être ndā, yà¯
être encore sāmī
être humain dɛ̀¯
être (ne... pas) dɔ̀
Européen mbùnzúꜜ
Eutropius spp. ndàngúwà
eux/elles nɛ̀gɛ̄, zɛ́
éveiller (s') tūlī
exactement mbílímbílí
excès mbālā
Exclamatif bá, ɗī.bá
excréments kɛ̀
exhaler ɓɛ̀
existant tú
explication ndáꜜ
extérieur (?) kāyɛ̄
extérieur (à l'-) (?) kɔ̀gɔ̄, kúꜜtī
exterminer māɗā
extraire tɔ̄ɗɛ̄, w-ɔ̀ɗɛ̄
façonner ìɓā
fâcher (se) àwù
fagot kēlī
faim ɓɔ̄
faire tā
faisceau ɗàɗɛ̄
fardeau ngītɔ̄
farine nzùgī
fatigué (être) dɔ́lɔ́ꜜ
faucon (?) kíɓílíꜜ, nzáguáꜜ
fauvette ngùlà
femelle kɔ́nyɔ́ꜜ
femme dɛ̀nyɛ̄, *nyɛ̄
fendre fàɗū, tēlī
fer tɛ̄mbɛ̄
fermé (être) w-òtī
fermer kángà, w-òtī
fesses gɛ̀ɗɛ̄
feu fàɗù

feuillage kámbá↓
feuille kámbá↓, mbī kámbá↓
feuilles sp. kámbá↓ dōlū
ficher ɓālī, dù
fiel lùɓɔ́lɔ́↓
fil tàlà
filet gbándá↓
fille/fils ngɔ̄nɔ̄
fin gɔ̄
finir àlɛ̄, mādā
flèche kòkùlà, pīlī
foie lù
fois bɛ̄
folie yīlē
fond bùdú↓, gɛ̀ɗɛ̄
fond (vers le) kpó↓yī
fondement bùdú↓, gɛ̀ɗɛ̄
force ngàngū, ngùlù
forêt ngòndà
fort (être) ngánzá↓
fouiller luà
fouir ìgbɛ̄
fouler ɓà
fourmi sp. túlɛ̄, túlɛ̄ ngāngā, túnyɛ̄
foyer fīlī, ngūlā
fraction ndèlī
frapper ɓà, fòlū, nduà, túkú↓
frère nánzɔ́↓
frire (faire) nzìkɔ̀
froid, être froid kūlī
"fromager" kūlā
frotter dùlū, fɔ̀, ìfɔ̄, tūgū
fruit kàmù
fruit sp. dōlū, màngūlūndù, wɔ́ngɔ̀, wūyī bɔ̀mbɔ̀
fuir ànyā
fuir (faire) tɔ̄ɓɔ̄
fumée sà
fumer àsà, w-òˉ
Furu fùlū
fusil àdápándì, gānàpándì, ngòmbè
Futur ɓālà
gagner fīɗī, nguà
gallinacé kùngyā
garde bàsɛ́ngèlè, sàtìnɛ́lɛ̀, tùlúgù
garder bátà
gauche gàlì
Gbaya (Furu et Bagiro) gbāyā
gecko (?) kélī
gémir nyìfī, tìfɛ̄
gendre kōmànɛ̄
générosité zą̀tīˋ
genette (?) páká↓
genou zɔ̀ ɓàlū
gens ɓɔ̀, dɛ̀ˉ
gésier ngbìlí↓
girafe (?) kángá↓
glisser lɔ̀kɔ̀lɔ̀
Gnetum afr. kɔ̀kɔ̀
gonfler fù
gorge gɔ̄ kālɛ̄, ngɔ́yɛ́↓
gourde gɔ́mɔ́↓
goûter ndɔ̄
grâce kòkō
grâce à toi! nyíkè
grain kàmù
graisse kàmbì
grand, être grand bɔ̀ˉ, ngālā
grand-mère kàkà
grand-père átà, kàbúlá↓
gras (être) àmbì
gratter gù, ìgbɛ̄, kōsī, tūgū
graver gbɛ́lɛ́↓
gravillon kɛ́lɛ́nzɛ↓
grenouille màhū
griffe kàmbílì
griller lūgū, nzìkɔ̀
grimper sù
gronder àwù
gros, être gros bɔ̀ˉ
grossir w-ɔ̀lɔ̄
guêpier ngbɛ́lɛ̀kúlá↓
guérir àgyà
guerre ngɔ́ɓɛ́↓
guib d'eau zùngú↓
habit kūbū
habitation kúgí↓
habituellement nzìˉ
hache kpɔ̀lɔ̀mɔ̀
hacher tūgyuā
hameçon yòngō
hanches zūnū
haricot mɔ̀ngɛ̀
harpon ngē
haut, être haut ngālā
haut (en...de) zɔ̀...KI
haut (vers le) tàlɔ̄
hauteur (?) ngbālā
herbe nzōkū
herbe sp. báló↓, bàmbà, kpàyà
hérisson zúkú↓
herminette làpà
héros des contes tùlɛ̀
heurter (du pied) zùkā
hibou (?) mòkòsùkúlù
hier tàgá
hippopotame mbìmbà
hippotrague (?) bɔ̄zɔ̄gbɔ̄
hirondelle mbālāpá↓
histoire bɔ̀gyɔ̄
homme mâle dɛ̀ˉ ngàɓà
honte kàmùsuà
hors de zā (... KI)
houe kɔ̀kɛ̀, mbɔ̀sɔ̄
huile kyùɓū
huile de palme kàmbílì
huit, huitième ngbèɗē
humide kūlī
humide (être) kūlī
hyène gbɔ̀ngɔ́↓
ici nɛ̀.yɔ́, nìyɔ́, nī lɔ̀, yɔ́, yɔ́mà
Identificatif ngyà
igname sp. bàgɔ̄, wālī
il(s)/elle(s) àm(ù), nánì, nì, sì, sásì
impoli kùɗū
importuner kúlúkù
inciser gbɛ́lɛ́↓
indicateur yàlī tàgì
inexistant kālɛ̄
initiation, (rite, divinité, maître d'-) ngàkūlā
initié sùmálé↓, ngàɓà
initié (non-) dùlù
inquiet (être) sɔ́lɔ́↓ ngālɛ̄
insecte sp. ndàyì, nzɔ̀kɔ̀nzɔ̀kɔ̀
inséparable (oiseau) (?) kítíngìlí↓

installer tání↓
instant (à l') á↓gyɔ́lɔ́
insu gɔ̄
intelligence gàlī bɛ̄
interdire ìgɔ̄
intérieur kɛ̀mɛ̀, ngūlā
intérieur (à l'... de) kɛ̀mɛ̀... KI
interroger nzùgyɔ̀
intestins tìkpī
Itératif tɛ́↓
iule kɔ̀lɔ́ngɔ̄lɔ̄
jacko (?) kúkūlú↓
jambe kúlú ngyá↓, ngyà
je mám(ú), mú, nánì, nì
jeter ìnā, mbɔ̀, nyàlā, táɓɔ̄
jeune ngɔ̄nɔ̄
jeune fille kàyì ngɔ̄nɔ̄ dɛ̀nyɛ̄, kémbí↓ ngɔ̄nɔ̄ dɛ̀nyɛ̄
jeune homme kàyì ngɔ̄nɔ̄ dɛ̀¯ ngàɓà, sákū.dɛ̀¯.ngàɓà
joue ngbìlì
jouer mbūmā
jour kàzà
jour (ce -là) túlɔ́↓
jumeau dànì
jurer dɛ́` bā
juste kàyì
justice zà̰tī`
kapokier (faux) kūlā
l'un l'autre nàfā
là nú, tú
là(-bas) ɗà, ɗà´mà, nɛ̀nú, nùnú, sílē`.nú
lacer kpílí↓
laisser nàngà
lait mànɛ̄ mbà
lance yìngà
lance à poisson ngē
lancer ìnā, táɓɔ̄
langue (organe) nzɔ̀
langue (parlée) tàlà
large(ur), être large fɛ̄lɛ̄
Lates niloticus nzàyī
laver gbɔ̀, līkā
laver (le corps) nzùgbɔ̄
le/la ná, nɛ̀
lécher ɓū
lent(ement) ngɔ̀ngɔ́ngɔ́↓
léopard kàgbà
lequel? ángā´ɗī
les, des gɛ̄
leur gɛ̄, nígɛ̄, zɛ́
lever du jour wàngyā
lever (se) àlɔ̀, ɓàtàlɔ̄, tàkī
lever (végétal) tù
lézard kélī
lien kùlā
lier ìzuā
lieu lɔ̀
lieu propre ngūlā
lièvre (?) sófā
lion bāmàlā
liquide mànɛ̄
livre mbɛ̄tī
Logophorique nì, nánì
lombaire (région) zūnū
long, être long ngālā
longtemps rrrɔ̀, ṵ́ṵ́
longtemps (depuis) fóō
lourd kɔ̀yɛ̄
lourd (être) w-ɔ̀yɛ̄
lui lɔ̄, ná, nɛ̀¯
luire ɗù
lune nāfɛ̄
lutte, lutter kyɔ̄lɔ̄
machin lákā
mâchoire ngàngā
main gī
maintenant ndà, yíkà
maïs fɔ̄kɔ̄
mais nà
maison kúgí↓
maison (d'initiation) bádà
maîtrise lìbɔ̀
mal de dent gùlù
mal de gorge mbɔ̀lɔ̄
maladie lɔ̄kɔ̀nyɔ̀
Malapterurus electr. kòɓì
mâle bùlà, ngàɓà, ngbókú↓, kúlá↓
malédiction bā
malice lìbɔ̀
malle sàndúgù
manche kōlī
manger nyɔ̀, suà
mangouste (?) wùkúkú↓
mangue mángò
manière lìbɔ̀
manioc gàɗàngà
manioc (feuille) gbà´zɔ̀lɔ̀
marabout (?) yúngùlú↓
marche kà¯
marché mbúlù
marcher à¯, àɓɛ̄, àgà, ɓà kà¯
mare kàm(ù) kàlà
margouillat kélī gbàlà
mari ngàɓà
mariage (demande en) ndòkà
martin-pêcheur kpògàlà, wàngyā
masser nyūkuā
maturité kàkɛ̀
maudire dɛ́` bā
mauvais kàsū
mauvais (être) àsū
méchanceté sànà
méchant kàsū
méchant (être) àsū
melon dɛ̀gɛ̄, lɛ́lɛ̄
membre (d'un groupe) ɓɔ̀, ngɔ̄nɔ̄
membre postérieur ngyà
-même ngyà
mensonge sàkɔ́↓
mentir tɛ́tɛ́↓
menton gɛ̀ɗɛ̄ tàlà, ngálá↓
merci! nyíkè
mère ínā, kɔ́nyɔ́↓
merle de roche (?) kìlī
message nyīɓā
mettre ìnā
mettre (en ordre/place) tání↓
mettre (feu) dù
meule dūkū
miel kàmbì tàgì
milieu dànà, ndɛ̀lī
milieu (au... de) dànà... KI, ndɛ̀lī... KI
modeler ìɓā
moi mā, nɛ̀¯
mois nāfɛ̄
molaire gɔ̀gɔ̀
moment lɔ̀

mon/ma ní, má
monder sɔ́sɔ̀
monnaie kìmbɛ̀
montagne kɔ́ngɔ̄
monter sur sù
monticule dòkū
montrer ndɔ̄gyɔ̄
moquer (se) ìgbɔ̄
mordre guà, zɔ̀nyɔ̀
mormyridé sp. màlè
mort kɔ̀yɛ̀
mortier bèɗī
mou kìzī, kūlī
mou (être) ìzī, kūlī
mouche káwū
moudre fɔ̀
mourir w-ɔ̀yɛ̀
moustique yúlū
mouton bīnyā ngbàgà
moyen (au...de) sɛ̀
mûr kàkɛ̀
mûr (être) àkɛ̀
musaraigne fófōlífɔ̄
mygale mbèlè
nager àlà mànɛ̄
nasse sp. dūgbà, kpúkūlúꜜ, ndìmɔ̀
natte gbògbò
ne... pas ànɛ̄, gɔ̀
ne pas... encore tálá... gɔ̀
ne... plus ndà... gɔ̀
neuf gīyā
neuf (9) gūmbáyā, sínì.sɔ́
neveu bùlànyɛ̄, nànà
nez kɔ́nɔ́ꜜ
Ngbandi ngbāndī
Ngbugu ngbúgù
nid kúgíꜜ
nièce bùlànyɛ̄
nier nāgī
noeud kpìlì
noir kyùlù
noir (être) lù
noix kpìlì
nom lī
nombreux, être nombreux bàkà
nombril kūmū
nommer ɓālā
non-mûr, être non-mûr sɔ̀ɗɔ̄
notre nígɛ̄, gɛ́, áꜜgɛ̄, gɛ́gɛ̄
nouer kpílíꜜ
nourrir tūkuā
nourriture bɛ̄ kùsuà, kúsà
nous nánì, nègɛ̄, nì, ágì, gɛ̀ˉ, gì, gyágì, ágí, gɛ̄, gí, gyágí, gègɛ̄
nouveau gīyā
nouveau (à) tɛ́ꜜ
nouvelle nyīɓā
nuit ndōlī
nuque gìdì ngɔ́yɛ́ꜜ, zɔ̀ ngɔ́yɛ́ꜜ
obtenir fīɗī
occiput kásíꜜ gɔ̄
odeur bìlī
oeil kàmù
oeuf kàɓɛ̀
offrir yɛ̀ˉ
oiseau yàlī
oiseau sp. àwóbàzà, dìkpókpóꜜ, gbàkùlā, kàlì, kándà, kándágɔ̄, kātākā, kíɓílíꜜ, kìlī, kítā, kítíngìlíꜜ, kōbyō, kɔ̀lɔ̀mà, kúkūlúꜜ, kùlúꜜ, kpògàlà, mòkòsùkúlù, mbālāpáꜜ, mbēkē, négɛ̄, ngòlù, ngōnzáꜜ, ngùlà, ngbɛ́lɛ̀kúláꜜ, nzà´ꜜ, nzáguáꜜ, sɛ̄wū, vùlɛ́gālè, wàngyā, wógɔ̀lɔ́ꜜ, yàlī tàgì, yòngbà, yúngùlúꜜ
ombre màyà, yìngɔ̄, nzílɛ́ꜜ
ombrette vùlɛ́gālè
on àm(ù)
oncle maternel nànà
oncle paternel bùlà
ongle kàmbílì
ordures kɔ̀tɔ̀lɔ̀
oreille mbī
origine ndáꜜ
orteil ngɔ̄nɔ̄ ngyà
oryctérope bālāngā
os nɔ̄ngɔ̄
où? là.´ngā´ɗī, sīsòɗī
où? (à partir d') zā´ngā´ɗī
ou bien wàlà
Oubangui (fl.) yɛ̀lɛ̀
oublier gbì, w-ɔ̀yɛ̀ (lù)
ouverture tàlà
ouvrir kpàyī, tɛ̀ˉ
paille (du toit) nzōkū
palmier à huile nyūmū
palmier rônier tàkɔ̀
pangolin kɔ̀kɔ̀
panier ɓɔ́lɔ̀
panier sp. gbàngúlà, sāngā
papier mbētī
paquet ɓùkù
parce que sɛ̀.ngūlā, sùngūlā
pardon kòkō
parent fàmīˋ, kɔ̀gyɔ̀
paresse(ux), être paresseux gbíláꜜ
parler bɔ̀gyɔ̄
parmi ndèlī... KI
parole bɔ̀gyɔ̄, sàkɔ́ꜜ
partage, partager kāyī
partie mbágē, ndèlī
partir àˉ, àɓɛ̄, dālī, ɗòˉ, tēkī
partir (à...de) zā (... KI)
Passé tà´
passer dālī, tēkī
passer du temps lāwū
patas (?) ngbɛ́dàmbáꜜ
patate ngàmà
pâte de manioc kùtùbɔ́ˋ, tùtù
pâte grasse kàmbɛ̄
paume dàfà
pays ɓɛ̄
peau ndàlā
pêche (zone de) dìkà
pêcher kpà
peler tɛ̄fɛ̄
pencher (se) bílíꜜ
pendant kèmè... KI, sɛ̀
pendre nàkɔ̄
pénétrer ànzā
pénible (être) nyɔ̀
pénis ngōlī
penser kuà zɔ̀

percer ɗù, kɔ́lɔ́↓
percevoir w-ɔ̀ˉ
perdre (se) gbì
perdrix kàlì
père àbà, bàbà, bùlà
perle kízì
perroquet (?) kúkūlú↓
personne dɛ̀ˉ
personne respectable kàngbà
péter zɛ̀
petit ɗūkū, gútú↓, ngɛ̄tɛ̄, ngɔ̄nɔ̄
petit (être) ɗūkū, ngɛ̄tɛ̄
petit-fils/petite-fille ngɔ̄nɔ̄ kàbúlá↓, ngɔ̄nɔ̄ kàkà
peu (un) fīnyá, fīnyágɛ̄
peur ɓɛ̀lɛ̄
peut-être zā
phacochère bàɗū gúlú↓, vùngbá↓
photographie fòtō`
photographier nù màyà, tírɛ̀
pic (oiseau) dìkpókpó↓
pied ngyà
pied (arbre) gìkì
piège ɗɛ̄ɗɛ̄
piège sp. kàtɛ̀, kɔ̀lɔ̀ngɔ̀
piémont māyā
pierre kɔ̄sɔ̄
pierre (petite) kɛ́lɛ́nzɛ↓
pierre plate kpāngbālā
pigeon vert wógɔ̀lɔ́↓
piler ɓɛ̀, sɔ́sɔ̀
pilon gɔ̀yɛ̀
pincer gù
pincer (?) tūgū
pintade tàngyà
pintade huppée (?) ngōnzá↓
pipe kpókpó↓
piquant gbàlà
"pique-assiette" (caractère) ngálú↓
piquer ɗù
pirogue ngɔ̄
pisser kázī
place lɔ̀
place (ancienne...) nzùbā
placenta nyɛ̀
placer bìkī, ìnā, ìnduā
plaie dù
plante (pied) dàfà
plante sp. sūwā
planter ɓālī, w-òsī
plat kpɛ́ngbɛ́lɛ́ngbɛ́
plat cuisiné gbālā
plein (être) ɗɔ̀sɔ̀
pleurer kū
pleuvoir àɗɛ̀
plexus solaire (?) tàlà ngálú↓
pluie nzī
plume bɛ̀lɛ̄
plumer fɛ̀
Pluriel nominal gɛ̄
Pluriel verbal kí, yí
poche ɓɔ́lɔ̀ kūbū, ɓɔ́lɔ̀ ngūlā
poil bɛ̀lɛ̄
pointu (être) àtà
poison kùɓà
poisson kāngɛ̄
poisson sp. bàɗū mànɛ̄, bísí ma↓nɛ̄, fàkámbá↓, fùlù, gūndīmbā, gbágbòkò, gbàlà mànɛ̄, gbālā ngàɓà, gbɔ́`ngɔ́↓, kà´mbà, kèpà nzàyī, kòɓì, kūyē, kpàkálà, kpɛ̀kɛ́↓, màlè, màmàkà, mɔ̀gbōdòlì, mɔ̀kūkùtà, mùkòɓì, mbóngólí↓, mbɔ̀ngɔ̀, ndàngúwà, ndóndó↓, ngàyàngáyá↓, ngɔ̀lɔ̀, ngbàngí↓, nzàyī, nzɔ̀mbɔ̄, pèlé↓, sɛ̀pɛ̄, tèndè, vúlàmbàngí↓
poitrine gángá↓lū
pont gbàlà
porc-épic vèlū
porte tàlà bītī
porter ìtɔ̄
pot kátá↓
potamochère bàɗū
potamogale vúlúngú↓
poterie kátá↓
pou ngísā
poudre rouge kíyá↓
poule kùngyā
poumon(s) fùfú↓
pour àdā, ɓā
pourchasser tɔ̄ɓɔ̄
pourri, pourrir nzùmù
pousse de bambou sūngūlū
pousser ìkpā, tútá↓
précipiter (se) kínì
précisément mbílímbílí
premier kɛ́tɛ̄, pɛ̄rɛ̄mɛ̀
prendre kpòyī, sā, nù
prendre (du feu) w-òngī
prendre (feu) kuà
préparer (la "boule") w-òɗī
"préparer" (la nourriture) ndìɗī
près ndù
présent tú
présenter yɛ̀ˉ
presser nyūkuā, pɛ́tɛ̀
prestation matrimoniale kìmbɛ̀ gɔ̄ dɛ̀nyɛ̄, ngītɔ̄ gɔ̄ dɛ̀nyɛ̄
prêter àdā
prison kángà
prix ndīgɔ̄
proche ndù
profond(eur) kòlì
profond (être) w-òlī
promener (se) lítí↓, zūgū
proposer yɛ̀ˉ
propre(té), propre (être) ndúguā
provenance (en...de) zā (... KI)
proximité kāmbɔ́lɔ́↓
pudeur kàmùsuà
puiser ìluā
pulpe zīyā
punaise kùlúɗālā
pur pírì
pus wūyī
python màmà
quand ákɔ́↓ṵ́, bà... bà, tákɔ́↓ṵ́
quand? kàzà.´ngā´ɗī
quant à ɓā

son/sa ní, nyá
sorte màlā
sortir ànzà, tàkī, guà
soucieux (être) sɔ́lɔ́ꜜ ngālɛ̄
souffler tɔ̀
souffler (vent) kuà
souffrance lɔ̄kɔ̀nyɔ̀, yùyù
souffrir àkɔ̀ yùyù
souffrir (faire) nyɔ̀
soui-manga nzà´ꜜ
souple kìzī
souple (être) ìzī
source ngūlū mànɛ̄
sourd-muet kùɗù
souris kɛ́gbɛ̄
sous (l'autorité de) mɔ̀tɔ̀... KI
souvenir (se) ìsɔ̄ (lù)
spatule (?) yúngùlúꜜ
Statique bɛ̀
Successif ɗɛ̀ˉ
sucer ɓū, nyɔ̀, tɔ̄nyɔ̄
sucré mbɛ́nɛ́mbɛ́nɛ́
sueur túmā
suffire àsà
suite gɔ̄
suite (à la... de) gɔ̄... KI
suivre àɓɛ̀ gɔ̄... KI, nù gɔ̄, tɔ́tɔ̀ (gɔ̄)
sur kàmù... KI, lɔ̄... KI, zɔ̀...KI
surface kàmù
surpasser àlɔ̄, dālī
sursauter (?) kínì
surveiller bátà, fɛ́lɛ̄
survenir ìsɔ̄
suspendre nàkɔ̄
tabac gbàgò, mángà
taille zūnū
talapoin (?) kpá`
talon ɗó ngyáꜜ
tamarinier wàsā
tambour dālā
tante paternelle bùlànyɛ̄
taper nduà, túkúꜜ
taro nyàlàmbà
tel tɛ́lɛ̀
tendre dàlī, yɛ̀ˉ
tendre(té), être tendre sɔ̀ɗɔ̄
tendre (piège) ìkɔ̄
terminer àlɛ̄, māɗā
termite sp. bɔ̀dɛ̀, kpōbù, ngālā, ngɔ̀lɔ̀, wómbìyáꜜ
termitière bìzì, dòkū
terre ngálā
testicule(s) ɗɔ̄ɗɔ̄
tête zɔ̀
téter lù mbà
tibia kúlú ngyáꜜ
tien (le) ɓé
Tilapia sp. (?) kpàkálà, sɛ̀pɛ̄
timidité kàmùsuà
tipoye tìpóyì
tique ngísā
tirer ìzū, tūzū
"tirer" tírɛ̀
tisserin kítā
toi kí
tomber ìsɔ̄, nyàlā
ton ɓé
tonner nzàmà
tortue nákō
tortue (sp.) ngàlù
tôt (?) fóō
totalement tú`, vɔ́
toucher tāngā
touffu (poils) wùsùwùsù
toujours (pour) sìnā
tour lìbɔ̀
tourner (se) tɛ́lɛ́ꜜ
tourterelle kùlúꜜ
tous, tout tú`, vɔ́
tousser, toux kásíꜜ
tout vɔ́
tout de suite áꜜgyɔ́lɔ́
trace nzùbā
traire pɛ́tɛ̀
tranchant kàtà, tàlà
tranchant (être) àtà
trancher guà
tranquillement gyɔ̀
transformer (se) tɛ́lɛ́ꜜ
transpiration túmā
transplanter w-òsī
transporter (du feu) w-òngī
travail nàbɔ̄
traverser àlɔ̄, gīlī
très àsū, ndó
tresse (cheveux) ngà
tresser ìgyɔ̄
trier sūlī
tristesse lùkɔ̀lɛ̀
trois mùtuá
troisième mùtuáꜜ
trompe pàsī
tronc gìkì, ngyà
"trop" trò``
trou fɛ̀lɛ̄, gɔ̀tɔ̀
trouver ɓɔ̀, fīɗī, nguà
tu á, ám(ú), sám(ú)
tubercule gbóꜜ
tuer tɔ̄lɔ̄
un kàlà
unique kàlàgɛ̄
unité zɔ̀
urine, uriner kázī
usagé ɓànà
vache bágàrà
vaillant, être vaillant ngánzáꜜ
vainement zà
valise sàndúgù
varan (aquatique) ngàlà
varan terrestre kíɓálíꜜ
végétation dense ngòndà
véhicule wòtō`
veiller sur bátà
veine yàlɛ̀
vendre ká`, yɛ̀ˉ
venin lùɓɔ́lɔ́ꜜ
venir ɗɛ̀ˉ
venir de àlɔ̀
vent nyílɛ́ꜜ
ventre ngālɛ̄
ver de terre kàlílíꜜ
verge ngōlī
vérité kàgyà
vérité (en) bíyà
vers sī... KI, tàlà ɓā
verser nāwū, nyàlā, tɔ́ngbɔ́ꜜ
vert, être vert sɔ̀ɗɔ̄
vervet (?) ngbɛ́dàmbáꜜ
vestige nzùbā
vêtement kūbū
vêtement d'écorce

BIBLIOGRAPHIE

ANDERSEN T., 1981, *A Grammar of Modo, A Preliminary Sketch*, University of Aalborg (Denmark), 131 p.

BOUQUIAUX L., 1978, (avec la collaboration de J.M. KOBOZO, M. DIKI-KIDIRI, J. VALLET et A. BEHAGHEL), *Dictionnaire sango-français et lexique français-sango*, Paris, SELAF (Tradition Orale 29), 667 p.

BOUQUIAUX L. et J.M.C. THOMAS, 1980, le Peuplement oubanguien, *L'expansion bantoue, II : l'expansion bantoue* (L. BOUQUIAUX éd.), Paris, SELAF (NS 9), pp. 807-824

BOUQUIAUX L. et J.M.C. THOMAS (éds.), 1976 (2ème éd.), *Enquête et description des langues à tradition orale*, Paris, SELAF (NS 1), 3 vol., 950 p.

BOYD R., 1987, La détermination nominale en zande, *La maison du chef et la tête du cabri, Des degrés de la détermination nominale dans les langues d'Afrique centrale* (P. BOYELDIEU éd.), Paris, Geuthner, pp. 59-76.

-- 1988, Le kpatiri ou gbāyī, une nouvelle langue du groupe ngbandi, *Lexique comparatif des langues oubanguiennes* (Y. MONINO éd.), Paris, Geuthner, pp. 35-49.

BOYELDIEU P., 1987, *Les langues fer ("kara") et yulu du nord centrafricain, Esquisses descriptives et lexiques*, Paris, Geuthner, 280 p.

-- 1989, Comparative Tones : Yulu/Kara vs. Sara Group (Kenga/Ngambay/Mbay), *Topics in Nilo-Saharan Linguistics* (M.L. BENDER éd.), Hamburg, Helmut Buske Verlag (Nilo-Saharan 3), pp. 249-270.

-- 1990, Furu et Bagiro : l'extension oubanguienne des langues "sara", *Journal des Africanistes*, 60 (1), pp. 77-106.

-- 1991a, The Tonal Identity of Gbaya Verbs, *Proceedings of the 3th Nilo-Saharan Linguistics Colloquium* (F. ROTTLAND et L.N. OMONDI éds.), Hamburg, Helmut Buske Verlag (Nilo-Saharan 6), pp. 37-52.

-- 1991b, De deux à trois registres tonals : l'exemple des verbes sara-bongo-baguirmiens, *Proceedings of the 4th Nilo-Saharan Linguistics Colloquium* (M.L. BENDER éd.), Hamburg, Helmut Buske Verlag (Nilo-Saharan 7), pp. 283-292.

BOYELDIEU P. (éd.), 1987, *La maison du chef et la tête du cabri, Des degrés de la détermination nominale dans les langues d'Afrique centrale*, Paris, Geuthner, 127 p.

CAPRILE J.P., 1968, Essai de phonologie d'un parler mbay, *Bulletin de la SELAF*, 8, pp. 1-40.

-- [1969 ?], *Lexique mbaï-français*, Lyon, Afrique et Langage (Document 2), 65 p.

-- 1972, *Etudes et documents sara-bongo-baguirmiens*, Paris, Université René Descartes (Paris V), vol. II, 45-IV-197-65 p.

-- 1977, Quelques problèmes de phonologie en mbay de Moïssala, *Etudes phonologiques tchadiennes* (J.P. CAPRILE éd.), Paris, SELAF (Bibliothèque 63-64), pp. 22-35.

-- 1978, Le groupe des langues du Soudan central, *Inventaire des études linguistiques sur les pays d'Afrique Noire d'expression française et sur Madagascar* (D. BARRETEAU éd.), Paris, CILF, pp. 239-253.

CAPRILE J.P. et J. FEDRY, 1969, *Le groupe des langues "sara" (République du Tchad)*, Lyon, Afrique et Langage (Archives linguistiques 1), 22 p., cartes.

CLEMENTS G.N., 1984, Principles of Tone Assignment in Kikuyu, *Autosegmental Studies in Bantu Tone* (G.N. CLEMENTS et J. GOLDSMITH éds), Dordrecht, Foris (PALL 3), pp. 281-339.

CLEMENTS G.N. et J. GOLDSMITH (éds), 1984, *Autosegmental Studies in Bantu Tone*, Dordrecht, Foris (PALL 3), 347 p.

CLOAREC-HEISS F., 1986, *Dynamique et équilibre d'une syntaxe : le banda-linda de Centrafrique*, Paris, SELAF (DLME 2), 568 p.

CREISSELS D., 1979, *Les constructions dites "possessives", étude de linguistique générale et de typologie linguistique*, Paris, Université de Paris IV, 2 vol., 869 p.

-- 1989, *Aperçu sur les structures phonologiques des langues négro-africaines*, Grenoble, ELLUG, 287 p.

DANAY K., MAKODE M. *et al.*, 1986, *Dictionnaire sara-kaba-na - français, Kyabe (Tchad)*, Sarh, Centre d'Etudes linguistiques, 217 p.

DJARANGAR Dj.I., 1985, *Esquisse phonologique du bediondo*, Université nationale de Côte d'Ivoire, 137 p.

-- 1986, *Approche du système verbal du bedjond*, Université nationale de Côte d'Ivoire, 57 p.

-- 1988, Le système tonal du bédjondé (Sara/Tchad), *Linguistique Africaine*, 1, pp. 31-47.

-- 1989, *Description phonologique et grammaticale du bédjondé : parler sara de Bédiondo/Tchad*, Grenoble, Université Stendhal (Grenoble III), 2 vol., 1187 p.

DJEMADJIOUDJIEL N.L.Mb. et J. FEDRY, 1979, *Lexique ngàmbáy-français, français-ngàmbáy*, Sarh, Centre d'études linguistiques-Collège Charles Lwanga, 130 p.

DORST et P. DANDELOT, 1972, *Guide des grands mammifères d'Afrique*, Neuchâtel-Paris, Delachaux et Niestlé, 286 p., 44 pl. couleurs h.t.

FEDRY J., 1976, L'expérience du corps comme structure du langage, essai sur la langue sar (Tchad), *L'Homme* (Paris), 16, pp. 65-105.

FORTIER J., 1967, *Le mythe et les contes de Sou en pays mbaï-Moïssala*, Paris, Julliard (Classiques africains 6), 334 p.

GADEN H., 1909, *Essai de grammaire de la langue baguirmienne, suivi de textes et de vocabulaires baguirmien-français et français-baguirmien*, Paris, E. Leroux, 149 p.

GAUDEFROY-DEMOMBYNES M., 1906, *Documents sur les langues de l'Oubangui Chari*, Paris, Ernest Leroux, 160 p.

GREENBERG J.H., 1971, Nilo-Saharan and Meroitic, *Current Trends in Linguistics, vol 7 : Linguistics in Sub-Saharan Africa* (Th. SEBEOK éd.), Paris-La Haye, Mouton, pp. 421-442.

HAGEGE C., 1978, Du thème au thème en passant par le sujet, Pour une théorie cyclique, *La linguistique*, vol. 14, 2, pp. 3-38.

-- 1982, *La structure des langues*, Paris, PUF (Que sais-je ?), 128 p.

HOMBERT J.M., 1976, Word Games : Some Implications for Analysis of Tone and Other Phonological Processes, *Working Papers in Phonetics* (UCLA), 33, pp. 67-80.

-- 1984, *Phonétique expérimentale et diachronie : Application à la tonogénèse*, Aix en Provence, Université de Provence, vol. 1 : 234 p.

HULSTAERT G., 1950, *La négation dans les langues congolaises*, Bruxelles, Institut royal colonial belge (Mémoires de la Section des sciences morales et politiques 19, 4), 71 p.

KILPATRICK E., 1985, Bongo Phonology, *Occasional Papers in the Study of Sudanese Languages*, 4, pp. 1-62.

LAUGHREN M., 1984, Tone in Zulu Nouns, *Autosegmental Studies in Bantu Tone* (G.N. CLEMENTS et J. GOLDSMITH éds), Dordrecht, Foris (PALL 3), pp. 183-234.

LEKENS B., 1955, *Ngbandi-Idioticon I, Nederlands-frans en ngbandi*, Tervuren, Musée Royal du Congo Belge (Annales du MRCB, Sciences de l'homme, Linguistique 3/I), 1091 p.

-- 1958, *Ngbandi-Idioticon II, Ngbandi en frans-ndederlands*, Tervuren, Musée Royal du Congo Belge (Annales du MRCB, Sciences de l'homme, Linguistique 3/II), 1072 p.

MONINO Y., 1981, De deux à trois tons, L'évolution tonale dans les langues gbaya-manza-ngbaka, *Tons et accents dans les langues africaines* (G. GUARISMA éd.), Paris SELAF (LACITO-Documents 7), pp. 65-101.

-- 1987, La détermination nominale en gbaya-manza : choix à la carte ou menu imposé ?, *La maison du chef et la tête du cabri, Des degrés de la détermination nominale dans les langues d'Afrique centrale* (P. BOYELDIEU éd.), Paris, Geuthner, pp. 35-44.

MONINO Y. (éd.), 1988, *Lexique comparatif des langues oubanguiennes*, Paris, Geuthner, 149 p.

MORTIER R., 1941, Classificatie der Talen van Ubangi, *Aequatoria*, IV, 1, pp. 1-8.

MOUNDO NDIMAJIBAY N.B., 1977, Les limites des modifications tonales en sar, *Etudes phonologiques tchadiennes* (J.P. CAPRILE éd.), Paris, SELAF (Bibliothèque 63-64), pp. 45-58.

NDETA F.M., 1988, *Etude monographique des Baguiro*, Bangui, Ecole Normale Supérieure, 41 p.

NDJERASSEM Ng., 1982, *Phonologie, morphologie et catégories grammaticales du ngambay de Benoye (Tchad méridional)*, Paris, Université de la Sorbonne Nouvelle (Paris III), 304 p.

NOUGAYROL P., 1990, Langues et populations du nord-est centrafricain, *Relations interethniques et culture matérielle dans le bassin du Lac Tchad* (Actes du IIIème colloque Méga-Tchad), Paris, ORSTOM, pp. 65-79.

-- 1991, Le groupe dialectal gula (RCA) : spécificité et diversification, *Proceedings of the 4th Nilo-Saharan Linguistics Colloquium* (M.L. BENDER éd.), Hamburg, Helmut Buske Verlag (Nilo-Saharan 7), pp. 313-323.

-- (à paraître), *Les parlers gula (République Centrafricaine, Soudan, Tchad), Eléments de grammaire comparative et lexique*, Paris, Geuthner, 250 p.

-- (manuscrit inédit) *Lexique ndoka*.

PALAYER P., 1970, (avec la collaboration de M. FOURNIER et E. MOUNDO), *Eléments de grammaire sar (Tchad)*, Lyon-Fort-Archambault, Afrique et Langage-Collège Charles Lwanga (Etudes linguistiques 2), XXXVI-194 p.

-- 1989, *La langue sar (sud du Tchad)*, Tours, Université de Tours, 2 vol., 835 p.

PARKER K., 1985, Baka Phonology, *Occasional Papers in the Study of Sudanese Languages*, 4, pp. 63-85.

PAULIAN C., 1975, *Le kukuya, langue teke du Congo, phonologie - classes nominales*, Paris, SELAF (Bibliothèque 49-50), 222 p.

PERSSON A.M. et PERSSON J.R., 1991, *Modo-English Dictionary with Grammar*, Nairobi, SIL, 148 p.

PHILIPPSON G., 1991, *Tons et accent dans les langues bantu d'Afrique orientale, Etude comparative typologique et diachronique*, Paris, Université de Paris V-René Descartes, 2 vol., 536 p.

Questionnaire d'Inventaire Linguistique, 1976, Paris-Yaoundé, SELAF-ONAREST. [repris dans Bouquiaux et Thomas (1976:275-292)]

ROULON P., 1987, La détermination nominale en gbaya kara 'bodoe, *La maison du chef et la tête du cabri, Des degrés de la détermination nominale dans les langues d'Afrique centrale* (P. BOYELDIEU éd.), Paris, Geuthner, pp. 45-58.

STEVENSON R.C., 1969, *Bagirmi Grammar*, University of Khartoum (Linguistic Monograph Series 3), 199 p.

THAYER L.J., 1974, *A Reconstructed History of the Chari Languages, Comparative Bongo-Bagirmi-Sara Segmental Phonology with Evidence from Arabic Loanwords*, Urbana, University of Illinois, 309 p.

THOMAS J.M.C., 1970, *Contes, proverbes, devinettes ou énigmes, chants et prières ngbaka-ma'bo (République centrafricaine)*, Paris, Klincksieck (Langues et Littératures de l' Afrique Noire VI), 908 p.

TINGBO Th., 1971, *Etude grammaticale de la langue mbanja*, Kinshasa, Université Lovanium, 238 p.

TISSERANT Ch., 1930, *Essai sur la grammaire Banda*, Paris, Institut d'Ethnologie (Travaux et Mémoires, XIII), 185 p.

TUCKER A.N. et M.A. BRYAN, 1956, *The Non-Bantu Languages of North-Eastern Africa* (with a Supplement on *The Non-Bantu languages of Southern Africa* by E.O.J. WESTPHAL), London-New York-Cape Town, OUP for IAI, 228 p., 2 cartes h.t.

-- 1966, *Linguistic Analyses, The Non-Bantu Languages of North-Eastern Africa*, London-New York-Cape Town, OUP for IAI, 627 p., 1 tableau et 1 carte h.t.

VAN BULCK G., 1948, *Les recherches linguistiques au Congo Belge*, Bruxelles, Institut royal colonial belge (Mémoires de la Section des Sciences morales et politiques 16), 767 p., 1 carte couleur.

-- 1952, *Les deux cartes linguistiques du Congo Belge*, Bruxelles, Institut royal colonial belge (Mémoires de la Section des Sciences morales et politiques 25, 2), 68 p.

-- 1954, *Mission linguistique 1949-1951*, Bruxelles, Institut royal colonial belge (Mémoires de la Section des Sciences morales et politiques 31, 5), 77 p.

VANDAME Ch., 1963, *Le Ngambay-Moundou, Phonologie, grammaire et textes*, Dakar, IFAN (Mémoires 69), 211 p., 1 carte.

-- 1968, *Grammaire kenga*, Lyon, Afrique et Langage (Etudes linguistiques 2), XIX-68 p.

YEMBELINE K.M., 1991, Esquisse phonologique du furu, *Afrikanistische Arbeitspapiere* (Frankfurt), 26, pp. 141-153.

Cartes

Carte au 1/200 000 de l'Afrique Centrale (feuille NB-34-III : BIANGA), Paris, Institut Géographique National.

FULTZ J. et G. MORGAN, 1986, *Enquête dialectale de l'Ubangi et de la Mongala, II : Les langues Banda, Ngbaka-mabo et Furu dans les zones de Bosobolo et de Libenge*, Gemena, Association Wycliffe, 28 p. (dont 10 cartes).

TABLE DES MATIERES

Schriften zur Afrikanistik –
Research in African Studies

Herausgegeben von Rainer Vossen

Band 1 Gabriele Sommer: Das Innere eines Ortes sehen. Dokumentation einer Sprachforschung in Botswana. 1999.

Band 2 Sabine Neumann: The Locative Class in Shengologa (Kgalagadi). 1999.

Band 3 Abdourahmane Diallo: Grammaire descriptive du pular du Fuuta Jaloo (Guinée). 2000.

Band 4 Pascal Boyeldieu: La langue bagiro (République Centrafricaine). Systématique, textes et lexique. 2000.

Papier | Fördert gute Waldnutzung
FSC® C083411

Kolibri 360 GmbH
Ferdinand-Jühlke-Straße 7
99095 Erfurt, Deutschland
produktsicherheit@kolibri360.de

Druck:
CPI Druckdienstleistungen GmbH
im Auftrag der
Kolibri 360 GmbH
Ferdinand-Jühlke-Str. 7
99095 Erfurt